最低賃金と最低生活保障の法規制

神吉知郁子

最低賃金と最低生活保障の法規制

――日英仏の比較法的研究――

学術選書
85
労 働 法

信 山 社

はしがき

　いわゆるロスト・ジェネレーション世代の筆者は，バブル経済の崩壊と就職氷河期の到来，非正規雇用の急増といった，労働と生活をめぐる問題を常に突きつけられてきた。労働とは何か，どうあるべきかという問いは，自らの人生前半における大問題であり，労働法の研究者を志した原点でもある。

　本書は，筆者が東京大学大学院法学政治学研究科在学中から日本学術振興会特別研究員在任時にかけて執筆を続け，平成22年に東京大学より博士号を授与された論文「法定最低賃金の決定構造――日英仏の公的扶助，失業補償，給付つき税額控除制度を含めた比較法的検討」をもとにしている。これは，なるべく労働契約の根本的な部分を研究したいとの思いから，平成19年の最低賃金法大改正を契機に選んだテーマであった。

　最低賃金は，労働契約の最も重要な要素である賃金を，国家が強制力によって規制する制度である。これは法的な原則からすれば，契約の自由への介入にほかならない。しかし，法学的な視点から最低賃金制度の正当性を考察した論考は，意外なほど少ない。そこで，その正当化根拠と決定構造に着目して，最低賃金の機能と役割を明らかにしたい。これがこの研究を開始した第一の目的である。

　また，最低賃金は，賃金の最低限を画するものであることから，労働者の最低生活保障としての機能を期待されている。ここに，稼働年齢（稼働能力）世帯に対する最低生活保障のための社会保障制度との密接な関連がある。これらの相互関係に着目し，適切な水準のあり方という観点から分析することで，最低賃金制度の位置づけを浮かび上がらせること。これが本研究の第二の目的である。

　しかし，執筆開始から刊行に至るまでには，雇用ひいては日本社会をめぐる大きな変化があった。特に，平成23年3月の東日本大震災は，平成20年秋の世界金融危機による景気低迷から立ち上がりかけていた日本社会を直撃した。失業率は悪化し，生活保護受給者は過去最高を更新するに至った。

　そのような状況を受けて大幅な加筆修正に取り組むうち，自分の問題意識の甘さや，この広大な問題に取り組むにはいかに非力であったかを思い知ら

された。しかし，そのような状況でも，単なる金銭ではなく雇用こそが求められているという事実は，重要な気づきであった。労働の対価たる賃金によって生活を支えることが，持続可能な社会の基盤となっていることを再確認したことは，自らの研究の原点を振り返ることにつながった。

　本書は，比較法的考察という手法によって，最低賃金制度と，最低生活保障に関連する社会保障・税制度の基本的な論点を明らかにすることを目的としたものである。拙い業績ではあるが，本書の意義は，これまで法的な考察があまりにも少なかったこれらの領域において，最初の比較法的考察を行った点にあるといえよう。第1章の序論では，最低賃金制度をめぐる問題の所在として，2つの課題を示している。続く第2章では，この問題設定に沿ったかたちで日本法を，第3章，第4章では英仏の制度を検討する。最低賃金制度については歴史的検討を軸に，社会保障・税制度との関係については現行制度の相互関係に重点をおいて分析を行っている。そして第5章では，前章までの比較法的考察をまとめ，それを踏まえて序論で示した課題を再検討し，本質的な問題点と日本法への示唆を導くことを試みている。

　本書ではかなり広い領域を横断的に扱っているが，あくまでも目的は法的な検討課題を明確にすることにある。そのため，分析自体を複雑にしすぎないよう，全ての事象を網羅的に分析に取り込むことはせず，今後の検討の素材として残している部分もある。これらの分析を深め，将来の展望へとつなげることは自らの課題であるが，諸賢のご意見を賜ることができれば幸いである。

　本書の執筆過程では，多くの方々のご助力を頂いた。特に，東京大学大学院在学中から，恩師の荒木尚志先生には非常に手厚いご指導を頂いてきた。先生から温かくも厳しいご指導を受けたことは，本書の内容を深めたのみならず，学問に対する情熱と真摯さを学んだ貴重な機会として，私の研究生活の礎になっている。先生に対する感謝は到底ここに書き尽くせない。今後少しでもその学恩に報いるべく，精進を誓うばかりである。

　そして，フランス社会保障法をその概念から説きおこして下さった東京大学の岩村正彦先生，フランス労働法をご指導頂いた東京大学社会科学研究所の水町勇一郎先生，中央最低賃金審議会の公益委員としてのご見識から様々

なご指摘を下さった一橋大学の中窪裕也先生をはじめ，東京大学労働法研究会の諸先生と先輩方からは実に多くの教えを受けた。記して心からの謝意を表したい。

　本書は，信山社の深いご理解とご協力がなければ，とても世に出すことはできなかった。私のような駆け出しの研究者に刊行の機会を与えて下さった同社の渡辺左近氏と，懇切丁寧にお世話して下さった同社の木村太紀氏に，厚く御礼を申し上げたい。

　また，本書の扉絵は，敬愛する池田真理子画伯に筆をとって頂いた。本書のコンセプトを見事に表現して頂いたことに，心より御礼申し上げる。

　最後に，ときに我慢を強いられながらも笑顔で母の仕事を応援してくれる茜と透に，また，どこにいても気にかけ手をさしのべてくれた4人の両親と妹に感謝を記しておきたい。そして，いつもそばにいて見守り支えてくれる夫の康二に，感謝とともに本書を捧げたい。

　　　2011年11月　娘の8回目の誕生日に

　　　　　　　　　　　　　　　　　　　　　　　　　神吉　知郁子

目　次

第1章　序　　論……………………………………………………… 1
　Ⅰ　問題の所在…………………………………………………………… 1
　　1　最低賃金制度の原理的位置づけ…………………………………… 1
　　2　日本の近況…………………………………………………………… 2
　　3　最低賃金制度をめぐる2つの検討課題…………………………… 3
　　　　(1)　最低賃金の決定方法…………………………………………… 4
　　　　(2)　最低賃金の水準と関連諸制度との関係…………………… 5
　Ⅱ　検　討　方　法……………………………………………………… 7
　　1　目的と分析手法……………………………………………………… 7
　　　　(1)　目　　　的…………………………………………………… 7
　　　　(2)　分　析　対　象……………………………………………… 7
　　　　(3)　分析の方法と視点…………………………………………… 8
　　2　検討対象国………………………………………………………… 10
　　　　(1)　諸外国の制度………………………………………………… 10
　　　　　　(a)　イギリス………………………………………………… 11
　　　　　　　　(ⅰ)　最低賃金制度（11）　(ⅱ)　社会保障制度（13）
　　　　　　(b)　アメリカ………………………………………………… 14
　　　　　　　　(ⅰ)　最低賃金制度（14）　(ⅱ)　社会保障制度（16）
　　　　　　(c)　オーストラリア………………………………………… 17
　　　　　　　　(ⅰ)　最低賃金制度（17）　(ⅱ)　社会保障制度（19）
　　　　　　(d)　フランス………………………………………………… 21
　　　　　　　　(ⅰ)　最低賃金制度（21）　(ⅱ)　社会保障制度（22）
　　　　　　(e)　ドイツ…………………………………………………… 23
　　　　　　　　(ⅰ)　最低賃金制度（23）　(ⅱ)　社会保障制度（25）
　　　　　　(f)　オランダ………………………………………………… 26
　　　　　　　　(ⅰ)　最低賃金制度（26）　(ⅱ)　社会保障制度（28）
　　　　(2)　比較対象国の設定…………………………………………… 29
　Ⅲ　本書の構成………………………………………………………… 30

第2章　日　　本 …………………………………………………………………31

Ⅰ　現行制度に至るまでの最低賃金規制 ………………………………………31
1　第二次世界大戦前後の最低賃金規制 ………………………………………31
2　労働基準法上の最低賃金制度 ………………………………………………32
 (1)　労働基準法草案における最低賃金制度 ………………………………32
 (2)　労基法上の最低賃金制度の特徴 ………………………………………34
 (3)　労基法上の最低賃金制度の目的 ………………………………………35

Ⅱ　最低賃金法の成立から平成19年改正までの展開 …………………………36
1　成立当初の最低賃金法 ………………………………………………………37
 (1)　業者間協定の採用 ………………………………………………………37
 (2)　最低賃金法の目的 ………………………………………………………39
 (3)　考　慮　要　素 …………………………………………………………41
2　最低賃金法成立後の変遷 ……………………………………………………42
 (1)　第1期——業者間協定方式の拡大 ……………………………………42
 (2)　第2期——業者間協定の廃止・審議会方式中心へ（昭和43年改正）……………………………………………………………………44
  (a)　業者間協定方式の廃止 ……………………………………………46
  (b)　運用による地域別最低賃金の拡大 ………………………………46
  (c)　ILO条約との整合性 ………………………………………………47
 (3)　第3期——地域別最低賃金改定に関する目安制度の導入（昭和53年）……………………………………………………………………49
  (a)　全国一律最低賃金制度への要望 …………………………………49
  (b)　目安制度による解決 ………………………………………………50
 (4)　第4期——産業別最低賃金制度の再編（昭和56年）………………52
  (a)　産業別最低賃金の細分化——労働協約ケースと公正競争ケース ……………………………………………………………………52
  (b)　「新」産業別最低賃金 ……………………………………………52
  (c)　産業別最低賃金の存在意義への疑問 ……………………………54
 (5)　第5期——最低賃金制度のあり方に関する再検討（平成12年）……55

Ⅲ　平成19年改正による新たな最低賃金制度 …………………………………57
1　改正の概要 ……………………………………………………………………57
2　改正による法的要請 …………………………………………………………60

3　現行の最低賃金制度の内容 …………………………………… 62
  (1)　目　　的 ………………………………………………………… 62
  (2)　適 用 対 象 ……………………………………………………… 62
  (3)　対象となる賃金 ………………………………………………… 63
  (4)　最低賃金の効力 ………………………………………………… 65
  (5)　周 知 義 務 ……………………………………………………… 66
  (6)　行 政 監 督 ……………………………………………………… 66
  (7)　労働者の申告権・不利益取扱いの禁止 ……………………… 66

4　地域別最低賃金の決定方式 …………………………………… 67
  (1)　地域別最低賃金の決定手続の流れ …………………………… 67
  (2)　最低賃金審議会の組織 ………………………………………… 68
  (3)　審議会における審議の特徴 …………………………………… 69
    (a)　検 討 資 料 …………………………………………………… 69
    (b)　目安に関する小委員会における労使委員の見解表明 …… 72
      (i)　基準となる生活保護費について（72）　(ii)　最低賃金の増額について（72）
    (c)　公益委員の役割 ……………………………………………… 73
  (4)　外 部 組 織 ……………………………………………………… 75
    (a)　成長力底上げ戦略推進円卓会議 …………………………… 75
    (b)　雇用戦略対話 ………………………………………………… 76

5　最低賃金制度の実効性 ………………………………………… 77

IV　最低賃金法制と社会保障各制度との関係 ……………… 78

1　失業補償制度——雇用保険 …………………………………… 78
  (1)　雇用保険制度の対象 …………………………………………… 78
  (2)　失業給付の内容 ………………………………………………… 79
  (3)　失業給付による最低生活保障の限界 ………………………… 81

2　公的扶助制度——生活保護 …………………………………… 81
  (1)　生活保護法の原理と条件 ……………………………………… 81
  (2)　扶助の種類 ……………………………………………………… 83
  (3)　保護基準の算定方式 …………………………………………… 83
  (4)　生活保護制度の転換 …………………………………………… 84
    (a)　自立支援プログラムの導入 ………………………………… 84
    (b)　日本型「ワークフェア」の限界 …………………………… 85
      (i)　対象の限界（85）　(ii)　適正化の観点からの制約（86）

			3	求職者支援制度 ……………………………………………………… 87
				(1) 求職者支援制度の沿革 …………………………………… 87
				(2) 求職者支援制度の概要 …………………………………… 88
				(a) 適用範囲と目的 …………………………………… 88
				(b) 職業訓練受講給付金と就職支援 ………………… 88
	V	小括——日本の最低賃金制度と社会保障制度 ……………… 89
		1	最低賃金制度 ……………………………………………………… 89
		2	社会保障制度との関係 …………………………………………… 90

第3章　イ ギ リ ス ………………………………………………………… 92

	I	現行制度に至るまでの最低賃金規制 …………………………… 92
		1	1900 年前後の低賃金問題 ……………………………………… 92
			(1) 自由放任主義の伝統と貧困の再発見 …………………… 92
			(2) 組合の役割の限界 ………………………………………… 93
			(3) 政府の介入 ………………………………………………… 94
		2	公正賃金決議 ……………………………………………………… 95
		3	労働協約の拡張適用 ……………………………………………… 96
		4	産業委員会制度 …………………………………………………… 98
			(1) 1909 年産業委員会法の成立 …………………………… 98
			(a) 家内労働委員会報告 …………………………… 98
			(b) 産業委員会法の目的 …………………………… 100
			(2) 産業委員会制度の内容 …………………………………… 103
			(a) 適用範囲 ………………………………………… 103
			(b) 決定対象事項 ………………………………… 103
			(c) 産業委員会の構成 …………………………… 103
			(d) 決定の効力 …………………………………… 104
			(e) 履行確保 ……………………………………… 105
			(3) 1918 年産業委員会法改正 ……………………………… 105
			(a) ホイットレー委員会報告 …………………… 105
			(b) 主な改正内容 ………………………………… 107
			(i) 設立基準（107）　(ii) 産業委員会の設立・廃止方法（108）
			(iii) 産業委員会の決定権限（108）
			(4) 産業委員会制度の実態と 1918 年改正の効果 …………… 109

(5) 産業委員会法の再検討 …………………………………… 110
　　　(a) ケーヴ委員会報告 ………………………………………… 110
　　　(b) 労使合意の尊重 …………………………………………… 112
　　　(c) 特別法による補完 ………………………………………… 114
5　賃金審議会制度 ……………………………………………………… 115
　(1) 1945年賃金審議会法の成立 …………………………………… 115
　(2) 賃金審議会制度の内容 ………………………………………… 116
　　(a) 設立・廃止基準 …………………………………………… 116
　　(b) 賃金審議会の職務 ………………………………………… 117
　　(c) 産業委員会制度との違い ………………………………… 118
　　(d) 効力と履行確保 …………………………………………… 119
　　　　(i) 賃金規制命令（119）　(ii) 履行確保措置（120）
　(3) 賃金審議会制度の拡大 ………………………………………… 121
　(4) 賃金審議会制度への批判 ……………………………………… 122
　　(a) 完全雇用と低賃金問題 …………………………………… 122
　　(b) ドノヴァン委員会報告 …………………………………… 123
　　(c) 低賃金問題作業班報告書 ………………………………… 124
　(5) 賃金審議会の権限縮小と廃止 ………………………………… 125
　　(a) 1971年労使関係法 ………………………………………… 125
　　(b) 1975年雇用保護法 ………………………………………… 126
　　(c) 1979年賃金審議会法 ……………………………………… 127
　　　　(i) 改正の内容（127）　(ii) 1970年代の賃金審議会制度の問題点（128）
　　(d) 1980年雇用法 ……………………………………………… 130
　　(e) 1986年賃金法 ……………………………………………… 130
　　(f) 1993年労働組合改革・雇用権利法 ……………………… 132
　(6) 賃金審議会の構成 ……………………………………………… 134
　　(a) 審議会委員の特徴 ………………………………………… 134
　　(b) 審議のプロセス …………………………………………… 135
　　(c) 中立委員の役割 …………………………………………… 135
　　　　(i) 審議における最終決定権（136）　(ii) 自発的団体交渉との関係（137）
　(7) 賃金審議会制度の廃止から全国最低賃金制度へ …………… 138
　　(a) 賃金審議会制度の評価 …………………………………… 138
　　(b) 全国一律の法定最低賃金制度導入の背景 ……………… 139

(c) 経済学からの理論的後押し…………………………………………140
Ⅱ　全国最低賃金制度……………………………………………………………142
　1　全国最低賃金法の目的……………………………………………………142
　　(1) 労働党の見解………………………………………………………142
　　(2) 低賃金委員会の見解………………………………………………144
　2　全国最低賃金制度の内容…………………………………………………146
　　(1) 適　用　範　囲……………………………………………………146
　　(2) 全国最低賃金との比較方法………………………………………148
　　　(a) 賃金算定基礎期間………………………………………………148
　　　(b) 比較対象となる賃金……………………………………………148
　　　(c) 労　働　時　間…………………………………………………150
　　　　(i) 時間制労働（150）　　(ii) 年俸制労働（151）
　　　　(iii) 成果制労働（152）　　(iv) 測定不能労働（152）
　　(3) 履　行　確　保……………………………………………………153
　　　(a) 使用者の義務……………………………………………………153
　　　(b) 歳入税関庁の監督………………………………………………153
　　　(c) 支払義務違反の効果……………………………………………154
　　　　(i) 労働者自身による訴訟（154）　　(ii) 歳入税関庁の権限（155）
　　(4) 全国最低賃金の決定………………………………………………156
　　　(a) 最低賃金額の決定方式…………………………………………156
　　　(b) 低賃金委員会の構成……………………………………………160
　　　(c) 低賃金委員会における最低賃金決定プロセス………………160
　　　　(i) 出身母体との関係（161）　　(ii) 労使委員の力関係（162）
　3　全国最低賃金制度の有効性………………………………………………164
　　(1) 最低賃金で働く労働者……………………………………………164
　　(2) 賃金に対する効果…………………………………………………165
　　(3) 履行確保状況………………………………………………………166
　　(4) 雇用に対する効果…………………………………………………167
Ⅲ　社会保障・税制度……………………………………………………………168
　1　イギリスの社会保障体系…………………………………………………168
　2　失業補償制度──求職者手当……………………………………………170
　　(1) 近年の方向性………………………………………………………170
　　(2) 拠出制求職者手当と所得調査制求職者手当……………………171

|　　　　　(a) 受給要件 …………………………………………………… 171
|　　　　　(b) 給付内容 …………………………………………………… 172
|　　　(3) 夫婦の共同申請制度 ……………………………………………… 173
|　　3 公的扶助制度——所得補助 …………………………………………… 174
|　　　(1) 導入の経緯 ………………………………………………………… 174
|　　　(2) 所得補助制度の概要 ……………………………………………… 176
|　　　　　(a) 受給要件 …………………………………………………… 176
|　　　　　(b) 給付内容 …………………………………………………… 177
|　　　(3) 所得補助の給付水準 ……………………………………………… 178
|　　　　　(a) 「貧困」概念の反映 ……………………………………… 178
|　　　　　(b) 物価・賃金水準に関する基本的な考え方 ……………… 179
|　　　　　(c) 社会保障給付水準の引上げ ……………………………… 180
|　　　　　　　(i) 国務大臣の社会保障給付の見直しの義務 (181)　　(ii) 一定の社会保障給付の増額 (181)　　(iii) その他の給付の増額権限 (182)
|　　4 税制——給付つき税額控除制度 ……………………………………… 182
|　　　(1) 就労税額控除 ……………………………………………………… 184
|　　　　　(a) 適用対象 …………………………………………………… 184
|　　　　　(b) 基本要素と加算 …………………………………………… 185
|　　　　　(c) 就労税額控除の具体的給付額 …………………………… 187
|　　　　　(d) 申請方法 …………………………………………………… 188
|　　　　　(e) 受給方法 …………………………………………………… 189
|　　　(2) 児童扶養税額控除 ………………………………………………… 190
|　　　　　(a) 適用対象 …………………………………………………… 190
|　　　　　(b) 基本要素と加算 …………………………………………… 190
|　　　　　(c) 給付額および申請・受給方法 …………………………… 190
|　　5 社会保障・税制度の相互関係 ………………………………………… 191
|　Ⅳ 小括——イギリスの最低賃金制度と社会保障・税制度 ……………… 192
|　　1 最低賃金制度 …………………………………………………………… 192
|　　　(1) 産業委員会・賃金審議会制度 …………………………………… 192
|　　　(2) 全国最低賃金制度 ………………………………………………… 193
|　　2 最低賃金と社会保障・税制度の関係 ………………………………… 194

第4章　フランス ……………………………………………………………… 195

目次

- I 現行制度に至るまでの最低賃金規制……………………………195
  - 1 20世紀前半の賃金規制……………………………………………195
    - (1) 公的契約における賃金規制………………………………195
    - (2) 家内労働者の賃金規制……………………………………196
    - (3) 労働協約の拡張適用………………………………………197
      - (a) 労働協約拡張適用制度…………………………………197
      - (b) 仲 裁 裁 定……………………………………………197
    - (4) 第二次世界大戦中・戦後の賃金統制……………………198
  - 2 全職域最低保証賃金（SMIG）制度……………………………199
    - (1) 全職域最低保証賃金（SMIG）の目的……………………200
    - (2) SMIGの制度内容……………………………………………201
      - (a) 適 用 対 象………………………………………………201
      - (b) 比較対象となる賃金……………………………………202
      - (c) 地域別減額………………………………………………202
      - (d) 履 行 確 保………………………………………………203
    - (3) SMIGの決定方法……………………………………………203
      - (a) デクレによる政府の裁量的決定方式…………………203
        - (i) 考慮要素（203） (ii) デクレによる決定方式の限界（204）
      - (b) 物価指標スライド制による自動的改定方式…………205
        - (i) 物価スライド制の仕組み（206） (ii) 指標の内訳（206）
        - (iii) 労働協約高等委員会の役割（207）
      - (c) 裁量的決定方式と自動的改定方式の関係……………208
  - 3 グルネル協定の締結と新法案提出……………………………209
- II 全職域成長最低賃金（SMIC）制度………………………………210
  - 1 全職域成長最低賃金（SMIC）の目的…………………………210
  - 2 SMICの制度内容…………………………………………………212
    - (1) 適 用 範 囲……………………………………………………212
      - (a) 適 用 地 域………………………………………………212
      - (b) 適用対象者………………………………………………212
      - (c) 賃金の支払形態…………………………………………213
    - (2) SMICとの比較………………………………………………213
      - (a) 比較の方法………………………………………………213
      - (b) 比較対象となる賃金……………………………………214

　　　　　(3)　履行確保……………………………………………216
　　3　決定方法……………………………………………………216
　　　(1)　決定方式……………………………………………216
　　　　　(a)　購買力保障のための物価スライド制……………217
　　　　　(b)　成長の考慮のための年次増額における賃金スライド制………217
　　　　　(c)　随時の任意改定……………………………………218
　　　(2)　団体交渉全国委員会の役割…………………………219
　　　(3)　決定方式を選択した根拠……………………………219
　　4　SMIG の維持——最低保証額（MG）…………………220
　　5　その後の SMIC の展開……………………………………222
　　　(1)　計画的増額の挫折……………………………………222
　　　(2)　月額報酬保証の導入…………………………………223
　　　(3)　雇用・賃金・支出に関する高等委員会の報告……224
　　　　　(a)　「スミカール」の基本的属性……………………224
　　　　　(b)　最低生活保障としての SMIC の限界……………224
　　　　　(c)　SMIC の果たすべき役割…………………………225
　　　(4)　雇用指針評議会への諮問……………………………226
　　　(5)　専門家委員会の設置…………………………………227
　　　　　(a)　専門家委員会の任務……………………………227
　　　　　(b)　専門家委員会の構成……………………………228
　　　　　(c)　専門家委員会の権限と義務……………………228
　　　　　(d)　専門家委員会報告書……………………………229
　　　(6)　現在の SMIC とスミカールの状況…………………230
Ⅲ　社会保障・税制度……………………………………………………232
　1　フランスの社会保障体系………………………………………232
　2　失業補償制度……………………………………………………234
　　　(1)　雇用復帰援助手当（ARE）…………………………235
　　　　　(a)　受給要件…………………………………………235
　　　　　(b)　給付内容…………………………………………236
　　　　　　　(i)　支給期間（236）　(ii)　受給額（236）
　　　(2)　連帯特別手当（ASS）………………………………238
　　　　　(a)　受給要件…………………………………………240
　　　　　(b)　給付内容…………………………………………241

　　　　　　(i) 受給期間(241)　(ii) 受給額(242)

　3　公的扶助制度——参入最低所得保障（RMI）から活動連帯所得
　　　（RSA）へ…………………………………………………………243
　　(1) RMI の概要………………………………………………………243
　　　(a) RMI の目的と基本的構造………………………………………243
　　　(b) RMI の給付水準と SMIC との関係……………………………244
　　(2) アクティベーションの要請………………………………………248
　　(3) RSA の目的………………………………………………………249
　　(4) 制度概要…………………………………………………………250
　　　(a) 受給要件…………………………………………………………250
　　　(b) 給付内容…………………………………………………………251
　　　　　　(i) 金銭給付(251)　(ii) 参入支援(252)
　　(5) RSA の特徴………………………………………………………253
　4　税制——雇用手当（PPE）…………………………………………253
　　(1) PPE の目的………………………………………………………254
　　(2) 制度概要…………………………………………………………254
　　　(a) 受給要件…………………………………………………………254
　　　(b) 給付内容…………………………………………………………254
　　(3) PPE の特徴………………………………………………………255
　　(4) PPE の効果………………………………………………………255
　5　社会保障・税制度の関係…………………………………………257
Ⅳ　小括——フランスの最低賃金制度と社会保障・税制度……………261
　1　最低賃金制度………………………………………………………261
　　(1) 全職域最低保証賃金（SMIG）…………………………………261
　　(2) 全職域成長最低賃金（SMIC）…………………………………261
　2　最低賃金社会保障・税制度との関係……………………………263

第5章　総　　括……………………………………………………………264
Ⅰ　イギリス………………………………………………………………264
　1　最低賃金制度の展開とその特徴…………………………………264
　2　最低賃金の決定方法………………………………………………268
　　(1) 純粋な手続的正当化アプローチ——産業委員会・賃金審議会制度
　　　　…………………………………………………………………268

(2)　実体的正当化アプローチへの転換——全国最低賃金制度……………269
　3　最低賃金の水準と関連諸制度との関係………………………………271
　　　(1)　構造的関係……………………………………………………………271
　　　(2)　水準問題——非連動型………………………………………………273
Ⅱ　フランス……………………………………………………………………274
　1　最低賃金制度の展開とその特徴………………………………………274
　2　最低賃金制度の決定方法………………………………………………277
　　　(1)　絶対的貧困概念を基礎とする実体的正当化アプローチ——全職域最低保証賃金（SMIG）………………………………………………277
　　　(2)　相対的貧困概念を基礎とする実体的正当化アプローチへの修正——全職域成長最低賃金（SMIC）…………………………………278
　3　最低賃金の水準と関連諸制度との関係………………………………280
　　　(1)　構造的関係……………………………………………………………280
　　　(2)　水準問題——連動型…………………………………………………280
Ⅲ　英仏における最低賃金の役割……………………………………………282
　1　英仏における正当化アプローチの接近………………………………282
　　　(1)　イギリス………………………………………………………………282
　　　(2)　フランス………………………………………………………………283
　2　最低賃金の役割の認識の変化…………………………………………284
　　　(1)　イギリス………………………………………………………………284
　　　(2)　フランス………………………………………………………………285
　　　(3)　共通の背景……………………………………………………………286
　3　最低賃金の役割とその他のセーフティーネットの存在……………287
　　　(1)　イギリス………………………………………………………………287
　　　(2)　フランス………………………………………………………………288
Ⅳ　日本の課題に対する示唆…………………………………………………288
　1　日本の最低賃金制度の基本的特徴……………………………………288
　2　最低賃金決定方法についての課題……………………………………290
　3　最低賃金の水準と関連諸制度との関係についての課題……………292
　　　(1)　最低賃金制度と社会保障制度の構造的関係………………………292
　　　(2)　水準問題——非連続かつ逆転型……………………………………293

4 日本の最低賃金制度の役割についての論点と展望……………… 295
  (1) 議論の出発点 ………………………………………………… 295
  (2) 最低賃金と生活保護との「整合性」の解釈 ……………… 296
  (3) 最低賃金制度の役割についての論点……………………… 298
5 残された課題………………………………………………………… 299

法令索引

事項索引

第1章 序　　論

I　問題の所在

1　最低賃金制度の原理的位置づけ

　労働契約は，労務の提供に対して，報酬たる賃金を支払うことを内容とする契約である。したがって，労務提供の対価である賃金の額は，労働契約における重要な要素となる。そしてそれは，近代市民法原理の大原則である契約自由の原則に基づけば，契約当事者である労働者と使用者との交渉によって決定されるべき事柄であるといえる。

　しかし，労務を提供することで賃金を得ようとする者，すなわち労働者の多くは，労働契約が成立しなければ生活が維持できないという，必要に迫られた状況におかれている。また，日々の生活を維持するためには，労働者は自らの望む条件を満たす相手が見つかるまで待ち続けることもできない。他方で，使用者は，通常，それほど逼迫した状況にはなく，条件が合わなければ他の労働者に代替させることが可能である。その意味で，労働者と使用者との間には，交渉力において大きな差がある。

　そのため，契約自由の原則は，歴史的にみると，主に2つの方向で修正されるようになっていった。まずは，個々の労働者の交渉力の弱さを補うため，集団で団結することによってより有利な条件の交渉を可能とするような，集団的労働関係の発展である。もう1つは，国家が労働条件の最低基準に関して何らかの強制力を与えるという，労働規制立法の導入である。

　後者の代表ともいえる最低賃金制度は，1894年のニュージーランドにおいて労働法史上はじめて登場し，それから約1世紀のあいだに世界各国に広まった。もっとも，契約自由の原則に対して修正を図るという基本構造は各国共通であるが，その具体的な構造は多岐にわたっている。

2　日本の近況

　日本の最低賃金制度は，第二次世界大戦後に制定された労働基準法上の制度として出発した。昭和34年には労働基準法から最低賃金法[1]が独立し，憲法27条2項が国に対して要請する「勤労条件の基準の法定」の中核をなしている。そして長らく，地域別最低賃金と産業別最低賃金との重層構造を前提として，公労使の三者構成である最低賃金審議会が最低賃金の額を決定するという方式が採用されてきた。このうち，労働者の賃金の最低限を画する機能を果たしてきた地域別最低賃金については，中央最低賃金審議会が毎年提示する「目安額」が地方最低賃金審議会の決定に事実上の影響を及ぼすようになり，目安額の引上げ幅に関する労使の駆け引きこそが毎年の審議の中心となってきた。

　そのような状況は，ちょうど20世紀から今世紀への節目にかけて，大きく変化することになった。豊かになったはずの先進国において，働いているにもかかわらず貧困層に位置づけられる者——ワーキング・プア（working poor）——の存在が，バブル経済崩壊後の日本においても，いわゆる「格差社会」という社会的問題の1つとして認識されるに至った[2]。最低賃金制度は，そのような社会的状況を背景として，労働者のためのセーフティーネットとして関心を集めるようになったのである。そういった流れの中で，平成19年には最低賃金法が約40年ぶりに大改正された。

　この改正によって，地域別最低賃金はあまねく全国各地域について決定されることが義務づけられ，法的に全ての労働者の賃金の最低額を保障する役割を果たすことになった。また，最低賃金法は，地域別最低賃金の考慮要素の1つとして労働者の生計費をあげているが，その考慮にあたって「労働者の健康で文化的な最低限度の生活を営むことができるよう」[3]，生活保護制度にかかる施策との整合性を確保すべきことが定められた[4]。それまでは一

---

[1]　昭和34年4月15日法律第137号。

[2]　もっとも，「格差」が所得や消費など生活水準の分配の状況を表す概念であって，価値判断を含まないのに対して，「貧困」とは許されるべきでない状況を示す概念であり，価値判断を含んでいる点で，両者には大きな違いがあることが指摘されている（阿部彩「日本の貧困の実体と貧困政策」阿部彩＝國枝繁樹＝鈴木亘＝林正義編『生活保護の経済分析』〔東京大学出版会，2008年〕23頁）。

[3]　最低賃金法9条3項。

般に，生活保護制度が世帯の生活状況を基準に最低所得を保障する制度であるのに対して，最低賃金制度は個別労働契約における要素の1つである賃金の最低基準を画するものであって，両者はその目的と役割において構造的な違いがあると考えられてきた[5]。その2つの制度が，平成19年改正によってはじめて法的に関連づけられたのである。

このように，平成19年改正は，最低賃金の額に関してはじめて絶対的な概念を導入し，また，社会保障制度との整合性という新たな考慮要素を加えることになった。それは同時に，今後どのように新たな要素を考慮していくのかという，最低賃金の決定方法のあり方にも再考を促すものである。日本の労働法は，最低賃金はどのような役割を果たすべきか，そしてどのように決定されるべきかという，制度の根幹に関わる問いに直面することとなったのである。

3　最低賃金制度をめぐる2つの検討課題

最低賃金の役割について根本的な再考を促した平成19年改正の課題は，以下の2つに整理することができる。第1の課題は，最低賃金の決定方法のあり方である。これは，いかなる正当化原理をもって契約自由の原則を修正していくかという，決定方法に関する制度内在的な問題といえる。第2の課題は，最低賃金の水準を考える際に問題となる，関連諸制度との関係である。

---

[4]　同法9条3項が平成19年改正の目玉であるとする見解として，土田武史「日本における最低賃金と生活保護の関係について——最賃は生活保護を基準に」世界の労働57巻11号（2007年）5頁。

[5]　たとえば，平成16年の第159回国会（常会）において，当時の小泉純一郎総理大臣は，畑野君枝参議院議員（当時）の質問に対し，「最低賃金制度は，最低賃金法（昭和34年法律第137号）の規定に基づき，使用者に対し最低賃金額以上の賃金の支払を罰則をもって強制するものであり，最低賃金は労働者の生計費や類似の労働者の賃金に加え通常の事業の賃金支払能力を考慮して定めることとされている。一方，生活保護制度は，生活保護法（……昭和25年法律第144号）の規定に基づき，要保護者の最低限度の生活に必要な需要について，所得，資産等を活用してもなお補うことのできない不足分に限って公費によって保護するものである。このように両制度はその性格等を異にしており，最低賃金と生活保護の水準を単純に比較することは適切ではなく，また仮にかかる比較を行うとしても，生活保護の給付額は，要保護者の住宅費の実費等の要素を勘案して決定されるため，どのような具体例を想定して比較を行うかを決定することが困難であるという問題があると考えている」と答弁している。

これは，社会保障制度や税制度との有機的な関連という，制度外在的な問題である。そこで，これら2つの課題に関して，法的検討の必要性について順にみていきたい。

(1) 最低賃金の決定方法

国ごとに異なる最低賃金制度の特徴を説明する際にたびたび利用されるのは，国際労働機関（ILO）の分類である。たとえば，Richardsonによる1927年の分類[6]では，各国の最低賃金法制について，その目的（苦汗制労働の防止，労働者間における組織の発展，産業平和の促進）や考慮要素（他種の労働者の賃金，生活費賃金の基準，産業の支給能力），最低限の決定方法や決定機関，実施方法などの項目を用いた整理がなされている。

また，1989年のStarrの分類[7]では，適用範囲によって産業別の最低賃金と一般最低賃金という2つの形態に分けたうえで，4つの基本的な役割（産業別最低賃金は「弱い立場にある集団の保護」[8]および「公正な賃金の決定」[9]という役割，一般最低賃金は「賃金構造の底辺の設定」[10]および「マクロ経済の手段としての最低賃金」[11]という役割）に分類することよって，最低賃金の役割を説

6　J. H. リチャードソン著，鈴木規一訳『最低賃銀論』（日本評論社，1939年）。

7　ジェラルド・スタール著，労働省労働基準局賃金時間部賃金課訳『世界の最低賃金制度——慣行・問題点の検討』（産業労働出版会，1989年）32頁-85頁，河野正輝「最低賃金」日本労働法学会編『現代労働法講座11　賃金・労働時間』（総合労働研究所，1983年）60頁。

8　ここで「弱い立場にある集団の保護」とされる役割は，最低賃金の決定によって積極的に弱者を保護しようという考え方ではなく，むしろ，賃金決定に関する国家の介入を最小限にしようという考え方だとされる。すなわち，賃金の決定はできる限り労使の共同の決定によるべきであり，「有効な団体交渉能力の欠如と低賃金の双方によって特徴づけられる」一定の産業に限ってのみ，最低賃金決定という国家的な関与を限定すべきであるというものである。

9　ここでの「公正な賃金の決定」とは，低賃金未組織労働者の救済にとどまらず，集団的な賃金決定手続によって最低賃金を設定することで，不公正な競争を回避し，賃金構造と労使関係を改善する手段としようとする役割である。

10　また，「賃金構造の底辺の設定」とは，貧困の削減を基本的目標とする役割とされる。

11　さらに，「マクロ経済政策の手段」としての最低賃金は，賃金の一般的水準と構造を，国家の経済的安定，成長，所得分配といった目的と調和のとれたものに変えるという役割であるとされる。このような考え方は，最低賃金を底辺と位置づける考え方とは正反対に，最低賃金の変動が賃金構造に大きな影響を及ぼすことが前提となって

明している。
　もっとも、これらの整理は、各国の最低賃金制度の目的や考慮要素に１つの位置づけを与えるにとどまっている。また、本来は一国の制度の中に多様な要素が混在しているにもかかわらず、一国の制度全体に１つの役割を想定する方法には限界があるといえよう。このような点で、制度の目的や決定方法の有機的関連に着目した、より詳細な検討の余地が残されているといえる。

(2) 最低賃金の水準と関連諸制度との関係

　第２の課題は、最低賃金の水準の問題である。これは、最低賃金の保障すべき水準を考える際に問題となる、稼働年齢の者を対象とする社会保障制度との構造的な関係や、具体的水準のバランスの問題といえる。
　この点、最低賃金の水準に関しては、経済学の分野から、すでに数多くの理論・実証研究がなされていることにも言及しておく必要があろう。経済学においては最低賃金制度のような労働条件規制について批判的な立場もあるが、なかには最低賃金制度を正当化する立場もある。そのような立場は、最低賃金制度がなければ、健全な労働力の再生産や市場による資源の効率的かつ最適な配分の達成がなされず、資本主義的市場の競争資源配分が損なわれると指摘する。先進諸国の歴史的経験からは、何らかの理由で賃金が下落し労働市場における均衡がひとたび崩れると、労働供給の増大と賃金率の低下が際限もなく続くという労働市場の不安定な性格が示唆される。労働市場の均衡がこのように不安定なものであり、自律的な均衡回復能力が乏しいとすれば、単なる自由放任の競争ではなく、最低賃金制度を含めた制度と政策による適正な市場競争の枠組作りの意義があるということになる[12]。
　もっとも、最低賃金制度が未熟練の労働者の雇用機会を奪うという弊害も指摘されてきたところである[13]。しかし、1990年代のアメリカにおける一連の実証研究[14]は、従来の完全競争モデルを前提とする経済学理論の帰結と

　　おり、開発途上国を中心に採用されていると理解されている。
 12 島田晴雄『労働経済学』（岩波書店、1986年）273頁以下。
 13 Charles Brown, Curtis Gilroy & Andrew Kohen, *The Effect of the Minimum Wage on Employment and Unemployment*, 20 Journal of Economic Literature 487 (1982), Charles Brown, Curtis Gilroy & Andrew Kohen, *Time-Series Evidence of the Effect of the Minimum Wage on Youth Employment and Unemployment*, 18 Journal of Human Resources 3 (1983).

は異なり，最低賃金の増額が雇用を喪失させないとする結果を導き出し，現実の政策にも大きなインパクトを与えた。もっとも，これらの研究に対しては反対の見解も強力であり，現在に至るまで世界中で多くの研究が積み重ねられている[15]。

このように，近年の経済学の関心は，最低賃金の引上げによる雇用喪失効果の有無という問題に集中していた。そして，実際にどのような水準の最低賃金が望ましいのかという問題は，経済学では扱われてこなかったし，答えを出すことも難しいものと考えられる。経済学理論上，議論の出発点は労働需要曲線と労働供給曲線が交わる安定均衡点であり，最低賃金がそれを上回るか，下回るかで最低賃金制度の意義が変わってくる。そのため，現実の社会における安定均衡点がいくらであるかが，最低賃金の妥当性の議論の前提となる。それにもかかわらず，安定均衡点の具体的な額は「誰にも分からない」とされる[16]。

しかし，経済学的な観点から望ましい最低賃金の水準が導き出せないとしても，最低賃金のもつ所得保障的な機能に着目すれば，関連する社会保障各制度との相互関係から適切な水準のあり方を模索することは可能であろうし，

14　Lawrence Katz & Alan Krueger, *The Effect of the Minimum Wage on the Fast-food Industry*, 46 Industrial and Labor Relations Review 6（1992）を皮切りとして，David Card & Alan Krueger, *Myth and measurement: the new economics of the minimum wage*（1995），David Card & Alan Krueger, *Minimum Wages and Employment: a Case Study of the Fast Food Industry*, 84 American Economic Review 772（2000）など，カリフォルニア大学バークレー校教授のCardとプリンストン大学教授のKruegerを中心とする研究が大きなインパクトを与え，Kruegerが連邦労働省のチーフ・エコノミストとして登用されるなど，クリントン民主政権下の政策にも影響を及ぼした。

15　たとえば，上記Cardらの研究に対しては，カリフォルニア大学アーバイン校教授のNeumarkを中心として，David Neumark & William Wascher, *Employment Effects of Minimum and Subminimum Wage: Panel Data on State Minimum Wage Laws*, 46 Industrial and Labor Relations Review 55（1992）など雇用への悪影響を実証した反論があり，彼らは，1990年代からの90もの実証研究をレビューした研究によっても，同様の結論を導いている（David Neumark & William Wascher, *Minimum Wages and Employment: A Review of Evidence from the New Minimum Wage Research*, NBER Working paper No. 12663（2006））。

16　最低賃金制度のあり方に関する研究会第5回（厚生労働省労働基準局賃金時間課，平成16年12月17日）において，神代和欣参考人（横浜国立大学名誉教授，中央最低賃金審議会前会長）は，安定均衡点について「数字でいくらというのは誰にも分からない」，「経済学というのは大体そういうものです」と述べている。

まさに法的な考察の妥当する領域であるといえる。しかも本来，労働契約の最重要事項である賃金の最低限を画する最低賃金制度のあり方は，法的にも極めて重要なテーマである。それにもかかわらず，最低賃金に関する法的な視点からの基礎的な研究は，これまでほとんどなされてこなかった[17]。そこで本書は，日本の最低賃金制度が直面している2つの課題を通して，最低賃金の役割についての基本的な分析を試みることとしたい。

II 検討方法

1 目的と分析手法

(1) 目　的

本書の目的は，日本の最低賃金法制が現在直面している根源的な問い，すなわち最低賃金の役割について，比較法的検討を通じて示唆を得ることである。具体的には，諸外国の最低賃金制度の基本的な理念構造や決定方法，そして社会保障制度との有機的関係について整理し，検討を行うことによって，日本の最低賃金法制の特質を確認し，その課題と解決の方向性を明らかにすることを目指す。

(2) 分析対象

比較法的検討によって諸外国における最低賃金制度のあり方を分析するにあたっては，制度の歴史的展開を中心とすることにする。なぜなら，基本的な理念構造から理解するためには，最低賃金制度が社会のどのような要請に応えて生成されてきたものであるか，そしてそれがどのように発展していったのかという，歴史的経緯をふまえた位置づけを理解することが不可欠だからである。

---

[17] 経済学者による最低賃金制度に関する研究としては，たとえば藤本武『最低賃金制度の研究』（日本評論新社，1961年），小越洋之助『日本最低賃金制史研究』（梓出版社，1987年）などがある。また，制度の展開とその詳細については，黒川俊雄『最低賃金制論――その歴史と理論』（青木書店，1958年），労働省労働基準局編『最低賃金法の詳解と実務』（労務行政研究所，1959年），藤縄正勝『日本の最低賃金』（日本労働通信社，1972年），小粥義朗『最低賃金制の新たな展開』（日本労働協会，1987年）などがある。

そして次に，最低賃金制度として分析する対象を限定しておく。世界各国における最低賃金制度には様々なバリエーションがある。そして，その適用範囲（全国一律，産業別，職種別など）や設定主体（政府，労使，三者構成委員会など）において大きく異なっている。また，国家が法的強制力をもって定める最低賃金だけでなく，労使が自主的に設定する協約とその拡張適用によって事実上ほとんどの労働者をカバーするような賃金が定められている状態を，最低賃金制度があると称する場合もある。そして通常，一国の制度の中でも複数の制度が存在し，互いに影響を及ぼしあっているのが現状である。

しかし本書では，法的規範のあり方に着目した分析を行うために，労使が自主的に締結した労働協約を基本とする賃金制度については，必要な限りでのみ言及することとし，国家が何らかの法的強制力によって義務づける最低賃金制度を検討対象とする。日本については，地域別最低賃金を中心に検討する。もっとも，地域別最低賃金が現在の形態に発展してきた経緯を確認するため，その限りで産業別最低賃金等にも触れることにしたい。

具体的に検討する事項としては，特に，最低賃金の目的，考慮要素，決定方式（決定主体および決定プロセス）に着目して検討する。そして，これらを明らかにする過程で，最低賃金の適用対象や適用範囲など，制度の基本的事項の詳細について言及することとする。

また，関連する社会保障制度としては，日本の生活保護に相当する公的扶助制度のほか，これと密接な関連を有する失業時の所得補償制度も検討に含める。さらに，本来は狭義の社会保障制度には含まれないが，労働市場政策において近年重要な役割を果たすようになってきている給付つき税額控除制度についても検討することにしたい。もっとも，社会保障・税制度の変遷を全て網羅することは困難であるため，基本的には現行制度を対象とする。

(3) 分析の方法と視点

本書では，先に述べた問題意識に則って，最低賃金の問題を，決定方法と，最低賃金の水準と関連諸制度との関係という2つの問題に分けて検討することにする。なお，この場合の「決定」の意味としては，必ずしも最終的な責任の所在にはこだわらず，最低賃金の内容を実質的に決定する過程に着目した用法であると理解されたい。

まず，決定方法を分析するにあたっては，契約自由の原則を国家（政府）

Ⅱ 検討方法　　9

最低賃金制度をめぐる本書の問題設定

・最低賃金の決定方法：契約自由の原則との関係：制度内在的課題
　　　　　　　　　　…手続的正当化アプローチ（決定手続における労使当事者の合
　　　　　　　　　　　意形成プロセスに着目）
　　　　　　　　　　…実体的正当化アプローチ（決定される内容の妥当性に着目）
・最低賃金の水準：社会保障制度（公的扶助，失業補償，給付つき税額控除）との相互
　と関連諸制度と　関係：制度外在的課題
　の関係　　　　　…構造的関係（対象・期間）
　　　　　　　　　…水準問題

の介入によって修正するという点に着目して，最低賃金法制の制度上どのような正当化アプローチが採用されているかをみていきたい。そこで，分析の視点として，契約自由を修正するためのアプローチとして，手続的正当化アプローチと実体的正当化アプローチという2つの軸を用いることにする。

　ここでいう手続的正当化アプローチとは，決定される最低賃金の額そのものは直接問題とせず，決定手続において労使当事者の合意形成プロセスがあることを正当化根拠とするアプローチである。これに対して，実体的正当化アプローチとは，最低賃金の額それ自体の妥当性を問題にし，そこに一定の内容が実現されていることをもって正当化根拠とするアプローチである。諸外国の制度の検討においては，歴史的展開の中で，これらのアプローチがどのような経緯で採用されてきたのかという点に注目することにしたい。

　そして，最低賃金の水準と関連諸制度との関係についての分析にあたっても，2つの視点から検討することにしたい。まずは前提として，対象や期間の面から，最低賃金制度と社会保障・税制がどのように役割分担をしているかという構造的な関係を考察する。これは，最低賃金の果たす役割の限界を明確にするための視点でもある。そして次に，最低賃金の水準と社会保障制度における給付水準との相対的な関係に着目する。具体的には，そもそも最低賃金と社会保障給付は連動すべきものだと考えられているのか，そうだとすれば，それはどのような関係なのかについて考察することにする。

　そして最後に，決定方法と，最低賃金の水準と関連諸制度との関係を総合的な視点からまとめ，最低賃金の役割を再考することにしたい。

2 検討対象国

(1) 諸外国の制度

次に，以上で示した目的と分析手法が適する比較対象国を選定することにしたい。以下ではまず，それぞれ特徴を有するイギリス，アメリカ，オーストラリア，フランス，ドイツ，オランダの6か国の制度について，最低賃金制度の歴史的展開と，関係する現在の社会保障制度を概観する。なお，ヨーロッパ諸国を検討するにあたっては，EUレベルでの最低賃金規制は現行法上不可能とされていることを付言しておく[18]。

---

[18] EUでは，賃金設定は補完性の原則に従って加盟国および労使の問題とされている。したがって，最低賃金に関するEUレベルでの規制は存在しない。EC条約137条5項は，同137条は賃金に適用されないと定めており，欧州委員会の権限は極めて制限されている。

　もっとも，ヨーロッパ諸国に関しては，1961年の社会憲章（Council of Europe's Social Charter）を考慮する必要がある。同憲章4条において，加盟国は「労働者とその家族に適正な（decent）生活水準が与えられるような報酬（remuneration）の権利」を認識すべきことが規定されている。この権利に関しては個別申立てをすることはできないが，社会権に関する欧州委員会（European Committee on Social Rights）による定期的な報告書によってその義務の履行状況が把握されるようになっている。同4条1項の「適正な水準（decency threshold）」に関しては，専門家委員会によって，各国の平均賃金の68％が最低賃金の基準とされる。

　また，1989年に採択された「労働者の基本的社会権に関するEC憲章（European Community Charter of Fundamental Social Rights）」5条は，「全ての雇用は……各国における状況に応じて……公正に（fairly）報酬を与えられなければならない」こと，さらに，「労働者は公正な賃金（equitable wage），すなわち適正な生活水準を保つことを可能とするのに十分な賃金を保障されるべきである」ことを規定している。この「公正な」（equitable）という言葉は慎重に選ばれたものであり，最低（minimum）賃金ではない点が重要である。欧州委員会は，法的拘束力のない意見表明の中で「公正な賃金に関する一定の基本原則のアウトライン」を立案するだけにとどめ，この領域において極めて慎重な態度をとった（Commission Opinion on an Equitable Wage, COM（93）388 final）。この意見表明の第1段では，公正な賃金を以下のように定義づけている。「すべての労働者は，おこなった労働に対する，彼（女）らが生活し労働している社会の状況において，公正（fair）で適切な生活水準を可能とするのに十分な報酬を受けなければならない」。この欧州委員会のアプローチを支えるのは以下の4つの原則である。

　すなわち，(1)高い生産性および高い雇用の質を達成するための，投資と訓練の役割の認識，(2)公正な賃金の追求は欧州共同体のより大きな経済的・社会的結合およびより調和のとれた発展という基本的な目的の一部とみなされるという主張の再宣言，

(a) イギリス

(i) 最低賃金制度

　世界に先駆けて産業化の進んだイギリスでは、19世紀末には苦汗産業に従事する労働者の劣悪な労働条件が社会問題となっていた。もっとも、イギリスの労使関係においては労使自治が原則となっていたため、政府による介入は長らく、労使の合意の補完または促進のための役割に限定されてきた。最低賃金に関する最初の法律は、1909年産業委員会法 (Trade Boards Act

---

(3)差別的な賃金慣行は排除されるべきことの認識、(4)伝統的な低賃金層への姿勢の再検討、である。これについては3段階の行動計画が策定されたものの、賃金設定に関する問題についてそれ以上の進展をみることは困難だと考えられている。

　もっとも、社会保障の分野では、十分な所得に関する共通基準および社会保護システムにおける社会扶助に関する勧告 (92/441/EEC) というものが出されている (COM (91) 161 final (OJ [1992] L245/46))。前者が労働力の中のより弱い立場の者に対して特別の注意を払いながら労働に対するフェアな報酬に着目しているのに対して、後者は全ての起源による最低所得保証に関するものであり、人権の尊重に対してより明確に言及している。同1条は加盟国に対して、「社会的排除を撲滅するための包括的および一貫した推進力の一部としての、人間の尊厳を維持できる方法で生活するための十分な資力と社会扶助の基本的権利を認識し、社会保護システムを調整すること」を要求している。また、この権利が保障されるにあたっては、所得は個人ベースで供給されなければならず (Para. I. B. 2)、期限が定められてはならず (Para. I. B. 4)、そして「当該加盟国における生活水準および物価水準を考慮して、世帯の様々なタイプおよび規模にとって、人間の尊厳の尊重に関する根本的な需要を満たすのに十分」だと考えられるような水準に設定されなければならない (Para. I. C. 1 (a)) とされている。

　さらに、勧告92/442 (OJ [1992] L245/46) は、国家の政策の協調に関する指針を提供している。ここでは、社会保護政策のための4つの基本原則が掲げられている。まず第1に、加盟国は法的にその領土に居住するいかなる人々に対しても、その資力にかかわらず医療サービスへのアクセスを提供すること (Para. I. A. 1 (b))、そして、国家は退職したまたはキャリアを中断した雇用労働者に対して、その生活水準を維持するための代替所得を供給することが勧告されている (Para. I. A. 1 (d))。第2の原則は、社会的給付は、その受給者が国民全体の生活水準における改善の分け前を受け取れるように、「国籍、人種、性、信仰、習慣または政治的見解」(Para. I. A. 2 (a)) に関係しない非差別的根拠に基づいて支給されなければならず、公正 (fairness) の原則に従って与えられなければならないことである (Para. I. A. 2 (b))。第3の原則としては、社会政策は労働市場における変化に対応的な行動と家族構造の展開に適合させなければならないことが勧告されている。そして第4には、社会保護は最大の効率性とともに管理されなければならないとされる。そして同勧告は、傷病、妊娠出産、失業を含む6つの政策分野に関する特別の示唆を行っている。

1909）である。これは，三者構成の産業委員会によって産業別の最低賃金を定める制度であり，第二次世界大戦後は1945年賃金審議会法（Wages Council Act 1945）により，法律による団体交渉補完・促進のための制度として受け継がれた[19]。しかし，その実効性への懐疑や，経済に与える悪影響が問題視されたことにより，賃金審議会制度は1993年に廃止された。しかしその後，保守党から労働党への政権交代にともない，1998年全国最低賃金法（National Minimum Wage Act 1998）の制定によって，イギリス史上はじめてとなる全国一律の最低賃金制度が導入された[20]。

　全国最低賃金制度導入の目的としては，低賃金層の賃金水準の適正化によって貧困問題に対処することのみならず，妥当な水準の賃金の支払いを企業に課すことによって，在職給付などの税負担を軽減させるという財政上の利点が指摘されている。そして，最低賃金制度は「福祉から就労へ（Welfare to Work）」という就業促進プログラムに組み込まれた。すなわち，適正な水準の最低賃金を保障することで，在職給付としての給付つき税額控除制度改革と併せ，就労の価値を高めることで失業者を就業に振り向けるとともに，社会的包摂を実現することが意図されているのである。

　最低賃金の適用対象は，義務教育年齢（16歳）を超えた労働者であるが，26歳未満の労働者については，規則によって適用除外または減額が認められており，現在では16歳および17歳を対象とする最低賃金額と，18歳から21歳未満を対象とする最低賃金額，そして21歳以上の労働者に適用される基本最低賃金額，そして職業訓練中の者を対象とする訓練最低賃金額の4種類が設けられている。しかし，地域や企業規模，26歳以上の年齢または職業などによって異なる時給額を設定することはできないとされている。また，

---

[19] 以下の記述は，古川陽二「イギリスの最賃制度の現状と課題」世界の労働57巻11号（2007年）16頁以下，樋口英夫「イギリスの最低賃金制度」労働政策研究・研修機構編『欧米諸国における最低賃金制度』JILPT資料シリーズNo.50（2008年）48頁以下，小宮文人「イギリスの全国最低賃金に関する一考察」北海学園大学法学研究42巻4号（2007年）19頁以下，小宮文人「イギリスの全国最低賃金とわが国への示唆」季刊労働法217号（2007年）98頁以下を参照した。

[20] イギリスは，社会憲章に関しては1996年の改正の際に署名はしたものの，批准はしていない。また，1995年のプロトコルによって集団的申立ての条項が創設されたものの，イギリスは署名していない。また，1989年の「労働者の基本的社会権に関するEC憲章」についても，イギリスは採択に加わっていない。

これらの額はパートタイム労働者や臨時雇用労働者についても適用がある。

　全国最低賃金額は時給額で示され，国務大臣[21]が規則によってその額を決定する。国務大臣は，最低賃金の決定にあたり，同法に基づいて設立された独立の諮問機関である低賃金委員会（Low Pay Commission）に諮問し，その勧告を受けることができる。同委員会は，時間あたり最低賃金額のほか，最低賃金の算定基礎期間や適用除外，その他大臣から諮問された事項について検討しなければならない。低賃金委員会の構成は，議長および委員8名の合計9名であり，労使関係に精通した者が任命されることになっているが，労使同数の規定はない。最低賃金の考慮要素に関しては，1998年法が「イギリス経済全体およびその競争力」への影響を考慮したうえで提案すべきことを定めている。実際に考慮の中心となっているのは，雇用の増減や平均賃金の伸び率，物価上昇率であるとされる。低賃金委員会による検討結果は報告書の形で政府に提出され，これまでのところ，改定案はそのまま大臣によって承認され，改定規則が制定されている。

(ii)　社会保障制度

　イギリスにおける失業補償制度としては，拠出制求職者給付（Contribution-based Jobseeker's Allowance）と所得調査制求職者給付（Income-based Jobseeker's Allowance）の2種類があり，原則として18歳以上年金受給年齢（男性は65歳，女性は60歳）未満の失業者であって，イギリスに居住している者を対象とする（ただし，16〜17歳の者については例外がある）[22]。保険制度である拠出制求職者給付制度は，就労能力があることを前提として，無職か，収入のある仕事に週平均16時間以上従事していない者について，求職活動を積極的に行っていることを要件として（パーソナル・アドバイザーとの間で求職者合意書（Jobseeker's Agreement）を締結することも含む），国民保険の保険料を納付している者に受給資格を認めている。これに対して，所得調査制求職者給付は，もともと公的扶助である所得補助（Income Support）の一部を改編したものであり，国民保険の拠出要件を満たさない者を対象と

21　管轄を有する行政庁は「ビジネス革新技術省（Department for Business, Innovation and Skills）」（2011年6月現在の呼称）である。履行監督などは，歳入税関庁（Her Majesty's Revenue and Customs）が担当している。

22　イギリスの求職者支援制度の全般については，丸谷浩介「イギリスにおける求職者支援法の展開」季刊労働法232号（2011年）65頁以下参照。

している。就労が不可能な者は下記の所得補助の対象となるが，稼働能力のある者は所得補助を受給することができず，所得審査を受け，求職者要件を満たした場合に限って所得調査制求職者給付を受給することとなる。

イギリスにおける公的扶助のうち，日本の生活保護制度にあたるのは所得補助である[23]。所得補助は，就労時間が週あたり16時間未満であって，収入・資産が所定の基準で算出した所要生計費に満たない場合が対象とされる。稼働能力があると認められる者は上記の求職者給付の対象になるので，所得補助制度の主たる対象は，高齢者，疾病や障害により就労できない者，家庭内介護や子供の養育のため就労できない者となる。具体的な支給額は，申請者の年齢に応じた基本所要生計費に家族構成や障害の程度等に応じた加算によって所要生計費が算出され，これから実際の収入や貯蓄を差し引いた残額として算出される。

これらに加えて，就労しているが所得が一定基準を下回る世帯に対して就労インセンティブを損なわないような段階的な給付を行う，給付つき税額控除（tax credit）という税制上の制度が重要な意味をもつようになってきている。これは後述するアメリカの稼得所得税額控除制度にならったものであり，最低賃金制度と抱き合わせの形で1999年に導入され，2003年4月より就労税額控除（Working Tax Credit）および児童税額控除（Child Tax Credit）という2つの制度に再編されて現在に至っている。

(b) アメリカ
(i) 最低賃金制度

アメリカ合衆国の最低賃金制度は，1938年の公正労働基準法（Fair Labour Standard Act）による連邦最低賃金と，約9割の州で設けられている州別最低賃金との二重構造になっている。連邦最低賃金は議会によって法律で決定され，州別最低賃金は州によって州議会または委員会（審議会）などで決定されるが，州別最低賃金は連邦最低賃金を下回ることができない。

---

[23] 公的扶助のほかに，傷病や障害のために就労が困難な者については，求職活動などが義務づけられない就労不能給付（Incapacity Benefit）という社会保障制度が適用されていた。しかし，その受給者の増大が社会的問題となったため，2007年福祉改革法（Welfare Reform Act 2007）等によって雇用支援手当（Employment and Support Allowance）が導入され，障害がある者についても障害の程度に応じて働くことが受給要件とされるようになった。それらの改革をめぐる動向については，丸谷・前掲脚注22論文67頁以下。

II 検討方法

　1938年の公正労働基準法は、1910年代から各州で設定されていた、極端な低賃金に起因する生活難の排除を目的とする州別最低賃金制度の影響を受けていた一方で、1929年の金融恐慌を契機とする失業対策の必要性から、ニューディール政策の一環として景気対策としての目的も併せもっていた。連邦最低賃金の額は公正労働基準法6条a項1号に規定されており、適用対象は3条および13条に定められている。

　連邦最低賃金の決定方式は制定当初から変更されておらず、連邦議会に最低賃金改定案が提出され、上下院で承認され、大統領が承認の署名をすることで改定が認められる。その改定は、日本のように毎年定期的に検討されるものではない。州別最低賃金の中には、フロリダ州やワシントン州のように消費者物価指数へのスライド制となっているところもあるのに対し、連邦最低賃金に関しては引上げの基準が明確にあるわけではなく、政治的な駆け引きによるところが大きいといわれる。たとえば、2007年5月に決定された最低賃金の引上げは、1998年から議会で議論が続けられながら、中小企業を対象とした減税政策との抱き合わせによって漸く実現されたものであった[24]。このような決定構造については、「硬直性」という弊害が指摘されている[25]。

　連邦最低賃金の適用対象は、当初は限定的であったが、1961年および1966年、1989年の改正などで順次適用対象が拡大され、現在は、州際通商あるいは州際通商のための商品の生産に従事する労働者、または年商50万ドル以上の企業に雇用されている労働者が対象とされている。また、事業規模にかかわらず、病院、身体障害者のための施設、心身に障害のある児童のための学校に雇用されている労働者や、幼稚園、小学校、中学校、高等教育機関、連邦政府または州政府、市、郡の職員にも適用される。さらに、一定の条件を満たす家庭内サービスに従事する労働者についても適用がある。同時に、幹部職員や季節的娯楽施設の労働者、船員や漁業従事者などの適用除外、および、20歳未満の新規雇用労働者につき採用から90日間、チップ労働者、学生、障害者などについて、減額が定められている。連邦最低賃金

---

[24] 北澤謙「アメリカの最低賃金制度」労働政策研究・研修機構編・前掲脚注19書7頁以下。

[25] 柳澤武「最低賃金法の再検討――安全網としての機能」日本労働法学会誌111号（2008年）11頁以下。

違反に関しては，1案件ごとに罰金が科されうる。

　連邦最低賃金の額は，制定当初は限られた適用対象者について一律に時給0.25 ドルであった。1966 年改正によって，農場労働者とそれ以外の労働者について別個の額が定められるようになったが，1978 年からは再び全労働者について一律の額が定められるようになった。最低賃金で働く労働者の特徴としては，若年者や女性，パートタイム労働者，飲食店従業員という属性の者が多く見られる[26]。なお，アメリカ政府は世帯収入に関する貧困基準を定義しているが，連邦最低賃金でフルタイム就労する場合，世帯構成によっては貧困基準を下回ることもありうる。

　アメリカにおける最低賃金に関する議論の中心は，その引上げが雇用に対してどのような影響を与えるのかというマクロ経済学的な分析である。1990 年代には最低賃金の引上げが雇用減少を引き起こさないという実証研究が大きなインパクトを与えたが，その後はむしろ若年層の雇用が減少するという研究も多く発表されており，意見が分かれている[27]。他方で，いくつかの自治体においては，生活賃金という概念に基づく最低賃金が導入されている例もみられることが報告されている[28]。

(ⅱ) 社会保障制度

　アメリカでは，連邦労働省が失業補償制度を管轄しているが，各州も独自のプログラムを有しており，連邦が失業補償でカバーされる雇用の種類を決めたうえで，各州がその具体的受給要件および州あたりの給付額，給付期間などを定めている[29]。1935 年に制定された社会保障法における「連邦失業補償（unemployment compensation）プログラム」によると，受給要件として，就労能力があり就労可能であることに加え，提供される仕事が当該労働者の能力の及ぶ範囲であり，最低賃金を超え，失業補償給付を超える場合にはそ

---

[26] 笹島芳雄「米国の最低賃金制度をめぐる最近の動向と今後の課題」世界の労働 57 巻 11 号（2007 年）8 頁以下。

[27] Card と Krueger の研究と Neumark と Wascher を中心とする研究の対立については，前掲脚注 14 参照。

[28] 柳澤・前掲脚注 25 論文 20 頁～23 頁。

[29] 後藤玲子「アメリカの最低生活保障制度」栃本一三郎・連合総合生活開発研究所編『積極的な最低生活保障の確立――国際比較と展望』（2008 年）209 頁以下，藤田伍一「総論――アメリカ社会保障の枠組み」小松隆二＝塩野谷祐一編『先進諸国の社会保障 7　アメリカ』（東京大学出版会，2000 年）3 頁以下参照。

れを断ってはならないこととされている。この受給要件が厳しく判断されることと，所得代替率が約4割程度と低く，支給期間が短いことによって，その役割は極めて限定的であるとされている。

また，アメリカでは，低所得者を対象として公的な「現金その他の援助プログラム」が80種類以上存在する。しかし，これらは社会福祉として位置づけられており，老齢者，視覚障害者，心身障害者，要扶養状態にある子どもを対象としている。労働主義が社会保障制度にも強く投影されているアメリカでは，稼働年齢にある一般成人については，生活全般をカバーする所得保障の対象とはなってこなかった。

そして，稼働年齢世帯の最低生活保障という観点からみて重要な役割を果たしているのが，給付つき税額控除である[30]。これは，一定所得以下の世帯に対して，税金の支払いが免除されるだけでなく，不足額に応じて一定割合で現金補助を受けることができる制度であり，勤労所得税額控除（Earned Income Tax Credit）および育児税額控除（Child Tax Credit）との2種類がある。稼得所得税額控除は，稼得所得の低さに応じて一定の割合で税金が還付される制度である。この制度は1975年に制定された時限立法下の制度であったが，適格児童（qualifing child）を養育する不適格所得（disqualified income）が一定額未満の低所得就労世帯を対象として，今日まで続いている。子どもがいる世帯については，1997年に制定された育児税額控除も重要な役割を果たしている。アメリカにおける稼働年齢世帯の最低所得保障としては，これらの給付つき税額控除の果たす役割が大きい。

(c) オーストラリア

(i) 最低賃金制度

オーストラリアは，19世紀末という，世界で最も早い時期に最低賃金を制度化した国である。当初は調停仲裁制度がとられていたが，2000年代に入り，中央集権的な最低賃金制度へと根本的な変容を遂げている点が注目される。

オーストラリアでは，1896年にヴィクトリア州において賃金委員会制度が設けられて以降，1911年までには西オーストラリア州以外の全州におい

---

[30] アメリカの稼得所得税額控除については，黒田有志弥「所得保障制度としての給付付き税額控除の意義——アメリカの稼得所得税額控除（EITC）」ジュリスト1413号44頁以下参照。

て賃金委員会制度が普及した。当初は弱い立場にある労働者の保護が目的とされていたが，それが仲裁制度という一般的労働条件決定のための制度的枠組みに発展していった点が特徴的である。オーストラリアにおける賃金決定および調整は，1904 年仲裁調停法（Conciliation and Arbitrations Act 1904）によって労使関係の仲裁・調停機関として設立されたコモンウェルス仲裁調停裁判所とその後継機関（3 度の名称変更を経て，現在は「オーストラリア労使関係委員会（Australian Industrial Relations Commission）」）が担っていた。オーストラリアにおける賃金は，「全国賃金ケース」，「産業ケース」，「上積み交渉」の 3 層構造となっており，このうち全国賃金ケースにおける「基本賃金」が最低賃金に相当し，同機関が労使双方の意見聴取に基づいて調停あるいは仲裁を行い，最終的には裁定（award）という形で決定していた[31]。この基本賃金は，「必要性の原則」と「支払能力の原則」という 2 つの原則を基準とし，伝統的には生活賃金が考慮されていた。しかし，1990 年前後から賃金決定システムにおける仲裁制度の役割は次第に減少し，1993 年労使関係修正法（Industrial Relations Reform Act 1993）は労使の直接交渉を認める企業別柔軟性協定を導入した。ただしここでは，協定内容は公益に反してはならず，裁定条件を下回ってはならないという「不利益テスト」が設けられた。さらに 1996 年職場関係法（Workplace Relations Act 1996）では労使関係委員会の裁定権限が大きく制限され，最低賃金の引上げが特に若年労働者の失業率を上昇させるという懸念のもとに，基本賃金の決定に関しても社会一般の生活水準や生産性，インフレなどの経済的要因等の諸条件を考慮することとされた。そして，2005 年 12 月には職場関係改正（職業選択）法（Workplace Relations Amendment（Work Choices）Act 2005）が制定され，最低賃金の決定権限は新設のオーストラリア公正賃金委員会（Australian Fair Pay Commission：AFPC）へと移行された[32]。

それ以降，オーストラリアでは，AFPC が連邦最低賃金（Federal Minimum Wage）を決定している。AFPC は独立の法定機関であり，「国民の経済的繁栄を促進する」ことを目的とした最低賃金を決定し，調整する義務を有

---

[31] 長峰登記夫「オーストラリアの最低賃金――仲裁制度下の最低賃金と仲裁制度離脱後のゆくえ」世界の労働 57 巻 11 号（2007 年）42 頁以下。

[32] オーストラリア労使関係委員会の機能は，現在は，雇用紛争を取り扱う審判所としての役割に純化されている。

している[33]。AFPC の委員は，経済界，法曹界，職場関係，学識経験者などから選ばれるが，オーストラリア労使関係委員会の委員と異なり，労働組合の代表を入れて協議するのではなく，最低賃金の増額が貧困者に対して好ましい効果を上げているか否かを経済的な証拠によって判断することに重点がおかれ，経済的効果の調査研究が主要な職務となっている。同法によって，1993年労使関係修正法の「不利益テスト」は廃止された[34]。具体的には，AFPC は各種統計および，利害関係者との協議，様々な個人や団体の意見表明，そして最低賃金の増額によって直接影響を受ける当事者との協議などによって得た情報に基づいて最低賃金を決定している。

AFPC の主たる賃金設定権限は，(1)連邦最低賃金の調整，(2)オーストラリア賃金職務分類スケール（Australian Pay and Classification Scales）における最低職務分類の額の決定・調整，(3)若年被用者および障害をもつ被用者，訓練中の被用者に対する特別連邦最低賃金の決定・調整，(4)一定の被用者に関する基本定期給および基本出来高給の決定・調整，(5)臨時の手当の決定・調整である[35]。この賃金決定機能を果たすにあたって，AFPC は，以下のことを考慮しなければならない。すなわち，(1)失業者と低賃金労働者が雇用を獲得または維持する余地，(2)経済全体における雇用と競争力，(3)低賃金労働者に対する安全網の提供，そして(4)最低賃金が，若年被用者および障害をもつ被用者，訓練中の被用者にとって労働市場における彼らの競争力を担保することである。

AFPC は，2006年10月26日に初回の決定を出し，それ以降は毎年改定がなされている（据え置きの決定も含む）。なお，2007年7月5日に出された2度目の決定では，深刻な天候被害による支払能力不足を理由として農業従事者に対して賃金増額の延期が認められたが，このような措置はオーストラリア労使関係委員会時代はほとんど認められなかったものである。

(ii) 社会保障制度

オーストラリアの社会保障制度は，所得制限と資産制限によって給付対象を貧困者に限定するという選別的・限定的な性格を基調としている[36]。そし

---

[33] Australian Fair Pay Commission, 'Wage-Setting Decisions July 2007', p.8.

[34] 長峰登記夫「規制緩和という名の規制強化――豪州『仕事選択法』の検討から」大原社会問題研究所雑誌584号（2007年）24頁以下。

[35] Australian Fair Pay Commission, 'Wage-Setting Decisions July 2007', p.9.

て，失業給付は，保険方式ではなく，1991年社会保障法（Social Security Act 1991）および1973年学生支援法（Student Assistance Act 1973）に基づいて，全額国庫負担によって支給されている。このため，就職経験のない者も支給の対象となる点に特徴がある。失業給付の種類としては，主として16歳から24歳の者を対象とする若年者手当（Youth Allowance），21歳以上の者を対象とする新就職手当（Newstart Allowance）がある。失業者は，連邦政府の社会保障給付事務等を総合的に行う独立行政法人「センターリンク」に申請を行い，求職者資格審査（Job Seeker Classification Instrument）を受けることになる。申請者は，年齢，職歴，失業期間，学歴，家族構成等に基づいて就職困難度を点数化され，地域のジョブ・ネットワーク・メンバーとの面接を受けなければならないことで，ニーズによる給付対象の絞り込みが厳格に行われるとともに，労働市場への参入努力が促される仕組みとなっている。

　近年，若年者雇用対策として「相互義務」（mutual obligation）制度が導入された。18～49歳までの者で，新就職手当，若年者手当等の社会保障給付を6か月間受給している者については，一定のパートタイム労働やボランティア活動，職業訓練，就職支援プログラムなどの活動への参加が義務づけられ，この義務を履行しない場合は「相互義務」を果たしていないとして各種給付が削減される。

　また，公的扶助としての特別給付制度（Special Benefit）は，1991年社会保障法に基づき，年齢や肉体的，精神的障害など自分の力だけでは対応できない理由により，自らとその扶養家族の生計を十分に維持できない者のうち，他の所得保障制度の適用を受けられない者の最低生活を保障する制度である。この要件によって，受給者の大部分は，他の所得保障制度の適用を受けるために必要なオーストラリアでの居住要件を満たせない「近年移民してきた者」となっている。その他の受給者としては，子ども等を扶養する者，18歳未満の若年ホームレス，妊婦等がいる。給付の種類には，基本給付と家賃補助がある。給付水準は家族・地域サービス省の判断により決定されるが，目安としては，前述の新就労手当および若年者手当に準じ，これを超えない範囲とされている。なお，受給者に所得があればその分給付額が減額される。

---

[36]　西村淳「社会保障・社会福祉の歴史と現状」小松隆二＝塩野谷祐一編『先進諸国の社会保障2　ニュージーランド・オーストラリア』（東京大学出版会，1999年）201頁以下参照。

また，住宅保有者，住宅非保有者という類型ごとに資力審査も行われる。

(d) **フランス**

(i) 最低賃金制度

　フランスでは，法定の最低賃金と労働協約による最低賃金があり，後者は前者を下回ることができないとされている[37]。このうち，法定の最低賃金が最初に制度化されたのは，1950年の「全職域最低保証賃金（salaire minimum interprofessionnel garanti：SMIG）」である。このSMIGを導入した同年2月11日の法律（労働協約法）は，それ以前の第二次世界大戦中・戦争直後における賃金統制から賃金の自由交渉への移行を宣言するものであり，自由な交渉と最低賃金に関する規制とが表裏一体とされていたことがわかる。SMIGは社会における最低生活費を保障するものと考えられ，実際の生活費の違いに基づいて，居住地域による差が設けられていた。その水準の決定は大臣閣議によるデクレでなされることとされたが，1952年には物価変動に応じて自動的に調整する仕組み（物価スライド制）が導入された。これにより，物価上昇率が5％を超えると，最低4か月を間隔とするSMIG改定時にその上昇が反映されることとなった。その後，1957年6月16日の法律では上昇率は2％に変更され，SMIGの額の決定に国民所得を考慮しなければならないという改正が加えられた。

　もっとも，1960年代の好況期には，平均賃金上昇とSMIGの引上げとの乖離が問題となった。そして，1968年の大規模ゼネストを契機として政労使間でSMIGの引上げが合意され，その後1970年1月2日の法律によって，SMIGは全職域成長最低賃金（salaire minimum interprofessionnel de croissance：SMIC）へと変更された。これは，最低賃金の概念そのものの変化を意味した。すなわち，SMIGが最低限の生活保障を唯一の目的としていたのに対し，SMICは，購買力の保障とともに国家の経済発展の果実を分配することをも目的に掲げたのである。これに伴い，SMICの引上げの際には，物価上昇のみならず平均賃金の上昇を考慮することになった。現在の最低賃金の決定方式は，3つのメカニズム──(1)物価へのスライド制，(2)国の経済成長とのリンク，(3)政府裁量──である。1997年以降は，SMICの引上げ

---

[37] 川口美貴「フランスにおける賃金決定の法構造──法定最低賃金」静岡大学法経研究40巻1号（1991年）114頁以下，外尾健一「フランスの最低賃金制」季刊労働法9号（1953年）123頁以下。

は毎年1回，定期的に実施されている。

　最低賃金（SMIC）の適用対象は，通常の身体能力を有する満18歳以上の労働者であり，労働時間を把握できない一部の者を除き，企業規模にかかわらず適用される。18歳未満の労働者で，当該業種における職歴が6か月未満の者には，SMICから一定割合で減額された額が適用される。また，見習契約および職能形成契約を締結している26歳未満の若年労働者についても，年齢と職業教育レベルに応じた減額率が適用される。

　OECD加盟諸国の最低賃金の中で，フランスのSMICの水準は最も高い水準にある。このことは，雇用の減少による失業増加という懸念と，「社会のSMIC化」という懸念を生み出している。後者は，最低賃金が相対的に高いために正常な賃金ヒエラルキーが形成されにくいのではないかという問題意識である。2007年5月に発足したSarközy政権下ではSMICの改革が検討され，2009年には専門家委員会という独立の委員会が関与する新たな制度が導入された。もっとも，物価上昇率へのスライド制や全国一律の設定額などの基本的な点は維持される方向にある。

(ⅱ) 社会保障制度

　フランスでは1958年以降，労使協定に基づいて，全国商工業雇用連合（Unédic）および地域商工業雇用協会（Assédic）の管理による失業保険制度が実行されてきた[38]。2010年以降，失業保険は後述する連帯制度と併せて公的機関である雇用局（Pôle Emploi）が担当するようになったが，労使協定によって構築され管理運営されている点には変わりがない。失業保険給付の適用対象となるのは，雇用契約によって1名以上の労働者（派遣労働者およびパートタイム労働者を含む）を雇用する全事業主である。なお，国，地方自治体および公共企業体に雇用される公務員は，適用除外とされる。財源は，加入時の事業主拠出金，労使の保険料（一般保険料および特殊保険料）および政府の補助金である。受給者数の増加により給付費が増大するときには，その増加額について政府が負担することがある。2001年7月の「雇用復帰支援計画」の導入により，失業保険給付の種類は雇用復帰支援手当（Allocation d'aide au retour à l'emploi：ARE）に原則一本化され，受給には積極的な求

---

[38] フランスの失業補償制度をはじめとする雇用政策全般については，笠木映里「フランスの雇用政策──近年の動向と日本への示唆」季刊労働法232号（2011年）43頁以下参照。

職活動が求められることになった。さらに，2006年1月1日の労働協約により，給付要件（就労期間）の厳格化と給付期間の短縮が行われた。また，2007年9月にSarközy大統領は労働・社会政策の全体像を発表し，その中で失業保険給付の改革（適切な雇用の紹介を2度拒否した求職者に対する罰則の強化等）を盛り込んでいる。また，保険の受給資格をもたない者や保険の給付期間が満了してなお有効な生計手段をもたない者に対しては，公的扶助に近い連帯失業手当（Allocation de solidarité spécifique：ASS）制度による所得保障が図られている。

また，フランスの公的扶助としては，国民連帯の思想に基づいて様々な最低生活保障制度が発展してきたが，1988年に創設された参入最低所得保障（Revenu minimum d'insertion：RMI）と，2008年にそれを受け継いだ活動連帯所得（Revenu de solidarité active：RSA）がその中心となっている。

RSAの対象者は25歳以上65歳未満のフランス常住者で，生活に困窮し，失業している場合は就業努力を行っている者である。これらの者については，金銭給付と参入支援が与えられ，一定時間以上の雇用を得られた場合には，世帯所得が社会保障給付のみよりも確実に高くなるようにする制度が設けられている。

また，給付つき税額控除制度の一環として，収入が一定額未満の世帯に属する者が就労する場合の金銭給付である雇用手当（Prime pour l'emploi：PPE）の制度が，2001年より導入されている。

(e) **ドイツ**
(i) 最低賃金制度

ドイツでは，基本法9条3項の「協約自治（Tarifautonomie）」を尊重し，賃金額の決定は，基本的には労働協約に委ねられている[39]。現在までの，賃金額に関する法規制は以下の5種類に分類される。すなわち，(1)連邦労働大臣が協約当事者の申請に基づき，全国レベルの労使代表によって構成される協約委員会の同意を得てなされる，ある労働協約が，その専門的空間的適用範囲における協約に拘束されない使用者と労働者にも直律的かつ強行的に拡張される「一般的拘束力宣言」（労働協約法5条），(2)組合または使用者団

---

[39] 橋本陽子「最低賃金に関するドイツの法規制と立法の動向」世界の労働57巻11号（2007年）26頁以下。

体が存在しないか，少数しか組織しておらず，労働条件の確定が社会的経済的に必要であり，かつ，協約の一般的拘束力宣言が行われていない部門において国家が最低労働条件を決定する1952年の「最低労働条件法」，(3)一定産業における一般的拘束力を付された労働協約の内容が，同協約が統一的な最低賃金に関する条項をおいている場合には，外国に所在地を有する使用者とその労働者にも適用されることとする1996年の「労働者送り出し法」（EC送り出し指令96/71号の国内実施法），(4)純粋な個別契約における，あまりにも低い賃金を良俗違反で無効（民法典138条2項）とする「賃金搾取（Lohnwucher）」に関する連邦労働裁判所の判例法理，(5)家内労働者，労働者類似の代理商，職業訓練生のための特別の規制（家内労働法19条，商法典92a条，職業訓練法10条）である。

　このうち，最低労働条件法（上記(2)）は，本来ならば協約の存在しない部門における労働条件の欠缺を補うべく規定された法律であり，法定最低賃金制度と位置づけられるものである。しかし，立法直後の1952年に最初の申請が挫折して依頼，現在まで一度も適用されたことはなく，有名無実化している。そして，著しい低賃金からの保護には判例法理（上記(4)）が大きく寄与してきた。

　もっとも，2004年前後から，ドイツにおいても法定最低賃金制度導入に関する議論が高まってきている[40]。その背景にはEUの拡大があるが，国内において求職者の基礎保障制度が導入され，就労能力がある最低生活保障給付受給者が，協約賃金を大幅に下回る仕事であっても斡旋を受ければ拒否できないとされたことも一因となった。2005年11月に発足したCDU/CSUとSPDによる大連立政権は，労働者送り出し法の対象拡大と最低労働条件法改正についての合意を2007年6月に発表し，2009年2月13日には両方の改正法案が連邦参議院で可決され，現在施行されている。このうち，最低労働条件法は，6人の独立委員および労使各団体からの各3人の委員から構成される中央委員会（Hauptausschuss）を常設とし，「社会的非難（soziale Verwerfungen）」の認められる経済部門の有無を認定し，最低賃金の決定，改正または廃棄を行うこととした（最低労働条件法3条1項）。具体的な額の決定

---

[40]　大島秀之「ドイツの最低賃金制度」労働政策研究・研修機構編・前掲脚注19書100頁以下。

は労使団体の代表各3人からなる専門委員会（Fachausschuss）が行うとされるが，中央委員会の常設化は大きな変化であるといえる。そして，最低労働条件法と労働者送り出し法の適用範囲の違いは，前者が，ある経済部門に連邦全体または個別地域の賃金協約が存在しないか，または当該経済部門に連邦全体または地域レベルの賃金協約に拘束される使用者が賃金協約の適用範囲の労働者の50％未満しか雇用していないことが条件とされ，後者はそれ以外だと考えられている。もっとも，同時に，労働者送り出し法の適用対象部門も拡大され，救急・介護，警備業，ゴミ収集業，失業者の継続訓練業，事業者・施設を顧客とするクリーニング業および鉱業が新たに適用対象産業となった。これらは本来ならば低組織率を理由として最低労働条件法による規制の対象と考えられうる産業であるため，今後最低労働条件法の適用が普及する余地はあまり残されていないという見解も有力である[41]。

(ii) 社会保障制度

ドイツでは従来，社会保険の適用対象者は，一定期間は失業手当（Arbeitslosengelt）によって，また失業保険受給期間を経過した後は一定要件の下に失業扶助（Arbeitslosenhilfe）を受給することによって，従前の賃金水準に準じた生活水準を維持することが可能とされてきた。

これとともに，公的扶助である社会扶助（Sozialhilfe）も，稼働能力のある失業者の最低生活保障について重要な役割を果たしてきた。連邦社会扶助法1条2項1文では，基本法における社会国家原理と人間の尊厳規定をもとに，「扶助の受給者が人間としての尊厳に値する生活を可能にする」と規定していたからである。社会扶助法においては，扶助の方法として対人援助，金銭給付，現物給付の3種類が規定されており，対人サービス保障が重視されてきた[42]。さらに，就労可能な要扶助者が失業状態から脱するための，就労扶助（Hilfe zur Arbeit）が規定され[43]，社会扶助受給者の多くがこれによって何らかの就労をしていた。

---

41 橋本陽子教授（学習院大学）への2009年5月8日のインタビューによる。

42 布川日佐史「ドイツにおける最低生活保障制度とその改革動向」栃本他編・前掲脚注29書120頁。

43 これには，社会扶助給付に少額のプレミアが上積みされる形態（プレミア型）と，労働協約に基づく通常の報酬が与えられ，社会保険加入義務が生ずる形態（労働協約型）との2種類があった。

しかし，東西統一後の大量失業の深刻化に伴う改革の一環として，就労可能な要扶助者に関しては，社会扶助から 2003 年 12 月に「求職者基礎保障（Grundsicherung für Arbeitsuchende）（社会法典Ⅱ）」制度が独立して設けられることとなった（2005 年 1 月より施行）[44]。これによって，従来の社会扶助は，就労不能な者のみを対象とする制度として純化された。求職者基礎保障制度は，自立および就労支援という役割を掲げている点で，最低生活保障を前面に打ち出している社会扶助法とは性格を異にする。そして，就労可能な 65 歳未満の失業者であって，支援を要する者については，失業登録および失業保険拠出義務のある雇用に従事していたこと等を要件として，基礎保障としての失業手当Ⅰ（Arbeitslosengelt Ⅰ）を受給しうることとされた。要支援者は，実施機関と参入契約（Eingliederungs-Vereinbarung）を結び，給付の内容や努力の内容と頻度，努力の評価方法などを定めなければならない。この参入契約で確定した義務を果たさない場合などは，基準額の減額などの制裁が設けられている。これに加えて，稼働能力のある失業者であって支援を必要とする者については，生活維持のための費用として，失業手当Ⅱ（Arbeitslosengelt Ⅱ）を受給することができる。このように，稼働能力のある者については求職者基礎保障（失業手当ⅠおよびⅡ），稼働能力がないか減少している障害者等については社会扶助という，相互に排他的な最低生活保障制度が併存している。

(f) オランダ
(ⅰ) 最低賃金制度

オランダでは，第二次世界大戦以前は労使交渉を通じて最低賃金が設定されていたが，1969 年の最低賃金および休暇手当法（Wet Minimumloon en Minumumvakantiebijslag）によって法定最低賃金制度が導入された[45]。その目的は，国内の所得状況を考慮したうえで，社会的に容認される労働報酬を保障することであった。制定当初は 24 歳以上 65 歳未満の労働者が適用対象とされたが，1971 年には 23 歳以上に引き下げられ，1974 年には 15 歳から 22 歳の若年者最低賃金が導入された。1993 年には，それまで対象外とされ

---

44 ドイツの求職者基礎保障等については，名古道功「ドイツの求職者支援制度」季刊労働法 232 号（2011 年）29 頁以下参照。

45 松尾義弘「オランダの最低賃金制度」労働政策研究・研修機構編・前掲脚注 19 書 70 頁以下。

ていた，標準労働時間の3分の1未満のパートタイム労働者にも最低賃金が適用されることになった。また，1996年には，一定の条件を満たす在宅労働者に関しても最低賃金が適用されることとなったが，徒弟は適用除外である。また，家事代行サービス業者や存続の危ぶまれる業種または企業の労働者についても一定条件下で適用除外としうる規定があるが，ほとんどその例はない。

最低賃金は賃金支払期間（月，週または日）ごとに，全国一律の額が設定される。月額を基本に，週額は3/13×月額最低賃金，日額は3/65×月額最低賃金という計算式で算出される。

最低賃金の改定は，政府が1月と7月の年2回行うことと定められている。1991年までは，市場の一般賃金および消費者物価指数の上昇率にスライドするシステムであったが，1992年施行の新調整メカニズム法（Wet Koppeling met Afwijkingsmogelijkheid）によって，民間および政府機関における団体交渉で合意された協約賃金の上昇率を，最低賃金の改定に反映させるものとされた。もっとも，オランダでは最低賃金と社会保障給付額とが直接連動するシステムをとっているため，雇用に影響を及ぼすと予想される場合，および租税や社会保険料率の大幅な引上げが必要不可欠である場合は，引上げを凍結することができる。これには，就業者数（A）に対する社会保障給付受給者数（I）のレシオが用いられ，これ（I/Aレシオ）が一定水準を超えた場合が引上げ凍結の目安となる[46]。

政府の最低賃金決定に関しては，従来は公労使で構成される社会経済審議会（Sociaal-Economische Raad）に諮問することが義務づけられていたが，1995年以降は諮問の義務はなくなり，政府は引上げの凍結をする場合にのみ，国会にその理由を説明することが求められている。そのほか，政府は4年ごとに最低賃金額の水準について見直しが必要か否かの検討をしなければならない。

オランダでは，労働者の約85％が協約賃金の適用を受けていることから，最低賃金の水準や，最低賃金と雇用の関係についてはそれほど大きな議論はないとされる。しかし，一部の業種については，若年労働者を労働コスト抑

---

[46] このレシオ自体は法律上の規定はないが，2006年現在で0.8とされている（松尾・前掲脚注45論文75頁）。

制のために利用していると批判がなされており，労働団体が若年者最低賃金の撤廃などを求めている。

　さらに近年，政府は最低賃金の基準を月単位から時間単位へと転換しようとしている。それは労働者と労働基準監督官の双方が最低賃金遵守を容易に確認しうるためである。もっとも，最低賃金を時間額に変更する場合，標準労働時間をどのように設定するかという問題がある。政府が採用する労働時間基準によっては，特に労働時間の短い労働者にとっては賃金の減額につながりうるため，労働団体を中心とする反対によって，未だ実現には至っていない。オランダの最低賃金制度は，次に述べる社会保障政策と直接的なリンクがなされている点に特徴がある[47]。

(ii) 社会保障制度

　オランダにおける失業補償の中心的制度は，失業給付制度（Werkloosheidswet：WW）である。失業する以前の39週間の間に26週間以上雇用されていた場合は，6か月間，最低賃金の70％を受給することができる。もっとも，失業する以前の5年間のうち4年以上（各年52日以上）賃金を得ていれば，失業前給与の70％を受給することができる。受給期間は雇用期間によって異なるが，雇用期間40年以上の場合が最長で，5年である。

　もっとも，WWによる本人とパートナーの所得が，一定の「最低保証所得」に満たない場合もありうる。そこでオランダでは，その不足額を保障する制度がある。これが補足給付制度（Toeslagenwet：TW）である。最低保証所得とは，1か月あたりのグロスの最低賃金÷21.75で算出される。

　さらに，生活に必要な生計費をまかなえない全居住者を対象とした最低所得保障制度として，「労働および社会的扶助制度（Wet Werk en Bijstand：WWB）」がある。これはミーンズ・テストの制度であり，申請者には求職活動も義務づけられるが，適当な職が見つからない場合には，年齢および婚姻形態に応じて，ネットの最低賃金の50％ないし100％の扶助を受給することができる。扶助の額は，夫婦世帯でネット最低賃金の100％，ひとり親世帯で同70％，単身者で同50％として制度設計がなされている。

---

[47] 大森正博「オランダの最低生活保障制度」栃木他編・前掲脚注29書139頁-174頁。

(2) 比較対象国の設定

　上記 6 か国の中から，法制度の比較対象国として 2 か国を選定したい。

　まずは，労働協約による最低賃金決定を中心とし，法定の最低賃金制度がほとんど機能していないドイツは，法的規制のあり方を検討しようとする本書の問題意識からは対象外となろう。次に，アメリカについても，最低賃金の決定方式が議会による立法そのものであることから，本書の分析方法では有益な示唆が得られない可能性が高い。

　残りの 4 か国の最低賃金制度は，2 つのカテゴリーに分類することができる。まず，第 1 のカテゴリーであるイギリスとオーストラリアは，それぞれ政府から独立した委員会をおき，労使の関与を確保している。これに対して，第 2 のカテゴリーであるフランスとオランダは，物価指数や協約賃金の上昇率など，何らかの客観的指標を重視し，労使の関与は最小限にとどめている点に特徴がある。この 2 つのカテゴリーは，それぞれ決定方法と水準のあり方について対照的なアプローチをとっていると想定することができる。そこで，各カテゴリーから 1 か国ずつを選定するのが有意義であると考える。そして，本書においては，以下に述べる理由で，イギリス，フランスを比較対象国として設定することにしたい。

　イギリスは，20 世紀初めから賃金審議会という団体交渉代替方式による最低賃金決定構造を有していたが，1990 年代半ばにこれを廃止し，数年後に立法によって独立の委員会方式を採用するという大きな転換を経験している。その方向はオーストラリアと共通するが，新たな最低賃金制度の構築から 10 年以上が経過していること，また，社会保障制度に関しては公的扶助の対象を就労不能者へと絞るとともに失業手当を求職者手当として一本化し，給付つき税額控除を導入して稼働能力者の就労インセンティブを損なわない所得保障を図っている点で非常に注目される。フランスもまた，オランダよりも早い時期に最低賃金制度を導入し，SMIG から SMIC への転換の際に，貧困概念の変化に応じて決定方法が見直されている。さらに，フランスの社会保障制度は，イギリスとは異なり，公的扶助の対象として失業者を含めた稼働能力者を広く適用対象としたうえで，働ける者に対しては積極的な求職活動を義務づける方法がとられている。このような動きは，近年の RMI から RSA への転換においてより強化されている。

　なお，OECD 加盟国のうち 24 か国において，2009 年のフルタイム労働者

の賃金中央値に対する最低賃金の比率は，フランスが0.60（2位），イギリスが0.46（12位），日本が0.36（22位）と，それぞれ上位，中位，低位という特徴的な位置にある。また，フルタイム最低賃金（週40時間）の労働者平均賃金比は，2005年でフランスが47％，イギリスが35％，日本が28％とひらきがある。以下の分析においても，この違いを念頭におく必要があろう[48]。

このように，イギリスとフランスの制度を比較検討の対象とすることは，最低賃金法制の規範のあり方という法的構造を明らかにし，日本の最低賃金法の特質とそのあり方についても示唆を得ようとする観点から，非常に有益であると考える。

Ⅲ　本書の構成

本章の最後に，本書の構成について述べておきたい。以下，まず第2章で日本法の現状を整理したうえで，第3章でイギリス，第4章でフランスの順に，先にあげた分析手法に従って，最低賃金制度と，関係する社会保障・税制度を考察する。そして，第5章ではイギリス，フランス両国の最低賃金制度を比較法的に分析することで，最低賃金制度の役割を明らかにし，最後に日本の最低賃金法制の特質とそのあり方について，何らかの示唆を得ることを試みる。

---

[48]　OECD Stat Extract, 'Minimum relative to average wages of full-time workers', OECD Tax-Benefit Models and Minimum Wage database (2005), Statlink : http://dx.doi.org/10.1787/141816776581.

第2章 日　　本

I　現行制度に至るまでの最低賃金規制

1　第二次世界大戦前後の最低賃金規制

　日本における最初の最低賃金法制は，戦時下における賃金統制令であった[1]。昭和14年4月に出された第一次賃金統制令の目的は，軍需産業の飛躍的な活況に基づく労働者不足によって生ずる賃金の不当な高騰を抑制し，労務受給の混乱を調節することとされ，むしろ同時に定められた最高賃金の規制に主眼がおかれていた。その後，昭和15年10月の第二次賃金統制令では，生活必需品の高騰に伴う労働者の生活不安を除き，労働力の維持を図るため，一般労働者についても広く最低賃金が定められることとなった。

　第二次世界大戦後は，昭和20年に成立した労働組合法の中に，最低賃金規制に関わる2つの制度が創設された。その1つは，労働争議の調停を行う労働委員会が，行政官庁の建議に応じて労働条件に関する規準を指示した場合に，それが使用者および関係労働者について労働協約と同一の効力を有するとされたことである[2]。もう1つは，労働協約の地域的一般的拘束力であり，現在でも労働組合のイニシアティブによる最低労働条件確保手段として存在しているが，それほど活用されていない。

---

[1]　労基法以前の最低賃金制度に関しては，濱口桂一郎「最低賃金制の法政策」季刊労働法226号（2009年）229頁-241頁を参照。
[2]　労働組合法旧27条2項，32条1項，2項，4項。これらの条文は，後に労働基準法に賃金委員会が設けられたときに削除された。
[3]　労働組合法18条。

2 労働基準法上の最低賃金制度

昭和22年に成立した労働基準法の中には，最低賃金に関する条項が含まれていた。もっとも，同法の下では，本土復帰前の沖縄を除いて一度も最低賃金が決定されず，日本の最低賃金制度の開始は，昭和34年の最低賃金法成立をまたねばならなかった。しかし，最低賃金に関する条項は，労働基準法草案（当初は「労働保護法」草案であった）の成立過程において，内容に関わるいくつかの修正がなされており，制度のあり方についても実質的な検討がなされていた痕跡がみられるため，検討の対象とすることにしたい。

(1) 労働基準法草案における最低賃金制度

労働基準法の立法作業は，厚生省労政局勤労課が第二次世界大戦後に労働保護課となった昭和21年3月から開始された[4]。最低賃金に関する規定は，労働保護課の労働基準法草案の中で既に検討されていたものの，最初はごく簡潔な規定であった[5]。それは，GHQが，最低賃金に関する規定は「デフレ・スパイラルの引き起こす問題に対処するため」の規定であり，「現在のインフレ期には賃金の最低額を設定する必要はない」と考えていたためである[6]。

---

4 当初は，最低賃金に関する条項は給与課で作成し，体系化・法文化は労働保護課が行うこととされ，当時閣議決定された「緊急経済政策」の線に沿って従来の賃金統制令，賃金臨時措置法を改正して新たに最低賃金を中心とした賃金立法を作る作業が進められていた。しかし，司令部のインフレ懸念でその作業はストップし，内閣における「給与審議会」での審議を経て，最終的に労働保護法の中に最低賃金条項を入れることで収拾したという経緯がある（松本岩吉『労働基準法が世に出るまで』〔労務行政研究所，1981年〕64頁ないし65頁）。

5 労働保護課による労働保護法案要綱（昭和21年4月24日）では，「最低賃金」との見出しの下に，「第13条　本法第1条の目的を達する為必要あるときは地域，職種又は期間を限り命令を以て最低賃金を定める　前項の規定により最低賃金が定められたときは事業主は其の金額を下る賃金を以て労働者を雇傭してはならない」という条項がみられ，これが最低賃金に関する初出の規定であると考えられる（労働基準法制定資料研究会〔渡辺章他〕『日本立法資料全集第51巻・労働基準法』〔信山社，1996年〕202頁より）。

6 "Conference, 24 May" (1964. 5. 24) (GHQ/SCAP ＜ ESS (Ⅰ) 01219)，労働基準法制定資料研究会『日本立法資料全集第52巻・労働基準法』（信山社，1998年）229頁。

しかし，同年7月26日に同課が作成し労務法制審議会小委員会に提出した草案では，後の労基法の最低賃金条項の原型がみられる。ここでは，「労働委員会の建議があつたとき」または「行政官庁が必要であると認めるとき」に一定の事業または職業に従事する労働者について最低賃金を定めることができるとし，地方行政官庁も主務大臣の認可を受けることでそれが可能であるとし，かつ主務大臣はその決定または認可にあたって「賃金委員会の議」を経なければならないという枠組みが考えられていた。なお，賃金委員会の委員の選任についても，中央労働委員会の同意が必要であるとされていた。

もっとも，同年7月29日付けで出された，GHQの労働諮問委員会（Advisory Committee on Labor）の最終報告書では，当時の経済状況下では最低賃金は無意味であるか，または実質賃金の増額を必要とし，物価水準を引き上げる不可抗的圧力をもたらしかねないとして，最低賃金案は据え置きにするべきとの意見が出された。一方で，将来の労働者の利益を保護するために，最低賃金制度を制定するための法律上の根拠が新労働保護法令（労働基準法）の中に包含されることは望ましいと考えられた[7]。もっとも，労働委員会の関与は，労務法制審議会小委員会の審議過程で全て削除された[8]。また，関係当事者の意見聴取のための公聴会における労働団体の意見を反映させて，最低賃金の適用除外労働者の限定列挙方式が取り入れられた。これらの条項は，昭和22年3月4日に第92回帝国議会に提出された労働基準法案の中に盛り込まれ，賃金委員会の意見に基づいて行政官庁が最低賃金を決定するという方式を採用した原案どおりに成立した[9]。

---

7 「レイバー・アドバイザリー・コミッテー最終報告」労働基準法制定資料研究会・前掲脚注6書276頁。

8 労務法制審議会第1回小委員会（昭和21年7月26日），労働基準法制定資料研究会・前掲脚注6書490頁。

9 昭和22年4月7日法律第47号。社会党は，賃金委員会に対して最低賃金に関する発議権を認めるための修正を要求したが，否決された。具体的な条文は以下のとおりである。
「（最低賃金）
第28条　行政官庁は，必要であると認める場合においては，一定の事業又は職業に従事する労働者について最低賃金を定めることができる。
第29条　最低賃金に関する事項を審議させるために，中央賃金委員会及び地方賃金委員会を置く。
賃金委員会には，必要に応じ，一定の事業又は職業について専門委員会を置くことが

(2) 労基法上の最低賃金制度の特徴

この制度の特徴としては，(1)最低賃金の決定を行政官庁の裁量によるものとし[10]，(2)適用対象を一定の事業または職業に限定しつつ[11]，中央および地方に三者構成の「賃金委員会」の審議を基礎とした[12]ことがあげられる。

特徴の(1)に関しては，決定の時期および最低賃金の額について手がかりとなる文言が存在しないことが重要である。それは，GHQ 労働諮問委員会が，最低賃金の決定が物価に与える影響を懸念してその実施の延期を求め，当面は制度枠組みの整備にとどめるよう勧告したことが背景にある[13]。また，賃金委員会をおきながらそれに発議権を認めなかったのは，最低賃金の決定が「産業経済各般の行政と緊密なる関係を有し，国政全般の施策と不可分の関

できる。

賃金委員会の委員は，労働者を代表する者，使用者を代表する者及び公益を代表する者について，行政官庁が各ゝ同数を委嘱する。但し，労働者を代表する者及び使用者を代表する者は，関係者の推薦に基いて委嘱する。

この法律に定めるものの外，賃金委員会に関し必要な事項は，命令で定める。

第 30 条　行政官庁が最低賃金を定めようとする場合においては，予め賃金委員会の調査及び意見を求めなければならない。

前項の場合，賃金委員会は，一定の事業又は職業に従事する労働者の最低賃金額についての意見を，行政官庁に提出しなければならない。

行政官庁は，前項の意見について公聴会を開いた後に，賃金委員会及び公聴会の意見に基いて，最低賃金を定めなければならない。

地方行政官庁が最低賃金を定めようとする場合においては，前 3 項の規定による手続を経た後に，労働に関する主務大臣の承認を受けなければならない。

賃金委員会は，必要であると認める場合においては，賃金に関する事項について行政官庁に建議することができる。

第 31 条　最低賃金が定められた場合においては，使用者は，その金額に達しない賃金で労働者を使用してはならない。但し，左の場合においては，この限りでない。

一　精神又は身体の障害により著しく労働能力の低位な者について，行政官庁の認定を受けた場合

二　労働者の都合により所定労働時間に満たない時間の労働をした場合

三　試の使用期間中の者又は所定労働時間の特に短い者について，行政官庁の許可を受けた場合」。

[10] 労基法旧 28 条。
[11] 同 30 条 2 項。
[12] 同 29 条および 30 条各項。
[13] 寺本廣作「労働基準法解説」杉村章三郎他『日本立法資料全集別巻 46』（信山社，1998 年）209 頁。

係に立つものであるから，議会に対して責任を負ふ行政組織の責任に於て行はるべき」であると考えられたことにもよる[14]。

また，特徴の(2)に関しては，事業別または職種別の最低賃金制度を想定していたにもかかわらず，賃金委員会が職業別におかれなかった点について「賃金の現状が一般賃金問題を離れて特定の事業又は職業に関する事情のみに重きを置いて，之を決定することを得ない現状を考慮したためである」とされている。

(3) 労基法上の最低賃金制度の目的

それでは，労働基準法上の最低賃金制度の目的はどのように解されていたのだろうか。労働基準法1条1項は，「労働条件は，労働者が人たるに値する生活を営むための必要を充たすべきものでなければならない」と定めており，最低賃金条項が労働基準法上の制度である以上，この原則が当然妥当する。そして，この「人たるに値する生活」とは，一般には，憲法25条の「健康で文化的な最低限度の生活」と「内容は同一である」と説明された[15]。

ただし，憲法25条とは異なる文言を用いた理由としては，立法責任者であった当時の厚生省労政局労働保護課長であった寺本廣作氏の見解として，「社会生活一般の最低限度より，働く人の労働条件の最低基準は本来高かるべきもの」であることを前提に，「将来労働条件を引き上げるには，表現が別な方が都合がよい」という意図が含まれていたといわれている[16]。

もっとも，最低賃金の「規準」については，「賃金委員会でそのときの一般経済事情，その事業及その職業の実情に応じて必要と認められる案が起草されることになるのであって，この法律では最低賃金算定の原則は之を示してゐない」とされている。

さらに，最低賃金として本来保障されなければならない「賃金」とは，労働者個人のみならず，その家族の生活費をも考慮すべきものであるという考え方がみられた[17]。最低賃金の水準の議論は憲法25条の生存権の水準の議

14　厚生省労政局労働保護課「労働基準法案解説および質疑応答」労働基準法制定資料研究会・前掲脚注5書123頁以下。

15　前出。

16　松本・前掲脚注4書117頁。

17　貴族院労働基準法案特別委員会において，種田虎雄議員の質問への答弁として，吉

論とほぼ同じであり，最低賃金によって労働可能な労働者の生活を保障し，疾病等の事情によって働けない者に限って国家が生活保障を行うとの機能分担の理念が根底にあったといえる。労働者の生活保障のために最低賃金制度が必要であるという考え方は世間一般にも広まっており，労使双方とも大多数が最低賃金に関する公的決定機関の設置を求めていた[18]。このように，労働基準法の成立の段階では，最低賃金制度は何よりも，労働者とその家族の生活保障のために必要であると考えられていたことがわかる。

II 最低賃金法の成立から平成19年改正までの展開

これまで見てきたように，最低賃金制度はその成立の段階において，契約自由の原則の修正に関して，生存権をその正当化原理としていたといえる。

武恵市政府委員は以下のように述べている。「賃金は家族に応ずべきでなくて，能率に応ずべきでありますが，其の能率に応じた其の賃金の基礎を成すものは何かと云ふと，それは労働者個人が生きるための賃金と云ふ訳には参らないのでありまして，矢張り其の働く個人に繋がる家族，矢張り一家が生きていく所の所謂其の生活費を保証〔障〕すべきである，詰り第1条にございます『人たるに値する生活』を保証〔障〕しなければならぬと云ふことは，其の本人だけが生きると云ふ訳ではなくて，矢張り本人の家族が共に生きるものでなければならぬ」と述べている（貴族院労働基準法案特別委員会議事速記録第1号〔昭和20年3月20日〕，労働基準法制定資料研究会『日本立法資料全集第54巻・労働基準法』〔信山社，1998年〕844頁以下）。

[18] 具体的には，事業主団体130のうち111，労働団体135のうちでは123団体が，最低賃金を必要と回答している。決定機関については，「賃金委員会」とするものが事業主団体35のうち14，労働団体40のうち6，「賃金査定委員会」とするものが事業主5，労働者団体19，「労働委員会」とするものが事業主4，労働団体3と，いくつかの案にわかれてはいるものの何らかの機関を必要とする意見がみられる（労働基準法案審議のために帝国議会に提出された「労働保護に関する主要問題」に対する意見概要〔厚生省労政局長名によって労働団体および事業主に対してなされた質問書の回答（昭和21年11月）より］）。最低賃金の決定方法については，主な選択肢（地域別，業種別，職種別，経験年数別，技能程度別，年齢別，男女別，家族数別，物価指数，部下によるスライディング・スケール，学歴など）のうち，事業者団体195のうち最多の31団体が回答した選択肢が，「生活保証」であった。事業者団体は，次いで「年齢別」（28団体），「地域別」（23），「職種別」「業種別」（ともに16）となる。労働団体においても「生活保証」が最も多く（177団体のうち45），次いで「年齢別」（26），「物価指数」（18），「技能程度別」（17），「業種別」（13）と続いている（労働基準法制定資料研究会『日本立法資料全集第53巻・労働基準法』〔信山社，1998年〕313頁以下）。

しかし，制度が具体化する過程でその理念は質的な転換を迎える。以下，最低賃金法の成立とその変遷に関して，主にその決定方式に着目しながらみていきたい。

1 成立当初の最低賃金法

(1) 業者間協定の採用

　労働基準法上の最低賃金条項については，GHQ の意向もあり，具体的措置はしばらくとられなかった。実施に関して具体的な検討が始まったのは，昭和25年に入ってからである。同年には，前述の労働基準法上の「賃金委員会」に関する条項に基づいて，公労使各5名からなる中央賃金審議会が設けられ，11月15日に最初の審議会が開催され，最低賃金制度に関する具体的な取組みが模索されることとなった。最低賃金制度の実施が具体化した背景には，GATT（関税および貿易に関する一般協定）加入に関連して，ソーシャル・ダンピングの批判を回避する必要に迫られていたという事情もある。

　中央賃金審議会は，総会における32回の審議および各専門審議会における42回の審議を経て，昭和26年7月，中央賃金審議会としての初の答申を出した。その内容は，(1)一般産業の労働者を対象とする最低賃金制と，これを適用することが困難な低賃金業種の労働者を対象とする最低賃金制との2本だてを原則とすること，(2)現在の我が国の実情から一般産業の労働者の最低賃金については，なお慎重な検討を必要とし，この設定のためには相当の期間を要すると認められるので，さしあたり，低賃金業種の労働者を対象とする最低賃金制を設定すること。そして低賃金業種に最低賃金制を施行するにあたっては，まず，本制度の試行を最も必要と認められる業種より始め，逐次，その適用業種を拡大することが適当である，というものである。

　また，この審議と平行して低賃金産業の概況調査等が行われ，具体的な設定の対象としては4業種が想定された。そして昭和29年5月，以下の3点を内容とする答申が出された。すなわち，(1)原則は一般産業の労働者および低賃金労働者の最低賃金との2本立てとするが，さしあたり後者を実施すべきこと（対象業種は絹人絹織物製造業，家具建具製造業，玉糸座繰生糸製造業および手すき和紙製造業の4業種），(2)その設定については，当該業種の成年単身労働者の最低生活費とその業種の賃金支払能力を併せて考慮したものを規準とすべきであること，(3)当該4業種に対する最低賃金制の実施にあたって

は，「金融上」「税制上」の実効性ある措置の実現と見合って決めるべきであること（中小企業対策，特別融資，減免税等），である．

しかし，上記4業種に限って特別な優遇措置を設けることが困難であるなどの理由により，この答申は実現に至らなかった．

そのような中，昭和31年には静岡県の缶詰協会において，業者間協定によって最低賃金を設定したという事例がみられた．労働省は公労使三者による労働問題懇談会を設け，業者間協定方式による最低賃金制についての意見を聴くこととした．同懇談会は昭和32年2月に意見書「わが国の最低賃金制に関する意見」と題する意見書をまとめ，業者間協定が最低賃金を受け入れる社会経済基盤の育成のために必要である旨の答申を出した[19]．同時に，労働問題懇談会の意見書では，法律によって最低賃金を設定することについて，中央賃金審議会を再開して検討すべきと決定された．これを受けて中央賃金審議会が再開され，昭和32年12月18日の最低賃金制に関する答申では，最低賃金制度の法制化に前進すべきことが示された．もっとも，全国一律の最低賃金を望ましいとしつつ，当面は産業別，規模別に経済力や賃金に著しい格差があるという現状に即し，業種，職種，地域別の，それぞれの実態に応じて最低賃金制度を実施・拡大していくべきとしている．

すなわち，最低賃金の決定方式は4方式——(1)業者間協定による最低賃金として決定する方式，(2)業者間協定による最低賃金を拡張適用する方式，(3)労働協約の最低賃金に関する定めを拡張適用して最低賃金として決定する方式，(4)上記(1)から(3)の方式で決定することが困難あるいは不適当な場合に，最低賃金審議会の調査によって決定する方式——とされた[20]．そして，最低

---

[19] これを受けて，労働事務次官通達「業者間協定方式による最低賃金方式の実施について」（昭和34年4月12日付発基第61号）が出され，業者間協定の啓蒙普及と援助が予定されることとなった．

[20] 同答申の内容は以下のとおりである．
「一　最低賃金は，業種，職種又は地域別に定めることとすること．
二　最低賃金の決定は左の方法によって行うこと．
　1．最低賃金に関する業者間協定がある場合に，協定締結当事者の申請により，行政官庁は，最低賃金審議会の意見を聞いて，その協定の定を最低賃金として決定することができること．
　2．一の地域の同種の労使の大部分が1により業者間協定に基いて決定された最低賃金の適用を受けるに至った場合に，その協定の当事者の申請により，行政官庁は，最低賃金審議会の意見を聞いて，その地域の他の同種の労使にその最低賃金を拡張適

賃金の決定に際しては，三者構成の「中央最低賃金審議会」および「地方最低賃金審議会」をおくものとされ，その詳細については最低賃金審議会令[21]の定めるところとなった。最低賃金法は，この答申をほぼ踏襲した形で成立した。同時に，労基法28条から31条までの規定は削除され，同法28条のみが最低賃金法との関係を示す条文として残されている。

(2) 最低賃金法の目的

最低賃金法案は，中央賃金審議会の上記答申を骨子として，昭和33年2月の第28回通常国会に提出され，昭和34年4月に最終的に成立した[22]。し

用することができること。この場合においては拡張適用を受けることとなる事業に救済のため異議を申立てる機会を与えること。

　なお，1・2については，労働者側の意見も反映されるよう事実上の措置を講ずること。

　3．一の地域の同種の労使の大部分が，最低賃金に関する労使協定の適用を受けるに至った場合に，協定締結当事者双方又は一方の申請により，行政官庁は，最低賃金審議会の意見を聞いて，その協定の定を，その地域の他の同種の労使を含めて適用する最低賃金として決定することができること。この場合においても異議申立について前号に準ずること。

　4．右の各号により最低賃金を決定することが困難又は不適当である場合に，行政官庁は，最低賃金審議会の意見を聞いて，一定の業種，職種又は地域について最低賃金を決定することができること。ただし，わが国中小企業の実情に鑑み，この方式の実施時期については，政府は労使双方の意見を参酌しつつ，慎重に実施するよう行政面において配慮すること。

三　行政官庁は，最低賃金制の円滑な推進のため必要な調査，啓発，援助を行うとともに，使用者又はその団体に対し，最低賃金審議会の意見を聞いて，業者間協定の締結，改正について勧告できることとすること。

四　家内労働については，差し当り，決定された最低賃金の有効な実施を確保するために必要な限度において，行政官庁は，最低賃金審議会の意見を聞いて，最低工賃を定めることができること。

五　最低賃金審議会は，中央及び地方に置き，委員は，労・使・公益各同数とし，ほかに特別委員として関係行政機関の職員を加えることができること。最低賃金審議会には，必要に応じて，業種別，職種別の専門審議会を置くことができること。

六　監督機構の整備，充実を図るとともに，中小企業の実態を考慮しつつ，本法の違反を防止して有効な実施を確保するために必要な措置を講ずること」。

21　昭和34年5月4日政令第163号。
22　同法案は昭和33年4月に衆議院を通過したが，衆議院の解散により廃案となり，昭和33年10月，第30回臨時国会に再提出された。しかし，このときも衆議院は通過したものの，参議院において審議未了廃案となり，同年12月，第31回通常国会に

かし，最低賃金法案の審議においては，かつての労働基準法案の審議において前提とされていた生存権の理念が正面に出されることはなかった。新たに考慮要素として浮かび上がってきたのは，公正競争や国民経済の発達といった経済的観点であった[23]。最低賃金制度はもはや労働者の生存権保護のためだけの制度ではなく，経済政策の一環として考慮すべき制度としての性格をもつようになっていったのである[24]。

　労働者が全く関与しない業者間協定中心方式を採用することへは批判も強かったが，政府は，低すぎる最低賃金は同方式によっても排除されること，労働者組織の強化にともなって他の方式に移行することができることを強調した[25]。

　　改めて提出された。ここでは法案の一部修正が行われ，昭和34年4月に成立した（なお，同法は同年7月10日からの施行）。
23　最低賃金法案の提出理由については，以下のように述べられている。「最低賃金制の実施は，ただに低賃金労働者の労働条件を改善し，大企業と中小企業との賃金格差の拡大を防止することに役立つのみではないのであります。さらに，労働力の質的向上をはかり，中小企業の公正競争を確保し，輸出産業の国際信用を維持向上させて，国民経済の健全な発達のために寄与するところが大きいのであります。かかる国内的事情並びに国際的条件にかんがみまして，中央賃金審議会の答申をできるだけ尊重しつつ，産業別，規模別等に，経済力，賃金に著しい格差があるわが国経済の実情に即した最低賃金制を実施し，多くの，無言の，日の当らない労働者の要望にこたえようとするのが，本案提出の理由であります」（昭和33年4月23日衆議院本会議，森山欽司議員）。
24　全産業全国一律方式を主張していた日本社会党の井堀繁雄議員による質問に対し，自由民主党の田中正巳議員は以下のように答弁している。「わが国経済の構成はきわめて複雑でありまして，大企業と中小企業との経済力の差異ははなはだしく，賃金においても大きな格差が存在するのであります。ために，中小企業は良質の労働力を得られず，過当競争により，みずから不利益をこうむることが少くなく，また，諸外国からも低賃金労働という非難を受け，輸出の振興にも好ましくない影響を与えてきた実情であります。かかる現状にかんがみまして，低賃金労働者の保護と，これら中小企業の経営の強化，合理化の面から見て，この際幾多の困難を排除しつつ最低賃金制の実施に踏み切るべきことは今日きわめて緊要の事項でありますが，かく考えるならば，最低賃金制は，単に労働者保護という見地にのみ立脚することを許されず，広く国の経済政策の一環としての考慮をも入れて発足しなければならないことは論を待たないところであります」。
25　政府の見解は，「業者間協定が直ちに最低賃金となるのではなく，労使が対等に参加する最低賃金審議会の意見を聞いて，労働大臣が適当と認めたもののみを最低賃金として決定することとしているのであり，幾ら業者間協定であっても，不当に低いも

このように，具体的な施行を前提としていなかった労働基準法上の最低賃金条項がもっぱら労働者の生存権保障に焦点を当てていたのに対し，最低賃金法の成立の際には，労働者保護に加えて公正競争，国民経済への影響という観点が付加されるに至った。

この点は，最低賃金法の目的を掲げる1条にあらわれている。同条は，「この法律は，賃金の低廉な労働者について，事業若しくは職業の種類又は地域に応じ，賃金の最低額を保障することにより，労働条件の改善を図り，もつて，労働者の生活の安定，労働力の質的向上及び事業の公正な競争の確保に資するとともに，国民経済の健全な発展に寄与することを目的とする」と明らかにしている。

この目的規定の基本的な部分は，昭和34年の同法成立から現在まで維持されている。すなわち，日本の最低賃金法制は，最低賃金法の成立以来，低賃金労働者の賃金の最低額を保障し，その労働条件の改善を図ることを直接的な目的としつつ，それによって実現されるべき二次的な目的として，(1)労働者の生活の安定，(2)労働力の質的向上，(3)事業の公正な競争の確保を並列し，究極的には国民経済の健全な発展に寄与しようとするものであることを明言しているのである。

(3) 考慮要素

最低賃金法は，「最低賃金の原則」として，その決定にあたって考慮されるべき3つの要素—「労働者の生計費」，「類似の労働者の賃金」，「通常の事業の支払能力」を挙げていた。これらの内容および現行法との異同については，本章Ⅲ2で述べることとしたい。

のは最低賃金として認められないことは，法案において明らかであります。また，この業者間協定による最低賃金を第一の段階として，今後労働者組織が強化するに伴い，他の方式による最低賃金にも移行することができるのでありまして，賃金を極度に低位に釘づけするものであるとの批判や，ILO条約の精神に反するとの意見はすべて当を得ておらないものであります」というものであった。

2 最低賃金法成立後の変遷

昭和34年に制定された最低賃金法は，具体的な決定方式や運用に変遷がみられる。そこで，最低賃金法の成立後，平成19年改正までの経緯を5つの時期に区切って整理したうえで，平成19年改正の概要をふまえて現行制度の内容とその位置づけを確認することにしたい。

(1) 第1期──業者間協定方式の拡大

最低賃金法の施行後，昭和34年12月末までには，業者間協定の決定申請（旧法9条方式）によって49件の最低賃金が決定され，適用労働者は10万人を超えた。昭和35年末には，決定件数は290件を数え，適用労働者数は44万7332人に達した[26]。昭和36年1月には，同年からの3か年で適用労働者を250万人に拡大するという「最低賃金制の長期普及計画」が示された。その結果，昭和38年度末には適用労働者は約293万人に達した。そのほとんどは業者間協定方式であり，法第16条方式の最低賃金としては昭和37年12月に公示された「全国石炭鉱業最低賃金」が最初となった。

しかし，業者間協定方式の最低賃金には主として2つの問題が生じた[27]。第1に，業種・地域による不均衡が認められ[28]，額にもばらつきがみられること，第2に，当初から懸念されていたとおり，業者間協定方式では関係労働者の意向が反映されないことである。そこで，これらの問題をふまえて実効的な最低賃金制とするため，昭和36年6月に中央最低賃金審議会に対して諮問がなされ，昭和38年8月14日には「最低賃金制の今後の進め方」に関する答申によって，再考の必要性が示された[29]。

26　菅谷頼道『最低賃金制の変遷』（労働法令協会，1982年）47頁。

27　中央最低賃金審議会「最低賃金制の今後の進め方について」（昭和38年8月14日）。

28　たとえば，業種別の普及率では，「繊維工業」が当該産業の中小企業労働者の53.8%，「電機機械器具製造業」が29.4%，「出版印刷同関連産業」が26.1%であるのに対して，「運輸通信業」では0.2%，「卸小売業」では0.7%，「建設業」では0.9%であった。また，地域別決定件数では，広島が75件，静岡が32件，岡山が30件であるのに対して，岩手が1件，秋田，福島，栃木，三重，徳島では2件となっていた（昭和38年8月末）。

29　「わが国産業経済の現状からみて，今後とも，産業別，職業別に最低賃金を設定し，できるかぎり拡大していくことが，実効があり，適切である。また，産業別，職業別の最低賃金が相当程度整備された時点においては，これと並んで，その適用をうけない低賃金労働者のため，地域ごとにでも労働者としての最低の賃金額を設定する必要

そのうえで，具体的方針として，(1)業種の選定[30]，(2)最低賃金額の目安設定[31]，(3)最低賃金の各決定方式の活用[32]が掲げられたが，それはあくまでも産業別，職業別の最低賃金を最低賃金制度の中心に据えたものであった。これらの事項は，昭和39年の答申によって具体化され[33]，中小企業近代化促進法等の保護助成を行っている業種や輸出産業，重化学工業の下請けなどを中心に対象業種として88業種が選定された。さらに，最低賃金の目安に関しては，全国を甲乙丙の3地域に分けたうえで，地域内にA，Bという2つ

のあることも考えられるが，いずれにせよ，本答申によって最低賃金行政を進めるならば，その一応の目標時点である昭和41年度末ごろには，適用労働者数もかなり拡大され，経済の成長と相まって中小企業労働者の賃金も相当程度改善されるであろうと考えられるので，その時点以降の最低賃金制の進め方については，中小企業の実態，産業別，職業別等の最低賃金の普及状況等を勘案の上改めて綜合的に検討する必要があろう」。

30 「最低賃金制の効率的推進をはかるため，最低賃金審議会は，業種の性格，地位，最低賃金の普及状況などを勘案の上，最低賃金の対象業種を選定する。これらの業種については，できうるかぎり計画的に最低賃金を設定するものとする」。

31 「最低賃金の金額は，当該業種の実態に即応してこれを決定する必要があるが，今後はできうるかぎり，全国的観点からの調整をはかるため，中央最低賃金審議会において，よるべき目安を作成することがのぞましい。その目安は，業種の実態，賃金の社会的相場，最低賃金制と密接な関係を有する他の諸制度などを充分勘案しながら，原則として，地域・業種グループごとにきめることとする」。

32 「本方針の具体的内容を実現するため，法施行以来，すでに4カ年を経過したという事情を考慮して，最低賃金の各決定方式について，それぞれ次のようにとり扱うものとする。
　(イ) 業者間協定に基づく最低賃金
業者間協定の締結，改定について業者団体が自主的にこれを促進することを期待し，業者間協定による最低賃金の設定およびその地域的拡張の普及に努めることとするが，①専門的機関を設け，当該業種の関係労働者の意向が充分反映されるように努める。②上記(1)，(2)による業種，金額などを勘案の上，法第9条第2項に基づく再申請勧告の適切な活用をはかる。
③最低賃金制の推進をはかるため，また，その実効性を保持するため，法第14条に基づく業者間協定の締結または改正の勧告について，その適切な活用を図る。
　(ロ) 最低賃金審議会の調査審議に基づく最低賃金
上記(1)に基づき選定された業種で，一定の条件をみたすものについて，法第16条（最低賃金審議会の調査審議に基づく最低賃金）を活用することとする。ただし，その場合においても，原則として，法第14条に基づく勧告をその前提とする」。

33 中央最低賃金審議会答申「最低賃金の対象業種および最低賃金額の目安について」（昭和39年10月26日）。

の業種区分を設けた。そして，この目安に関しては「目安の算定の基礎となっている業種の実態その他諸般の事情について毎年1回調査を実施し，その改訂の要否について検討を行う」とした。

これら重点対象業種については，遅くとも昭和41年度末までに目安に適合する最低賃金を設定することなどを内容とする最低賃金推進計画が策定された[34]。その結果，昭和42年3月末には，552万2512人の労働者に最低賃金が適用されるようになった。なお，中央最低賃金審議会は昭和41年2月19日に目安を改訂し，上記A，Bの業種区分を廃止するなどした。

(2) 第2期——業者間協定の廃止・審議会方式中心へ（昭和43年改正）
(a) 業者間協定方式の廃止

このような方向が大きく転換したのが，昭和43年の業者間協定方式の廃止である。その背景となったのが，最低賃金に関するILO第26号条約の批准に関する動きであった。後述するように，同条約においては，労使が平等の立場で最低賃金の決定に参与すべきこと，および，経済状況について，中小企業の実態や最低賃金の普及状況等から検討することが必要とされている。

これと同時に，労働組合から全国全産業一律最低賃金の主張も出されるようになっていた。そこで労働省は昭和40年8月に中央最低賃金審議会に将来の最低賃金制のあり方について諮問し，さらに，同41年2月には「最低賃金法がILO第26号条約に適合するよう」答申を得られるよう要望した。中央最低賃金審議会の最低賃金制基本問題特別小委員会では，昭和42年5月15日に「現段階における最低賃金制の取扱いについて」という中間答申を出したが，その主たる内容は業者間協定の廃止であった[35]。

---

[34] 労働基準局長通達「最低賃金法の今後の運用について」（昭和39年11月26日）。
[35] 「1 最低賃金の決定方式について，業者間協定に基づく最低賃金方式および業者間協定に基づく地域的最低賃金方式は廃止するものとすること。
　2 最低賃金審議会の調査審議に基づく最低賃金は，これまで他の方式により決定することが困難又は不適当な場合に限り設定することができることとされていたが，その制限を除き，必要により，最低賃金審議会の審議に基づいて設定できるものとすること。
　3 最低賃金審議会は，2による調査審議を行なう場合には，関係労使の意見をきくものとし，また，労働大臣又は都道府県労働基準局長の決定に先だち，労働協約に基づく地域的最低賃金方式の場合の異議の申出に準じ，関係労使は異議の申出をするこ

Ⅱ 最低賃金法の成立から平成19年改正までの展開　　　　45

　これを受けて，昭和42年5月27日に業者間協定方式の廃止を中心とする「最低賃金法の一部を改正する法律案」が第55回特別国会に提出されたが，継続審議となり，第56回臨時国会で未審議のまま廃案となった。次いで，昭和43年1月31日には原案どおりの法案が第58回通常国会に提出され，5月10日に自民党の一部修正案とともに衆議院を通過し，17日には付帯決議とともに成立した。この改正法は6月3日に公布された（施行は同年9月1日である）。

　主な改正点は，(1)業者間協定に基づく最低賃金（旧法9条）および業者間協定に基づく地域的最低賃金（旧法10条）の廃止，(2)最低賃金審議会の調査審議に基づく最低賃金について，労働大臣または都道府県労働基準局長は必要があると認めるときに調査審議を求めることができるようになったこと[36]，(3)最低賃金審議会が上記(2)による調査審議を行う場合に，公労使三者構成の専門部会を設け審議するが，その審議にあたって関係労使の意見を必ず聞かなければならないとしたこと[37]，(4)最低賃金審議会の調査審議に基づく最低賃金については，当局の決定に先だち，関係労使は，労働協約に基づく地域的最低賃金の異議の申出に準じて，15日以内に異議の申出をすることができるようになったこと[38]，(5)労働者または使用者の代表者は，その当該労使に適用される最低賃金の新設や改正廃止について労働大臣または都道府県労働基準局長に申出をすることができるようになったこと[39]，である。業者間協定に基づいて既に決定されていた最低賃金（2286件）は，経過措置満了[40]までにすべて審議会方式による最低賃金に包摂されたか，廃止された。

───────

とができるものとすること。
　4　法律施行の際に存する業者間協定に基づく最低賃金及び業者間協定に基づく地域的最低賃金は，法施行後おおむね2年間程度はその効力を有し，従前の例により改正又は廃止できるものとするが，新設はできないものとすること。この場合において，新たに2により最低賃金が決定されたときは，その適用をうける労働者については，存続している業者間協定に基づく最低賃金又は業者間協定に基づく地域的最低賃金は失効するものとすること」。

36　旧法16条。
37　旧法31条6項。
38　旧法16条の2。
39　旧法16条の4（国会における修正で加えられた条項である）。
40　改正法施行後2年間をおいた昭和45年8月31日とされた。

(b) 運用による地域別最低賃金の拡大

　中央最低賃金審議会は，昭和45年，業者間協定中心方式を大きく転換する新たな最低賃金制度の基本的な考え方を打ち出した[41]。今後の最低賃金制度は，「不公正な低賃金に対処し，有効に作用するものでなければならない。このためには，労働市場の相場賃金と密接に関連した実効性ある最低賃金でなければならない」とされ，「従つて最低賃金は，労働市場の実態に即しかつ類似労働者の賃金が主たる基準となって決定されるようなあり方が望ましく，それは低賃金労働者の保護を実効的に確保する面でも現実に適応するものであると考える」と主張されたのである。そして，「わが国における最低賃金の適用は，現在中小企業労働者の約3分の1に達しているところであるが，最低賃金はすべての労働者が何らかの形でその適用をうけることが望ましい。従つて，まだ適用をうけていない労働者についても適切な最低賃金が設定され，全国全産業の労働者があまねくその適用をうける状態が実現されるよう配慮されるべきである」とした。

　すなわち，この答申によって，基本的な考え方としてはじめて普遍的な最低賃金の適用が打ち出されたといえる。その一方で，「労働市場に応じ，産業別，職種別又は地域別」の最低賃金の設定が必要とされ，全国全産業一律制については「なお地域間，産業間の賃金格差がかなり大きく存在しているという事実を確認せざるを得ず，現状では実効性を期待しえない」として，否定している。したがって，最初から全国全産業の労働者に一律に適用される最低賃金を設定するのではなく，産業や職業，地域ごとの最低賃金を拡充することで，結果的に全労働者に対して何らかの最低賃金が適用される，という形態が予定されたことが特徴的である。

　この答申以降，全ての労働者に最低賃金を適用するために，それまでは補助的な位置づけにすぎなかった地域別最低賃金が重視されるようになった。具体的には，昭和50年度末までに全ての労働者に最低賃金の適用を図るという目標が掲げられ，産業別・職業別の最低賃金について特に低賃金労働者が多数存在する産業または職業について設定を推進するとともに，労働市場の実情に応じて地域別最低賃金を推進することとされた[42]。この年次計画の

---

[41] 中央最低賃金審議会「今後における最低賃金制度のあり方について」（昭和45年9月8日）。前述の昭和40年8月13日の諮問に対する最終答申である。

[42] 労働基準局長通達「最低賃金の年次推進計画の運営について」（昭和46年5月31

もとに，昭和47年3月30日に地域別最低賃金として岐阜県最低賃金が決定公示され，昭和51年1月6日の宮城県最低賃金の決定公示をもって全都道府県において地域別最低賃金が設定され，全ての労働者に最低賃金が適用されることとなったのである。

(c) **ILO条約との整合性**

このように，業者間協定中心方式から地域別最低賃金の拡大という転換は，2つのILO条約の批准と密接に関連している。そのため，両条約の内容についてここで触れておくことにする。

日本が最低賃金に関する2つのILO条約，すなわち第26号条約と第131号条約を批准したのは昭和46年である[43]。

これら2つの条約は，農業従事者を除く労働者の最低賃金に関するものである[44]。まず，最低賃金決定制度条約（第26号条約）は，労働協約等によって賃金を決定する制度がなく，賃金が非常に低い職業に従事する労働者を保護するために，最低賃金を決定する制度を作ることを目的とした条約である。最低賃金決定制度の性格や形態，運用方法に関しては加盟国政府が自由に決定する裁量があるが，その制度の実施前に関係労使と協議しなければならず，制度の運用についても労使同数の委員がこれに参加しなければならないことになっている[45]。

　日）基発第420号。

[43]　両条約は，2月19日の閣議決定を経て3月29日に国会の承認が得られ，昭和47年4月29日に効力を生ずることとなった。

[44]　農業従事者に関する条約としては，1951年の最低賃金決定制度（農業）条約（第99号）がある。

[45]　「第1条
　1　この条約を批准する国際労働機関の各加盟国は，労働協約その他の方法により賃金を有効に規制する制度が存在していない若干の産業又は産業の部分（特に家内労働の産業）であつて賃金が例外的に低いものにおいて使用される労働者のため最低賃金率を決定することができる制度を創設し又は維持することを約束する。
　2　この条約の適用上，「産業」とは，製造業，商業等をいう。
　……
　第3条
　1　この条約を批准する各加盟国は，最低賃金決定制度の性質及び形態並びにその運用方法を決定する自由を有する。
　2　もつとも，次のことを条件とする。
　　(1)　産業又はその部分について最低賃金決定制度を適用するに先だち，関係のある

もっとも，第26号条約の対象は，賃金が非常に低い産業や業種に限られていた。そこで，適用対象を一般的に拡大するために，最低賃金決定条約（第131号条約）が採択された。同条約の批准国は，原則として全ての賃金労働者に適用される最低賃金を決定し，かつ随時調整できる制度を設置することとされる。制度の対象者については，権限ある機関が，関係のある代表的労使団体と合意または十分に協議して行う。最低賃金水準の決定にあたり考慮すべき要素には，可能かつ適当である限り，労働者と家族のニーズとして国内の一般的賃金水準，生計費，社会保障給付および他の社会的集団の相対的生活水準を考慮したもの，および，経済的要素（経済発展上の要請，生産性水準並びに高水準の雇用を達成・維持する必要性を含む）が含まれる[46]。ま

使用者及び労働者の代表者（使用者団体及び労働者団体が存在する場合には，それらの団体の代表者を含む。）並びに職業上又は職務上特に適任であるその他の者で権限のある機関が協議することを適当と認めるものは，協議を受ける。

(2) 関係のある使用者及び労働者は，国内法令で定める方法により，国内法令で定める程度において最低賃金決定制度の運用に参与する。もっとも，その使用者と労働者とは，いかなる場合にも，等しい人数で，かつ，平等の条件によって参与するものとする。

(3) 決定された最低賃金率は，関係のある使用者及び労働者を拘束するものとし，個人的契約により，又は権限のある機関の一般的若しくは個別的許可を受ける場合を除くほか労働協約により，引き下げることができない」。

[46] 最低賃金決定条約（第131号）
「第3条
　最低賃金の水準の決定にあたつて考慮すべき要素には，国内慣行及び国内事情との関連において可能かつ適当である限り，次のものを含む。
　(a) 労働者及びその家族の必要であつて国内の賃金の一般的水準，生計費，社会保障給付及び他の社会的集団の相対的な生活水準を考慮に入れたもの
　(b) 経済的要素（経済開発上の要請，生産性の水準並びに高水準の雇用を達成し及び維持することの望ましさを含む。）
第4条
1　この条約を批准する各加盟国は，第1条の規定の適用上最低賃金制度の対象とされる賃金労働者の集団のための最低賃金を決定しかつ随時調整することができる制度で国内の条件及び必要を満たすものを創設し又は維持する。
2　1の制度の設置，運用及び修正に関連して，関係のある代表的な使用者団体及び労働者団体又はこれらの団体がない場合には関係のある使用者及び労働者の代表者との十分な協議が行なわれるため，措置をとるものとする。
3　最低賃金決定制度の性質上適当な場合には，次の者がその運用に直接参加するため，措置をとるものとする。

た，最低賃金制度の設置，運用および修正に関連して，関係ある代表的な労使団体と十分協議することが必要である。

両条約の実施については批准国の裁量の余地が認められている。ここでは，日本がこれらの批准を契機として，三者構成の最低賃金審議会の役割を中心に据え，関係労使の意見を反映させる方向へとシフトしていくことになったという点を指摘しておきたい。

(3) 第3期——地域別最低賃金改定に関する目安制度の導入（昭和53年）
(a) 全国一律最低賃金制度への要望

ILO条約の批准を契機として，最低賃金決定における労使の関与は強まった。そして，地域別最低賃金も順調に拡大していった。

他方で，労働組合を中心として，全国一律最低賃金制確立の要求も強まっていった。たとえば，労働4団体（日本労働組合総評議会，全日本労働総同盟，中立労働組合連絡会議，全国産業別労働組合連合）は昭和50年2月10日に内閣総理大臣に対する「全国一律最低賃金制確立のための統一要求書」を提出した。そして，同年3月24日には野党4党（日本社会党，日本共産党，公明党，民社党）が第75回通常国会に全国一律最低賃金制を盛り込んだ法案を提出した[47]。このような動きを受けて，同年5月30日に中央最低賃金審議会に対して「今後の最低賃金制のあり方について」の諮問がなされた。使用者団体，とくに中小企業を中心とする団体は，全国一律最低賃金制には反対の立場をとった[48]。

　　(a)　関係のある使用者団体及び労働者団体の代表者又は，それらの団体がない場合には，関係のある使用者及び労働者の代表者。もつとも，それらの代表者は，平等の立場で参加するものとする。
　　(b)　国の一般的な利益を代表するために適任であると認められている者。もつとも，その者は，関係のある代表的な使用者団体及び労働者団体が存在する場合において，これらの団体との協議が国内法及び国内慣行に適合するものであるときは，そのような協議が十分に行なわれたうえ任命されるものとする」。

47　ただし，同法案は第78回臨時国会閉会により審議未了，廃案となった（昭和51年11月4日）。
48　たとえば全国中小企業団体中央会では，前述労働4団体の主張に対して，同主張において一定の産業，職業，地域においては全国一律最低賃金に「うわづみ」を必要としている点について「格差の存在を認めることを物語るものにほかならない」と指摘し，「所得不均衡の是正，賃金格差解消，経済の二重構造の改善等の手段として全国

このなかで，全国一律方式の推進派の主張の根拠は，次のような考え方によるものであった。まず，「本来，最低賃金は，労働条件に関するナショナル・ミニマムの重要な一環をなすものとして，中央で決定すべきものである」。そして，「今後のわが国においては，労働力の需要緩和にともない労働条件の自律的な平準化の動きにはあまり多くを期待しえない事情にあるので，最低賃金の全国的基準の必要性はますます高まる」というものである[49]。

これに対しては，(1)わが国の最低賃金制の実績は，地方最低賃金審議会の調査審議に基づく決定を原則としつつ発展をとげてきたものであるので，一挙に中央決定へ転換をはかつても円滑な運用が可能かどうか疑問である。(2)ナショナル・ミニマムの設定は，中央決定に限定されるものではなく，全国的な整合性を確保することが重要である。(3)わが国の現実の状況の下では，すくなくとも賃金実態に即した地域別決定を考慮する必要がある等の反対意見も出された。そして，中央最低賃金審議会も全国一律方式には慎重な姿勢を示した。

(b) **目安制度による解決**

一方で，当時の最低賃金決定方式では全国的な整合性を確保する保障に欠ける等の問題が指摘されたことで，その改善が模索された。その結果，当面の最低賃金制のあり方としては，地方最低賃金審議会が審議決定する方式によることを基本としつつ，全国的な整合性の確保という見地から，中央最低賃金審議会が目安を定め，地方最低賃金審議会に提示することを中心とする措置を講ずるべきであるとした[50]。ただし，目安は地方最低賃金審議会の審

　一律最低賃金制を機能させようとする考え方は最低賃金制度の本質ではない」としている（全国中小企業団体中央会「最低賃金制度に関する意見」（昭和51年1月30日））。

[49] 中央最低賃金審議会答申「今後の最低賃金制のあり方について」昭和52年12月15日）。

[50] 「(1)最低賃金の決定となる基本的事項（①地域別最低賃金と産業別最低賃金のそれぞれの性格と機能分担，②高齢者の扱いその他適用労働者の範囲，③最低賃金額の表示単位期間のとり方など）について，できるだけ全国的に統一的な処理が行われるよう，中央最低賃金審議会がその考え方を整理し，これを地方最低賃金審議会に提示する，(2)最低賃金額の決定については，できるだけ全国的に整合性ある決定が行われるよう，中央最低賃金審議会は，次により，目安を作成し，これを地方最低賃金審議会に提示するものとする。(i)地域別最低賃金について，中央最低賃金審議会は，毎年，47都道府県を数等のランクに分け，最低賃金額の改訂についての目安を提示するものとする。(ii)目安は，一定時期までに示すものとする。(iii)目安提示については，昭和

議決定を拘束するものではないことが，了解事項として付記されている。

昭和53年7月には，当時の地域別最低賃金額を基準として全都道府県がA，B，C，Dの4ランクに分けられ，そのランクごとに目安額（日額）が設定された[51]。これが，現在まで続く目安制度の始まりである。

目安額は，初年度である昭和53年度は全会一致で決定されたものの，昭和54年度には使用者側が反対し，公益委員と労働者側委員とによる多数決裁定が行われた。もっとも，この裁定によって，地方最低賃金審議会の審議にも多数決裁定や異議申出が急増するなど混乱が見られたことから，昭和55年度には全会一致で答申案が決定された。

しかし，昭和56年には再び労使の主張にかなりの差が生じ，提示された公益委員案に対して双方が反対し，目安額の改定が行えなかった。ただし，地方最低賃金審議会の審議の混乱を避けるため，公益委員の目安案を「公益委員見解」として地方最低賃金審議会に提出することには賛成が得られ，その旨の答申が出された。

以来，平成23年度に至るまで，労使の主張が一致することはなく，常に公益委員見解のみが提示されている。近年の地域別最低賃金決定は，春季賃金交渉の結果がふまえられるよう，5月中旬に労働担当大臣から中央最低賃金審議会に対して地域別最低賃金改定の目安が諮問され，実質的には同審議会内に設けられた目安に関する小委員会によって目安（公益委員見解）が定められ，これを基にした答申が7月下旬に出され，各地方最低賃金審議会がその目安を参考にして審議して出された答申が発効するのが9月から10月という流れになっている。

ところで，このような地域別最低賃金の拡大は，産業別最低賃金のあり方に再考を促す契機となった。以下では，昭和50年代半ばに始まった，その再編について確認することにする。

53年度より行うものとする」（中央最低賃金審議会・前掲脚注49答申）。

[51] 昭和53年5月の目安設定に関する諮問を受けた中央最低賃金審議会答申「昭和53年度地域別最低賃金額改定の目安について」（昭和53年7月27日）。導入当初のランク別都道府県は，Aランクが東京都，神奈川県，大阪府，Bランクが埼玉県，千葉県，岐阜県，静岡県，愛知県，三重県，京都府，兵庫県，Cランクが北海道，茨城県，栃木県，群馬県，新潟県，富山県，石川県，福井県，山梨県，長野県，滋賀県，奈良県，和歌山県，岡山県，広島県，山口県，福岡県，Dランクがその他であった。

(4) 第4期──産業別最低賃金制度の再編（昭和56年）
(a) 産業別最低賃金の細分化──労働協約ケースと公正競争ケース

　地域別最低賃金に関する目安制度の導入は，産業別最低賃金のあり方にも影響を及ぼした。了解事項としては中央の提示する目安は地方の審議を拘束しないとされながら，実際には地方の審議は事実上拘束され，さらには産業別最低賃金の改定にあたっても地域別最賃の引上げ率をどう産業別に合わせるかが審議の中心となり，産業の実態を無視した産業別最低賃金の決定が行われるようになったからである[52]。

　そこで，前述の昭和52年答申で示された各基本問題，特に地域別最低賃金と産業別最低賃金のそれぞれの性格と機能分担に関して審議が行われ，昭和56年7月29日に「最低賃金額の決定の前提となる基本的事項に関する考え方について」という答申が出された。

　この答申では，(1)「現行の大くくりの産業別最低賃金は，最低賃金の効率的適用拡大を図るという役割を果してきたが，地域のすべての労働者に適用される最低賃金である地域別最低賃金が定着し，低賃金労働者の労働条件の向上に実効をもつようになってきた現在においては，現行産業別最低賃金のこうした経過措置的な役割・機能の見直しを行うことが必要である」とし，(2)「今後の新産業別最低賃金は，最低賃金法11条の規定（筆者注：労働協約拡張方式）に基づくもののほか，関係労使が労働条件の向上又は事業の公正競争の確保の観点から地域別最低賃金より高い最低賃金を必要と認めるものに限定して設定すべきものと考える」という見解が表明された。

　そして，新産業別最低賃金は，「関係労使の申出」を契機として，次のいずれかの基準を満たす「小くくり」の産業について認めるべきとされた。すなわち，「同種の基幹的労働者の相当数について，最低賃金に関する労働協約が適用されている産業」（労働協約ケース）と「事業の公正競争を確保する見地から，同種の基幹的労働者について最低賃金を設定する必要の認められる産業」（公正競争ケース）である。

(b) 「新」産業別最低賃金

　さらに，この内容がより具体化したのが「新しい産業別最低賃金の運用方針について」という昭和57年1月14日の答申であった。ここでは，新産業

52　菅谷・前掲注26書68頁。

別最低賃金の設定方法について，(1)「小くくりの産業」とは，「原則として日本標準産業分類の小分類，又は必要に応じ細分類によるものとする」(ただし2以上の産業を併せて設定することも可) とし，(2)「基幹的労働者」とは，「一般的には当該産業に特有の又は主要な業務に従事する労働者であるが，具体的には当該産業の生産工程・労働態様などに即して個別に考えられるものである」とし，その規定方法として，該当する職種・業務を規定する方式と，該当しない職種・業務を規定する方式とを定めた。

また，申出に関して，労働協約ケースについては「同種の基幹的労働者の2分の1以上」に賃金の最低額に関する定めを含む協約が適用され，その協約締結当事者である労働組合または使用者の全部の合意による申出があることが要件とされた。公正競争ケースについては，公正競争確保を理由とする申出であって，当該産業別最低賃金が適用される労働者または使用者の全部または一部を代表する者による申出がある場合が要件とされた。さらに，必要性の決定については，上記形式的要件が満たされている場合には，申出を受けた労働大臣または都道府県労働基準局長が原則として必要性の有無について最低賃金審議会に意見を求めるものとし，公正競争ケースについては，さらに「関連する諸条件を勘案の上，企業間，地域間又は組織労働者と未組織労働者の間等に産業別最低賃金の設定を必要とする程度の賃金格差が存在する場合」に必要性を決定するとした。そして，最低賃金審議会によって当該最低賃金の決定等が必要である旨の意見を提出した場合には，労働大臣または都道府県労働基準局長は，最低賃金法16条1項の規定に基づいて最低賃金審議会の調査審議を求め，最低賃金審議会において調査審議を行う専門部会における労使委員各3名のうち少なくとも各2名は，当該産業に直接関係する労使を代表する者でなければならないとされた。

この運用方針は，設定状況をみたうえで昭和60年度に再検討されることになったが，新産業別最低賃金はほとんど設定されなかった。そのような状況に鑑みて，昭和61年に答申「現行産業別賃金の廃止及び新産業別最低賃金への転換について」が出された。ここでは，(1)基本的考え方としては昭和56年答申を踏襲することが明言され，(2)旧産業別最低賃金は速やかに整理するとしたが，賃金秩序に対する急激な変化を回避し，業種によっては新産業別最低賃金への転換の準備期間を考慮する必要があるとして，移行のための方針が示された[53]。これにより，一定の要件を満たした新産業別最低賃金

の申出が行われ，次第に新産業別最低賃金への転換がなされていった。

(c) 産業別最低賃金の存在意義への疑問

このように，新産業別最低賃金が常に地域別最低賃金を上回るものとして設定されるようになったことで，産業別最低賃金自体の存在意義を問う声も強まった。特に使用者側は，賃金の低廉な労働者の最低額は地域別最低賃金によって保障されており，産業別最低賃金は屋上屋を重ねるものであるなどと主張するようになった[54]。また，「規制改革・民間開放推進3か年計画（抄）」においても，「産業別に異なる最低賃金を設定する意義は乏しい」，「最低賃金の設定が必要な場合には，労使間の協約・協定で自主的にこれを定めればよいとの考え方もある」として，産業別最低賃金制度のあり方について速やかな検討が促された[55]。

そして，平成17年3月31日の厚労省「最低賃金制度のあり方に関する研究会報告書」では，当時の産業別最低賃金の適用状況[56]に鑑みると，比較的

---

53 整理にあたっての方針と具体的手法は以下のとおりである。

「(1)旧産業別最低賃金は，年齢（18歳未満，65歳以上）・業務（a 清掃・片づけ，b 雇入れ後一定期間以内の者で技能習得中のもの，c 産業特有の軽易業務），業種（当該業種の第1・十分位数が調査産業計のそれより低く，他の特性値も同様の傾向にあるなど平均的な賃金分布より低廉な業種）の適用除外を計画的・段階的（年齢＝昭和60年度，業務＝昭和61年度，業種＝昭和62・63年度）に行う。

(2)(1)の計画的・段階的な適用除外（適用除外の方針決定でも可。業種は検討中でも可）が行われないものは，改正諮問を行わない。

(3)新産業別最低賃金へ転換することが適当なものは，転換のために必要な準備・調整作業等（他の業種が適用除外され例外的に残る業種の適用除外の適否や，適用除外対象業種であるが主要産業であるものの取扱いなどを含む「くくり方」等の工夫）を行っておく。

(4)計画的・段階的適用除外や転換のための準備・調整を円滑に行うため，地方最低賃金審議会に意見調整の場（小委員会等）を設ける。

(5)計画的・段階的適用除外，準備・調整を終えた旧産業別最低賃金のうち，申出があり新運用方針に適合する場合には新産業別最低賃金としての合理的理由があるものとして，関係者は昭和64年度中に転換できるよう努力する。

(6)転換できなかった旧産業別最低賃金は，昭和64年度以降凍結する」。

54 日本経済団体連合会「2003年度日本経団連規制改革要望」（平成15年10月21日）。

55 平成15年12月の総合規制改革会議の第3次答申，平成16年3月19日閣議決定の「規制改革・民間解放推3か年進計画」など。

56 産業別最低賃金のほとんどが都道府県内の特定の産業について決定されており（249件），平成17年3月当時における適用労働者数は約410万人で地域別最低賃金

賃金水準の高い労働者の賃金の不当な切下げによる競争を防止するという本来の機能は果たしておらず，その役割も地域別最低賃金と重複している面が多くなっていると指摘し，その廃止を含めた抜本的な見直しを行う必要があると提言した。

　これをふまえた厚生労働省の労働政策審議会では，「産業別最低賃金の運用については，これまでの中央最低賃金審議会の答申及び全員協議会報告を踏襲するものとする」としつつ，「使用者側の一部から，産業別最低賃金の廃止に向けての議論は継続すべきであるとの意見があった」ことを付記し，労働協約拡張方式（旧法 11 条）は廃止すべきという見解を明確にするに至った[57]。

(5) 第5期──最低賃金制度のあり方に関する再検討（平成12年）

　他方で，産業別最低賃金制度の意義への疑問と表裏一体をなして浮かび上がってきた問題が，労働者に対するセーフティーネットとしての最低賃金のあり方であった。就業形態の多様化の進展にともなって，平成 12 年前後から，働く貧困層──いわゆるワーキング・プア──の存在が社会問題として意識されるようになった。その中で，労働者の暮らしを支える安全網として，最低賃金制度をより実効的に機能させるべきだという議論が高まってきたのである。最低賃金制度のあり方に関する研究会報告書（前述）では，考慮要素として，類似の労働者の賃金だけでなく，様々な要素を今まで以上に総合的に勘案すべきであるとし，生活保護水準との関係を見直すことにまで言及した[58]。

　　の適用労働者の約 12 分の 1 であり，全国加重平均額は 758 円で地域別最低賃金より約 14％高い水準にとどまっており，基幹労働者の多くは一定年齢の者や軽易業務に従事する者などを除外するネガティブ・リスト方式によって定義されていて低賃金層の者までを対象とするものになっている，など。

[57]　厚生労働省労働政策審議会労働条件分科会最低賃金部会（部会長：今野浩一郎学習院大学教授）報告書「今後の最低賃金制度のあり方について」（平成 18 年 12 月 27 日，労審発第 443 号）。

[58]　厚生労働省「最低賃金制度のあり方に関する研究会」（部会長：樋口美雄慶應義塾大学教授）最終報告書（平成 17 年 3 月）および前掲・労働政策審議会労働条件分科会最低賃金部会最終答申「今後の最低賃金制度のあり方について」によれば，基本的考え方として「最低賃金制度の第一義的な役割は，すべての労働者について賃金の最低限を保障する安全網であり，その役割は地域別最低賃金が果たすべきものである」

また，平成12年12月15日には「中央最低賃金審議会目安制度のあり方に関する全員協議会報告」が出され，地域別最低賃金額の表示単位期間について，「現行の日額・時間額併用方式から時間額単独方式へ一本化することが適当」とされた。

　これを受けた中央最低賃金審議会では，平成13年4月から時間額単独方式への移行の検討を行い，平成14年4月2日には中央最低賃金審議会時間額表示問題全員協議会報告が取りまとめられた。ここでは，地域別最低賃金額の表示単位期間について，「賃金支払形態，所定労働時間などの異なる労働者についての最低賃金適用上の公平の観点や就業形態の多様化への対応の観点，さらにはわかりやすさの観点から」時間額のみの表示が望ましいとしている。そして，「大方の地域においては平成14年度から時間額単独方式に移行が進められることを念頭におくと，地域別最低賃金額の金額改定に係る目安は平成14年度から時間額で表示することが適当」であるとの考えが示された。そしてこれ以降，目安額は時間額のみが示されるようになったのである。

　さらに，平成17年6月には厚生労働省の労働政策審議会労働条件分科会最低賃金部会において，最低賃金制度に関する見直しがはじめられた。そして，翌年12月には地域別最低賃金の必要的設定と労働者の生計費に関して生活保護との整合性に配慮すべき必要性，産業別最低賃金の改編などを盛り込んだ答申が出された。

　これをもとにした最低賃金法改正法案は，平成19年3月13日に第166回通常国会に提出されたが，継続審議となり，平成19年11月28日，第168回国会（臨時会）において一部修正のうえ可決され，同年12月5日に交付された（平成20年7月1日施行）[59]。

　このように，近年では就業形態の多様化を背景に，地域別最低賃金と産業別最低賃金の役割を整理し，それぞれ実情に見合ったものとすることが課題

としたうえで，考慮要素については「地域における労働者の生計費及び賃金並びに通常の事業の賃金支払能力」とすべきであって，「『地域における労働者の生計費』については，生活保護との整合性も考慮する必要があることを明確に」すべきであるとしている。さらに同報告は，産業別最低賃金のあり方についても「抜本的な見直し」を含意するものとなっていた。

[59] 平成19年法律第129号。

となっていた。そして、地域別最低賃金と事業・職業別の特定最低賃金との機能分担を明確にし、地域別最低賃金の下支え機能の強化を図ろうとしたのが平成19年改正だったのである。

Ⅲ 平成19年改正による新たな最低賃金制度[60]

1 改正の概要

平成19年最低賃金法改正のうち、実質的部分に関わる改正の概要については、表2-1にまとめた。

表2-1 平成19年最低賃金法改正の概要

主たる改正内容	平成19年改正前	平成19年改正後
時間額表示への一本化	「時間、日、週又は月」単位で決定するのが原則。出来高払制その他の請負制の場合は厚生労働省令の定めるところにより定めることができる（旧4条1項、2項）。	最低賃金額は「時間によつて定めるものとする」（3条）。
最低賃金の減額の特例	一　精神又は身体の障害により著しく労働能力の低い者 二　試の使用期間中の者 三　職業能力開発促進法（昭和44年法律第64号）第24条第1項の認定を受けて行われる職業訓練のうち職業に必要な基礎的な技能及びこれに関する知識を習得させることを内容とするものを受ける者であつて厚生労働省令で定める者 四　所定労働時間の特に短い	1ないし4号に列挙された労働者については（4号からは「所定労働時間の特に短い者」を削除のうえ）、「当該最低賃金において定める最低賃金額から当該最低賃金に労働能力その他の事情を考慮して厚生労働省令で定める率を乗じて得た額を減額した額」を適用する（7条）。

---

[60] 最低賃金法の平成19年改正に関する参考文献として、道幸哲也「最低賃金額決定手続と最低賃金法の改正」季刊労働法218号（2007年）119頁以下、橋本陽子「最低賃金法改正の意義と課題」ジュリスト1351号（2008年）57頁以下、柳澤武「最低賃金法の再検討――安全網としての機能」日本労働法学会誌111号（2008年）11頁以下、中窪裕也「最低賃金法制の新しい出発」季刊労働法222号（2008年）55頁以下。

				者，軽易な業務に従事する者その他の厚生労働省令で定める者」については，許可制による適用除外（旧8条）。
地域別最低賃金設定の義務化と産業別最低賃金制度の改変（特定最低賃金の創設）	審議会方式（旧16条）	地域別	「賃金の低廉な労働者の労働条件の改善を図るために必要があると認めるとき」に最低賃金審議会による調査審議を経て，厚生労働大臣又は都道府県労働局長が「決定することができる」。	・地域別最低賃金は「あまねく全国各地域について決定されなければならない」（9条1項）。 ・地域別最低賃金の考慮要素である「労働者の生計費」を考慮するにあたっては，「労働者が健康で文化的な最低限度の生活を営むことができるよう，生活保護に係る施策との整合性に配慮するものとする」（9条2項，3項）。 ・労使の代表者は一定の事業又は職業に係わる最低賃金の決定，改正，廃止を申し出ることができ，最低賃金審議会の調査審議を経て厚生労働大臣又は都道府県労働局長が決定，改正，廃止をすることができる。（15条）
		産業別		
	労働協約拡張方式（旧11条）	労働協約の締結当事者による申請によって「決定することができる」。		労働協約拡張方式は廃止。
派遣中の労働者に係る最低賃金の適用	賃金の支払責任を有する派遣元の事業場の所在地・産業の最低賃金が適用されていた。			派遣先の事業の「事業場の所在地を含む地域」の地域別最低賃金または「特定最低賃金」が適用される場合は当該最低賃金が適用される（13条，18条）。
監督機関に対する申告と不利益取扱いの禁止	なし。			事業場における法違反について「都道府県労働局長，労働基準監督署長又は労働基準監督官に申告して是正のため適当な措置をとるよう求めることができる」。使用者は労働者に対して，この申告を理由として解雇その他の不利益な取扱いをしてはならない（34条）。
罰則	最低賃金支払義務違反には「2万円以下の罰金」（旧44条）。			最低賃金支払義務違反には「50万円以下の罰金」（40条）。

同年改正の柱は，特定最低賃金の創設（産業別最低賃金制度の改革）と地域別最低賃金制度の整備である。特定最低賃金は従前の産業別最低賃金を継承・整理し，地域別最低賃金への上積みとして位置づけられたことによって，地域別最低賃金と事業・職業別の最低賃金（特定最低賃金）との役割分担が明確にされた[61]。この点を確認したうえで，本書では，最低賃金が労働者の最低生活を保障するという機能に着目するため，特定最低賃金については必要な限りでのみ触れることとしたい。

そして，地域別最低賃金に関する改正の中心となるのは，改正法9条である。同条は，以下のように規定されている。

第9条（地域別最低賃金の原則）
　賃金の低廉な労働者について，賃金の最低額を保障するため，地域別最低賃金（一定の地域ごとの最低賃金をいう。以下同じ。）は，あまねく全国各地域について決定されなければならない。
2　地域別最低賃金は，地域における労働者の生計費及び賃金並びに通常の事業の賃金支払能力を考慮して定められなければならない。
3　前項の労働者の生計費を考慮するに当たつては，労働者が健康で文化的な最低限度の生活を営むことができるよう，生活保護に係る施策との整合性に配慮するものとする。

　このように，9条1項によって，日本中すべての労働者が地域別最低賃金を適用されることがはじめて法的に担保されることとなった。これによって，当初は数種類の最低賃金制度の1つにすぎなかった地域別最低賃金について，全国各地域における全労働者の賃金の最低限を保障するという特別な役割が

---

[61] 特定最低賃金は関係労使の申出を契機とする最低賃金である。まず，労働者・使用者の全部または一部を代表する者が，厚生労働大臣または都道府県労働局長に，当該労働者もしくは使用者に適用される一定の事業もしくは職業に係る最低賃金の決定・改正または廃止をするよう申し出ることができる（最低賃金法15条1項）。厚生労働大臣または都道府県労働局長は，この申出があった場合において必要があると認めるときは，最低賃金審議会の調査審議を求め，その意見を聴いて，当該申出に係る特定最低賃金の決定・改正または廃止を決定することができる（同条2項）。特定最低賃金の額は，その適用を受ける使用者の事業場が属する地域についての地域別最低賃金の額を上回るものでなければならない（最低賃金法16条）。

確立したといえる。なお，地域別最低賃金の目安額に関して平成14年以降とられていた時間額単独表示についても，3条によって法的に一本化された。

次に，9条2項は，地域別最低賃金の考慮要素を規定している。同項は，基本的には最低賃金（地域別最低賃金のみならず産業別最低賃金をも含む）を決定する場合の考慮要素を述べた改正前の最低賃金法3条を踏襲している[62]。最低賃金の決定に関しては，先に述べたとおり，最低賃金法制定当初から，(1)労働者の生計費，(2)類似の労働者の賃金，(3)通常の事業の支払能力という3つの要素が考慮されるとされていた。今回の改正では，(1)に関して「地域における」労働者の生計費とされたほか，(2)についても「類似の労働者の」賃金ではなく「地域における」労働者の賃金とされ，(3)では単なる支払能力ではなく「賃金」支払能力と限定されている。いずれの要素に関しても，従前の考慮要素を地域別最低賃金の場合に引き直すための，より限定的な文言が選択された改正であるといえよう。

これに対して，改正法9条2項の考慮要素(1)を敷衍する同条3項は，地域別最低賃金の機能について注目すべき文言を用いている。同3項では，労働者の生計費を考慮するにあたり，「労働者が健康で文化的な最低限度の生活を営むことができるよう」，「生活保護に係る施策との整合性に配慮する」べきと述べている。このうち，憲法25条の文言である，労働者が「健康で文化的な最低限度の生活を営むことができるよう」という文言は，当初の政府案では存在せず，衆議院において，参議院で当時第一党であった民主党との修正合意によって挿入された文言である。

2　改正による法的要請

では，改正によってどのような法的変化が生じたと解釈されるべきなのだろうか。

---

[62] 旧3条は，「最低賃金の原則」として，「最低賃金は，労働者の生計費，類似の労働者の賃金及び通常の事業の賃金支払能力を考慮して定められなければならない」と定めていた。「労働者の生計費」とは，労働者の属する地域における労働者の生計費のことと解される。また，「類似の労働者の賃金」とは，地域や職種，業種という共通性をもつ労働者についての，いわゆる賃金の相場であるとされる。そして，「通常の事業の賃金支払能力」とは，個々の事業の賃金支払能力ではなく，正常な経営をしていく場合に通常期待することのできる賃金経費負担能力であるとされる（労働省労働基準局編『最低賃金法の詳解と実務』〔労務行政研究所，1959年〕45頁以下）。

まず，改正によって「労働者の生計費」という考慮要素に，憲法 25 条の生存権の趣旨が反映されることが明らかになったといえるだろう。とすれば，少なくとも，国が最低賃金を決定するにあたって，生存権の具体化である生活保護水準を下回ってはならない，という義務が課せられたと考えられる。これは，国会における法案審議の過程に鑑みても妥当な解釈であるといえる[63]。さらに，平成 19 年改正の施行日である平成 20 年 7 月 1 日に出された施行通達では，9 条 3 項について，「生活保護に係る施策との整合性は，各地方最低賃金審議会における審議に当たって考慮すべき 3 つの考慮要素のうち生計費に係るものであるから，条文上は，生活保護に係る施策との整合性

---

[63] 平成 19 年 6 月 6 日の衆議院厚生労働委員会における細川律夫議員（民主党）に対する青木政府参考人（労働基準局長）の答弁。また，同年 11 月 20 日の参議院厚生労働委員会において，修正案提案者の一人である細野議員は，修正の趣旨について，「政府が提出をしました原案は，地域別最低賃金の 3 つの考慮要素のうち労働者の生計費につきまして，生活保護に係る施策との整合性に配慮すると，こういうこととしていましたが，この規定の趣旨が必ずしも明確ではなかったところでございます。このため，最低賃金の決定の際に生計費を考慮するに当たっては，生活保護との整合性について，最低賃金が労働者が健康で文化的な最低限度の生活を営むことができるような水準になるよう配慮することを明確にするよう修正を行うこととしたものでございます。これによって，最低賃金が労働者が健康で文化的な最低限度の生活を営むことができるような生活保護の水準を下回らない水準となるよう配慮する趣旨がより強く強化されたというふうに考えております」と答えている。また，民主党は，2007 年 11 月 28 日の政策調査会長の談話において，同条改正の意義を以下のように説明している「地域別最低賃金の引上げと法遵守は，格差是正とワーキングプア問題の解消にとって不可欠であることから，最低賃金の基準を労働者とその家族が生計を立てられる水準にするための法改正を提案した。修正協議により，地域別最低賃金の原則に『労働者が健康で文化的な最低限度の生活を営むことができるよう』との文言が追加され，最賃は少なくとも生活保護給付を超える額となることが明確になった」としている。これに対して，改正最低賃金法を「格差是正のための最重要法案」と位置づけてきた日本労働組合総連合会は，同日の「最低賃金法改正案の成立に関する談話（事務局長談話）」において，「国会審議では，連合が求めていた労働者が最低限の生活を送るにふさわしい地域別最低賃金や，生活保護との整合性確保等が論点となった。地域別最低賃金については改正案の 9 条が修正され，「労働者が健康で文化的な最低限度の生活を営むことができるよう」という文言が加わった。しかしながら，連合が長年求めている実効性の確保という観点からすると，まだ不十分である。一方で，地域別最低賃金を支払わなかった者に対する罰則が強化され，派遣労働者には派遣先の最低賃金が適用されることになり，賃金の最低限を保障し安全網としてより一層の強化をはかるという観点では一定の前進がみられた」としている。

に配慮すると規定しているところであるが，法律上，特に生活保護に係る施策との整合性だけが明確化された点にかんがみれば，これは，最低賃金は生活保護を下回らない水準となるよう配慮するという趣旨であると解される」としている[64]。

このように，平成19年改正のポイントは，法9条である。平成19年改正までは，「労働者の生計費」，「(類似の労働者の) 賃金」，「通常の事業の賃金支払能力」という考慮要素が列記されていたにすぎず，それがどのように考慮されるべきかについては何も言及していなかった。これに対して，新たな9条3項は，最低賃金決定の考慮要素の1つである労働者の生計費に関して生活保護との整合性を要請することで，絶対的な要素を導入するという質的変化をもたらしたとも解釈できるからである[65]。

3　現行の最低賃金制度の内容

ここで，現行の最低賃金制度の内容について整理しておくこととする。

(1)　目　的

現在，最低賃金法1条は，「この法律は，賃金の低廉な労働者について，賃金の最低額を保障することにより，労働条件の改善を図り，もつて，労働者の生活の安定，労働力の質的向上及び事業の公正な競争の確保に資するとともに，国民経済の健全な発展に寄与することを目的とする」と定めている。同条は，同法の直接的な目的が低賃金労働者の労働条件の改善であるとしたうえで，二次的な目的として①労働者の生活の安定，②労働力の質的向上，③事業の公正な競争という3つを並列的に掲げ，さらに国民経済の健全な発展への寄与という究極的な目的に言及している。

(2)　適用対象

最低賃金法は，事業場で働く全ての労働者と，労働者を1人でも使用して

---

[64]　平成20・7・1基発0701001号。
[65]　この点，むしろ，現行の生活保護制度を前提とする限り，この「整合性」を過度に強調することで，却って生活保護の水準を引き下げる圧力につながりかねないという指摘もある（たとえば，道幸・前掲脚注60論文119頁，柳澤・前掲脚注60論文27頁）。

いる全ての使用者に適用される。最低賃金法における労働者，使用者，賃金の定義は，労働基準法におけるものと同一である[66]。したがって，労務提供その他の実態をみて「職業の種類を問わず，事業または事務所……に使用される者で，賃金を支払われる者」に該当すれば同法の適用がある。

判例上も，大学病院の研修医について，労基法上の労働者性の判断基準と同様の基準で最低賃金法上の労働者性を認め，実際に支払われた給与と最低賃金との差額請求を認容したものがある[67]。ただし，国家公務員法等の法律によって最低賃金法の適用が除外されている公務員はその限りでない。また，船員法の適用を受ける船員については，最低賃金法は適用されるが，個々の最低賃金の決定は国土交通省の所轄とされる[68]。

なお，最低賃金を一律に適用すると却って雇用機会を狭める可能性がある一定の労働者については，使用者が都道府県労働局長の許可を受けることを条件として，個別に最低賃金の減額の特例が認められている[69]。その対象は，(1)精神または身体の障害により著しく労働能力の低い者，(2)試の使用期間中の者，(3)職業能力開発促進法に基づく認定職業訓練のうち基礎的な技能または知識を習得させるものを受ける者，(4)軽易な業務に従事する者，(5)断続的労働に従事する者である。これらの者に係る最低賃金については，使用者が都道府県労働局長の許可を受けたときは，当該者の職務の内容や労働能力その他の事情を考慮したうえで，厚生労働省令で定める率を乗じて得た額を減額した額で最低賃金を支払うことが認められている[70]。

(3) 対象となる賃金

最低賃金規制の対象となる賃金は，「通常の労働時間」に対して支払われる賃金に限定されている。これは，最低賃金との比較対象を予定しうる基本的な賃金に限定することで，その実質的な効果を確保する趣旨である。また，時間外労働や休日労働に対する割増賃金を含めてしまうと，時間外・休日労

---

66 最低賃金法2条，労基法10条，11条。
67 最二小判平17・6・3民集59巻5号938頁［関西医科大学研修医（未払賃金）事件］。
68 最低賃金法35条。
69 同法7条，最低賃金規則3条。
70 同法7条，最低賃金法施行規則5条。

表2-2 最低賃金法における「賃金」

「賃金」に含まれる要素[73]	「賃金」から除外される要素[74]
・「通常の労働時間」に対して毎月支払われる基本的な賃金	・臨時に支払われる賃金（結婚手当など） ・1か月を超える期間ごとに支払われる賃金（賞与など） ・所定労働時間を超える時間の労働に対して支払われる賃金 ・所定労働日以外の日の労働に対して支払われる賃金 ・深夜（原則として午後10時から午前5時まで）労働に対して支払われる賃金のうち，通常の労働時間の賃金の計算額を超える部分 ・当該最低賃金において参入しないことを定める賃金[75]

働を増加させるおそれや，労働時間の長短によって労働者間の不公平を生ずるおそれがあるので，これを回避するという趣旨も含まれている。

したがって，実労働時間が長時間にわたって連続する場合でも，最低賃金法の規制対象はあくまでも所定労働時間に対する賃金に限られる。なお，法定時間外労働等に対する割増賃金については同法ではなく労基法37条の規制が適用される。もっとも，割増賃金は「通常の労働時間又は労働日の賃金の計算額」を基礎として計算されるので，事実上，最低賃金額に法定割増率を乗じた額より下回ることは許されないという意味で，時間外労働についても間接的に最低賃金の下支えがあるといえる。

最低賃金が通貨以外のもので支払われる場合や，食事その他の代金を賃金から控除する場合は，これら現物給与の評価は適正に行われなければならない[71]。この「適正な評価」とは，当該現物給与等を労働者に支給するために要した実際費用を超えないものをいう[72]。現物給与等について不適正な評価をしており，これを適正に評価すれば最低賃金額に満たない賃金しか支払っていないこととなる場合には，最低賃金法4条1項違反となる。具体的には，

71　同法5条。
72　昭和34・9・1発基第114号。

表2-2の右欄にあげた要素は，最低賃金との比較の対象外とされる。

現行の最低賃金は，最低賃金を時間額で定めることとしている。そこで，実際に支払われる賃金額と最低賃金との比較には，前記除外賃金を差し引いた後の賃金額と，適用される最低賃金額とを，賃金の支払形態に応じて比較する[76]。まず，時間給制の場合は，時間給と最低賃金（時間額）とを比較する。次に，日給制の場合は，日給を1日の所定労働時間で除したものと最低賃金（時間額）とを比較する。そして，月給制等の場合は，賃金額を「時間あたりの金額」に換算し，最低賃金と比較することになる。

(4) 最低賃金の効力

使用者は，労働者に対して，最低賃金額以上の賃金を支払わなければならない[77]。最低賃金額に達しない賃金を定める労働契約の規定は無効とされ，最低賃金額と同額の定めをしたものとみなされる[78]。地域別最低賃金および船員に係る特定最低賃金についてこの規定に違反した場合には，4条1項違反として，50万円以下の罰金に処せられる[79]。

また，労働者が，2つ以上の最低賃金の適用を受ける場合は，これらにお

73　最低賃金法4条1項。
74　同法4条3項，最低賃金法施行規則1条。
75　この内容は，個々の最低賃金の決め方によって決定されることとなっている。現行の最低賃金はすべて，精皆勤手当，通勤手当，家族手当を参入しないことを定めている。
76　最低賃金法施行規則2条。なお，出来高払制その他の請負制によって定められた賃金については，当該賃金算定期間（賃金締切日がある場合には，賃金締切期間）において出来高払制その他の請負制によって計算された賃金の総額を，当該賃金算定期間において出来高払制その他の請負制によって労働した総労働時間数で除した金額を最低賃金と比較することになる。
77　最低賃金法4条1項。なお，所得税の源泉徴収や社会保険料の控除その他労基法24条1項但書後段によって賃金の一部を控除したために労働者に直接支払われる賃金が最低賃金額に達しない場合でも，控除額に相当する賃金は支払われたと解されるため，4条1項違反とはならない。
78　同条2項。同法項は，労基法13条と同様の強行的・直律的効力の定めであり，最低賃金額を下回る契約を結んでいる労働者にも最低賃金額までの賃金を請求しうる権利を付与するものである。
79　同法40条。罰金等臨時措置法2条。なお，最賃法4条1項違反と労基法24条1項（賃金全額払い原則）違反の関係は法条競合であり，特別法にあたる最賃法4条1項違反の一罪となる。

いて定める最低賃金額のうち最高のものによる[80]。また，労働者は最低賃金に満たない賃金が支払われた場合，その差額を請求することができる。

(5) 周知義務

最低賃金の適用を受ける使用者は，当該最低賃金の概要を，常時作業場の見やすい場所に掲示し，またはその他の方法で，労働者に周知させるための措置をとらなければならない[81]。本条における「最低賃金の概要」とは，適用労働者の範囲およびその最低賃金額，当該最低賃金において除外賃金とすべき賃金[82]，効力発生年月日である[83]。地域別最低賃金に関してこの規定に違反した者は，30万円以下の罰金に処せられる[84]。

(6) 行政監督

本法の行政上の監督機関は労働基準監督署長および労働基準監督官であり，事業場への立ち入り，帳簿書類その他の物件の検査，関係者への質問の権限が与えられている[85]。また，本法の規定に違反する罪については，上記監督機関が司法警察員の職務を行う[86]。

(7) 労働者の申告権・不利益取扱いの禁止

労働者は，事業場に最低賃金法違反の事実があるときは，その事実を都道府県労働局長，労働基準監督署長または労働基準監督官に申告して，是正のため適当な措置をとるように求めることができる[87]。

また，使用者は，この申告をしたことを理由として，労働者に対し，解雇その他の不利益取扱いをしてはならない[88]。不利益取扱いとは，解雇のほか配置転換や降格，賃金引下げ等，他の者に比して不利益な取扱いをすること

---

80 最低賃金法6条1項。
81 同法8条。
82 同法4条3項3号。
83 最低賃金法施行規則6条。
84 最低賃金法41条1号。
85 同法31条，32条1項。
86 同条2項，最賃則14条2項。
87 最低賃金法34条1項。
88 同条2項。

をいう。不利益取扱いの禁止に違反した者は，6月以下の懲役または30万円以下の罰金に処せられる[89]。

4 地域別最低賃金の決定方式

　地域別最低賃金の決定方式は，平成19年改正時には改正されず，従来の方式が維持されている。したがって，地域別最低賃金は，最低賃金審議会の調査審議に基づき，厚生労働大臣または都道府県労働局長によって決定される。本章Ⅱ2(3)でみたとおり，中央最低賃金審議会は，全国的整合性を確保するため，全都道府県をAからDまでの4ランクに分けて，毎年「目安額」を審議・提示し，それを参考として各都道府県の地方最低賃金審議会が引上げ額を決定する「目安額制度」という運用を行っている。では，改正法によってもたらされた新たな考慮要素は，目安制度の中でどのように考慮されているのだろうか。以下では，最低賃金審議会の具体的な決定手続および審議について概観することにしたい。

(1) 地域別最低賃金の決定手続の流れ

　毎年の地域別最低賃金の決定手続の流れは以下のとおりである。まず，最終決定権者である厚生労働大臣または都道府県労働局長は，中央最低賃金審議会または地方最低賃金審議会に対して，地域別最低賃金の決定について調査審議を求める。これらの審議会から意見の提出があったときは，厚生労働大臣または都道府県労働局長は，これを官報へ掲載し，または都道府県労働局の掲示場へ掲示して，その意見の要旨を公示する。そして，当該地域別最低賃金の決定にかかる地域の労働者または使用者は，その公示された意見に異議があるときは，その公示の日から15日以内に，厚生労働大臣または都道府県労働局長に異議を申し出る。厚生労働大臣または都道府県労働局長は，その異議の申出があったときは，これについて中央最低賃金審議会または地方最低賃金審議会に意見を求め，そのうえで，厚生労働大臣または都道府県労働局長は，これらの審議会の上記の各意見をふまえて地域別最低賃金を決定する[90]。中央最低賃金審議会または地方最低賃金審議会が調査審議を行う

89　最低賃金法39条。
90　同法10条および11条，最低賃金法施行規則7条および8条。

場合には，関係労働者および関係使用者の意見を聞くこととされている[91]。

　なお，一度決定された最低賃金について，厚生労働大臣または都道府県労働局長が，当該地域における労働者の生計費，労働者の賃金および通常の事業の賃金支払能力を考慮して必要があると認めるときは，上記の決定手続と同様の手続により，地域別最低賃金の改正または廃止の決定をしなければならない[92]。平成19年改正前は単に「必要があると認めるとき」とされていたが，決定に関する上記3つの考慮要素に関する事情の変動が改正・廃止の基準となることが明確にされた。なお，厚生労働大臣は，都道府県労働局長が決定した地域別最低賃金が著しく不適当であると認めるときは，中央最低賃金審議会の意見を聴いて，その改正または廃止の決定をすべきことを都道府県労働局長に命ずることができる[93]。

　このように，最低賃金額の決定に関しては，中央および地方の最低賃金審議会が中心的な役割を果たしている。目安制度の導入以降，地方最低賃金審議会では，中央最低賃金審議会によって示された目安を参考にしながら，地域の実情に応じた地域別最低賃金額の改正のための審議を行っていることから，特に中央最低賃金審議会の役割は重要であるといえよう。

(2)　**最低賃金審議会の組織**

　次に，最低賃金の決定についての調査審議等，最低賃金法によってその権限とされた事項をつかさどる賃金審議会の組織についてみておく。最低賃金法20条は，最低賃金の決定その他最低賃金法の公正な実施を確保するため，厚生労働省に中央最低賃金審議会を，都道府県労働局に地方最低賃金審議会をおくことを定めている。中央最低賃金審議会および地方最低賃金審議会は，それぞれ，労働者，使用者，そして公益を代表する委員各同数によって組織される[94]。このうち，労働者および使用者を代表する委員については，関係労働組合または関係使用者団体に候補者の推薦を求め，その推薦を受けた者の中から任命する[95]。各委員の任期は2年である。審議会は，最低賃金の決

91　同法25条5項。
92　同法12条。
93　同法30条2項ないし4項。
94　同法22条。
95　最低賃金審議会令（昭和34年政令163号）3条。

定またはその改正の決定について調査審議を求められた場合は，関係労働者，関係使用者および公益を代表する委員各同数によって組織される専門部会を設置しなければならない。また，必要に応じて，一定の事業または職業について専門の事項を調査審議させるため，専門部会を設置することができる[96]。

(3) 審議会における審議の特徴

審議会における実際の審議はどのようなものであろうか。ここでは，最低賃金法が改正されて初めて開催された，平成20年の中央最低賃金審議会の「目安に関する小委員会」および審議会本体の議事録から，その特徴を整理してみたい。

(a) 検討資料

審議会では各種の統計資料が用いられる。平成20年の目安に関する小委員会においても，各種資料が提示された。たとえば，GDPや鉱工業生産指数などに関する全国統計資料，都道府県統計資料編，地域別最低賃金改定状況（平成19年度改定審議の状況や目安と改定額の関係の推移など）等を内容とする業務統計資料，賃金分布に関する資料などである[97]。平成20年度は，

---

[96] 最低賃金法25条1項ないし4項。
[97] 「1．主要指標の推移（GDP，鉱工業生産指数，製造工業稼働率指数，倒産件数，完全失業者数，完全失業率，求人倍率，消費者物価指数，国内企業物価指数，賃金指数）
2．有効求人倍率の推移
　(1) 有効求人倍率の推移（暦年・月，全国・ランク別）
　(2) 年齢別常用求人倍率の推移（暦年）
3．賃金・労働時間の推移
　(1) 賃金
　　イ　賃金（現金給与総額・定期給与額）増減率の推移（暦年・月，5～29人・30人以上）
　　ロ　パートタイム労働者比率の推移
　　ハ　初任給の上昇額・率の推移（年度，学歴別）
　(2) 賃金・労働時間
　　イ　賃金・労働時間指数の推移（暦年・四半期，所定内給与・所定内労働時間）
　　ロ　一般労働者の賃金・労働時間の推移（暦年，5～9人・10～99人・100人以上）
　　ハ　月間労働時間の動き（暦年・月，規模30人以上，調査産業計・製造業，所定内労働時間・所定外労働時間）
4．春季賃上げ妥結状況
　(1) 春季賃上げ妥結状況（平成20年，平均，大企業・中小企業，連合・日本経団

前年の法改正をふまえて，生活保護と最低賃金の関係に関する資料も加えられている。

これらの資料は，労使双方の主張の根拠となるものであって，どのような意味を見いだすか，どのような重みづけをするかについては基本的に審議会の委員に委ねられている。

しかし従来は，これらの資料のうち，特に30人未満規模の中小・零細企業に対する調査である賃金改定状況調査の結果，とりわけ労働者の賃金の伸びを示す「第4表　賃金の上昇率」が決定的であるとされていた[98]。同表の賃金の上昇率と目安額の引上げ幅とは，統計的にも有意な関係があることが確認されている[99]。実際の地域別最低賃金額は法的には目安額には拘束され

　　　　　連・厚生労働省）
　　（2）　中小企業春季賃上げ率の推移（暦年，全国・ランク別）
　　（参考）大企業の春季賃上げ率の推移（暦年）
　　（3）　賃上げ額・率の推移
　　　イ　1人あたり平均賃金の改定額及び改定率の推移（暦年）
　　　ロ　賃金の改定の状況，賃金の改定の決定にあたり最も重視した要素別企業割合（平成19年）
　5．夏季賞与・一時金妥結状況
　6．消費者物価指数の対前年上昇率の推移（全国・ランク別）
　7．地域別最低賃金（時間額），未満率及び影響率の推移（年度）
　8．賃金構造基本統計調査特別集計による未満率と影響率
　9．地域別最低賃金と賃金水準との関係（暦年，全国，調査産業計，一般労働者・短時間労働者）
　10．企業の業況判断及び収益
　　（1）　日銀短観による企業の業況判断及び収益
　　　イ　業況判断（DI）（四半期，企業規模別）
　　　ロ　経常利益増減（年度，企業規模別）
　　　ハ　売上高経常利益率（年度，企業規模別）
　　（2）　中小企業景況調査による業況判断（DI）（四半期，産業別）」。

[98] 中窪・前掲脚注60論文58頁。平成16年度の目安額に関する公益委員見解においては，パートタイム労働者の増加によって押し下げられていると考えられる第4表の数字の扱いが大きな焦点となったことがわかる。また，厚生労働省「最低賃金のあり方に関する研究会」第8回（平成17年3月3日）において，石田光男委員（同志社大学教授）は，「目安制度については，いろいろな統計資料を使うというのですが，それは端的に言えば賃金改定状況調査，しかも第4表と。だから日本の決定基準というのは，実務的には非常に明らかで，実は第4表の数字で目安が立つということなのです」と述べている。

ないが，実際には目安額が1円上がると地域別最低賃金の引上げ幅が約0.9円上昇するという，密接な関係があることも指摘されている[100]。

この点，中小・零細企業の賃金改定状況を重視することがはたして妥当かということも検討対象となりえよう。しかしここでは，審議会の審議過程において，労使各委員がそれぞれの立場から主張を展開し，統計データを決定にどう反映するかについても委員が決定している点に注目したい。目安に関する小委員会は「やま場においては徹夜が当たり前という，大変厳しい交渉が繰り広げられる」とされており[101]，これは基本的には当事者主義に立脚した，中央における一種の団体交渉とみることができる。

もっとも，最低賃金の決定にあたっては，これまでは賃金の上昇率に応じた引上げ幅が焦点となってきた。では，平成19年改正によって最低賃金の絶対的水準が問題となったことで，状況は変化したのだろうか。このことを検討するため，以下では，平成20年度の地域別最低賃金の目安の決定にあたって重要な焦点となった，(1)最低賃金との比較基準となる生活保護費について，および(2)最低賃金の増額について，労使の意見表明を分析することにする。

なお，生活保護基準と最低賃金の比較については，平成18年度のデータに基づいて3つの比較方法が選択肢として提示された。基準となるのは，12〜19歳の年齢層，単身の世帯，級地は県庁所在地であり，月間労働時間は労働基準法で定められた週40時間×年間の52.14週÷12か月とした，173.8時間である。

第1案は，各都道府県の県庁所在地の生活扶助基準（1類費＋2類費）を合せた数字である。第2案は，これに住宅扶助特別基準額（都道府県，政令市，中核市別）を加えたもの，第3案は，住宅扶助について，基準額ではなく，実際支払われた実績値を用いて算定した数字である（住宅扶助は，持ち家があり家賃を払う必要がない受給者については，全く支払われていないため。都道府県，政令市，中核市，6つの級地ごとに統計データあり）。これら生活保護費との比較には，月の労働時間173.8時間を最低賃金額に掛けたものおよ

---

99 玉田桂子「最低賃金はどのように決まっているのか」日本労働研究雑誌593号（2009年）16頁以下。
100 玉田・前掲脚注99論文27頁。
101 中窪・前掲脚注60論文62頁。

び税金・社会保険料を控除した 0.864 を乗じた，可処分所得でみた月額の最低賃金額が用いられた。

(b) **目安に関する小委員会における労使委員の見解表明**

(i) 基準となる生活保護費について

小委員会では，これら生活保護と最低賃金制度とのあり方について，労使双方からの見解が出された[102]。まず，労働者側委員は，「県庁所在地の生活保護基準」，「一般労働者の所定内実労働時間」，「18歳の単身者の生活扶助の第 1 類費と第 2 類費と住宅扶助に期末一時扶助費を加えたもの」を最低賃金と比較されるべき生活保護費の算定基準とするよう主張した。これに対して，使用者側委員からは，最低賃金を月額換算するうえで用いる労働時間については，「法定労働時間」をとるべきであり，生活保護費に関しては「12〜19歳の単身者における 1 類費と 2 類費の合計額に住宅扶助の実績額を合算した金額を都道府県の加重平均にしたもの」を基準とすべきだという意見が示された。

このように，「労働者の生計費」という考慮要素に関して生活保護基準とどのように整合性をとるべきかという法的解釈の問題についても，基本的には労使がそれぞれの立場から意見を出すという，交渉形態が基本となっていることがわかる。

(ii) 最低賃金の増額について

最低賃金の引上げに関しては，労働者側委員は消費者物価指数の対前年上昇率が 1.5% であり低所得者層の家計を直撃していること，非正規雇用の増加に伴って所得格差が拡大し続けていることをあげ，一般労働者・パートタイム労働者の賃金や高卒初任給が上昇していることや，「(改正) 最低賃金法の趣旨を踏まえて，すべての勤労者が健康で文化的な最低限度の生活が営むことができるように，生活保護水準を上回ることは当然として，働く人の賃金の底上げにつながる最低賃金とすることが必要である」として，50 円程度の引上げを図る必要があると主張した。

これに対して，使用者側委員は，業況判断の悪化，企業倒産件数の増加，地域経済の現状の減速，雇用環境の悪化に関する具体的数値に言及し，日本

---

[102] 以下，平成 20 年度第 2 回目安に関する小委員会議事録（平成 20 年 7 月 9 日）より抜粋。

経済全体の悪化，特に中小零細企業の厳しい現状と先行きに対する不透明感・不安感を根拠に，大幅引上げには慎重な立場を示し，労使の意見には依然として大きな隔たりがみられた。

(c) 公益委員の役割

審議会において，労使委員は，各出身母体の利益を代表する者として見解を表明する。そして，両者の意見は上記のように，大幅に隔たりがあるのが常態である。ところが，審議会の審議は本来的な団体交渉とは異なり，ストライキなどの手段が予定されているわけでもなく，1つの額に合意するために妥協を促す装置がない。そこで，1つの目安額を決定するために重要な役割を果たしているのが，公益委員である。

目安に関する小委員会では，労使の意見表明後，公・労，公・使とに分けて議論を行うのが慣例となっている。それでも労使の意見が一致することはなく，その結果，中央最低賃金審議会は30年以上にわたり，公益委員見解のみを提示するようになっている。

平成20年度地域別最低賃金額改定の目安に関する小委員会の取りまとめた報告においては，「労使の意見の隔たりが大きく，遺憾ながら目安を定めるに至らなかった」とし，同年度の目安審議については，公益委員としては，これまでの中央最低賃金審議会における審議を尊重しつつ，「現下の最低賃金を取り巻く状況や，本年7月1日に施行されることとなる最低賃金法の一部を改正する法律の趣旨を踏まえ，加えて，成長力底上げ戦略推進円卓会議における賃金の底上げに関する議論にも配意した」調査審議が求められたことに特段の配慮をした上で，上記の労使の小規模企業の経営実態等への配慮及びそこに働く労働者の労働条件の改善の必要性に関する意見等にも表れた諸般の事情を総合的に勘案し」，公益委員による見解を公表している[103]。

具体的な目安額の算定については「賃金改定状況調査結果を重要な参考資料とするとともに，地域別最低賃金と実際の賃金分布との関係にも配慮しつつ，加えて，生活保護に係る施策との整合性にも配慮することとする規定が新たに加えられた最低賃金法改正法の趣旨を踏まえ，一定の前提の下での生活保護と最低賃金との比較を行う」など，「様々な要素を総合的に勘案した」とされる。最低賃金と生活保護費との比較にあたっては，まず法の解釈とし

---

[103] 中央最低賃金審議会目安に関する小委員会報告（平成20年8月4日）。

て,「法律上,特に生活保護との整合性だけが明確にされた点からすれば,これは,最低賃金は生活保護を下回らない水準となるよう配慮するという趣旨と解することが適当である」と解釈を展開し,「公益委員としては,直近のデータに基づき,手取額で見た最低賃金額と,衣食住という意味で生活保護のうち若年単身世帯の生活扶助基準の都道府県内人口加重平均に住宅扶助の実績値を加えたものとを比較することが適当と考えた」と見解を表明している。なお,このような公益委員見解については「労使双方ともそれぞれ主張と離れた内容となっているとし,不満の意を表明した」ことが付記されている。そして,公益委員は目安に関する具体的な数値を示し[104],乖離額については,「原則として2年以内に解消することとし,そうした場合に,今年度の引上げ額が,これまでに例を見ないほどに大幅になるケースについては,3年」ないし5年程度とし,「具体的な解消期間及び解消額については,地域の経済・企業・雇用動向等も踏まえ,地方最低賃金審議会がその自主性を発揮することを期待する」との見解を表明している。

　中央最低賃金審議会は,上記目安に関する公益委員見解を中心とする「中央最低賃金審議会目安に関する小委員会報告」を具体的な内容とする答申を,同年8月に提示した。この中央最低賃金審議会の目安を参考にして,地方最

---

[104] 具体的な額は次のように定められた。「1,平成20年度地域別最低賃金額改定の引上げ額の目安は,表1中で下線が付されていない県については,同表に掲げる金額とし,下線が付された都道府県(利用可能な直近の平成18年度データに基づく生活保護水準との乖離額から,平成19年度の地域別最低賃金引上げ額を控除してもなお生活保護水準を下回っている都道府県)については,それぞれ表2のC欄に掲げる乖離額を当該乖離額を解消するための期間として地方最低賃金審議会で定める年数で除して得た金額と,表1に掲げる金額とを比較して大きい方の額とする。

　(表1),ランク,都道府県,金額。A,千葉,東京,神奈川,愛知,大阪,15円。B,栃木,埼玉,富山,長野,静岡,三重,滋賀,京都,兵庫・広島,11円。C,北海道,宮城,福島,茨城,群馬,新潟,石川,福井,山梨,岐阜,奈良,和歌山,岡山,山口,香川,福岡,10円。D,青森,岩手,秋田,山形,鳥取,島根,徳島,愛媛,高知,佐賀,長崎,熊本,大分,宮崎,鹿児島,沖縄,7円。

　(表2),都道府県,平成18年度データに基づく乖離額(A),平成19年度地域別最低賃金引上げ額(B),残された乖離額(C)(=A－B)。北海道,63円,10円,53円。青森,20円,9円,11円。宮城,31円,11円,20円。秋田,17円,8円,9円。埼玉,56円,15円,41円。千葉,35円,19円,16円。東京,100円,20円,80円。神奈川,108円,19円,89円。京都,47円,14円,33円。大阪,53円,19円,34円。兵庫,36円,14円,22円。広島,37円,15円,22円。」

低賃金委員会では同様の当事者主義に則った最低賃金決定がなされ，同年10月より発効した。

　なお，平成21年の審議では，前年に始まった急速な景気後退を背景に労使が激しく対立し，結局，最低賃金額が生活保護費の給付水準を上回る35県においては現行水準の維持を基本とすることとされ，そうでない12都道府県については「原則として，昨年度の予定解消年数から1年を控除した年数（乖離解消予定残年数）に1年を加えた年数で除して得た金額」が引上げの目安として示された[105]。

　このように，中央最低賃金審議会における地域別最低賃金の目安額の決定は，あくまでも労使が交渉によって合意に達することを基本とし，合意に達しえない場合は双方の妥協点を探る公益委員が調停者的な役割を果たしている。そういった場において，労使委員はあくまでも出身母体の利害を代表する者という位置づけであるため，両者の対立は避けられない。そして，その状況を打開して具体的な1つの最低賃金額を提案するために，公益委員が極めて大きな役割を果たしているといえる。もっとも，公益委員が労使の主張を離れて独自の観点から妥当性を決することは想定されておらず，その意味では，地域別最低賃金の目安額は中央における団体交渉方式で決定されているといってよい。そして，そのような方式で決定された目安額は，地方最低賃金審議会の具体的な地域別最低賃金の決定に大きな影響力を及ぼしているのである。

(4) 外部組織
(a) 成長力底上げ戦略推進円卓会議

　最低賃金の決定方式を検討するにあたって，ここで，最低賃金審議会の外部にあって最低賃金の決定に影響を与えた2つの組織について言及しておきたい。まずは，平成19年2月の経済財政諮問会議で了承された「成長力底上げ戦略」の中で設置することとされた，「成長力底上げ戦略推進円卓会議」

---

[105] 各都道府県の同年の引上げ目安額は以下のとおり（括弧内は乖離額と解消年数）。北海道10円（47円，4年），青森3円（9円，3年），宮城10円（20円，2年），秋田2円（3円，2年），埼玉12円（23円，2年），千葉3円（5円，2年），東京20円から30円（60円，2年），神奈川22円（66円，2年），京都12円（23円，2年），大阪13円（26円，2年），兵庫8円（16円，2年），広島8円（16円，2年）。

である。同会議は，内閣官房長官や各大臣に加えて，日本経団連や連合などの労使代表を構成員としていた。その役割は，「成長戦略の一環として，経済成長を下支えする基盤の向上を図ることにより，働く人全体の所得・生活水準を引き上げつつ，格差の固定化を防ぐことを目的とする『成長力の底上げ戦略』が国民各層の理解を得て適切な効果を上げること」を目指すこととされた。

同会議が平成19年7月に出した「合意」においては，当時継続審議とされていた最低賃金法案について，その速やかな成立が望まれるとの立場とともに，同年の最低賃金の引上げについては，「従来の考え方の単なる延長ではなく，雇用に及ぼす影響や中小零細企業の状況にも留意しながら，パートタイム労働者や派遣労働者を含めた働く人の『賃金の底上げ』を図る趣旨に添った引き上げが図られるよう十分審議されるように要望する」との見解が示されていた。そして，同年の最低賃金審議会に対する諮問では，この合意に配意することが求められ，結果的に，例年になく高い水準の引上げが実現することになった[106]。

さらに，最低賃金法が改正された後の平成20年6月20日には「中小企業の生産性向上と最低賃金の中長期的な引き上げの基本方針（円卓合意）」が出され，「生活保護基準との整合性，小規模事業所の高卒初任給の最も低位の水準との均衡」を勘案して，最低賃金を「当面5年間程度で引き上げること」が提言された。同年の最低賃金に関する厚生労働大臣の諮問においても，調査審議において「配意すべき事項」として(1)現下の最低賃金を取り巻く状況，(2)最低賃金改正法の趣旨，(3)円卓会議の議論の3つがあげられていた。

(b) 雇用戦略対話

民主党政権下においても，官邸に内閣総理大臣などを構成員とする「雇用戦略対話」がおかれ，平成22年6月3日にはワーキンググループが「できる限り早期に全国最低800円を確保し，景気状況に配慮しつつ，全国平均1000円を目指すこと」等を内容とする合意を発表した。これを受けて，同年度の目安の諮問においては「雇用戦略対話における最低賃金の引き上げに関する合意を踏まえた」調査審議が求められ，目安小委員会はこれに対して

---

[106] Aランクで19円，Bランクで14円，Cランクで9円ないし10円，Dランクで6円ないし7円の引上げとなった。

「特段の配慮をした」と答申している。

このことは，労使が激しく対立する最低賃金審議会において，労使の主張を離れた何らかの政策を考慮する仕組みを内部に持っていないことの限界を示すものでもある。交渉の論理とは離れた政策を反映させるためには，外部からの働きかけが必要不可欠であるともみえる。

もっとも，このような外部組織の影響力は正規の最低賃金法制の枠組みからは外れるものであり，法的にどのように評価すべきかは別問題である。ここには，最低賃金制度において，交渉を離れた政策的要素をどのように考慮すべきかという課題があらわれているといえよう。

5　最低賃金制度の実効性

現在，地域別最低賃金の適用労働者は，5年ごとの事業所・企業統計調査の本調査を基にして，平成18年の調査時点で4984万人と公表されている[107]。しかし，これはあくまでも最低賃金制度が適用される者であって，決して最低賃金レベルで働く労働者の数ではない。なお，平成23年度の地域別最低賃金額は，最も高い東京都で837円，最も低い高知県と沖縄県で645円である。厚生労働省による調査では，最低賃金を下回っている労働者割合（未満率）および，最低賃金を改正した後に改正後の最低賃金額を下回ることになる労働者割合（影響率）が算出されているが，その属性や特徴までは把握できていない[108]。

最低賃金労働者の割合やその特性については，経済学の分野において，産業構造基本調査などから実態を把握しようという試みがなされている。その結果，女性パートタイム労働者の賃金が法定最低賃金とほぼ一致することを指摘する見解や[109]，高所得階層の配偶者が多い大都市圏を除けば，低廉な

---

[107] 労働調査会出版局編『平成23年度版最低賃金決定要覧』（労働調査会，2011年）13頁。

[108] 平成10年度から19年度までの，地域別最低賃金の未満率と影響率（各ランク合計%）は以下のとおりである。

年度(平成)	10年	11年	12年	13年	14年	15年	16年	17年	18年	19年
未満率	1.3	1.5	1.6	1.2	1.9	1.6	1.5	1.4	1.2	1.1
影響率	2.1	1.9	1.9	1.8	1.9	1.6	1.5	1.6	1.5	2.2

[109] 永瀬伸子「パート賃金はなぜ低いか──諸制度の足かせ」雇用促進事業団『国際

賃金で働く労働者とその家計を支えているとする見解[110]が示される一方で，そもそも最低賃金に近い賃金を受け取るパートタイム労働者の割合が少ないという点から，その役割の限定性について指摘する見解も示されている[111]。

経済学的な観点からの研究内容を論じることは本書の検討対象外であるが，少なくとも，最低賃金制度の対象者に関するこのような知見が，具体的な最低賃金の決定過程においてあまり参照されていないことはたしかである。最低賃金制度の決定においては，先に述べたように，所定内給与に対する比率や高卒初任給に対する比率など，主として賃金のレベルを重視する交渉のプロセスがとられており，対象労働者を把握してその実効性を判断するという方法はあまりとられてこなかったことが指摘される。

Ⅳ　最低賃金法制と社会保障各制度との関係

ここからは，最低賃金法制と社会保障制度との関係をみていきたい。以下順に，労働者の生活保障に関わる社会保障制度として，具体的には，失業補償制度としての雇用保険と，公的扶助制度である生活保護を対象とする。まずは基本的な制度の概要を確認し，最低賃金制度との構造的関係と水準問題について整理することにしたい。

1　失業補償制度——雇用保険

(1)　雇用保険制度の対象

現在，失業補償制度の中心となっている雇用保険法は，昭和49年に失業保険法を引き継いで制定されたものである。雇用保険の適用事業は，「労働者が雇用される事業」（雇用保険法5条1項）であり，業種や規模を問わない。労働者の概念については労基法9条の「労働者」と同様の基準で判断される。パートタイム労働者であっても，週の所定労働時間が20時間以上あって一

　　化の進展と労働市場——制度・政策への影響』（財団法人統計研究会，1997年）159頁以下。

[110]　小原美紀「最低賃金は誰を支えているか？」三谷直紀編『21世紀への労働市場と雇用システムの構図（Ⅱ）』（雇用促進事業団・関西経済研究センター，2000年）184頁以下。

[111]　安部由起子「地域別最低賃金がパート賃金に与える影響」猪木武則＝大竹文雄編『雇用政策の経済分析』（東京大学出版会，2001年）259頁以下。

定期間の雇用が見込まれる場合や，登録型派遣労働者の場合でも，派遣元との間で一定期間雇用される見込みがあれば雇用保険が適用される[112]。もっとも，類型的に雇用保険に加入する実益がないか他の制度によって保護されると考えられる6種類の労働者については，適用除外が認められている[113]。

(2) 失業給付の内容

失業した労働者の生活保障として雇用保険法によって給付されるもののうち，中心的な役割を果たしているのは，求職者手当と就職促進給付を主たる内容とする失業給付である。被保険者の種類によってその内容は異なるが，ここでは，労働者の多数を占める一般被保険者に関する求職者手当の基本手当に的を絞ってみていくことにする。

基本手当を受給する要件は，(1)離職し失業していること[114]，(2)一定の資格期間を満たす被保険者であったこと[115]，(3)受給資格の決定を受けたこと[116]，(4)失業認定を受けたこと[117]である。

---

[112] 雇用保険法の平成12年改正ではそれぞれ1年以上の雇用見込みがある者を適用対象としていたが，非正規労働者の厳しい失業情勢を踏まえて，平成21年改正によって6か月への短縮がなされた。その後，さらに厳しい雇用情勢によって，現在では「31日以上」の雇用見込みで足りるとされている。

[113] その6種類とは，原則として①65歳に達した日以後に雇用された者，②短時間労働者であって，季節雇用または短期雇用（1年未満）に就くことを常態としている者，③日雇労働者であって日雇労働被保険者に該当しない者，④4か月以内の期間を予定して行われる季節的事業に雇用される者，⑤船員保険の被保険者，⑥国，都道府県，市町村その他これに準じる事業に雇用される者であって，離職時に受けるべき諸給与の内容が雇用保険の求職者手当および就職促進給付の内容を超える者，である（雇用保険法6条）。

[114] 離職とは，「被保険者について，事業主との雇用関係が終了すること」（雇用保険法4条2項）であり，終了事由を問わない。もっとも，後述するように，所定給付日数は離職の理由によって区別されている。

[115] 原則として，離職の日以前1年間に，雇用保険法14条にいう被保険者期間が通算して6か月以上あることが必要である（雇用保険法13条）。

[116] 基本手当の支給を受けようとする者は，住所または居所を管轄する公共職業安定所に出頭し，離職票を提出して，受給資格の決定を受けなければならない（雇用保険法施行規則19条）。

[117] 失業の認定とは，「安定所が失業の認定を行った者について，失業の認定日において，原則として前回の認定日から今回の認定日までの期間に属する各日について，その者が失業していたか否かを確認する行為」とされる（行政手引51201）。受給資格

表2-3 失業給付の所定給付日数

	被保険者期間					
	1年未満	1年以上 5年未満	5年以上 10年未満	10年以上 20年未満	20年以上
(1)倒産・解雇により離職をした者118（特定受給資格者）：以下の(3)に該当する者を除く					
30歳未満		90日	120日	180日	―
30歳以上35歳未満		90日	180日	210日	240日
35歳以上40歳未満	90日	180日	180日	240日	270日
45歳以上60歳未満		180日	240日	270日	330日
60歳以上65歳未満		150日	180日	210日	240日
(2)特定受給資格者以外の場合（全年齢）：以下の(3)該当者を除く	90日		90日	120日	150日
(3)就職困難な者の場合					
45歳未満	150日		300日		
45歳以上65歳未満	150日		360日		

　基本手当の日額は，当該受給資格者の賃金日額を算定し，それを厚生労働大臣の定める基本手当日額表にあてはめて算出する。賃金日額とは，原則として，被保険者期間の最後の6か月に支払われた賃金総額を180で除した額である。基本手当日額には，賃金日額と年齢に応じて賃金日額に乗じるべき給付率が法定されている[119]。受給期間は，原則として離職の日の翌日から起算して1年間に限られる。基本手当には表2-3のとおり，離職理由と年齢に応じて所定給付日数が定められているが，受給期間を過ぎると，所定給

　の決定を受けた者は，失業の認定を受けることによって基本手当に対する具体的な請求権を取得することになる（西村健一郎『社会保障法』〔有斐閣，2003年〕404頁）。

[118] 倒産や解雇などによって有期契約労働者が契約を更新されなかった場合は，平成24年3月31日までの暫定措置として，特定受給資格者と同じ支給期間が適用される。

[119] 雇用保険法16条。賃金日額と年齢によって，基本手当日額の給付率は50％から80％と幅がある。

付日数が残っていても給付を受けることはできなくなる。もっとも, 妊娠, 出産, 育児等の理由により引き続き 30 日以上職業に就くことのできない日がある場合には, 受給期間の延長が最長 3 年まで認められる[120]。また, 給付日数についても一定の延長が認められており, 公共職業訓練の受講をめぐって認められる訓練延長給付, 失業率が高い地域に認められる広域延長給付, 失業の状況が著しく悪化した場合に認められる全国延長給付などがある。さらに, 平成 21 年 3 月 31 日からの暫定措置として, 45 歳未満で失業率の高い地域に居住する一定の労働者については, 個別延長給付として 60 日間の延長が認められている。また, 平成 23 年 3 月の東日本大震災をうけて, 特定被災地域の事業所に雇用されていた被災労働者については, 個別延長給付 (特例延長給付) としてさらに 60 日分の延長が認められることとなった。

(3) 失業給付による最低生活保障の限界

稼働能力のある者が失業のため賃金を得られなくなった場合, 最初のセーフティーネットとなるのが失業保険給付である。しかし, 保険制度という性質上, 拠出に応じた給付に限られ, 給付額は従前の賃金よりは少なくなる。したがって, それまでの賃金額によっては, 必ずしも最低生活が保証されるものではない。さらに, 原則として給付期間は 1 年間が上限である。現在は様々な延長制度が設けられているが, 失業が長期化した場合には, 最低生活保障に欠けることもありうる。そのような場合に, 最後のセーフティーネットの役割を担っているのが, 公的扶助制度たる生活保護である。

2 公的扶助制度——生活保護

(1) 生活保護法の原理と条件

生活保護法 1 条は,「この法律は, 日本国憲法第 25 条に規定する理念に基き, 国が生活に困窮するすべての国民に対し, その困窮の程度に応じ, 必要な保護を行い, その最低限度の生活を保障するとともに, その自立を助長することを目的とする」と規定している。ここから, 生活保護における 5 つの基本原理が読みとれる[121]。すなわち, (1)憲法 25 条の生存権規定が生活保護

---

120 同法 20 条。
121 西村・前掲注 101 書 494 頁。

法の根拠となっているという「生存権保障の原理」，(2)生活に困窮する全国民の生存権の実現を図ることが国の責任であるとする「国家責任の原理」，(3)戦前の制限主義ではなく，生活に困窮する全ての国民を保護の対象とする「一般扶助主義」の採用，(4)保護が「困窮の程度に応じ，必要な」範囲で行われるという「保護の個別性」，そして，(5)生活保護の目的として自立助長が含まれる，とする5点である。

そして，生活保護法2条では，「全て国民は，この法律の定める要件を満たす限り，この法律による保護を，無差別平等に受けることができる」と定め，一般扶助主義の考え方を進めていわゆる無差別平等の原理を明らかにしている。これにより，生活が困窮して最低限度の生活を維持できない者については，困窮に陥った原因および労働能力の有無を問わず，生活保護が行われなければならないことになる[122]。

もっとも，公的扶助は，前提条件として，可能なあらゆる資産・能力・その他の手段を活用・利用してその生活の維持に努めることを求めており，それでもなお最低限度の生活を維持できない場合に，その不足する部分につき補足的に行われるにすぎない。この，補足性の原理を根拠として，要保護者の資力調査（ミーンズ・テスト）が行われる。

最低賃金制度との関係で問題となるのは，能力の活用の判断であろう。この場合の能力は労働能力（稼働能力）をいい，労働能力があってかつ適当な就業の場があるにもかかわらず，就労して収入を上げることを拒否する場合には，保護の補足性の要件を満たさないことになる。実際には，稼働年齢の者については能力の活用は非常に厳しく判断され，裁判例では当時の求人倍率を判断根拠として，職業安定所に赴いて職業紹介を受けた上で真摯に交渉すれば就労の可能性があったと推認できることをもって，補足性の要件を満たさないと判断したものがある[123]。もっとも，平成14年に「ホームレスの自立支援等に関する特別措置法」が制定・施行され，稼働能力があることのみをもって保護の要件に欠けるものではないことが留意されるべきよう通達が出されている[124]。

---

[122] 同495頁。
[123] 生活保護処分違法確認等請求控訴，同附帯控訴事件（名古屋高裁平成9年8月8日判決）判時1653号71頁。
[124] 平成15・7・31社援保0731001号。

なお，最低賃金とは異なり，生活保護は「世帯を単位としてその要否及び程度を定める」ことが原則である[125]。世帯とは，消費生活収入および支出を1つにしている生計上の単位[126]であるが，水道光熱費や什器等，消費生活上の共通部分（世帯の利益）が存在するため，保護の要否・程度を個人単位で算定することはこれを無視することになり，不合理であるためである[127]。

(2) 扶助の種類

保護の種類は，現在，生活扶助，教育扶助，住宅扶助，医療扶助，出産扶助，生業扶助，葬祭扶助および介護扶助の7種類であり，単給または併給される[128]。保護の基準は，要保護者の需要を基礎とし，そのうち，その者の金銭または物品で満たすことのできない不足分を補う程度において行われるものとして，厚生労働大臣が定める。保護の基準は，要保護者の年齢，性，世帯構成，所在地域その他保護の種類に応じて必要な事情を考慮して決定される。さらに，受給者の「必要」に応じるため，多数の特例措置が存在し，福祉事務所など実施機関の判断によって運用されている。

(3) 保護基準の算定方式

保護基準の算定方式は，当初，昭和21年3月13日に生活困窮者生活援護要綱の実施のために採用された「標準生計費方式」が採用され，インフレの進行に対応して引上げがなされた。次に，昭和23年8月1日の第8次改定に際して，最低生活水準維持に必要な生活用品の積み上げで実態生計費を算定するというマーケット・バスケット方式が採用された。昭和36年4月の第17次改定以降，昭和40年までは，同方式と現実の生活との乖離が問題視され，最低生活水準維持のために必要な食料費をエンゲル係数で除して生活費を算出するエンゲル方式が採用された。昭和40年4月の第21次改定以降昭和58年までは，一般世帯と被保護世帯の生活水準の格差を縮小することを目指した格差縮小方式がとられ，それから現在までは，保護基準の改定を民間最終消費支出の伸び率に準拠するという水準均衡方式が採用され，一般

---

[125] 生活保護法10条本文。
[126] 同法8条1項。
[127] 明山和夫『生活保護』（ミネルヴァ書房，1967年）108頁。
[128] 生活保護法11条1項。

の消費水準額の約6割で均衡するようになっている[129]。これらの決定方式は社会保障審議会で定められており，この点で，利益代表者を含めた三者構成の審議会を中心とする地域別最低賃金とは，全く異なる決定構造が採用されているといえる。

　生活保護の保護基準の算定方式の変化は，想定する保護対象の変化に対応したものである。マーケット・バスケット方式の採用は，「貧困世帯として，……戦後混乱期の非稼働世帯が行政対象として問題の中心となっていた」ことに対応していたのに対し[130]，昭和30年代半ばには「標準世帯は稼働世帯であるべき」として，「その地域ごとの日雇労働者の賃金を目安として算定するのも一方法である」という議論があり[131]，日雇稼働4人世帯を標準世帯としたエンゲル方式の導入に至った。なお，戦後の新生活保護法成立時には被保護人員は200万人を超えていたが，昭和49年には131万2339人となった。昭和60年には保護世帯数が約60万2000世帯を切り，保護率は7パーミルと戦後最低となったが，高齢化の進展や景気後退の影響を受けて，平成7年以降は被保護世帯数，保護率ともに増加を続けている。

(4) 生活保護制度の転換
(a) 自立支援プログラムの導入

　このように，近年では働けない世帯への生活保障の提供を中心としてきた生活保護制度であるが，2000年（平成12年）前後から，生活保護制度のあり方に対して，これまでとは違うアプローチがなされるようになってきた[132]。特に，平成16年12月に「生活保護制度の在り方に関する専門家委員会」の提出した報告書において，「利用しやすく自立しやすい制度へ」という視点から自立支援プログラムが打ち出されたことは大きな意義を有している。ここでは，生活保護制度が最低生活保障だけでなく，「被保護世帯が安定した生活を再建し，地域社会への参加や労働市場への『再挑戦』を可能

129　西村・前掲注117書511頁。
130　厚生省社会局保護課『生活保護30年史』（社会福祉調査会，1981年）249頁。
131　同469頁。
132　栃本一三郎「積極的最低生活保障システムの構築をめざして」栃本一三郎・連合総合生活開発研究所『積極的な最低生活保障の確立――国際比較と展望』（2008年）9頁以下。

とするための『バネ』としての働きを持たせることが特に重要である」として，積極的政策の視点から制度を見直すことが提唱されている。具体的には(1)実施機関が自主性・独自性を生かして被保護者の実情に応じた多様な支援メニューを整備すること，(2)被保護者に対して実情に応じたプログラムへの参加を指導するとともに，それに沿った早期かつシステム的な支援を実施すること，(3)被保護者がプログラムへの参加を拒否する場合などには，最終的に保護の停止・廃止等も考慮することとすること，などである。これらの提言を受けて，自立支援プログラムはその後予算化された。このような改革の方向は，社会保障や福祉の根幹部分に関わる大きな変化といえる。

(b) 日本型「ワークフェア」の限界
(i) 対象の限界

日本の生活保護制度における自立支援プログラムの導入については，欧米諸国における「福祉から就労へ」の動きとそのまま重なるものと考えるべきでないという指摘がある[133]。それは，日本の公的扶助受給者のカテゴリーごとの分類を見ることで明らかにされる。少し前の数字であるが，公的扶助の割合において，日本では高齢者と障害者がそれぞれ約43％，母子が約14％とされ，そもそも失業者はカテゴリーとして存在せず，ごくわずかの「その他」に含まれるにすぎなかった。これに対して，ドイツでは高齢者が23％，障害者が約33％，母子が約25％，失業者が約20％とされる[134]。イギリスでは高齢者が約23％，障害者が約8％，母子が約33％，失業者が約36％である。アメリカでは高齢者が約8％，障害者が約21％，母子が約64％，失業者が約7％である。オーストラリアでは高齢者が約49％，障害者が約16％，母子が約9％，失業者が約25％となる。このように，日本では生活保護のターゲットの多くは高齢者と障害者となっており，それらのカテゴリーは，制度的に制度からの早期の離脱が望ましい母子および失業者とは異なるといえる。実際に，被保護世帯における稼動世帯率は1割強にすぎない。すなわち，「日本においては，いわゆる一般失業者が公的扶助を受給し，そこから離脱するためにワークフェアを働きかけられる領分は他の国に比べて低いと想定され」，「そもそも，いわゆる有能力（稼働能力）生活困窮

---

[133] 同55頁。
[134] 同63頁。

者，そしていわゆる『ワーキング・プア』，働く有能力（稼働能力）生活困窮者およびその周辺の人びとは，生活保護制度のカテゴリーの中には入っていないという認識こそが必要である」と指摘されてきた。しかし近年では，保護世帯数・保護率の増加とともに，「その他」世帯の増加がめだってきている。平成 23 年 7 月の速報値では，高齢者世帯が約 42.5%，傷病者世帯が約 32.9%，母子世帯が 7.6% に加えて，「その他」世帯が 17% にのぼっている[135]。

(ii) 適正化の観点からの制約

日本の生活保護法の運用においては，平成 23 年 3 月で約 15.8 パーミルという人口あたりの保護率の低さから，被保護者数と推計される要保護者数との間に大幅な乖離があり，被保護者となっていない要保護者およびボーダーライン層がかなりの数に及ぶことが指摘されている。

その原因としては，(1)労働している経済困窮者が生活保護に入ってこない，(2)そもそも日本の生活保護制度には失業者が入ってこない，(3)家族，親族によるバッファーが存在する，(4)福祉事務所における窓口のワーカーによる対応，などがあげられている[136]。先に触れたように，稼働年齢の者に対しては補足制の要件が厳しく判断されるため，「失業者」という，就労していないが稼働能力がある者にとっては，生活保護は頼りにくい制度となっているのが実情である。

しかし，生活保護制度の間口を広げさえすればよいのかというと，そう言い切れない事情もある。生活保護費は，2010 年には 3 兆円を超える歳出額となっており，生活保護行政の「適正化」が強く求められている状況にあるからである。もっとも，適正化が問題とされるようになったのは最近ではなく，暴力団員の保護受給が社会問題となった昭和 55 年頃にさかのぼる。昭和 56 年，厚生省は各都道府県に「生活保護の適正実施の推進について」という通知を出し，昭和 58 年には第二次臨時行政調査会において生活保護費補助金については「不正受給者を排除し制度の適正な運用を確保するため，資産，収入の的確な把握，関係機関との連携の強化等不正受給防止対策を徹底する」という方針が打ち出された[137]。各都道府県は資産保有状況の調査

---

[135] 同 65 頁-66 頁。
[136] 同 11 頁。
[137] 厚生省 50 年史編纂委員会『厚生省 50 年史・記述篇』（厚生問題研究会，1988 年）

を行うなどし、その結果、被保護世帯数は昭和59年の146万9457人が翌年には142万1117人、昭和61年には134万8163人と移行し、平成3年には100万人を下回るようになったという経緯がある。

なお、平成20年9月の世界金融危機や平成23年3月の東日本大震災以降、生活保護世帯は急増し、ついに戦後の混乱期を超え、平成23年7月には過去最多の148万世帯、205万人を突破した。一般扶助という法の建前からは、財政状況を理由に保護を絞り込むことは本来あってはならないことである。しかし実際には、適正化の要求は、補足性の要件判断とともに稼働年齢世帯の受給を厳しくする方向に働いている。

3 求職者支援制度

(1) 求職者支援制度の沿革

近年、特に平成20年秋にはじまった不況を契機として、失業率が急速に悪化している。そして、失業が長引くことによって、労働能力がありながら職がないことで最低生活が確保できないという問題が深刻化した。そこで平成22年度には、雇用保険を受給できない者に対して、平成21年度補正予算で措置された緊急人材育成・就労支援基金による「緊急人材育成支援事業」として、無料の職業訓練と職業訓練中の生活費の支給が行われた[138]。

この制度は当初は3年間の暫定措置であったが、非正規労働者へのセーフティーネットを恒久的な制度として整備することの必要性は高まる一方であった[139]。そこで厚生労働省は職業安定分科会雇用保険部会において同制度の恒久化の検討を進め、平成23年5月には「職業訓練の実施等による特定求職者の支援に関する法律」(求職者支援法) が成立した[140]。同法では、

172頁。

[138] 緊急人材育成支援事業における訓練・生活支援給付の給付要件は、職業安定所長の斡旋により、基金訓練と公共訓練を受講している者であって、雇用保険や職業転換給付金を受給できず、世帯の主たる生計者であり、年収 (個人および世帯) や世帯資産が一定額未満であることであった。日本の求職者支援制度の沿革や内容については、高橋賢司「日本における求職者支援のあり方と職業訓練受講給付金制度」季刊労働法232号 (2011年) 15頁以下参照。

[139] 平成22年6月に閣議決定された「新成長戦略」においては、「『第二セーフティーネット』の整備」として、求職者支援制度の創設等などが平成23年に実施されるべき事項として掲げられていた。

従来の雇用保険制度では適用対象とならない者に対する求職支援と最低生活保障を同時に図る制度として，職業訓練受講給付金制度が設けられた。この制度は，雇用保険と生活保護のすきまを埋める「第2の」セーフティーネットとして機能することが期待されている。

(2) 求職者支援制度の概要
(a) 適用範囲と目的

求職者支援法は，その人的適用範囲として「特定求職者」という定義をおいている。特定求職者とは，雇用保険の失業等給付を受給できない求職者であって，職業訓練その他の就職支援を行う必要があると認める者である。同法の目的は，この特定求職者に対し，職業訓練の実施，職業訓練を受けることを容易にするための給付金の支給その他の就職に関する支援措置を講ずることにより，特定求職者の就職を促進し，もって，その職業および生活の安定に資することである。

(b) 職業訓練受講給付金と就職支援

特定求職者は，「認定職業訓練」（厚生労働大臣が，就職に必要な技能等を十分に有していない者の職業能力の開発および向上を図るために効果的なものであること等の基準に適合するとして認定したもの）を受けることができる。そして，その受講を容易にするため，公共職業安定所の指示を受けてこれを受講する場合には「職業訓練受講給付金」を支給することができるとされている。支給に関する基準は，厚生労働省令で定めるところによる。制度開始時は月額10万円，原則として最長1年までの給付とされている。なお，支給を受けるためには一定の資力調査が課せられる（本人収入，世帯収入，世帯の金融資産）。

また，公共職業安定所長は，就職支援計画を作成し，特定求職者に対して，その就職を容易にするため，職業指導・職業紹介や認定職業訓練の受講等就職支援の措置を受けることを指示する。そして，指示を受けた特定求職者は，その指示に従うとともに，速やかに就職できるように自ら務めることとされている。

もっとも，求職者の生活の安定が担保されるのは職業訓練の受講中（最長

---

140 平成23年法律第47号。施行は一部の規定を除いて平成23年10月1日である。

1年）に限定されており，再受給も可能とはされているものの，失業給付と同様の問題を含んでいる。

V　小括——日本の最低賃金制度と社会保障制度

1　最低賃金制度

　戦後日本初の最低賃金制度として成立した労基法上の最低賃金条項は，同法の目的である，労働者の「人たるに値する生活」の実現を目的としていた。そして，それは憲法25条の「健康で文化的な最低限度の生活」と同義であり，最低賃金は生存権の保障，具体的には労働者とその家族の生活費を保証するための制度として位置づけられていた。

　しかし，労基法の下では実際に最低賃金が決定されることはないまま，昭和34年に最低賃金法が成立したときには，生存権の概念のみが前面に打ち出されることはなかった。最低賃金法は，その目的として，労働者の生活の安定とともに，労働力の質的向上，事業の公正な競争の確保，ひいては国民経済の健全な発展とを並列的に位置づけたのである。

　これに応じて，最低賃金の決定方法は，当初は業者間協定方式であったものの，昭和43年には，当事者の利益調整を図るために，三者構成の最低賃金審議会による審議会方式が中心となった。その後，運用による地域別最低賃金の拡大を経て，昭和53年に導入された目安方式は，労使が対立する交渉形態を原則としながら，1つの額を示すために公益委員がその見解を提示するという方法で運用されてきた。そして，中央最低賃金審議会における労使委員の関心は，主に最低賃金の引上げ幅におかれており，前年度の額からどの程度引き上げるかという相対的な考慮が中心的になっていった。

　しかし，産業別最低賃金の改革とともに，次第に産業別最低賃金と地域別最低賃金との役割分担が求められるようになった。さらに，平成19年改正は，地域別最低賃金の役割の質的な転換をもたらすものとなった。同条1項では，地域別最低賃金が，賃金の最低限を画する役割を果たすことが明記された。そして，同条3項は，地域別最低賃金の考慮要素である「労働者の生計費」について，憲法上の生存権を引用して，生活保護に係る施策との整合性に配慮すべきことを規定した。これは労基法以来，最低賃金の決定に関し

てはじめて絶対額の概念を導入するものとなったのである。

その一方で、地域別最低賃金の決定方式は変更されなかった。そのため、新たな最低賃金のあり方は従来の目安方式のなかで模索されている。

2 社会保障制度との関係

日本における失業補償制度のうち、稼働年齢で労働能力のある者に対する生活保障としては、雇用保険制度における失業給付が中心となっている。失業給付は、失業以前の賃金を割合的に保障するものであるが、保険制度である性質上、拠出に応じた最長1年までの給付にとどまる。したがって、不況や高失業率などを背景とする長期失業に対しては、十分な生活保障を提供し得ていない可能性が高い。

一方で、生活保護制度は、労働能力のない者のための制度としての側面が強調される。そこでは、補足性の要件の厳格な運用と適正化の要請によって、労働能力のある者が対象となりにくいという特徴がある。もっとも、近年では、生活保護制度のあり方として、自立支援のための機能をもたせることが重要視されるようになっている。しかしそもそも、労働能力のある失業者や、働く貧困者などの多くは、これまで生活保護制度の範疇に入っていなかった。すなわち、現在の生活保護制度は、稼動収入の中断や、稼動収入が「低いこと」に対するセーフティネットを提供しえていない。

これは、日本の社会保障制度が、雇用によって通常の生活を維持できるような賃金その他の経済的利益を得ることができることを大前提としていることによる[141]。この前提から、社会保障による所得保障の要保証事故は雇用からの（一時的・永続的）離脱のみと把握されることとなり、稼働年齢世帯の所得保障については「雇用か社会保障か」のいずれかによって担保されるという二者択一関係の構造となってしまっているのである。求職者支援制度はこの間隙をうめようとする新たな試みであるが、給付金の支給が一定期間に制限されている点で限界がある。

このように、日本では、稼働年齢世帯の者に対する社会保障制度が充実していない。とくに、現実に就労しているにもかかわらず所得の低い者、すな

---

[141] 荒木誠之『社会保障読本（第3版）』（有斐閣, 2002年）253頁以下、笠木映里「現代の労働者と社会保障制度」日本労働研究雑誌612号（2011年）40頁以下。

わちワーキング・プアに対する社会保障制度は、皆無といってよい。稼動年齢の者の生活は、生活保護を基礎とする最低生活保障からは事実上切り離されている。このことは生活保護から労働市場へ、すなわち「福祉から就労へ」という、欧米で問題とされるような移行の問題が日本で注目されない原因であるとともに、最低賃金と生活保護費との「逆転現象」の奇妙さを覆い隠してきた原因でもある。その反面、最低賃金法9条3項が定められたように、労働者の生存権の実現のために最低賃金制度に期待される余地が大きくなっている。

　しかし、労働者の生存権保障やワーキング・プア対策として、はたして最低賃金は適切な役割を果たしうるのだろうか。そして、日本の直面している課題について、諸外国はどのように認識し、どのような対応をしているのであろうか。

第3章 イギリス

I 現行制度に至るまでの最低賃金規制

　本章ではまず，イギリスの最低賃金法制の展開を分析し，最低賃金の決定方法のあり方と水準のあり方について，その構造を明らかにする。その際には，イギリス労働法史上，最初に最低賃金規制が導入された1900年前後から1998年までの展開と，同年に導入されて現在に至る，全国最低賃金法に基づく現行制度との2つに分けて検討を行うことにする。

1　1900年前後の低賃金問題

(1)　自由放任主義の伝統と貧困の再発見

　世界でも最も早く産業資本主義の発展したイギリスでは，もともと，賃金は労使が団体交渉によって決定すべき事項とされ，国家の介入に対しては労使ともに批判的であった（いわゆる「集団的自由放任主義（collective laissez-faire）」）。法によって最低賃金を設けることは，使用者にとっては経営の自由に対する侵害であり，労働組合にとっては自由な団体交渉を阻害する介入とみなされたからである。19世紀初頭までは各地方の治安判事（magistrate）による賃金決定の例をみることができたが，それも1824年が最後となっている。

　しかし，1850年以降のヴィクトリア時代の自由主義的経済政策に基づく経済成長の後，1873年から96年までの大不況を契機として，世界的な独占資本主義時代の到来とともにイギリス経済は構造的転換期を迎え，同時に貧困や失業，劣悪な労働条件などの社会的問題が表面化した[1]。

---

[1]　1880年代のイギリス資本主義経済の構造的転換については，高島道枝「賃金委員会法（Trade Boards Act, 1909）の成立——イギリス最低賃金制史(1)」経済学論纂（中央大学）30巻1・2合併号（1989年）141頁以下参照。

そのような背景から社会主義運動が高まり，1886年から1887年にはロンドンにおいて失業者の暴動がおこり，未組織の非熟練労働者が抱える問題が認識されていく。イギリスの最低賃金制度を考える上では，1880年代の苦汗労働問題を把握しておく必要がある[2]。

もっとも，貧困の実際の規模の認識はまちまちであり，また，道徳的堕落を駆逐すれば貧困は解決するという考え方も根強かった。この点については様々な調査がなされたが，最も社会的なインパクトを与えたといわれるBoothのロンドン貧困調査[3]は，労働者世帯の3割近くが貧困世帯であり[4]。その原因は失業，低賃金，不安定雇用などの社会的原因であると結論づけた。貧困世帯の多くは未組織の非熟練労働者の世帯であり，なかでも苦汗産業（sweated trades）とよばれる低賃金悪条件下での労働（苦汗労働）に従事している者が多くを占めていた。1900年頃には女性労働者が全労働者の3分の1を占めていたが，その大部分が従事していた家内工業は，典型的な苦汗産業だったのである。

(2) 組合の役割の限界

他方で，当時大きな力をもっていた組合は，苦汗労働者の低賃金問題の解決には動かなかった[5]。なぜなら，当時の組合は特定の職業や職務に従事す

---

[2] Shyam B L Nigam, *State Regulation of Minimum Wages*（Asia Publishing House, Bombay 1955）.

[3] Charles Booth, *The Life and Labour of the People of London*（Macmillan, London 1889-1903）.

[4] Boothは各世帯の所得を少ない方からAからHまでの8階級に分類し，AとBとを極貧（very poor），CとDとを貧困（poor）と位置づけた。この貧困の定義はBoothが独自に設定したものであるが，これを下回るAは全体の8.4%，Bは22.3%，合計30.7%とされた。これに対して，1899年のRowntreeによるヨーク調査（Seebohm Rowntree, *Poverty-A Study of Town Life*（Macmillan and Co., London 1901））は，Boothと同様の分類に加えて，はじめて貧困線の定義を用いたことで知られる。Rowntreeは，「その収入が単なる肉体的能力維持に必要な最低限を確保するのに不十分な世帯」を第一次貧困とし，「その収入が他の消費にあてられない限り単なる肉体的能力維持の最低限に一応は十分である世帯」を第二次貧困と分類した。ここで貧困線とされたのは，5人の標準的世帯の場合は生活費の約60%が食費とされ，衣食住以外は5%未満として計算されるような最低限水準であったにもかかわらず，第一次貧困に属する世帯は全人口の9.9%，第二次貧困に属する世帯は17.9%，合計27.8%とされた。

る熟練工のみで組織された排他的な組織であり，組合員への争議手当や失業手当などをまかなう組合基金の費消を避けるため，非熟練労働者の組織化には消極的であったからである。むしろ組合は，自らの存在理由が乏しくなることをおそれて，賃金の法定には反対していた。そして，組合に組織された熟練工は，当時の間接雇用形態[6]の中で，特権的な地位を死守しようとしていたのである。すなわち，ひとくちに労働者といっても，組合に組織され，比較的高賃金と安定した雇用，そして共済組織によって守られた熟練労働者階級と，未組織の非熟練労働者とでは，まったく状況が異なっていた[7]。そして後者のおかれた状況の劣悪さが認識されるにしたがって，苦汗産業への対応には法による規制しかありえないという意識が共有されるようになったのである[8]。

(3) 政府の介入

このような社会的状況を背景に，1888年には保守党のDunraven卿を委員長として，保守党，自由党同数の委員からなる貴族院苦汗労働委員会が設けられ，約16か月間にわたってロンドンおよび各地方工業都市における苦汗労働の証人調査が行われた。同委員会の最終報告は，1890年4月28日に提出された[9]。その中では，苦汗労働を，3つの害悪，すなわち(1)なされる仕事に対して不相応に低い，または労働者の必要性を満たし得ないような低賃金，(2)過重な労働時間，(3)不衛生な職場状態，の複合体であると定義している。

しかし，具体的な解決については，衛生対策として工場・職場法（Factory and Workshop Act 1878）の拡大などが提起されたものの，低賃金・長時間労働問題に関しては協同組合（co-operative societies）の拡大や労働者の団結による自主的な解決を提起したにとどまり，基本的には自由放任主義の立

---

5 当時の組合の性格については，高島・前掲注1論文159頁以下参照。
6 当時は，雇主が，労務管理や生産管理の責任を職場の中枢的地位にある熟練工に委任する形態が一般的であった。
7 Jenny Morris, *Women Workers and the Sweated Trades: The Origin of Minimum Wage Legislation* (Gower, Brookfield 1984) p. 6.
8 F J Bayliss, *The British Wages Councils* (Oxford, London, 1962) p. 2.
9 House of Lords Select Committee on the Sweating System 'Fifth Report' HL No. 62 (Cd 169, 1890) p. 17.

場を修正するには至らなかった。ただし、政府契約の全てに公正賃金条項を挿入するよう勧告したことにより、1891年2月の庶民院では、公正賃金決議 (Fair Wages Resolution) が採択されるに至った[10]。公正賃金条項とは、政府との間で一定額以上の契約を結ぶ企業が、その従業員に対して、一般に広まっている (generally prevailing) 賃金率を下回る賃金を支払うことを禁じるものである。

イギリスにおける最低賃金制度を考える上では、この公正賃金決議と、1909年の産業委員会法に基づく産業委員会制度（後の賃金審議会制度）、そして労働協約および一般的賃金水準の拡張適用制度の3つが歴史的な意味を有する。本書では、産業委員会（賃金審議会）を検討対象とするが、残りの2つの制度についても便宜上、ここで簡単に触れておくことにする。

2　公正賃金決議

公正賃金決議の目的は、政府と契約する事業に従事している労働者に、同一業種における良好な使用者によって支払われている賃金を保証することであった。もっとも、公正賃金「決議」とは、議会の意思の表明にすぎない[11]。すなわち、公正賃金条項自体は、直接の法的拘束力をもたない。もっとも、政府と取引する企業との契約に取り込まれることで、コモン・ロー上、その違反から契約を取り消す権利が生じることになる。また、労働者には、決議に基づく賃金を要求する権利が与えられる[12]。

また、1909年の改正を経て、1946年の決議では、賃金率だけではなく、労働時間その他の労働条件までが規制対象となった。これは後述する1945年の賃金審議会法の改正と同じく、自主的団体交渉の促進を意図したものであった。1909年決議との違いは、(1)規制対象の拡大、(2)賃金や労働時間、労働条件について、従来は労使代表によって「承認された」条件を基準としていたのに対して、「確立した」条件、または、確立した条件がない場合には同種職業の他の使用者によって遵守されている「一般的条件」とすることで緩和したこと[13]、(3)決議の徹底を図ったこと（たとえば、決議内容の掲示義

10　公正賃金決議は1909年、1946年にもなされた。
11　Ministry of Labour, *Industrial Relations Handbook* (HMSO, London 1961) p. 149.
12　Otto Kahn-Freund, 'Legislation through Adjudication, The Legal Aspect of Fair Wages Clause and Revognised Condition' (1948) 2 MLR p. 274.

務を使用者に課し，使用者に労働者の組合加入の権利を認めさせ，下請企業の雇主に決議を遵守させることを親企業の責任とすることなどによる）である。なお，この件に関する苦情処理は，労使審判所（のちに中央仲裁委員会）の裁定によることとされた。

　第二次世界大戦後は，公正賃金条項を含むいくつかの立法がなされている[14]。しかしその後，1975年雇用保護法の立法を契機に，公正賃金決議の廃止が再検討され，保守党政権下の1983年9月には廃止に至った。

3　労働協約の拡張適用

　上記公正賃金決議の流れを汲むもう1つの制度として，強制仲裁を伴う労働協約・仲裁協定の拡張適用制度がある。これは，第二次世界大戦中の時限立法である1940年雇用条件・全国仲裁令第3部が，1959年雇用条件法（Terms and Conditions of Employment Act）8条によって，恒久的な制定法とされたものである。この制度の目的は，自主的団体交渉の成果を，未組織労働者に対して及ぼすことであった。もっとも，この規定に基づく申立ては数も少なく，また拡張される協約は産業別の全国協約に限られており，工場別，企業別の協約の条件を拡張することは認められなかったため，その効果はかなり限定的なものにとどまった[15]。

　その後の重要な展開は，労働党政府と労働組合会議（Trade Union Congress：現在でも代表的な労働組合連合体である）との社会契約に基づいて制定された1975年雇用保護法付則11（Employment Protection Act 1975 Schedule 11）によって，1959年雇用条件法8条が廃止され，賃金審議会産業を含めた全産業に拡張されることとなったことである。

　雇用保護法付則11は，団体交渉機構が発達している産業においても，賃

13　1946年公正賃金決議1条a。

14　1948年映画フィルム法（Cinematograph Film Act），1949年民間航空法（Civil Aviation Act），1957年住宅法（Housing Act），1954年テレビ法（Television Act），1956年砂糖法（Sugar Act），1973年独立放送局法（Independent Broadcasting Authority Act）等。

15　Geoff Latta 'The Legal Extention of Collective Bargaining –A Study of Section 8 of the Term and Condition of Employment Act 1959' (1974) 3ILR ; Brian Bercusson, *Fair Wages Resolutions* (Continuum international publishing, London 1978) p. 178, 226.

金審議会が設置されている産業においても低賃金労働者は存在しているという認識を基礎としている。その目的は，未組織の低賃金労働者を，同一産業，同一地域の類似の職種の労働者を対象とする労働協約，仲裁裁定の水準または雇用条件の一般的水準まで引き上げることであった。

同法付則11は2部構成であった。まず第1部では，公務員を除く全産業（賃金審議会産業および農業も含む）の労働者に対して，相当割合の使用者・労働者を代表する使用者団体および組合が当事者となっている協約・仲裁裁定における「承認された労働条件（recognised terms and conditions）」[16]，それが存在しない場合には「労働条件の一般的な水準（general level of terms and conditions）」[17]が適用されることとなった。これらの基準は，1946年の公正賃金決議と同様であった。すなわちこれは，対象者が，政府契約企業の労働者から全産業の労働者に拡張されたことを意味する。この申立資格を有するのは，「承認された労働条件」については自主的労働組合であり，「一般的水準」に関しては使用者によって承認された，申立対象となる労働者が加入している自主的労働組合である。ここで申立権を原則として自主的労働組合に限ったのは，組合への加入によって高い最低賃金率の適用を可能とすることで，未組織労働者の組織化を促すためであった。ただし，一般的水準や適用範囲，労働者の比較可能性，使用者の状況などの要件については法文上具体的な定義はおかれず，中央仲裁委員会（Central Arbitration Committee：CAC）の解釈に委ねられた[18]。

同付則第2部では，賃金審議会，農業賃金審議会，および法定共同産業審議会のおかれている産業の組織労働者については，上記に加えて，所属組合

---

16 「承認された労働条件」とは，「使用者の属する業種，産業またはそれらの部門（一般または地域別）において当該労働者と比較可能な仕事に従事している労働者に適用されている労働条件であって，当該業種，産業，部門（一般または地域別）における相当割合の使用者，労働者を代表する使用者団体または自主的労働組合が当事者となっている協約または仲裁裁定によって決定された条件」である（同付則第1部2項a号）。

17 「労働条件の一般的水準」とは，「使用者が事業を行っている地域における同一の業種，産業の使用者が，対象労働者と比較可能な労働者に対して実施している労働条件の一般的水準」とされる。また，それらの使用者を取り巻く状況が類似であることを要する（同項b号）。

18 J J Harris 'Schedule 11 of the Employment Protection Act; an analysis of the 1977 Awards' (1979) 10 Industrial Relations Journal.

が当事者となっており，当該産業において一般的となっている協約か，または産業において類似の状況にある相当数の企業に適用される労働協約で定められた最低賃率[19]の適用が認められ，その申立ては承認組合[20]によって助言斡旋仲裁局（Advisory, Conciliation and Arbitration Service：ACAS）に対して行われうることとされた[21]。

しかし，救済の申立資格を承認組合に限定したことで，そもそも組合の承認に応じない使用者のもとでは，同付則は効果をもたなかった。そのため，この規定の実効性は極めて限られたものにとどまった[22]。

そして後に，1980年雇用法によって付則11は廃止され，イギリスにおける労働協約等拡張適用制度は全廃されるに至った。

4　産業委員会制度

(1)　1909年産業委員会法の成立

(a)　家内労働委員会報告

前述1(3)の貴族院苦汗労働委員会の報告書は，結局のところ公正賃金決議を勧告したにとどまり，労働条件設定に対する政府の不介入という原則は修正されないままであった。これに対して，苦汗労働に対する法的規制を求めて社会運動を行ったのが，全国反苦汗労働連盟（National Anti-Sweating League）であった。同連盟はDilk卿[23]などの国会議員やWebb夫妻などの

19　1973年雇用保護法付則11第2部15項c号。
20　同付則第1部5項2号。
21　調停が不調に終わった場合は，中央仲裁委員会（CAC）の強制仲裁に付される（同付則第1部7項）。
22　同法付則11をめぐる申立ての特徴やその具体例については，高島道枝「イギリス最低賃金制の現状――その機能と問題点，第二次世界大戦後の賃金審議会制度を中心に（3・完）」中央大学経済学論纂23巻6号（1982年）39頁以下に詳しい。
23　当時の自由党議員であったDilk卿は，自ら議員提出法案として，オーストラリア・ヴィクトリア州の最低賃金法を参考にした最低賃金設定を試みていた（Wage Board Bill）。彼は1900年から1906年にかけて毎年法案を提出し，さらに1907年にはLambおよびHenderson，1908年にはToulmin，1909年にはHilsによる法案も提出された（1909年産業委員会法の成立に関する邦語文献としては，大塚正子「20世紀初頭のイギリスにおける最低賃金制度の成立過程(1)」フェビアン研究15巻9号（1964年）36頁以下，「同(2)」同15巻10号（1964年）28頁以下，「同(3)」同15巻12号（1964年）31頁以下，「同(4)」同16巻3号（1965年）35頁以下，「同(5)」同16巻4号（1965年）23頁以下，「同（6・完）」同16巻5号（1965年）1頁以下があ

社会活動家，ロンドン市長などを擁して主張を展開し，政府に対して立法を呼びかけるとともに，労働組合に国家による規制の必要性を認識させることを活動の主眼とした。後に，この連盟こそが，苦汗労働に対して政府による法的規制が必要だという世論の転換を導いたと評価されている[24]。

このような活動を受けて，1906年に政権に就いた自由党政府は，1907年と1908年に庶民院にWhittaker卿を委員長とする家内労働委員会（Select Committee of the House of Commons on Home Work）を設けることになった。対象が家内労働とされたのは，1880年代から続く苦汗労働に関する調査の結果，苦汗労働の1つの大きな形態が，未組織の不熟練女性労働者を多数擁する家内労働であるという認識に至っていたからである[25]。

同委員会の報告書では，苦汗労働の定義を「貧民の搾取」ではなく，「労働者の多くの者がその仕事に対して，1人の大人が正当な食物と衣服と住居とを手に入れるためにすら不十分な収入をもたらすような賃金しか支払われていないということ」であるとしている[26]。この報告書は，立法以外に苦汗労働問題の解決はないという立場を明らかにし，政府による立法への動きの契機となった点で注目される。もっとも，この報告書は賃金への法的規制を伝統的な不介入主義の修正とは捉えておらず，「立法によって賃金の最低水準を設定することは，衛生設備，清潔さ，換気，空間，労働時間等の水準を決定することと同じく，極めて正当なものである……人間的な状態の最低限が確保されたときには存在し得ないような産業ならば，そうしたものはなくなってしまった方がよい」として，賃金の規制も特別ではなく，それまでの工場法と同様の論理が適用されると述べている[27]。もっとも，工場法の規制する項目が雇用の一般的な前提条件を整えるものであったのに対して，法定賃金規制は使用者と労働者との自由な交渉に優越するという直接性を有している点で決定的に異なっており，有効な反論とはなりえていない。しかし，

る）。

24　Bayliss, *supra* note 8, p. 4
25　その背景としては，家内労働者の労働条件に対して工場法の規制が及ばなかったという事実がある。当時の公衆衛生法（Public Health Act 1875），工場および作業場法（Factory and Workshop Act 1878）は，工場（factory），作業場（workshop），家内作業場（domestic workshop）以外で行われる労働を適用除外としていた。
26　Report of the Select Committee on Homework, HC (1908) 246 [2].
27　*Ibid*, [38].

苦汗労働問題に対処しなければならないという問題意識が広く共有されるようになっていたため，このことは立法の重大な障害とはならなかったといわれる[28]。

また，賃金の上昇が生産コストの増大や価格上昇をもたらし，国際競争力を阻害するのではないかという懸念に対しては，「競争は低賃金によってではなく，効率の増大によって対処されなければならない」という見解が示された[29]。同委員会報告書は「もし1つの産業の賃金労働に従事する者に生活ニーズを確保できる十分な収入を与えないとすれば，それは寄生産業（parasitic trade）である。それは今後維持されるべき一般的福祉に反するものであり，低賃金労働は進歩に対する大きな障害である」と結論づけている[30]。同委員会は1908年6月の勧告において，早急に最低賃金制度の立法化を提案したが，当初は試行的な制度とし，適用業種を限定すべきとした。これは苦汗産業が例外的な寄生産業であるために，賃金規制もその例外的な産業に対する規制に限られるという論理による。

(b) **産業委員会法の目的**

この家内労働委員会の勧告を下敷きにして，1909年には，当時の商務省（Board of Trade）長官であるChirchilによって，最低賃金法制に関する産業委員会法案が国会に提出された。これに反対する意見は，最低賃金立法が伝統的な自由放任主義に反するとし，使用者が自分の事業を管理する権利を崩壊させるというものや，物価が上昇し，外国との競争力を弱め，失業を増大させるというものであった。他方で労働組合は最低賃金立法に賛成し，適用範囲の拡大を要求した。これについて，政府の認識は以下のように示された。すなわち，「いかなる階級であれ，イギリス国民が最善の努力に対して生活賃金に満たない賃金を受け取らなければならないという状況は国家的な害悪である。以前は，需給法則の作用がその弊害を自然に統制するか，除去するものと考えられていた。……しかし，いわゆる苦汗産業においては，如何なる組織も存在せず，交渉のようなものも存在せず，善良な使用者の賃金

---

[28] Allan G B Fisher, *Some Problems of Wages and their Regulations in Great Britain since 1918* (P. S. King, London 1926) p. 178.

[29] Report of the Select Committee on Homework, HC (1908) 246 [51].

[30] B L Hutchins and A Harrison, *A History of Factory Legislation* (2nd edn P. S. Kings & Son, London 1911) pp. 264-266.

は悪徳使用者によって切り下げられ,悪徳使用者の賃金は最悪の使用者によって切り下げられる……このような状況の蔓延によって,進歩ではなく衰退がつづくことになる」というものであった[31]。このように,最低賃金制度の必要性は,苦汗産業における労働条件の改善の必要性として認識された。とはいえ,低賃金労働者の生活保障だけが目的ではなかった。生存に必要な最低限の賃金を支払わない使用者は寄生的──すなわち共同体から補助を受けているのに等しく,糾弾されるべきだと考えられ,最低賃金規制は社会資源の効率性確保の観点からも必要だとされたのである[32]。

このような考え方は,労働者は国家の資本ストックの一部を構成しており,その生存の確保に足りない賃金を支払うことは,一部の使用者が,共同体のかけるコストに満たない価格で労働を得ることになるという論理であり[33],そこで念頭におかれていたのは,やはり集団的自由放任主義であった。この考え方によると,立法が保障しうるのは,労働者に対して,法規制がなければ共同体がその資本を食いつぶしかねない場合にその費用を確実に支払われるようにすることだけであるということになる。また,失業は苦汗労働よりも好ましい状態であるという帰結になる。このような見解は,伝統的な国家介入への敵対性と親和的であったがゆえに影響力をもった[34]。

このような考え方を純粋につきつめれば,立法の正当性が認められるのは労働者が肉体および精神を維持できない場合に限られることになる。そして実際,最低賃金は「国の慣習にてらして肉体的に衰弱を避けるために生理的に必要とされる食費,被服費,住居費」の調査によって決定されるべきである,という考え方も示された[35]。さらに,最低賃金の額についても,生存に必要な費用は産業によって異ならないのであるから,全国一律でよいという

---

[31] Winston Churchill MP, 155 HC Debs col 1888 (24 April 1906), Hansard HC vol 4 col 388 (28 April 1909), HC Debs (Series 5) vol 2 col 1787.
[32] Sidney Webb and Beatrice Webb, *Problems of modern industry* (new edn Longmans, New York 1898) p. 767.
[33] たとえば, S and B Webb, *Industrial Democracy* (edition of 1920 Longmans, London 1920) pp. 766-84.
[34] Bayliss, *supra* note 8, p. 8.
[35] S and B Webb, *supra* note 33, pp. 774-775. 同じ立場をとる者の中には,当時のEton校の校長Lyttletonのように,不測の事態に備えるためや家族の生計のために10％の上乗せをするべきだと考える者もあった。

ことになるはずであった。

　しかし，自由党政権の下で最終的に成立した1909年産業委員会法（Trade Board Act 1909）は法定最低賃金の内容規制を含まなかったことから，このような立場を明確に否定するものであった。国家自身に賃金額そのものを定める権限が与えられなかったのは，国家の介入の正当性は認識されていたものの，介入に対する疑念が非常に強かったからであるとされる。国家の役割はむしろ最小化され，産業委員会の決定に強制力を与えることのみに限定された。各産業における三者構成の委員会による賃金決定と，国家の役割の限定という1909年法の根幹は，何ら疑問視されずに議会を通過した。この点は，「後になってみれば過去との断絶は明らかではあるが，当時はむしろ自由放任主義と国家の賃金規制とを結ぶ架け橋だった」とも指摘されている[36]。自由放任主義と矛盾しない形で寄生産業を否定するためには，このような形態をとらざるを得なかったのである。

　こうして成立した1909年産業委員会法は，イギリスにおける最初の最低賃金立法であるが，苦汗産業[37]に限って賃金決定メカニズムを導入するにとどまった。

　このような産業委員会システムは，苦汗産業の規制という最低賃金導入の第1の目的と，法的規制による団体交渉の促進という第2の目的との緊張関係をあらわしているものであった[38]。すなわち，苦汗産業の規制という第1の目的の中に効率性確保，貧困問題への対処という2つが存在し，それと並行する第2の目的として団体交渉の促進が位置づけられていたということができる。

---

[36] Bayliss, *supra* note 8, p. 9.

[37] ここでは，苦汗産業（sweated industries）とは，「わずかに生存の維持を可能とするような」賃金が支払われ，労働時間も「労働者の生活を絶え間なく苦しめるような」長さであって，衛生状態も「労働者の健康を蝕むものであって」「公共の害悪」であるような労働であると定義されていた（Select Committee on the Sweating System, *supra* note 9）。

[38] S Deakin and G Morris, *Labour Law*（4th edn Butterworth, London 2005）p. 282.

(2) 産業委員会制度の内容

(a) 適用範囲

1909年産業委員会法は，当初は適用対象を4種の苦汗産業に限定しつつ[39]，「ある産業の部門において一般的となっている賃金率が，他の雇用と比較して例外的に低く (exceptionally low)，かつ当該産業の他の状況に鑑みて同法の適用が適切である場合」には，庶民院の承認を得た商務省の暫定命令 (Provisional Order) によって，当該産業への同法の適用を可能とした[40]。同法の下では，産業別に設けられた産業委員会が，委員の協議によって最低賃金を定めるメカニズムが採用された。

(b) 決定対象事項

産業委員会は，諸職種における時間制の仕事 (time work) の賃金の最低率 (minimum time rate；最低時間給) および出来高制の仕事 (piece work) の賃金の最低率 (general minimum piece rate；一般最低出来高賃金) を決定する[41]。原則として，これら最低賃率は当該産業一般に適用されるが，最低時間給を設定することが不可能であることを産業委員会が商務省に報告した一定の場合には，商務省は産業委員会の義務を免除することができる。

また，最低時間給および一般最低出来高率を決定する以前に，産業委員会はその内容を公表し，3か月間，もたらされた異議について考慮しなければならない[42]。さらに，産業委員会は最低時間給および一般最低出来高率を廃止，変更することができ[43]，使用者の要求によって，特別の最低出来高率を設定することまたはそれを廃止することも可能とされた[44]。

(c) 産業委員会の構成

産業委員会は，商務省[45]の管轄下におかれた。産業委員会は，労使を代表

---

39 既製服製造業，鎖製造業，紙箱製造業，レース修理・仕上げ業 (1909年産業委員会法付則)。
40 同法1条2項。ただしこの暫定命令によって対象産業が拡大されたのは，1913年の5産業のみであった。
41 1909年産業委員会法4条1項。
42 同法4条2項。
43 同法4条4項。
44 同法4条5項。
45 商務省の労働関係部署の権限は1917年には労働省 (Ministry of Labour) に引き継がれた。

する各同数の代表委員（representative members），および奇数の中立委員（appointed members；法曹実務家，大学教員，ソーシャルワーカー等）による三者構成である[46]。労使代表委員は，関係する使用者団体および組合から，選挙または指名によって選出される[47]。産業委員会の議長および副議長は，中立委員の中から商務省が任命する[48]。

中立委員は，商務省が適切と考える人数が任命される[49]。中立委員の任務は，商務省による指示を受けて，産業委員会およびその補完的な組織である地方職種委員会（district trade committee）[50]に対して働きかけることであり[51]，労使が合意に達しない場合は，各中立委員はどちらかの側に投票することができる。

(d) 決定の効力

重要なのは，最低賃金額の考慮要素に関して，法文中に規定がおかれなかったことである。そのため，最低賃金の決定にあたって実際に配慮されたのは，最低生活水準ではなく，当該産業の実際の状況や，他の類似の産業における自発的協約の基準であったといわれている[52]。

産業委員会が決定を下すと，政府がその決定を拒否または修正することはできないとされた。しかし産業委員会は，予め定めようとする賃金額を公示し，その後3か月の間に提出された反対意見を考慮しなければならず，また商務省の命令があったときは額を再考慮する義務を負っていた[53]。もっとも，再考慮の後，同じ賃金額を提示することも法的には可能である。いったん最

46　1909年産業委員会法11条1項。
47　同3項。
48　同4項。
49　同法13条1項。
50　地方職種委員会とは，産業委員会によって設立される，産業委員会の中立委員および非産業委員である当該職種の労使代表（同数）から構成される委員会であり，産業委員会の決定する地域において活動する（産業委員会法12条）。産業委員会は，最低時間給および一般最低出来高賃金を決定する以外の義務や権限を地方職種委員会に委任することができ，地方職種委員会は，適切な場合に，当該地域における当該職種に適用される最低時間給および一般最低出来高率を産業委員会に勧告しなければならない。
51　1909年産業委員会法13条2項。
52　Committee on Industry and Trade, 'Final Report' (Cmd 3282, 1929) p. 90.
53　1909年産業委員会法4条。

低賃金が決定されると，公示後6か月を経て，商務省の命令に基づいて実施がなされる[54]。

(e) 履行確保

産業委員会法の遵守を確実にするために，商務省は必要と考えられる監督官（officer）を任命することとされた[55]。この監督官は商務省，また商務省の決定により産業委員会の指揮を受けて活動する。監督官の権限は，(1)使用者に対する賃金記録の作成要求および記録調査，(2)工場外労働者に関して，仕事を供給した者および受諾した者の住所氏名，支払いの情報提供，(3)工場，作業場，工場外労働者の仕事場への立ち入り検査，(4)工場外労働者の名簿の重要部分を検査し，写しをとること，である[56]。

また，監督官の上記の権限行使に際して必要な手段を提供し得ない使用者および，要求された書類の作成や情報提供を拒否する使用者は，簡易裁判により，各違反について5ポンド以下の罰金刑が科されうる。さらに，虚偽の賃金表，賃金記録，支払記録，工場外労働者の名簿の作成または虚偽の情報提供を行った使用者は，即決裁判によって，20ポンド以下の罰金または3か月以下の懲役が科されうる。

(3) 1918年産業委員会法改正
(a) ホイットレー委員会報告

第一次世界大戦中は，財務省協定や軍需品法（1915年，1916年，1917年）などによる賃金抑制が図られた[57]。この点については本書では割愛するが，戦時中に国家による賃金規制を経験したことが，同時期に労働組合の組織率の上昇によって団体交渉が広まったこととあいまって，全国規模での労使関係の規制を受け入れる素地を作ったことを指摘しておきたい。大戦末期の1916年3月に，イギリス政府は戦後の産業再建計画を企図して，第一次内閣復興委員会（Cabinet Reconstruction Committee）を設けたが，最低賃金制

54　同法5条。
55　同法14条。
56　同法15条。
57　戦時中の賃金政策とホイットレー委員会報告の詳細に関しては，前川嘉一「イギリス最低賃金制発展過程の一考察(1)――1909年法から1918年法へ」京都大学経済論叢82巻1号（1958年）1頁以下参照。

度に関するひとつのメルクマールとなったのが，その一分科会として労使代表および政府代表13名からなる，Whitley卿を委員長とする労使関係に関する小委員会（Committee on Relation between Employers and Employed，以下「ホイットレー委員会」と称する）の報告書であった。

ホイットレー委員会は，1917年10月18日の第2次報告において，労使協働のための機関設立などの勧告を行う中で，産業委員会法の改正を提案した。この報告書では，「産業委員会法は，本来若干の未組織産業における最低賃金水準の設定を確保することを目的としていた。しかし我々は，この産業委員会は，本来は使用者団体と労働組合との団体交渉によって取り扱われるいくつかの問題について，交渉と決定のための正規の機関に代わる方法としてみなされるべきだと考える。産業委員会法が，未組織・低組織産業についてより実効的であるためには，産業委員会の機能を拡大するという若干の修正が必要である。そのためには最低賃金額のみならず，労働時間と賃金，労働時間に類似の諸問題をも扱うような権限を与えられるべきである」[58]と述べられていた。

具体的には，産業委員会に(1)労働時間に関する問題を扱う権限をもたせること，(2)当該産業の諸問題につき，政府に対して調査の申入れをする権限をもたせること，および，(3)より組織化の進んだ産業においては，使用者団体と労働者団体による共同産業協議会（Joint Industrial Council）による賃金交渉が適切であるとし，その合意に一定の法的拘束力をもたせることが勧告された。

ホイットレー委員会報告書は，共同産業協議会の役割を提言することによって，産業委員会の位置づけを改めて確認する契機となった。報告書では，共同産業協議会とは，労使間の協定によって設立される二者構成の自主的組織であるとされている。これに対し，産業委員会は，未組織産業において広範な労働条件を決定しうる，共同産業協議会へ移行することを予定された過渡的機関と位置づけられた。すなわち，同委員会報告は，産業委員会制度の役割のうち，自主的団体交渉の促進者というそれまで抑制されていた側面を，苦汗労働問題の防止者という側面よりも強く打ち出した転換点となったので

---

[58] Ministry of Reconstruction, Committee on Relations between Employers and Employed, 'Second Report on Joint Standing Industrial Councils' (Cd 9002, 1918), para. 11.

ある[59]。同委員会は，イギリスにおける産業は「共同産業協議会をもつ産業」と「産業委員会をもつ産業」との2つの産業に分類されるべきであるとし[60]，産業委員会の役割は，「使用者や労働者が，時がたつにつれて法的規制を必要としなくなるように，産業における組織化を促進する一時的な手段（temporary expedient）」にとどまるべきだと考えたのである[61]。それはすなわち，産業委員会（三者構成，法的サポートあり）から共同産業協議会（二者構成，合意についての法的サポートあり）へ，そして自主的団体交渉（労使の自主的交渉，法的サポートなし）と段階的に展開していく道筋を構想したものであった。

(b) 主な改正内容

この報告書を受けて，1918年8月8日には1918年産業委員会法（Trade Boards Act 1918）が成立した。しかしこの改正において，政府はホイットレー委員会報告の立場をそのまま採用することはしなかった。政府は，共同産業協議会の設立の基準が労使の組織の程度であるのに対し，産業委員会の設立は賃金の低さが基準とされるため，両者は併存可能であって，「産業協議会と産業委員会とは，その目的と構造および機能において，根本的に異なる」とし，産業委員会が共同産業協議会への過渡的存在となることを否定したのである[62]。

(i) 設立基準

注目されるのは，産業委員会設立の基準が，「例外的に低い賃金」の産業ではなく，「その産業全体を通じて有効に賃金を規制すべき十分な機構（adequate machinery）が存在しないことによって，その産業の全体または一部で適用されている賃金額を考慮したときに本法を当該産業に適用すべきであることが便宜と認められる場合」[63]へと変更されたことである。このよ

---

59 Bayliss, *supra* note 8, p. 14.
60 *Ibid*, p. 5.
61 George Roberts, Minister of Labour. Second Reading of the Trades Boards Bill, 1918. HC Debs (series 5) vol 70 col 107 (17 June 1918).
62 第2次報告と同時に出された，Industrial Councils and Trade Boards, 'Memorandum by the Minister of Reconstruction and the Minister of Labour' (Cd 9085, 1918) paras. 1-7を参照。
63 1918年賃金（臨時規制）法（Wages (Temporary Regulation) Act 1918) 1条2項。

うに，1918年改正は，産業委員会の設立基準を，低賃金それ自体だけではなく，団体交渉機構が成熟しているか否かという点に変更したことで，団体交渉に価値をおく立場を明確にしたといえる。

このことは同時に，全国一律の最低賃金制度を拒絶することを意味した。当時政府は，第一次世界大戦中に全国規模で行われていた賃金調停（wage settlement）の信用失墜を避けるために，休戦記念日の賃金率が6か月間の法的効力を維持するという政策をとっていた。その一方で，最低賃金に関する恒久的な法的規制が必要であるという世論も高まっていた。前述のホイットレー委員会の第1次報告書においても共同産業協議会の合意に法的担保が与えられるべきであると主張されていたし[64]，労使団体からも，産業委員会制度が適用されない労働者を含めた全労働者に対して法定最低賃金を適用するべきであるという意見が出されるようになっていたのである。しかし政府は，低賃金問題については産業の状態の漸進的改善がより望ましいとして，これを否定した[65]。そして，全国一律最低賃金制を回避しながら低賃金問題の解決を図る方法として選ばれたのが，産業委員会制度の拡大の途であった[66]。

(ii) 産業委員会の設立・廃止方法

産業委員会制度拡大の方法としては，適用基準の変更だけでなく，設立および廃止の方法の変更もなされた。産業委員会の設立は，主として大臣の判断に任された。具体的には，大臣が産業委員会設立または廃止の暫定命令を出すと，40日の異議申立期間をおいた後，議会が特別命令によって暫定命令を取り消さない限り，その設立が認められることになった。

(iii) 産業委員会の決定権限

さらに，産業委員会の最低賃金決定権限も拡大された。委員会の決定については，2か月の異議申立期間の後，その提案を承認するか否かについての大臣の考慮期間は1か月とされた。また，義務的決定事項は依然として最低時間給のみであったが，1日または1週間の通常労働時間を決定する権限が与えられたことにより[67]，賃金命令（Wages Orders）の範囲が，一般出来高

---

[64] Ministry of Reconstruction, Committee on Relation between Employers and Employed, 'Interim Report on Joint Standing Industrial Councils' (Cd 8606, 1917).

[65] HC Debs（1918）vol 107 col 69.

[66] Bayliss, *supra* note 8, p. 15.

賃率（piece rates），時間外割増率（overtime rates），予備率（fall-back rates），および基本労働時間（basic hours of work）決定にまで拡大された。

(4) 産業委員会制度の実態と 1918 年改正の効果

産業委員会法成立当初の適用産業は 4 業種に限られており，その産業で働く労働者は約 25 万人にすぎなかった。また，適用される賃金額は十分であるどころか，極端に低い賃金を修正する程度にとどまり，単身女性の最低生活費と考えられていた基準をも下回るものであった[68]。ただし，4 業種のうちの 1 つである鎖製造業においては，1910 年 3 月の最初の最低賃金決定によって，週 54 時間労働に対して従来のほぼ 2 倍の賃金にあたる 11 シリング 3 ペンスという額が決定され，これによる混乱もあまりなかったという報告がある[69]。また，同時に労働組合の組織化も進んだ。

その後，1913 年には暫定命令に基づいて，砂糖菓子製造業，食品缶詰業，シャツ製造業，琺瑯鉄器製造業，綿・リンネル刺繍業など 6 産業における約 15 万人の労働者に適用が拡大された。

産業委員会の適用する賃金額は，一般賃金額に比べて常に低くとどまっていたものの，低賃金労働の減少には一定の役割を果たしたと評価される。低賃金労働者の割合を 1899 年と 1936 年とで比較した研究では，労働者人口のうち第一次貧困にある者の割合が，15.46％ から 6.8％ に減少したとされている[70]。

また，1918 年改正によって政府が産業委員会制度の拡大権限を握ったことで，戦時中の賃金据え置きの期限が迫っていた状況と，恒久的な法定最低賃金制度を拒絶したいという政府の思惑を背景として，産業委員会の数は急増した。1919 年には 12 委員会が，1921 年には合計 63 もの産業委員会が設立され，適用対象は約 40 万人から約 300 万人へと急激に増加した[71]。

67　1918 年法 3 条 1 項 c 号。
68　藤本武『最低賃金制度の研究』（日本評論社，1961 年）37 頁。
69　Hutchins and Harrison, *supra* note 30, p. 268.
70　B S Rowntree, *Poverty and Progress: a second survey of York*（Longmans, London 1941）pp. 451-453.
71　Institute of Personnel Management, *Minimum Wage: An Analysis of the Issues*（IPM, London 1991）.

同時に問題となったのが，産業委員会の運営であった。それまで，産業委員会の数が少なかった時代には，産業委員会と労働省との関係が法定されていないことは特に問題とはなっていなかった。しかし，労働省の権限と産業委員会の権限とが明確に分かれていないことを原因として，独立を求める産業委員会と政府とのあいだに権限争いを生じることがあった。労働省は産業委員会の適用範囲を決定する権限を有し，産業委員会は最低賃金と労働条件を決定するのが基本とされたが，政府の設立・廃止権限は産業委員会制度の根幹に大きな影響を与えることになっていく。

産業委員会制度の急拡大は，戦後好況の終焉とともに終わりを告げた。1920年の秋には平均賃金の下落がはじまったが，産業委員会のおかれた産業の賃金は下降が遅く，しかも緩やかであったため，使用者の賃金削減権限を脅かすと考えた政府は，産業委員会制度の拡大を停止したのである。翌1921年に設立されたのはわずか3委員会にすぎず，1000人を超える規模の産業はそのうち1つのみであった。不況の中では，「現在の状況においては新たな産業委員会の設立には注意を払うことが望ましい」という見解であった[72]。

しかし，必ずしも全ての使用者が産業委員会の廃止を求めたわけではなく，むしろ多くの使用者の主張は，全国的な単一の最低賃金を廃止すべきという点にあった。たとえば，地域別の賃金や，個別の合意による適用除外を設定することが求められた。

(5) 産業委員会法の再検討
(a) ケーヴ委員会報告

第一次世界大戦後の不況の中では，賃金決定のあり方の見直しが要求されるようになり，産業委員会制度の再検討が行われた。この問題に関して政府から諮問を受けたCave卿を委員長とするケーヴ委員会（Cave Committee）は，先のホイットレー委員会の立場とは全く異なる立場を示した。すなわち，1918年改正は賃金決定に関する国家の介入を拡大しすぎたため，根本的な修正が必要だとしたのである。同委員会は，「国家の強制力は……，苦汗労

---

[72] Minister Thomas Macnamara, HC Debs (series 5) vol 140 col 1090 (13 April 1921).

働に起因する個人への不公正な侵害および国家の安寧への侵害を避けるために適切に使用されうるものである。しかし，そのような強制力の行使は当該目的のためだけに制限されるべきであり，それ以上の賃金規制は個別交渉または団体交渉に委ねられるべきである」とし，産業委員会の役割を苦汗労働の廃止に的を絞るべきであると主張した[73]。ここで想定された最低賃金は，苦汗労働の防止という純化された目的に沿う，労働者の生存に最低限必要な「真の最低額（the true minimum）」であるとされた。こうして，団体交渉的な色彩を一切排除した産業委員会制度が提案されたのであるが，この勧告を踏まえた産業委員会法改正案は，保守党から労働党への政権交代によって廃案となった。

しかし，ケーヴ委員会の報告書は事実上の強い影響力をもち，その後10年の産業委員会制度のあり方を決定づけた[74]。既存の産業委員会は存続し，労働党政権はその拡大について調査を再開したが，結局，新たな産業委員会はしばらくの間設立されなかった[75]。その後政権に就いた保守党も，法改正こそしなかったものの，仕出業や布地販売業，食肉販売業における産業委員会の設立に反対したり，食品雑貨販売業の産業委員会の廃止を訴えたりするなど[76]，国家に与えられた権限を行使して産業委員会の拡大を抑制した。その後の第2次労働党政権も，使用者側の強い抵抗によって仕出業の産業委員会の設立に失敗し，産業委員会は不況の時代には十分に機能することができなかった。

もっとも，不況の底を脱した1930年代は，産業委員会制度の再拡大期となった。同時に，賃金決定に関する産業委員会の位置づけについて，政府の評価が質的にも変化していった時期であった。それは，1922年のケーヴ委員会報告を基調とする産業委員会制度への懐疑的な立場から，次第に国家の直接的な介入の代替手段として利用しようという姿勢への変化だといえる。

1930年代はじめに再開された調査では，まず，道路運送業や小売販売業，

---

[73] Report of the Committee appointed to inquire into the Working and Effects of the Trade Boards Acts of 1090 and 1918, (Cmd 1645, 1922) p. 26.
[74] Bayliss, *supra* note 8, p. 25.
[75] その一方で，労働党政権は農業賃金法（Agricultural Wages Act 1924）など，農業部門における賃金規制を実現した。
[76] Minister Sir A D Steel-Maitland, HC Debs (series5) vol 191 col 1286 (11 February 1926).

仕出業といったサービス業において，1918年改正では有効な賃金規制枠組みを提供することができていないことが明らかになった。そのため，様々な形態の報酬規制に対応するための法的措置が必要だと考えられた。たとえば，道路運送業においては，3つのライセンスの等級があったが，最下級のライセンスを有する労働者については道路交通法（Road Traffic Act 1930）に基づく公正賃金の保護が及ばなかったことが問題視されていた。この問題に関して，既存の産業委員会制度は「産業におけるニーズに有効に対応するには，適用範囲と権限において制限されすぎている」[77]と考えられ，道路運送業賃金法（Road Haulage Wages Act 1938）という別個の法律が制定された。同法では，時間給，出来高給および時間外割増という産業委員会法が想定していた賃金ではなく，より広い概念である報酬（remuneration）の概念が採用され，様々な支払方法へ対応することが可能とされた。もっとも，同法によって設立された中央賃金委員会（Central Wages Boards）は，構成員などの点では産業委員会とほぼ同じであった。それにもかかわらず産業委員会の権限拡大という解決方法がとられなかった背景には，ケーヴ委員会報告以降，産業委員会システムの拡大に対する政府の消極性があった[78]。

(b) 労使合意の尊重

1930年代における政府の方針のもう1つの特徴は，産業委員会設立に関する労使の合意の尊重であった。新たな産業委員会の設立は，使用者団体と労働組合との間に設立の合意があった場合に限定されるようになった。政府は，産業委員会法の趣旨から，国家の介入に際して労使の合意を獲得するという解釈を採用したのである。

当時の労働大臣Bettertonは，1922年の政策を踏襲しつつも，産業委員会は賃金搾取を改善すると同時に「効率性と競争力を改善し続けようとする者」[79]を支援する機関であると位置づけ，設立に関する労使の意見を協議する場を設けるなどして，その後の産業委員会設立に労使の立場を反映させる立場をとった。

小売業に関しても，まずは労使の自主的合意の形成が試みられ，産業委員

---

[77] Report of the Committee on the Regulation of Wages and Conditions of Service in the Road Motor Transport Industry (Goods), (Cmd 5440, 1937) p. 19.
[78] Bayliss, *supra* note 8, p. 34.
[79] Minister Sir Henry Betterton, HC Debs (series 5) vol 278 col 555 (18 May 1933).

会の設立はそれが行き詰まった場合の最後の手段であると考えられた。政府のみならず，労使もそのような見解を支持した。使用者側は，自己の産業が苦汗産業であると非難されるのを望まなかったし，特に大企業は，産業委員会が小規模使用者の利益をも考慮して決定した基準よりも，自己の結んだ自主的な合意を広めることが望ましいと考えていたからである。労働組合側も，自主的な合意が否定されることで，他の使用者が合意の形成に消極的になることを恐れていた[80]。小売業における各分野においても自主的合意が形成されたが，使用者団体（特に小規模使用者）が自主的合意に応じない場合には，法的規制以外に方法がなかった。しかし結局のところ，立法措置の進展は1945年の大戦終結をまたなければならなかった。

このように，使用者団体と労働組合との設立の合意の重視は，産業委員会システムの拡大を抑制した。先に述べたように，1918年改正は産業委員会の設立基準を低賃金と未組織であることにおいていたが，大臣は労使双方の合意を強調することで，これら法定の基準を満たす産業の多くに，産業委員会の設立を認めなかったのである。このように，1930年代の政府の方針は制度の拡大を制限したものの，産業委員会が全く設立されなかったそれ以前の時代に比較すれば前進といえる。そして，共同申請の強調は，産業委員会をよりいっそう団体交渉に近づけることとなった。

さらに，もう1つの質的転換点として，1938年の有給休暇法（Holidays with Pay Act 1938）の成立が注目される。当時，労働組合が中心となって有給休暇の権利を求める運動が盛んになっていたが，団体交渉によってそれを獲得するのは困難であると考えられたため，運動の中心は政府に対する立法的解決の要求となっていった。これに対して政府は，産業委員会が1週間の有給休暇を設定する権限を与えたのである。これは，1922年のケーヴ委員会報告以来続いていた，産業委員会に対する不本意な承認から，直接的な国家介入を避けるための手段として使うという，産業委員会の位置づけの転換であった[81]。しかし，政府が想定していたよりも実際の産業委員会の影響力は弱く，産業委員会システムは直接的な国家介入の代替物とはなりえなかった。もっとも，1939年の第二次世界大戦突入により，有給休暇法の実効性

---

80 Bayliss, *supra* note 8, p. 38.
81 Bayliss, *supra* note 8, p. 43.

が検証される場はほとんどなかった。

(c) 特別法による補完

　1909年産業委員会法は，国家の介入と自発的な賃金設定システムとが矛盾しないことを示したものとされる[82]。それは，全ての労働者に適用される全国一律の最低賃金という，より直接の国家的な介入を拒絶することでもあった。第一次世界大戦の戦後景気の中で，産業委員会は，賃金設定の手段としての使用者団体と労働組合との交渉に寄与する機構であるとみなされた。このことについて，当初，「産業委員会は単に搾取を監視するための機関ではなく，自発的な団体交渉を補完する標準方式となるだろう」と評価する見方もあった[83]。しかしその実施においては，政府の政策に大きく左右されるという特徴が明らかになった。すなわち，政府が産業委員会の拡大を抑制するという方針をとると，同法は死文化したも同然になったのである[84]。

　その後，第二次世界大戦中は，自主的団体交渉を強化する方針がとられた。戦時中である1940年の雇用条件・全国仲裁令（いわゆる第1305命令）[85]第3部では，戦時下のストライキ禁止の代償措置として，自主的労働協約に規定された「承認された労働条件（recognized terms and conditions）」が，当該協約の当事者であるか否かを問わず，同一地域および同一産業の全使用者に対して強制的に適用されることとなった[86]。この制度と産業委員会制度は併存し，同命令においては，産業委員会の設定する水準が「承認された労働条件より不利であるとはみなされない」と規定されたため，産業委員会の設置された産業に属する使用者は，産業委員会の設定する労働条件を超える労働条件の強制を避けるため，自主的労働協約を回避する傾向にあった。一方で，産業委員会制度自体については，同年，定足数や異議申立期間などが大幅に緩和されることになった[87]。

82　*Ibid.*, p. 29.

83　Otto Kahn-Freund, 'Minimum Wage Legislation in Great Britain' (1949) 97 *University of Pennsylvania Law Review*, pp. 787-88.

84　Bayliss, *supra* note 8, p. 29.

85　The Conditions of Employment and National Arbitration Order, 1940, No. 1305.

86　なお，この規定の効果は1945年の賃金審議会法第3部によって1950年末まで延長されることとなり，1951年には労働争議令（Industrial Disputes Order, SI 1951／1376）に引き継がれ，1959年雇用条件法8条の労働協約拡張制度に発展した。

87　Trade Boards and Road Haulage Wages (Emergency Provisions) Act 1940.

I　現行制度に至るまでの最低賃金規制　　115

　これに対して，問題となったのが，産業委員会をもたず，自主的労働協約のない産業の代表格であった仕出業である。仕出業をはじめとするサービス産業について産業委員会を設立しようという動きは前述のとおり頓挫していたが，軍隊への食糧供給を担う戦時中の重要な産業として，再び議論の俎上にのぼったのである。当時の労働・徴兵大臣であった Bevin は，「確固たる政策として，とりうる全ての方法において産業における自治を奨励することが政府の責務であるが，それが不可能な場合に人びとを保護されないまま放置しないことも政府の責務である」[88] と述べ，当時の産業委員会法が適用され難かった仕出業において，仕出業賃金法（Catering Wages Act 1943）を成立させた。注目されるのは，同法が戦時中の時限立法ではなく，当初から恒久的な法として制定されたことである。それは，一定の最低条件を保障することは市民としての基本的な権利であり，戦時中であるか戦後であるかは関係がないという考えに基づいていた[89]。仕出業は通常の産業と違い，ホテルやレストランといった様々な業態の中で，飲食物や飲食の場所を提供するという一点のみにおいて共通する職種の集まりであったため，仕出業賃金委員会という中央委員会がおかれ，まずは賃金規制のための区分を大臣に提案し，その区分ごとに委員会をおくという形態がとられた。また，長時間連続労働という仕出業の特徴に鑑み，食事や休息などのための休憩時間を設定する権限が与えられた[90]。こうして，産業委員会のおかれていない最大のサービス産業である仕出業にも，産業委員会制度の基本的考え方に基づく最低賃金規制が及ぶことになった。

5　賃金審議会制度

(1)　1945 年賃金審議会法の成立

　仕出業賃金法と併せて Bevin が行ったもう 1 つの改革が，1945 年賃金審議会法（Wages Councils Act 1945）の制定である[91]。これによって，従来の産

---

[88]　Minister Ernest Bevin, HC Debs (series 5) vol 386 col 1203 (9 February 1943).
[89]　Bayliss, *supra* note 8, p. 50.
[90]　仕出業賃金法 8 条 1 項 b 号。
[91]　特定の産業のみに適用される立法としては，1912 年に，炭鉱労働者を対象とする最低賃金制度を定める炭坑賃金法（The Coal Mines Minimum Wage Act 1912）が成立していた。この制度は各地域に労使合同委員会を設けて，地域ごとに炭鉱労働者の最低賃金を決定するというものであった。また，第一次世界大戦後 1929 年以降にお

業委員会は,賃金審議会という,より広範な決定権限を有する組織として改編されることとなった。1945年賃金審議会法の直接の動機は,小売業に対しても法的な賃金規制を及ぼすことであったが[92],もう1つの意図は,全労働者に対して労働関係上の一定の権利を保障する機構であるところの,団体交渉のための法的枠組みを規定することであった[93]。

同法の規定は,産業委員会制度を通じた団体交渉の促進という1918年改正の趣旨が,戦間期の経済不況によってほとんど実現しなかったという反省をもとにしている。そのため,賃金審議会法第3部では,戦時中の強制仲裁制度を1950年まで有効とすることが定められた。これによって,戦後の不況においても,「承認された労働条件」が5年間は保障されることになった。そして,団体交渉の促進のために,以下のような制度が規定された。

(2) 賃金審議会制度の内容
(a) 設立・廃止基準

賃金審議会の設立基準については,「不十分な団体交渉機構」およびそれによる「妥当な水準の報酬の未確立」によって特徴づけられる産業とされ,1918年産業委員会法改正時の基準が踏襲された[94]。しかし,賃金審議会の設立は,労働大臣による発議に加えて,「報酬および労働条件を規制する既存の機構が存在しなくなりつつある,または既に不十分となった」ことを理由とする,労使双方の代表による共同申請によっても可能となった[95]。労使による共同申請がなされた場合,大臣は調査委員会（Commission of Inquiry）に諮問しなければならず,調査委員会が上記要件が満たされていると判断すれば,原則として審議会が設置されることになったのである[96]。他方で,労使の相当数が関与する機関が発展してきた場合には,調査委員会の勧告に基

　　こった恐慌時には,1934年に綿業法（The Cotton Manufacturing Industry-Temporary Provisions Act）および前述の道路運搬賃金法（The Road Haulage Wages Act）が設けられていた。
92　1945年賃金審議会法の施行後,小売業における賃金審議会設置の申請が相次ぎ,調査委員会による調査がなされた。
93　Bayliss, *supra* note 8, p. 54.
94　1945年賃金審議会法3条。
95　同法2条1項。
96　同法4条4項。

づき，大臣が審議会を廃止することが可能となった[97]。

　こうして，当該産業に賃金審議会が設置されるべきか否かの判断は調査委員会に委ねられたのであるが，その際には(1)既存の団体交渉機構は現在および今後において十分に機能しうるか，(2)既存の労働協約は賃金および労働条件の全ての側面を網羅しているか，そして産業全体を通じて遵守されているか，(3)たとえ交渉機構が不十分だとしても，報酬の合理的な基準が維持されているか，という3つの点が調査項目となった[98]。この点，(3)に関して，理髪業の賃金審議会設立において調査委員会が示した「合理的な報酬（reasonable remuneration）」の定義が注目される。ここでは，「未組織使用者への拘束力をもたないことを認識したうえで使用者団体によって自由に交渉された額は過剰な額とはなりにくく，また，労働者団体がその額について自由に合意したという事実は，それが不当に低くないということの担保になる」という認識が示されている。これは，何らかの取り決めによって全使用者が一定の賃金額を定めていれば，それは「合理的」であると判断されることを意味した。このため，この基準の重点は，交渉機構の不十分さにおかれていたといえる。

　しかし，交渉機構の不十分さのみを理由に賃金審議会の設置が認められたわけではなかった。自由な交渉によって定められた賃金基準の合理性は，その時点の合理性にすぎないが，調査委員会は合理性が将来も継続するか否かも考慮に入れようとしていたからである[99]。そのため，調査委員会は，一般的な経済条件を判断要素とした。労働力が不足している時代には，何らかの自発的交渉によって定められた賃金は「合理的」である。しかし，失業率が高まり，賃金切下げ圧力が高まっている時代には，そのような賃金も合理性が認められない，という見解であった。実際，1940年代後半の賃金審議会設立方針には，戦後経済において不況が継続するという見込みが影響したといわれている[100]。

(b) 賃金審議会の職務

　賃金審議会の職務は，産業委員会と同様，審議の結果を大臣に提案するこ

---

[97] 同法6条。
[98] *Ibid*.
[99] Bayliss, *supra* note 8, p. 64.
[100] Bayliss, *supra* note 8, p. 66.

とである。大臣がこれを承認すると，賃金規制命令（Wages Regulation Order）として有効となる。なお，妥当な報酬の内容や考慮要素に関する定めは依然としておかれなかった[101]。それは，労使代表および調査委員会が，当該産業における適切な結論を導くようにするためであるといわれる[102]。

(c) 産業委員会制度との違い

1945年賃金審議会法による産業委員会制度の改正は，以下の2点にまとめることができる。第1に，賃金審議会の設立・廃止に関して，労使の自主性が尊重されるようになったこと，第2に，賃金審議会は最低賃金額のみならず，すべての報酬，週標準労働時間，年次有給休暇日数およびその報酬，職域年金や疾病手当等の広範な労働条件をも決定しうるという権限が与えられたことである[103]。また，賃金審議会の構成については，基本的には産業委員会の内容が受け継がれた[104]。

第1点である賃金審議会改廃の手続の簡易化は，以下のような仕組みによって団体交渉のバックアップにつながると考えられた。まず，不況による失業から賃金切下げ圧力が高まると，一部の使用者が，労働組合との自主的労働協約を破棄することによって他の使用者より低い賃金を可能とし，競争力を保とうとする。このような使用者がいると，労働組合との交渉を維持しようとする使用者も，追随せざるを得なくなってしまう。そこで，賃金審議会の設立を労使の共同申請によって可能とすると，結果として設立される賃金審議会は，それまで維持されてきた労使の交渉を継続することを保証することになる。そして，その交渉によって定められた額が最低賃金として法的拘束力が与えられると，低賃金競争による基準の低下を回避することができるというのである。

すなわち，この規定は，自主的団体交渉の当事者に対して，それが不調に終わった場合でも大臣に対して賃金審議会による引き継ぎを要求できるとい

---

[101] 1924年農業賃金規制法（Agricultural Wages（Regulation）Act）2条4項では，報酬の基準に関して「労働能力ある労働者の能力を推進し，自分とその家族を，彼の職業の性格に鑑みて妥当と考えられるような水準で維持するのに十分なもの」と定義されていたことからして，賃金審議会法では賃金の水準に関する定めをあえておかなかったことがわかる。

[102] Bayliss, *supra* note 8, p. 63.

[103] 1945年賃金審議会法10条。

[104] 同法付則1。

う安全網として機能することになった[105]。かつて産業委員会法の下では大臣の恣意的な改廃が可能であり，実際に1921年以降は不況を原因として産業委員会の設立が抑制されたのであった。そこで賃金審議会制度の改革は，この経験をふまえて，大臣の権限を制限したのである。このように，国家の権力を団体交渉の維持のために使うという賃金審議会の機能についての考え方は，苦汗労働の撲滅という当初の目的とは大きく異なり，団体交渉に対する法的保護の必要性を全面的に認めるものであった。

　産業委員会から賃金審議会への改編は，常に苦汗労働を念頭においていた産業委員会制度の伝統からの離脱を示していたといえる[106]。苦汗労働の撲滅から団体交渉の促進へとその役割を変化させたことは，賃金審議会法によって賃金審議会が全ての報酬形態および有給休暇を定めることができるようになったという点にもみてとれる[107]。

　このような改革によって，賃金審議会は，最終的な議会の責任のもとで広範な自己統治の自由を有することになり，かつての産業委員会に比べて，より自発的な団体交渉機構に近づくことになり，その差はほとんどなくなった。このように，できる限り団体交渉を尊重し，国家の関与が産業ごとの労働条件の履行確保にとどめられたのは，やはり，当時の労使関係において集団的自由放任主義が支配的であったからであるといわれている[108]。

(d) 効力と履行確保

(i) 賃金規制命令

　賃金審議会は，大臣に対して提案を行い，大臣がこれに署名すると，その提案が賃金規制命令として実効性を有することになる。大臣は提案について変更を命じることはできないが，再考を求めることができる。すなわち，大臣は審議会の同意なしに提案を修正することはできず，審議会は大臣の署名なくして提案に実効性をもたせることができないという，大臣と審議会の力のバランスが賃金審議会制度の基礎となっていたのである[109]。また，大臣

105　Bayliss, *supra* note 8, pp. 54-56.
106　Bayliss, *supra* note 8, p. 60.
107　なお，前述の有給休暇法で定められていた，有給休暇に関する1週間の上限は撤廃された。
108　Otto Kahn-Freund, 'Labour law' in M. Ginsberg (ed.), *Law and Opinion in England in the 20th Century* (Stevens, London 1959) pp. 215-63.
109　Bayliss, *supra* note 8, p. 110.

が署名をするか否かを考慮する期間については制限が設けられておらず，そのため，その期間を長くとることが賃金上昇を抑制する政策の1つとして使われたこともあった。さらに，大臣が賃金規制命令へ署名する際には，実施の日付を決定することが認められており，通常その期間は全ての職場に周知徹底させるための期間として2週間から3週間程度とされていたが，時には政府の賃金政策の一環として，半年ほど期間がとられることもあった[110]。

なお，賃金規制命令所定の最低賃金を支払わなくてよい例外もあり，「最低賃金を得ることができないような疾患または肉体的問題を有する場合」[111]であった。この認定は，審議会の下部組織である許可委員会（Permits Committee）によって個別に審査され，障害のレベルにしたがって最低賃金の何割を支払われるべきかが決定されたが，例外的な措置と位置づけられていたため，その認定は厳格であったとされる[112]。

(ii) 履行確保措置

賃金規制命令は全ての雇用契約条件に優越し，個別労働者の賃金内容として読み込まれなければならない。使用者の支払った額が最低賃金に満たない場合[113]の履行確保手段は，(1)刑事罰（罰金）[114]，(2)労働者自身の使用者に対する差額請求[115]，(3)労働省による労働者のための民事訴訟提起の3つである。しかし実際には，どの手段が行使されることも非常に少なかったといわれる[116]。

---

110 *Ibid.*, p. 111.
111 たとえば1959年賃金審議会法13条。
112 Bayliss, *supra* note 8, p. 112.
113 ただし，所得税等のほかに，労働者が「使用者に金銭的な利益をもたらさない何らかの理由」に基づいて書面で請求した場合に，最低賃金の算定基礎からの控除が認められていた（1959年賃金審議会法14条1項b号）。
114 1909年から1986年までは，全ての違反の罰金は最大20ポンドに据え置かれていた。1986年賃金法によって，この額ははじめて400ポンドに増額され，違反した使用者は不足額につき過去2年分の支払いが命じられうることとなった。
115 最低賃率を下回る疑いをもった場合，労働者は労働審判所（Industrial Tribunal）に申立てを行うか，少額訴訟裁判所（Small Claims Court）に差額を取り戻すための民事訴訟を提起することが可能であった。
116 刑事訴追は1950年代の平均で年間8件，労働省の訴訟提起は1955年から1958年にかけて16件行われた。労働者自身による民事訴訟の数を確認する方法はないが，極めて少ないと考えられている（Bayliss, *supra* note 8, p. 116）。また，1979年から1992年にかけても，刑事訴追が行われたのは年平均で7件未満であったとされる

より有効な履行確保手段は，行政監督であった。監督官（Inspector）は(1)立ち入り，(2)記録の検査，(3)真実発見に必要と考えられる証拠の検査について，賃金審議会命令に基づく権限を有していた。監督官は，労働省の職員の中から採用された。監督官は労働省の地域局（Regional Office）を拠点として，地域の使用者に最低賃金を遵守させる重要な役割を担っていたが，1950年代半ば以降，費用削減のために次第に人数が減らされていった[117]。

(3) 賃金審議会制度の拡大

1940年代から50年代にかけては，仕出業法および1945年賃金審議会法をはじめとして，戦前の特別立法によって設立された産業委員会を賃金審議会に改編するための立法が導入された[118]。1947年には農業賃金法（Agricultural Wages Act 1947）が制定され，農業労働者を対象とした全国的最低賃金制度が設けられ，約75万人に適用された。賃金審議会制度は導入当初は順調に拡大していった。すなわち，産業委員会から改編された当時は，製造業を中心とする42審議会が約300万人に適用されていたのみであったが，1953年のピークには，66審議会が約350万人をカバーするシステムとなった[119]。また，農業賃金審議会も含めて賃金審議会制度の適用を受ける労働者は，全労働者の約4分の1を占めるに至った。そして，賃金審議会産業のほとんどにおいて，女性労働者の割合が極めて高いという特徴があり，その平均は約75％であった。当時，女性労働者の約2分の1は賃金審議会制度

（Hansard HC, col 359-60（22 October 1993））。検査官の方針は，法的措置ではなく，助言と説得を通じたコンプライアンスの達成であったとされる。

[117] 検査官の数は，1950年代には約200人であったが，1979年には158人に減り，1992年には65人にまで減少した。カバーされる事業所の数も，1960年代はじめの50万から，1992年には40万に減少している（Hansard HC, col 355-6（22 October 1993））。1992年には，約3万2000の事業所が調査され，そのうち約1万9000の事業所が実際の訪問を受けた。その他は郵便による質問票の送付および企業のヘッドオフィスへの訪問のみの調査であった。賃金検査官によって賃金が調査された労働者の数は，1992年には約40万人であったが，そのうち約7000の事業所における約1万5000人（4％）については最低賃金を下回る賃金であったとされる。

[118] 1948年の賃金審議会法による道路運送業産業委員会（1938年）の改編，1959年の雇用条件法による仕出業産業委員会（1943年）の改編等。

[119] 産業ごとの内訳は，小売業が約150万人，仕出業が約60万人，被服業が約37万人，洗濯業が約16万人，そして道路運送業が約10万人である。

の適用対象者であったといわれる。また，1959年には，従来の賃金審議会制度を統合した1959年賃金審議会法が成立した。

賃金審議会の定める基準は，自主的協約の基準の後追いをする傾向にあったため，賃金の動きをコントロールする役割はほとんど果たされていなかった[120]。しかし，このシステムの社会的重要性は，多数の労働者の賃金と労働時間に関して，法的な下支えが存在するという事実であった。適用労働者の数からみると，賃金規制は戦後の完全就業時代において最も影響力を有することになる。

もっとも，第二次世界大戦後は，労働党政権下（1945年〜1951年）においても保守党政権下（1951年〜1964年）においても，ポンド危機を背景とした所得抑制政策がとられた。賃金審議会制度の下では，前述のとおり，労働大臣が賃金審議会の提案の差戻権および発効の延期権を有していたため，その権利の発動によって賃金審議会産業の賃金引上げを遅らせることで，結果的に賃金審議会産業においては政府による賃金統制が行われていたのと同じであったとも評価されている[121]。

(4) 賃金審議会制度への批判
(a) 完全雇用と低賃金問題

1960年前後には，賃金審議会制度に関する批判が生じてきた。労働組合からの批判は，賃金審議会の存在は自主的団体交渉を促進するどころか，労働者の組織化を妨げる要因となっているというものであった。実際，賃金審議会の維持に積極的なのは組合側ではなく，むしろ使用者側であった。その背景には，賃金審議会を設立している産業の賃金の上昇率はそうでない産業に比べて低くなっており，賃金審議会は賃金上昇を抑えるための機構となっていたという事実がある[122]。

ここで注目されるのは，完全雇用という時代背景において，賃金審議会制度は低賃金対策ではなく，あくまでも団体交渉の促進のための制度として純

---

[120] Bayliss, *supra* note 8, p. 73
[121] たとえば，1962年には8つの賃金審議会の提案が差し戻された（Ministry of Labour Gazette, May 1962, p. 199）。
[122] Roger Bowlby, 'Union Policy Towards Minimum Wages Legislation in Postwar Britain' (1957) 11 Industrial and Labour Relations Review, pp. 81-83.

化されるべきであるという主張が強くなっていったことである。この点について,「イギリスの賃金審議会制度の強みは,自発的団体交渉と賃金の法的規制とを分離しないことである」との見解が注目される[123]。当時は賃金審議会制度を強く必要とした高失業率時代を脱し,完全雇用時代に入った時期であり,賃金審議会制度の存在意義が問い直されたのである。すなわち,完全雇用の時代には,賃金審議会制度の前提であった,「自発的な協約の欠如による低賃金」という事態が生じてこない。しかし常に,使用者の一方的な権限行使に対して労働組合がコントロールを及ぼす必要がある。したがって,賃金審議会は,自発的団体交渉を機能させるための役割を担うべきであり,それが唯一の目的たるべきだと考えられたのである。なぜなら,「国家の介入は,それがなければ被用者が近代的民主主義における市民の権利の一部である代表および団体交渉の自由を行使することができない場合に正当化される」からである。そして,団体交渉の欠如を賃金審議会設立の唯一の基準とすべきことが主張される[124]。このような見解に代表されるように,完全雇用時代には,低賃金問題への関心が薄れていったことがわかる。

このような時代背景を受けて,労働組合による賃金審議会制度の再検討要求が強まり,1960年代後半には政府による制度の見直しが始まった。

(b) ドノヴァン委員会報告

1965年には,労使関係の見直しのためにDonovan卿を委員長とする委員会が設けられた（Royal Commission on Trade Unions and Employer's Associations：いわゆるドノヴァン委員会）。1968年のドノヴァン委員会の最終報告書[125]では,賃金審議会は自主的な団体交渉を拡充するという目的に関しては全く機能していないこと,また,賃金審議会産業の賃金が他産業の賃金に比べて改善されているわけではないと同時に,非賃金審議会産業においても低賃金問題は存在していることから,賃金審議会は低賃金問題の解決にも機能していないという現状認識が示された[126]。

---

123 Baylissは,賃金審議会制度の3つの特徴として,産業単位の適用範囲,労使代表制,中立委員の主な役割が労使の合意の模索であることを挙げており,それぞれが自発的団体交渉制度と法による賃金規制との不可分性を物語っているとする (Bayliss, *supra* note 8, p. 150)。

124 Bayliss, *supra* note 8, p. 151.

125 Cmnd 3623.

126 *Ibid.*, para. 259, p. 66.

そして，(1)賃金審議会の廃止手続の簡便化，(2)賃金審議会の適用範囲から，自主的交渉機構を有する個別企業を除外することを可能とすること，(3)賃金の自主的決定への転換を支援するため，賃金審議会を廃止しても一定期間は賃金監督官によって廃止当時の最低賃金額を実施すること，(4)1959年雇用条件法8条1項による適用除外規定を廃止して，「承認された労働条件」に関する労働協約等拡張適用制度を賃金審議会産業の労働者にも拡大すること，を勧告した。これらはいずれも，賃金審議会制度の主な目的となった自主的団体交渉の促進を強く意識したものである。また，この報告書では，低賃金問題の解決のために，全国一律最低賃金制度の検討の必要性をも指摘している[127]。

このような考え方は，同年の価格所得全国委員会（National Board for Prices and Incomes）報告においても支持された。

(c) 低賃金問題作業班報告書

全国一律の最低賃金制度導入の是非に関しては，1967年11月に政府の検討部会がおかれ，1969年5月に報告書が発表された[128]。ここでは，賃金審議会の定める最低賃率の多くが，公的扶助である補助手当（当時のSupplementary Benefit）すら下回っていること，また，ドノヴァン委員会報告書が指摘するとおり，非賃金審議会産業においても低賃金労働者が存在していることなどから，全国一律最低賃金制度の利点が認められてはいる[129]。もっとも，結論としては，週の最低賃金を15ポンドとした場合に，収入がその基準を下回る世帯の約3分の2は稼働世帯ではないことから，全国一律最低賃金制度は貧困の救済制度としては実効性が薄いとされた[130]。

全国一律最低賃金制度の導入への消極性に関しては，労働組合側も同様であった。ただしその理由は，賃金決定にいま以上の政府の介入を許すことによって，組合の組織化が抑制されてしまうというものであり，政府側の理由とは異なる[131]。低賃金労働者を多く組織する組合では全国一律最低賃金制

127　*Ibid.*, para. 280, pp. 71-73.
128　Department of Employment and Productivity, *A National Minimum Wage, An Inquiry*（HMSO, London 1969）.
129　*Ibid.*, p. 3.
130　*Ibid.*, p. 14, p. 40, pp. 51-52.
131　TUC, *Annual Report for 1970* pp. 461-463.

度を支持する意見も強かったが[132]、TUC はあくまでも自主的団体交渉による低賃金問題の解決を主張し、賃金審議会の廃止を提唱した[133]。

(5) 賃金審議会の権限縮小と廃止

このように、政府も労働組合も全国一律最低賃金制度の導入には消極的である一方、賃金審議会制度の実効性にも懐疑的という点では共通していた。そのため、賃金審議会制度については、自主的団体交渉制度の促進のための改革を行うことが、最大の課題として認識された。この流れに沿って、1971年労使関係法、1975年雇用保護法、1979年賃金審議会法、1980年雇用法が成立した。以下、順にみていくことにする。

(a) 1971年労使関係法

まず、1971年労使関係法では、3つの改革が行われた。(1) 1959年賃金審議会法における賃金審議会の廃止手続（大臣の発議および労使共同の申請）に加えて、適用労働者の相当割合を代表する労働者団体の一方的な申請という方法を追加したこと、(2)賃金審議会の廃止の検討が、それまでの調査委員会から、新たに設けられた常設の労使関係委員会（Commission on Industrial Relations：CIR）の権限とされ[134]、調査および最終勧告の権限が与えられたこと、(3)賃金審議会廃止の基準が、十分な自主的機構の確立による「十分な水準の賃金・雇用条件の達成」から、「賃金審議会の存在がもはや労働者の妥当な報酬水準を維持する目的に必要でないこと」の立証に変更されたことである[135]。

同法の実務上最大の効果は、労使関係委員会によって多くの賃金審議会が廃止または適用対象の変更を迫られたことであった。1971年から1974年の間に、53の賃金審議会について調査がなされた結果、20審議会が廃止され、14審議会が統合された。

---

132 全国公務員組合（NUPE）や TUC 女性大会などは全国一律最低賃金制度を支持した（A Fisher and B Dix, *Low Pay and How to End it*（Pitman, London 1974））。
133 E Armstrong, 'Wages councils, retail distribution and the concept of the "cut-off"'（1971）2 Industrial Relations Journal p. 9.
134 1971年労使関係法120条ないし123条、同付則3第40条。
135 同法付則8。

(b) **1975 年雇用保護法**

1974 年に政権についた労働党は，TUC との間に社会契約を結び，組合による自主的な賃金抑制の代償の一環として，労働者の権利の拡張を公約とした。その具体化として成立したのが，1975 年雇用保護法（Employment Protection Act 1975）である。同法における賃金審議会制度の改革は，農業賃金委員会法に関するものを除くと，以下の 6 点に集約される。

まず，(1)賃金審議会の労使代表が，大臣指名・任命から，大臣指名の労使団体による任命とされたこと[136]，(2)賃金審議会に，それまでの大臣への提案権ではなく自ら賃金規制命令（Wages Regulation Order）を発する権限が与えられ，実施日についても審議会自らが決定することができるとされたこと，(3)賃金審議会の決定条項が，最低賃金・休日のみならず「その他の雇用条件」にまで拡大されたこと，(4)決定された最低賃金の実施時期を，賃金審議会における同意時点まで遡及することが可能となり，大臣による実施時期の延期が認められなくなったこと，(5)違反に対する罰金が 1909 年の産業委員会法以来はじめて引き上げられ，上限 100 ポンドから，上限 400 ポンドとされたこと[137]，(6)賃金審議会から自主的な団体交渉機構への移行のための過渡的段階として，法定共同産業審議会（Statutory Joint Industrial Council：SIJC）制度が創設されたこと[138]，である。

法定共同産業審議会は，同数の労使代表による二者構成とされた。その決定範囲は賃金審議会と同じであり，決定は賃金規制命令と同じ効力を有する。労使が合意に至らない場合は，いずれか一方の申立てによって助言仲裁斡旋局（ACAS）[139]の調停がなされ，調停が不調の場合は中央仲裁委員会（CAC）等の仲裁に委ねられ，その裁定に拘束される。賃金審議会から法定共同産業審議会への移行の基準は，大規模な協約が存在し，賃金審議会の中立委員が最低労働条件の決定に重要な役割を果たすことはないが，賃金監督官による監督を必要としないほどには労使団体が発達していないこととされた[140]。

---

[136] 1975 年雇用保護法 89 条，同法付則 7 。
[137] 同付則 7 。
[138] 同付則 8 。
[139] 助言仲裁斡旋局とは，1975 年雇用保護法によって設立された，団体交渉の拡大促進を主とする労使関係の改善を任務とする，政府から独立した団体である。
[140] H Sharp 'Wages Councils - a way forward ? ' (1978) D.E. Gazette p. 1045.

法定共同産業審議会は，完全な団体交渉への中途段階としての機能を果たすことを期待され，履行確保に関する担保を残しつつ，自主的団体交渉の確立を促すことを目的としていた[141]。もっとも，ACAS が諮問を受けて法定共同産業審議会への移行を勧告した例も見られたものの，結果的には後に至るまで1つも設立されなかった。

(c) 1979年賃金審議会法

(i) 改正の内容

1979年には，1959年賃金審議会法を引き継ぎ，1975年雇用保護法における賃金審議会関係の条項を取り込んだ1979年賃金審議会法（Wages Councils Act 1979）が成立した。

同改正を反映した賃金審議会制度の内容を整理すると，以下のようになる。

賃金審議会の設立は，特定の業種において「報酬や労働条件を有効に規制するための十分な機構が存在しない」場合に，(1)大臣が必要と認めた場合，(2)労使代表の共同の申立てに基づいて ACAS が設置勧告をした場合，(3)大臣による ACAS への委託調査の結果として ACAS が設置勧告をした場合，のいずれかを契機として，大臣の命令に基づいてなされる[142]。

また，その適用対象の変更および廃止は，妥当な水準の報酬を維持するために賃金審議会がもはや必要でなくなった場合に，(1)大臣の発議，(2)当該産業の相当割合の労使を代表する労使団体の共同の申立て，(3)当該産業の相当割合の労働者を代表する単独の労働組合の申立てを契機とする大臣のACAS への付託，勧告に基づく命令によって可能とされる[143]。

そして，賃金審議会の決定事項は，賃金[144]，週標準労働時間，休日およびその報酬，障害者への最低賃金以下での雇用許可，その他の付加給付である。賃金審議会は特定産業の労使同数の代表者および3名以内の中立委員の三者構成であり，労働組合および使用者団体の指名に基づいて，大臣が任命する[145]。賃金審議会の会合は労働者の求めに応じて開催され，合意に達す

---

[141] Bob Hepple and Sandra Fredman, *Labour Law and Industrial Relations in Great Britain* (Kluwer law and taxation Pub., Boston 1986) p. 118.
[142] 1979年賃金審議会法1条，2条。
[143] 同4条ないし6条。
[144] 成人労働者の最低時間賃率のみならず，若年労働者に対する割引賃率，出来高払いの場合の出来高を基礎とする最低時間賃率，待機時間に対する報酬，見習労働者の特別賃率，週保障報酬，最低時間外割増率，地域別賃率を含む。

ると賃金規制命令の草案が使用者に発送され，職場に掲示される。その後2週間は労使双方からの異議申立期間とされ，意見聴取の後，最終案が新たな提案となる。なお，賃金審議会に対しては，政府その他の外部から各種情報が提供されることはない。

(ⅱ) 1970年代の賃金審議会制度の問題点

1970年代当時の賃金審議会は，仕出業，小売業，被服産業で約9割を占めており，いずれも小規模企業が多い産業であった。また，賃金審議会産業の労働者の特徴としては，約7割を女性労働者が占めていること，若年労働者，パートタイム労働者，非熟練労働者が多いことが指摘されている[146]。そのため，賃金審議会産業においては総じて労働移動率が高く，そのような特徴こそが，賃金審議会の存在よりも組合の組織化を妨げている原因であるとも考えられていた。

それでは，賃金審議会が決定していた最低賃金の水準はどのようなものだったのだろうか。前述のとおり，1909年の産業委員会法制定当時から，最低賃率の定義や基準は法定されていない。その理由は，「国家が賃金問題に関して介入することへの懐疑が非常に強かったため，国家自身が現実の賃金額を決定する権限を与えられなかった」ためであるとされる[147]。国家の役割は産業委員会および賃金審議会の定めた最低賃金額を実行することに限られており，賃金審議会は独自に情報を収集し，独自の基準で決定を行い，決定の理由を公表することもなく最低賃金その他を決定していた。また，賃金審議会の多くは，若年労働者に対して割引された最低賃金額を設定していた。

そして，実際の最低賃金額は，世帯で考慮した場合，失業世帯への社会保障給付である補助手当（または子どもを有する稼得世帯で週74ポンド以下の世帯に対する家族所得補助〔Family Income Supplement〕）を下回る場合も多かったとされる。その主な原因は，賃金審議会が団体交渉の代替機関として機能しているため，そこでの最低賃金決定は労使交渉であり，そこには労働者代

---

145 1979年賃金審議会法付則2。

146 高島道枝「イギリス最低賃金制の現状――その機能と問題点，第二次世界大戦後の賃金審議会制度を中心に(2)」中央大学経済学論纂23巻5号（1982年）27頁以下参照。

147 Bayliss, *supra* note 8, p. 8.

表の出身母体である労働組合の交渉力の弱さが如実に影響することにあった[148]。そのため，最低賃金の実際の考慮要素は，最低生活保障ではなく小規模企業の支払能力が焦点となっていたといわれる。

また，賃金審議会制度は履行確保の問題を抱えていた。賃金規制命令の履行については雇用省の職員から賃金監督官（wages inspector）が任命され，事業所構内への立入り検査，従業員の賃金・労働時間記録の調査，労働者の面接，違反に対する刑事的告発，民事訴訟提起（労働者の同意が必要）の権限を有する（1959年賃金審議会法以降）。これらの監督には，(1)労働者の申立てを契機とする申告監督と，(2)審議会のリストにあげられている企業を一定の間隔で調査する定期監督との2種類がある。刑事罰は，最低賃金・休日・休日報酬額遵守違反，賃金・労働時間記録保持義務（3年間）違反，賃金規制命令掲示義務違反，情報提供義務違反について100ポンド，賃金・労働時間記録の虚偽記載，虚偽情報提供については400ポンドの罰金または3か月以下の懲役である。

しかし実際には，賃金監督官が非常に少ないこと[149]，罰金が軽微であること[150]，賃金審議会産業は小規模企業の改廃の激しい産業であるため，定期監督のためのリストが常に不完全であることなどによって，違反が横行していた。

また，賃金規制命令そのものが非常に複雑であることから，労働者に対する権利の周知徹底が不十分であることも問題とされた。それには，賃金審議会の定める最低賃金額が，職種別，地域別，年齢別に極めて細分化されたものとなっていたこと，最低賃金額の表示が原則として週給ベースであり，時

---

[148] Simon Winyard, *From Regs to Pays: low pay in the clothing industry* –Low Pay Pamphlet No.7（LPU, London 1977）p. 37.

[149] 賃金監督官は多いときで200人程度であり，定期監督の事業所数に対する比率は多くて10％，少ないときには5％ほどであった。これは，定期監督が10年から20年に一回ほどの頻度であることを意味する（Bayliss, *supra* note 8, p. 117）。また，定期監督ではその時に雇用されている労働者についてしか調査することができず，既に退職した労働者については調査が及ばないことから，特に労働移動率の高い産業においては，本来払うべき賃金額の多くについて監督が及ばないことになると指摘されている（高島・前掲注146論文71頁）。

[150] 1975年雇用保護法によって罰金額が是正されたが，最低賃金遵守義務違反の罰金は賃金審議会産業における労働者の平均賃金の2週間分相当にすぎなかった。

間給ではなかったためにパートタイム労働者等の最低時間額の計算が困難であったことなども原因である。1977年には、雇用省が賃金審議会に対して賃金規制命令の簡素化を要望するに至った[151]。

(d) **1980年雇用法**

1970年代のインフレを背景に、労働党の賃金抑制政策は破綻を迎え、1979年には保守党が政権についた。保守党政権は自由主義をとり、経済回復のためには賃金交渉の自由化が必要であるとして、1980年雇用法（Employment Act 1980）を成立させ、雇用保護法付則11を廃止した[152]。また、関連法規である1938年道路運送賃金法も廃止された。さらに、1983年9月には、1946年公正賃金決議が廃止された。

1980年代の経済不況を背景とした政府の立場は、一般的な水準の賃金を強制することが特に小規模企業の支払能力を圧迫し、低賃金を生じさせているのであって、賃金が自由な交渉によって決定されれば、雇用の需要も増加するというものであった[153]。保守党政権は、賃金審議会（さらには団体交渉）が雇用の機会を奪い、特に若年者を中心に失業率を悪化させていると主張した。雇用省は、賃金審議会は、賃金審議会がなければ受け入れられるはずの賃金を使用者が提案し、求職者がその額で仕事を受ける自由を侵害している、と主張したのである[154]。

(e) **1986年賃金法**

保守党政権は、イギリス経済の国際競争力回復のためとして、賃金審議会の改革に着手した。政府の主張は、賃金審議会は故意に高額な賃金を設定することで多くの雇用機会が奪われているというものであり、その主張は世論に概ね支持されているとの立場を示した[155]。もっとも、賃金審議会の完全な廃止を支持する意見は少数であったため[156]、賃金審議会制度自体を残し

151　1980年雇用法19条。趣旨については、D. E. Gazette (Feb. 1979) p. 158参照。
152　1975年雇用保護法付則11の成立、廃止をめぐる問題については、高島道枝「イギリス最低賃金制の現状――その機能と問題点、第二次世界大戦後の賃金審議会制度を中心に(1)」中央大学経済学論纂22巻6号（1981年）55頁以下参照。
153　Hansard HC vol 456 cols 162-3 (17 December 1979).
154　Department of Employment Consultative Paper 1985, para.7.
155　Tom King (The Secretary of State for Employment) HC Debs vol 78 cols 605-707 (7 May 1985).
156　HC Debs col. 5066 (6 June 1985). 小規模使用者の多くは、むしろ賃金審議会の決

たままでの大幅な改革が意図され，1986年7月に1986年賃金法（Wages Act 1986）が成立した。同法による主要な改革は以下のとおりである。

まず，21歳未満の若年労働者は，賃金審議会制度の適用除外とされた[157]。次に，賃金審議会の決定可能事項は，標準労働週に関する最低時間給および時間外割増賃率について，それぞれ1つのみとされた[158]。ただし，使用者が居住施設を提供した場合に，その費用を賃金から控除しうる限度額を定めることは可能とされた[159]。

また，賃金審議会は，最低賃金を決定するにあたって「決定する賃金額が適用される労働者の雇用水準に及ぼす影響について，とくに労働者の賃金水準がそれら労働者の全国平均よりも一般に低い地域の雇用水準への影響について配慮しなければならない」ことが明記された[160]。

さらに，賃金審議会の適用範囲が変更され，廃止の手続も簡素化された。労働大臣には，関連労働者の現行報酬水準および適切なその他の事情について配慮したうえで，「適切だと考えられる人物または組織と協議する」ことで，いつでも賃金審議会の適用範囲変更または廃止ができる権限が与えられた[161]。この改正により，賃金審議会の変更・廃止に関して団体交渉の発展は目安とされなくなり，現行の報酬水準についても「配慮」しさえすればよいことになった。また，それに伴って，審議会の創設，変更および廃止に関するACASへの付託義務，および国務大臣に助言をするというACASの制定法上の役割は廃止された。

そして，自主的団体交渉促進のための中間的機構とされた，前述の法定協同産業会議（SIJC）制度は廃止され，賃金審議会の新設もできなくなった。雇用法は雇用創出を目的とする以上，失業者が増加している中で，雇用機会を奪っている賃金審議会の新設はありえないとされたのである[162]。

また，賃金規制命令には有効期限が定められたうえで，実施日も遡及でき

　　定する額を採用することで，交渉費用を最小化していたとも指摘されている（A Bryson, *Undervalued, Underpaid and Undercut*（Low Pay Unit, London 1989））。
157　1986年賃金法12条3項。
158　同法14条1項a, b号。
159　同c号。
160　同法14条6項a号。
161　同法13条1項2項。
162　HC col 805(11 February 1986).

ないことになった[163]。

一方で，使用者の最低賃金違反については，罰金の対象となるのに加えて，労働者には契約上その差額を請求する権利を有することから，裁判所に直接申し立てることが可能となった[164]。

なお，このような改革は，賃金設定機構の創設と維持を要求するILO条約第26号の義務に抵触する恐れがあったため，1986年賃金法の成立に先立って，イギリス政府は，同条約の批准を撤回することが必要となった。そこで，イギリスは，1929年6月14日に行っていた同条約の批准を，1985年7月25日に撤回宣言した。なお，イギリスは第131号条約はそもそも批准していない。

もっとも，同法によって若年労働者の賃金が大幅に減額されたり，雇用が増加するといった現象はそれほどみられなかったため，保守党政権は1988年2月に協議文書を発表し，賃金審議会制度の廃止を訴えた。しかし，この協議文書に対する反応の349件のうち，反対意見が8割近くにのぼったため，1989年3月には政府は賃金審議会制度の廃止を否定せざるを得なくなった。

しかし政府は，1992年2月には再び「人々，仕事，機会（People, Jobs, and Opportunity）」と題する白書において，「賃金の決定は，個々の使用者と労働者に任せられるべきである。政府は賃金決定に対する関与を拒否する。賃金決定への政府の関与は，労働市場に新たなゆがみを加えるだけであり，使用者が適切で柔軟な賃金決定に達するのを妨げるだけである」と述べ，賃金審議会制度の廃止を強く主張した[165]。これに対して労働党は，1992年の選挙綱領の中で，男性の稼得賃金の中央値の2分の1を目安にした全国一律の最低賃金制度に関する立法を主張したが，同年の総選挙で大敗し，実現しなかった。

(f) 1993年労働組合改革・雇用権利法

勢いにのった保守党政権は，1993年労働組合改革・雇用権利法（Trade Union Reform and Employment Rights Act 1993）35条によって，イングランド，ウェールズとスコットランドの農業賃金審議会を除く，当時の26の賃金審

---

[163] 1986年賃金法付則3条3項。
[164] 同法16条。
[165] Department of Employment, *People, Jobs, and Opportunity* (HMSO, London 1992).

議会全てを廃止することとした[166]。その結果，約250万人の低賃金労働者（その多くは小売業，ホテル業，仕出業，被服産業および理髪業の労働者であり，当時の全労働者の約11%に該当する）が賃金決定機構を失うこととなった[167]。

賃金審議会廃止の根拠は，以下の3点である。まず，(1)賃金審議会による最低賃金の対象となっている労働者の大多数は，複数の収入源を有しており，貧困ではないため，最低賃金制度は貧困問題への解決となっていないこと[168]。次に，(2)最低賃金の設定は硬直的で，企業に支払能力以上の賃金を強要し，雇用を減少させ，産業全体に悪影響を及ぼしていること[169]。そして，(3)強制的な最低賃金決定機構は，雇用上の権利や労働安全衛生法，社会保障などが不十分であった1900年代初頭に設立されたものであり，現在においてはもはや果たす役割はない，というものであった[170]。

---

[166] もっとも，農業部門に関して最低賃金規制を確立するよう義務づけるILO条約第99号の批准を撤回しなかったことで，農業賃金審議会は残された。廃止の経緯については，Simon Deakin, Frank Wilkinson and Jonathan Michie, *Inflation, Employment, Wage-bargaining and the Law* (Insuitute of Employment Rights, London 1992) を参照。

[167] R Dickens, P Glegg, S Machin, A Manning and J Wadsworth, 'Wages Councils: Was There a Case For Abolition？' (1993) 31 British Journal of Industrial Relations p. 515.

[168] 賃金審議会が決定していた当時の最低賃金は，成人男性の平均時間賃金の34%から43%程度にすぎなかったにもかかわらず（なお，1961年の社会憲章4条においては「労働者とその家族に適正な（decent）生活水準を与えるような報酬（remuneration）」という適正賃金の権利が規定されており，独立専門委員会によってその水準は関係各国の平均賃金の60%とされている），そのような最低基準さえ高すぎて，使用者が事業の利益に合致した賃金構造を構築する妨げとなっていると批判されたのである。なぜなら，賃金審議会システムの適用される産業では「多くの労働者がパートタイム労働者であり，その多くは世帯に2次的な収入をもたらしているにすぎない」からであった（Department of Employment, 'Consultation Document' 1988）。

[169] Department of Employment, 'Consultation Document' 1988.

[170] Department of Employment Press Notice (5 November 1992)。これらの主張に対しては，(1)賃金審議会の設定する最低賃金を受け取っている労働者がいる世帯の半数は，最貧20%の世帯に属すること，(2)これまでの実証研究の結果，賃金審議会制度の廃止によって雇用が創出されるとは考えられないこと，(3)賃金格差の拡大傾向からすれば，低賃金問題は以前よりも貧困を決定づける重要な要素となっていること，などから批判もなされている（R Dickens et al., *supra* note 167）。邦語文献としては，田口典男「イギリスにおける賃金審議会の廃止と全国最低賃金制度の導入」大原社会問題研究所雑誌502号（2000年）32頁-48頁参照。

これらの根拠には批判も強かったが，一方で，賃金審議会が決定していた平均額は，産業別収入平均の割合にして，1980年の約50％から1993年には約43％に低下していた。これに加えて，最低賃金違反に対する訴追が極めて少なく，制裁まで至ることはほとんどなかったことにより，かなりの最低賃金違反が横行していたと考えられていた[171]。

(6) 賃金審議会の構成
(a) 審議会委員の特徴

ここで，賃金審議会制度における実際の決定主体である賃金審議会の構成についてみておきたい。産業委員会および賃金審議会の構成は，1909年の成立から1993年の廃止に至るまで，同数の労使代表と，数人の中立委員という構成が実質的に維持されていた。そして，審議の開催は，労使代表委員の属する使用者団体または労働組合の要求に基づいてなされることとなっていた[172]。

賃金審議会の規模は，当該産業の規模や，職種および労働者の種類の多様性によって異なっており，たとえば綿廃棄再生業審議会など小規模で均質な産業においては，労使各5人ほどの委員で構成されていたが，小売食品産業など大規模産業では各48人の委員で審議会が構成されていた。審議会の規模は，当該産業における使用者と労働者が適切に代表されうるものであると同時に，交渉を有効に行うためには拡大しすぎないことも重要であった。さらに，審議会の費用は全て公的基金から支出されたため，政府は可能な限り審議会の規模を抑制しようとしていたといわれている。

そして，審議会の委員は，使用者団体または労働組合が政府に提出する名簿をもとに任命された。労使委員は地域やスキル，性別などの各カテゴリーを代表するように任命されなければならなかったが，時には事業の停滞をきらう使用者や，使用者からの制裁を恐れる労働者によって，十分な委員候補が集まらない場合もあった。その場合は，大臣の命により調査官が適切な委員を探した。

注目されるのは，労働者側委員として推薦されたのが有能なスポークスマ

---

[171] Christine Craig and DAE Labour Studies Group, *Labour Market Structure, Industrial Organisation and Law Pay*（CUP, Cambridge 1982）.
[172] Bayliss, *supra* note 8, p. 102.

ンの役割を求められた者であって，当該産業における労働の経験が全くない場合がしばしばあったことである[173]。特に一般労組においては，労働組合の職員はもっぱら交渉のプロであった。また使用者団体においても，当該産業における使用者としての経験のない，交渉スキルのために推薦された者が多く見られたと指摘されている。

(b) 審議のプロセス

賃金審議会規則では，「いずれかの側の過半数の得票をもってその立場の票とする」[174]とされていたが，その意思決定の構造や手続については，何ら定めがおかれていなかった。そのため，労使代表委員の出身組織が審議会の業務を積極的に担当しているような産業は問題が少なかったが，審議会活動へ寄与する利益が少ないと考えられていた産業においては，労使委員の審議会活動は非常に限られ，正式な審議会の直前にならないと各委員の意見交換ができないこともあった。

賃金審議会の審議は，審議会の事務局が労使の一方または双方からの要求を受けて開催が決定される。審議会自体は公的な組織ではあるが，審議のプロセスは通常の自発的な労使の協議と同様，プライベートなものと考えられ，審議の秘密は極めて厳重に保護されていた。議会に対して審議会の説明責任を有している大臣でさえ，審議会自らが情報公開しない限り，審議会が結論に達した過程について知ることはできなかったとされる[175]。

また，審議会は，提案権以外の権限を，下部組織である運営委員会（Administrative Committee）に委任することが規則によって認められていた。この運営委員会の代表についても，労使中立各委員が同数でなければならないとされた。

(c) 中立委員の役割

賃金審議会において注目すべき役割を果たしていたのが，中立委員（Independent Member）であった。産業委員会法の中立委員（Appointed Member）以来の三者構成は，「イギリスにおける法律による賃金規制の成功に大きく寄与した」と評価されている[176]。

---

173 Ibid., p. 104.
174 Wages Councils: Meetings and Procedure, (S. R. & O. 1945) No. 483.
175 Bayliss, *supra* note 8, p. 106.
176 Ibid., p. 123.

(i) 審議における最終決定権

　審議会において労使が合意に至らない場合には，投票によって最終的な意思決定がなされる。賃金審議会の構成は，労使同数の代表委員と奇数の中立委員であったため，投票によって必ず結論に至ることが構造的に担保されていた。しかし，中立委員は可能な限り投票による意思決定を避ける傾向にあり，合意の形成を優先していたといわれる[177]。

　通常，審議は，労使代表委員の各トップが意見を述べ，立場を明らかにすることからはじまる。その後のプロセスは審議会によって異なり，議論を全ての代表委員に広げる場合もあれば，中立委員が事実確認などのために質問を行う場合もある。中立委員の仕事は，当初明らかにされた労使双方の立場のギャップを埋めることであり，各代表委員とより自由に妥協点を探れるように，別に話し合いの場を設ける。この協議のプライバシーは厳守されているため，具体的な内容はほとんど明かされていない。ただし，中立委員は「キャスティングボートを握る調停者（conciliator）である」[178]といった表現にみられるように，中立委員の有する最終決定権が強く意識されたうえで，妥協点が模索されていたことがわかる。多くの最終提案は合意によって決定されていたが[179]，その妥協点を見いだすために議長が協議をコントロールするにあたって，中立委員の投票権は必要不可欠のものであったのである[180]。

　中立委員が労使の妥協点が見いだせないと判断する場合は，全体での投票によって，労使いずれかの立場をとるかが決定される。産業委員会が賃金審議会に改編されて以降は，投票の定足数は1人以上の中立委員と全労使代表の3分の1とされたため，劣勢にあると判断した労使いずれかが投票を欠席

---

[177] たとえば，中立委員の1人であったGuillebaudは，「どちらかに投票しなくてもすむような合意の形成に努力を向けることが念頭に置かれなければならない」と述べている（C W Guillebaud, *The Wages Council System in Great Britain* (Nisbet, Glasgow 1958) p. 20)。

[178] Committee appointed to inquire into the Working and Effects of the Trade Boards Acts of 1090 and 1918, 'Minutes of Evidence' p. 662.

[179] 唯一数字が公表されている1945年では，52の最終提案のうち37が投票ではなく合意によって形成されており，その割合は1960年はじめの段階でさらに高まっていたとされる（Bayliss, *supra* note 8, p. 127)。

[180] Bayliss, *supra* note 8, p. 127.

しても，最終的な判断を下せるようになっていた。

この点に着目すれば，中立委員の権限は仲裁者（arbitrator）にも似ている。しかし，仲裁者より弱い面もあれば，より強化されている面もある。まず弱い面は，中立委員は裁定を下すことができず，独自の動議を出すことも認められないので，どちらかの代表が提出した動議に賛否の票を投じるしかないことである。これに対して，仲裁者よりも強いといえる面は，仲裁裁定が当事者のみを拘束するのに対して，審議会の提案はひとたび賃金規制命令となれば，当該命令で特定された全ての労働者に対して法的拘束力を有することである。

もっとも，中立委員の役割が必要とされるのは労使の対立がある場合に限られる。したがって，もし労使がある結論について合意する場合，たとえ中立委員がその結論は当該産業の利益に反すると考えたとしても，当該合意を最終提案として採用するしかないのである[181]。

(ii) 自発的団体交渉との関係

中立委員の公正さは，主に職業経験によって判断された。たとえ公正な考えを有していても，その職歴が労使のどちらかに関係していた場合は中立とみなされなかった。産業委員会の時代より，中立委員の最も多くを占めたのは大学教員であった。専門分野は経済学が多かったが，後に社会科学全般へと拡大した。また，大学教員のほかには，法曹，福祉や教育関係者などが中立委員として任命された[182]。

このように，中立委員には産業における経験はほとんどなく，ときにはそのことが労働組合からの批判の対象となった。しかし，制度全体としては大きな問題とはされなかった。労働省は，関連産業（たとえば紙袋製造業と紙箱製造業など）においては，同一の中立委員を兼務させる政策をとっており，委員は経験を通じて知識を得て，当該産業の問題に精通するようになっていったからである[183]。そして，審議会において中立委員が重要な役割を果

---

[181] *Ibid.*, p. 129.
[182] たとえば，1961年の中立委員は総数180席に対して57人が任命され（兼務する者がいるため総数と人数が異なる），その内訳は，大学教授・講師が26名（経済学15名，法学4名，社会学3名，その他4名），法曹15名，社会福祉・教育関係者が5名，元公務員が6名，その他（無職含む）5名であった（Bayliss, *supra* note 8, p. 160）。
[183] Bayliss, *supra* note 8, p. 133.

たしていた産業においては，経験豊富な委員が任命された。

すなわち，中立委員に必要とされたのは，その産業における経験ではなく，労使双方を合意に導く能力であり，合意に至らずに投票で結論を導く場合であっても禍根を残さないような調停の手腕であった[184]。中立委員は独自の意見を表明することはできなかったため，調停者としての役割を果たすほかなかったのである。しかし，審議会の結論を正当づけるのは中立委員の不偏性であることが労使双方から認識されていたため，その役割は尊重されたとされる[185]。

このように，中立委員は賃金審議会制度において最低賃金を決定するにあたり，重要な役割を担っていた。しかし，中立委員は決して抽象的な公益の擁護者ではなかった[186]。上述したように，中立委員は独自の提案権をもたず，そこで考慮されたのは「もし当該産業において労使が組織されていたらなされるはずの考慮と全く同じもの」であった。このように，賃金審議会制度は「法定の団体交渉」[187]であり，全てにおいて労使の合意が優越するという，イギリスの伝統的な考え方に基づくシステムだったのである。中立委員は，労使代表委員に対して，審議会制度から独立する方法を教える責任をも有していた。自発的団体交渉の優越は賃金審議会制度の根幹であり，この価値観は中立委員の交代を経ても固く守られたといわれている[188]。

このように，中立委員は審議会の内部では最終決定権を有していたものの，その判断はあくまでも自主的団体交渉の存在を前提としたものにとどまっていた。

(7) 賃金審議会制度の廃止から全国最低賃金制度へ
(a) 賃金審議会制度の評価

賃金審議会制度の実効性については様々な批判がなされたが，低賃金問題の改善と，団体交渉の促進という2つの目的は，どちらも達成されなかったと評価される[189]。低賃金問題は80年代の経済不況においてむしろ深刻化し

---

[184] *Ibid.*
[185] *Ibid.*, p. 134.
[186] *Ibid.*, p. 136.
[187] Lady Williams, 'The Myth of "Fair" Wages' (1956) 264 Economic Journal p. 627.
[188] Bayliss, *supra* note 8, p. 137.

たし，賃金審議会が団体交渉システムによって置き換わることも，ほとんどなかったからである。

　低賃金問題が解決しなかった原因の1つは，賃金審議会が非常に低い額を設定していたことである。たとえば，1985年の3月時点で各賃金審議会によってフルタイムの最低賃金として設定されていた額は63ポンドから72ポンドであったが，それは当時の成人平均賃金の半額未満にすぎなかった[190]。そして，賃金審議会制度の適用がある労働者のうち約100万人は，その最低額しか支払われなかったのである。第2の原因としては，監督資源の不十分さがあげられる。賃金規制命令はあまりにも複雑なため，当の労働者さえ違反に気づかないという状況にあった。さらに，低賃金問題への対処が不十分だった原因としては，賃金審議会が置かれていない，比較的賃金の高い産業に従事する低賃金労働者が，最低賃金制度の埒外におかれていたことがある。

　また，有効な団体交渉システムの確立が進まなかった原因もいくつか考えられる。まず，賃金審議会がおかれるような産業は，小規模企業が多くて組織化が困難であるという特徴があった。さらに，そのような産業における労働者の3分の2はパートタイム労働者であり，組合に編入することが困難であった。さらに，労働組合の組合員は未組織労働者との格差の維持を望んでいたため，団体交渉の発展が低賃金労働者の相対地位の改善につながるわけではないという構造的問題も存在した。

(b)　全国一律の法定最低賃金制度導入の背景

　賃金審議会のおかれていた産業では，審議会制度廃止以前には約1万7800件もの新たな雇用が創出されていたにもかかわらず，廃止の翌年には5000件へと激減した[191]。さらに，低賃金ネットワークが1995年に行った調査では，ホテル業・仕出業における仕事のうち約10％は，1995年の賃金は賃金審議会が廃止された1993年の賃金を下まわっていることが明らかにされた。同様に，小売業および理髪業においては，1995年の賃金が1993年の賃金を下回る仕事の割合が約20％にのぼったと結論づけられている[192]。

　そして，賃金審議会廃止から4年間の空白を経て，1997年には，全国最

189　B Hepple and S Fredman, *supra* note 141, p. 117.
190　*Ibid.*, p. 118.
191　David Chidgey, HC debs col 189（16 December 1997）.
192　David Lepper, HC debs col 221（16 December 1997）.

低賃金制度の創設を公約とした労働党が政権をとった。全国一律の最低賃金制度の成立が支持されるようになった背景としては，2つの社会的な変化がある[193]。第1の変化は，法定最低労働基準は実際には団体交渉の土台を侵食するものではなく，むしろそれを支えるものとなりうるという，労働組合の認識の変化である。第2の変化は，イギリスにおける格差の著しい拡大が認識されるようになったことであった[194]。

このような状況の変化は，子どもの貧困対策および「福祉から労働へ」を標榜する労働党政権にとって，賃金の最低基準を設ける好機となった。貧困対策としては，社会保障給付のほか，後述するように，低賃金で共稼ぎの両親に対する給付つき税額控除の創設も同時に検討された。これには，貧困の子どもへの影響を軽減し，社会保障給付への依存を生じさせずに労働を奨励する効果があると考えられていた。

しかし，賃金の最低基準が設けられていなければ，就労者を対象とする給付は事実上，低賃金しか支給しない悪質な使用者を補助することになってしまう。実際，1988年から1997年の間に，就労しながら同時に社会保障給付を受給している家族の数は約5万世帯から約7万世帯に増加し，財務省の年間コストは約2億ポンドから約21億ポンドに増加していた。法定の最低賃金制度は，使用者に対して，低賃金世帯の生活保障コストの一部分を負担させることになると期待されたのである[195]。

(c) **経済学からの理論的後押し**

最低賃金規制を必要とする意見として，経済学的な立場からの賛成も表明

---

[193] William Brown, 'The Low Pay Commission' in Linda Dickens and Alan Neal (ed), *The Changing Institutional Face of British Employment Relations* 63-78 (Kluwer Law, London 2006) p. 64.

[194] イギリスにおける賃金格差は1980年頃から拡大し続けている。その原因としては，技術革新や規模の拡大といった世界的な変化に加え，労働組合員数の低下や，労働協約の適用範囲の縮小，そして賃金審議会の廃止といったイギリス特有の原因も指摘されている。1992年から1997年の5年間では，賃金が低い労働者ほど賃金上昇が少なくなっている（Brown, *supra* note 193, p. 65）。特に児童の貧困は深刻である。平均賃金の50％以下の所得の世帯で暮らしている子どもの割合は，1960年代と1970年代は10％前後で安定していたが，1990年代の終わりには25％超まで急増しており（H Glennerster et al., *One Hundred Years of Poverty and Policy* (Joseph Rowntree Foundation, York 2004) p. 46），第二次世界大戦後で最悪の状況となっていた。

[195] Brown, *supra* note 193, p. 66.

された。たとえば，伝統的な経済学では，低賃金は生産性の低さを反映したものだと考えるが，低賃金と劣悪な労働条件が労働の過小評価からくるものであれば，因果関係の流れは全く逆であるという。すなわち，労働条件が非常に悪く労働者の権利が欠如していたり，代表機構が存在しないような場合は，労働者の健康や総合的な状態を悪化させ，そのために長期的にみれば労働者の生産性が下がるという考え方である。また，生産効率性向上と技術の発展のためには労働者の協力が不可欠であるが，苦汗労働はこの目的を果たす道ではない。さらに，労働の過小評価に起因する所得分配の不均衡は，消費需要にとっても悪影響を及ぼす。労働の過小評価によって生じた余剰は，より高賃金の労働者の収入となり，それは貯蓄される傾向があるため，総需要のレベルを減少させるというのである。したがって，労働基準によってより平等な所得分配が達成されれば，雇用が増えることになる。また，労働市場規制の緩和によって生じた賃金低下は，社会保障費用の増大や税収の低下という形で国家財政へも悪影響を及ぼしているため，その意味でも一定の賃金規制が望ましい。さらに，社会的正義と平等，市民社会の利益にとっては，賃金労働に対して受け入れ可能な最低基準が存在すべきであると考えられた[196]。

こうして成立した1998年全国最低賃金法は，原則として26歳以上の労働者に対して最低時間給を定めるものであり，一部の適用除外を除いて全労働者を対象とするイギリス初の最低賃金システムとなった。同法には枠組条項が多く，具体的な事項の多くは1999年全国最低賃金規則[197]によって定められている。その際に重要な役割を果たすのが，政府から独立した低賃金委員会（Low Pay Commission）であり，最低賃金の設定と実施に関して，国務大臣に助言・勧告を行っている。

まず，全国最低賃金法成立の経緯について述べた後，その内容についてみていくことにする。

---

[196] Frank Wilkinson and Simon Deakin, *Labour Standards- Essential to Economic and Social Progress* (Institute of Employment Rights, London 1996).
[197] National Minimum Wage Regulations 1999, SI 1999／584.

II 全国最低賃金制度

全国最低賃金法案は，1997年12月に上程された後，労働党政府と自由民主党の支持を受けた当初の法案の骨格を変えることなく，1998年7月31日に女王の裁可を受けて成立した。以下では，同法の目的と考慮要素，決定方式について順に見ていくこととする。

1 全国最低賃金法の目的

1998年全国最低賃金法（National Minimum Wage Act 1998）は，一定年齢以上の労働者に対して最低時間給を定めるものであり，一部の適用除外を除いて全労働者を対象とする，イギリス初の法定最低賃金制度である。

ところが，全国最低賃金法そのものには，目的規定がおかれていない。そこで，全国最低賃金法成立の経緯に少しさかのぼって，その目的を探ることとしたい。

(1) 労働党の見解

最低賃金法制の導入は，労働党の1992年から1997年のマニフェストにおける公約の1つに掲げられていた。政権に就く前の1996年に発表した文書「繁栄の構築——労働における柔軟性，効率性と公正（Building Prosperity-Flexibility, Efficiency and Fairness at Work）」においては，「高品質で高付加価値経済，それを支える継続的な長期投資，社会連帯，民主的参加および市民権のエートス」を実現するための三原則の1つとして，労働における最低基準の保障があった[198]。次いで，1997年の労働党綱領では，「貧困に対処する最良の方法は，人々が仕事——それも，真の意味での仕事——に就くことを援助することである」とし，労働インセンティブを高めるために，税制および社会保障制度を合理化し，貧困と福祉への依存を減らし，家族と地域生活を強化することが重要視された。そして，その中心に位置づけられていたのが，福祉から労働への移行を促すプログラムであった[199]。

---

[198] 同文書については，K. D. ユーイング（上村雄一，平部康子訳）「イギリスにおける労働法の展望」労働法律旬報1427号（1998年）7頁参照。

[199] C Oppenheim, 'Poverty and social security', in Helen Jones and Susanne

そして政権に就くと、労働党は「職場における公正（Fairness at Work）」と題する白書の中で、「公正さ」を実現するための手段として最低賃金制度をあげた。そしてその「公正さ」とは、低賃金問題の改善のみならず、優良な使用者を支援することでイギリス経済の競争力を確保し、かつ社会保障費用負担を軽減することで納税者の利益にも資するという内容を含んでいた。そして公約どおり、1997年7月には全国最低賃金制度の導入を目的とした、三者構成（使用者側委員、労働者側委員および有識者委員）による「低賃金委員会（Low Pay Commission）」が設置された。低賃金委員会の最初の任務は、1998年5月末までに、最低賃金の適正な額とその対象範囲に関する報告書を作成することであった。労働党政権は低賃金委員会の設置と同時に法律整備に着手し、同年12月には全国最低賃金法案の審議に入った。

審議過程においては、全国最低賃金制度の目的が以下のように述べられている。まず、同法は「イギリスにおいてはじめて、全ての労働者に対する賃金の保護を導入し、貧困賃金という醜聞（scandal of poverty pay）を終わらせることに着手する」ものである[200]。ただし、全国最低賃金を支持するのは、単にそれが「正義（just）」というだけでなく、それが妥当な（sensible）水準に設定される限り、「真の経済的利益（real economic benefit）」に資するからであるという。

労働党政権は、それ以前の18年間にわたる保守党政権の政策の中で、特に賃金審議会制度を廃止したことによる労働市場の問題を指摘した。それを整理すると、3つの問題に集約することができる。第1の問題は、賃金審議会の廃止によって労働者の賃金が著しく下がる一方で、雇用は増えず失業率はむしろ増加し、賃金格差も広がっていることである[201]。第2の問題は、低賃金が労働者の生活を圧迫することによって、社会保障支出が増大したことである[202]。そして第3の問題として、賃金を搾取する悪辣な使用者に

MacGregor (ed), *Social Issues and Party Politics* (Routledge, New York 1998) p. 146.

200 Margaret Beckett (President of the Board of Trade and Secretary of state for Trade and Industry), HC debs col 162 (16 December 1997).

201 法案審議の当時、約88万人の労働者が時間あたり2.5ポンド以下という、平均賃金の3分の1にすぎない賃金を受け取っており、賃金格差は1880年以降最大に拡大していたとされる（M Beckett, HC debs col 164 (16 December 1997)）。

202 たとえば、1997年には低賃金を補完するための家族給付税額控除（family credit）

よって，優良な使用者が疲弊し，イギリスの競争力が失われているという問題がある。そして，これらの問題に対処するものとして提案された全国最低賃金制度は，複合的な政策目的を有することを明らかにしている。すなわち，経済状況を考慮した妥当な水準に最低賃金を設定することで，低賃金問題に対処しながら経済成長および雇用の創出を促し，納税者の負担を軽減するというのである[203]。

法案審議過程では，雇用喪失効果の有無が最大の論点となった。野党となった保守党は，低賃金委員会の具体的な額の提案がなされていない状況での議論であることを留保しつつ，特に若年者に対して何らかの雇用喪失効果が生じるのは必至であるとして，強硬な反対姿勢を示した。貧困問題に対して最低賃金制度が有する効果は限定的であるため，保障すべきは最低賃金ではなく最低所得であり，全国最低賃金制度は，雇用の機会を失わせることでキャリア展開のはしごを外すものであると批判したのである[204]。

これに対して，法案を提案した労働党は，妥当な水準であれば雇用喪失効果を生じないとする見解を貫いた。全国最低賃金法は，労働者のエンプロイアビリティを向上させ，福祉から雇用へとのぼるはしごの最初の横木になると主張したのである[205]。

もっとも，この法案は，具体的な最低賃金額を，低賃金委員会の決定に委ねたまま成立した。そこで，より具体的な判断を委任された低賃金委員会の報告をみていきたい。

(2) 低賃金委員会の見解

低賃金委員会は，全国最低賃金制度の目的を労働者の所得格差の是正であるとしつつ，その導入には以下の5つの利点があると述べている[206]。その利点とは，(1)「働くことが価値をもつような賃金」を保障することによって，貧困を減少させ，労働のインセンティブを確保し，税制と社会保障制度を補

の拠出は20億ポンドにのぼるとされる (M Beckett, HC debs col 164 (16 December 1997))。
[203] M Beckett, HC debs col 173 (16 December 1997).
[204] John Redwood, HC debs col 176 (16 December 1997).
[205] M Beckett, HC debs col 165 (16 December 1997).
[206] The Low Pay Commission, 'The National Minimum Wage' (Cm 3976, 1998) pp. 13-15.

完すること，(2)搾取を排除することによって，労働者の所得不均衡を是正し，職場の品位と公平性を確保すること，(3)男女間，民族間における機会の公平を促進すること，(4)価格と品質を基盤とした企業競争力をつけること，(5)労働者の忠誠心を高め，離職率を減少させ，訓練に対する投資を増加させることによって，生産性を向上させ，企業競争力を高めること，である。また，通商産業大臣は，全国最低賃金は「今日蔓延している低賃金および労働における貧困（in-work poverty）という悪評に直接対処し，……最悪の搾取を排除することで，職場にさらなる品位と公正を保証する」と述べている[207]。このように，全国最低賃金制度は，労働者のみならず，使用者ひいては経済全体の利益に目配りした制度と位置づけられた。

もっとも，低賃金委員会は，搾取に最も弱い労働者を保護するとともに，企業負担の増加を最小限にするような水準が合理的であるとして，企業の負担を最低賃金額決定の基準の1つとしている[208]。より端的には，「我々が全国最低賃金を定める目的は，経済に重大な悪影響をもたらすことなく，できる限り多くの低賃金労働者を援助することである」[209]と述べているように，第1次的な目的は低賃金労働者の援助であるとはいえ，その大前提は，経済に悪影響を与えないことなのである。

この点に着目して，全国最低賃金法は，もはや賃金審議会法における自発的団体交渉の促進という目的を離れて，インフレと失業による経済への悪影響を最小化するという政策目的を達成するものだという評価もある[210]。また，低賃金委員会の初代議長であるBrownは，全国最低賃金法は「イギリスにおける所得格差の拡大からくる深刻な諸問題（貧困，社会保障費用の増大）に対処する経済政策の1つであると位置づけている[211]。

---

[207] Lord Clinton-Davies (Minister of Department of Trade and Industry), Hansard HL col 1030 (23 March 1998).
[208] *Ibid.*, pp. 15-17.
[209] Low Pay Commission, 'Fourth Report of the Low Pay Commission' (Norwich, TSO 2003) p. 173.
[210] Simon Deakin and Francis Green, 'One Hundred Years of British Minimum Wage Legislation' (2009) 47：2British Journal of Industrial Relations pp. 205-213.
[211] William Brown, 'The Process of Fixing the British National Minimum Wage 1997-2007' (2009) 47：2 British Journal of Industrial Relations pp. 429-443.

2 全国最低賃金制度の内容

次に，全国最低賃金制度の具体的内容について，1998年全国最低賃金法と，1999年全国最低賃金規則の詳細についてみていきたい。同法および規則は制定以降，数度の改正を経ているが，ここでは2011年10月現在の制度について言及する。

(1) 適用範囲

全国最低賃金法の適用対象者は，義務教育年齢（16歳）を超えていて，契約上，連合王国およびその領海で日常的に労働する労働者とされ，被用者（employee）ではなく労働者（worker）にまで対象を拡大した点に特徴がある[212]。その中には，最初の12か月をすぎた一定年齢以上の見習労働者も含まれる。また，通常は労働者と扱われない派遣労働者（agency worker）[213]や在宅労働者（home worker）[214]にも特別に適用が拡大されている。さらに，公務員も適用対象である[215]。

ただし，以下の者は適用除外とされる。すなわち，軍隊（海軍，陸軍，空軍）所属者[216]，分益漁師（share fishermen）[217]，ボランティア労働者[218]，宗

---

[212] 全国最低賃金法1条，54条。1999年全国最低賃金（沖合雇用）規則（National Minimum Wage (Offshore Employment) Regulations 1999)。全国最低賃金法54条3項によると，労働者（worker）とは，雇用契約か，または，当該個人が職業または事業の依頼人や顧客ではない契約の相手方当事者に対して，自分自身で何らかの労働またはサービスを提供することを約するその他の契約（明示・黙示，口頭・書面とを問わない）によって労働する（雇用終了後は，労働した）者」とされている。

[213] 全国最低賃金法34条。

[214] 同法35条。在宅労働者とは，「ある者とのあいだで，その事業のために，その者の支配または管理下にない場所における労働の遂行のために契約する個人」である（同条2項）。なお，在宅労働者が全国最低賃金法における労働者と認定されるためには，自分自身による労働またはサービスの提供は要求されない（同法35条1項，54条3項b号）。

[215] 全国最低賃金法36条ないし38条。

[216] 同法37条。軍人に関しては，軍隊賃金審議機関（Armed Forces Pay Review Body）が軍人の最低賃金を保障するための適切なメカニズムを提供しているからであるとされている。また，2008年雇用法（Employment Act 2008）によって，陸海空軍学校成人ボランティア（Cadet Force Adult Volunteers）も適用除外とされた（全国最低賃金法37A条の新設）。

教団体の住み込み労働者[219]，受刑者[220]，無報酬労働に従事することで罰金を免除される者[221]などは全国最低賃金法の適用を受けない。さらに，規則によって，住み込み外国人（au pairs），家族経営事業に従事する家族，および特定の訓練に従事する者が適用除外とされた[222]。当初は，公認訓練（accredited training）を含む雇用の開始から6か月について，通常の最低賃金よりも低額の賃金を支払うことが認められていたが，2006年には一定年齢以上の成人に関してこの制度は廃止された[223]。なお，2010年より訓練期間額が新たに定められている。

この人的適用範囲は，国務大臣の規則制定によって拡大することができるが，現在までのところ，そのような規則は制定されていない。また，枢密院勅令によって一定の沖合雇用にも拡大可能である[224]。

なお，全国最低賃金法による各義務を履行すべき「使用者（emloyer）」とは，ある被用者または労働者にとって，「その者を雇用した者」と定義されている[225]。

217　全国最低賃金法43条。
218　同法44条。もっとも，ボランティア労働者の適用除外については，以下のような条件が定められている。まず，適用除外に該当する労働者は慈善団体，ボランティア団体，福祉団体その他法律によって設立された団体においてボランティア活動に従事している者であって（同条4項），費用償還その他の現物給付（通常，雇用状態において合理的と考えられる住居を除く）以外に，いかなる支払いも受けない者である（同条1項，1A項）。ボランティア労働者として許容される費用償還や給付には，公共交通機関を利用した場合の交通費や，休憩時の食べ物，制服の支給などが含まれる（Lord Jones, HL debs vol 599 col 266（14 March 2008））。
219　全国最低賃金法44A条。
220　同法45条。
221　同法45A条。
222　全国最低賃金規則12条。
223　2006年雇用平等（年齢）規則（Employment Equality（Age） Regulations 2006, SI 2006/1031）49条1項による全国最低賃金規則13条2項ないし6項の廃止。
224　全国最低賃金規則41条，42条。
225　全国最低賃金法54条5項。

(2) 全国最低賃金との比較方法

全国最低賃金は時間あたりの額として定められるため,実務上は個々の労働者に対して適用される契約形態における賃金との比較が問題となる。全国最低賃金法はその方法についてほとんど定めをおかず,詳細は全国最低賃金規則によっている。

その基本構造は,賃金の算定基礎期間(pay reference period)中に,使用者から労働者に支払われた総報酬から,本来は賃金に含まれるべきでない一定の要素を控除した賃金額を算定基礎期間中の労働時間で除した時間あたり賃金と,全国最低賃金を比較することになっている。

したがって,両者の比較には,賃金算定基礎期間,賃金,労働時間という3つの法的概念が鍵となる。

(a) 賃金算定基礎期間

賃金算定基礎期間[226]とは,労働時間とは異なり,賃金計算のための単位である。賃金算定基礎期間という概念が導入されたのは,その時々で賃金が変動する労働者について,賃金の計算に柔軟性をもたせるためである[227]。この期間が短くなるとより労働者の保護が強まり,長くなるとより使用者の便宜となるため,そのバランスが重要となる。

現在,算定基礎期間は1か月を上限とする,通常の賃金支払い間隔とされている[228]。この算定基礎期間の間に支払われた賃金が,実質労働時間で割った場合に最低賃金を上回っていることが必要とされる。ただし,一定の場合には,1つの賃金算定期間における支払いを,直前の算定期間における最低賃金支払義務を遵守するための支払いとして加味することが可能である[229]。

(b) 比較対象となる賃金

次に問題となる法的概念は,最低賃金支払義務の対象となる賃金(wage)または報酬(remuneration)として何が含まれるかである。全国最低賃金規則は,使用者によって行われる一定の控除等について,比較対象賃金に含ま

---

[226] 同法1条4項参照。
[227] Department of Trade and Industry, 'National Minimum Wage Regulations - Consultation Document', paras 51-53.
[228] 1999年全国最低賃金規則10条。
[229] 同規則30条b号。

表3-1 全国最低賃金制度における「賃金」

「賃金」に含まれる要素	「賃金」から排除される要素
・税金や国民保険料 ・成果手当やインセンティブ手当 ・ボーナス ・チップまたはサービス料のうち，使用者によって集められ，賃金明細中に再配分されるもの ・収益関連手当 ・一定の賃金控除（労働者の規律違反など契約上の控除230，労働者が株式や有価証券を購入するための控除，賃金の過誤払いに関する控除，年金や組合費など使用者の利益とは無関係の控除など） ・使用者によって提供されている居住施設に関して，時間または1日あたりで規則において定められた一定額231未満の額	・現物給付（左欄の住居の提供を除き，金銭的価値があるか否かにかかわらず算入されない） ・以前の賃金算定基礎期間になされた労働に関して支払われる賃金232 ・時間外割増手当233 ・各種手当234（たとえばシフト手当，危険手当，通勤手当235，悪天候に対する特別手当，ロンドン勤務に関する加算など） ・賃金明細に含まれないチップ，サービス料 ・費用償還（出張費の立替払いなど） ・労働者が仕事に必要な物品を購入した場合の支払い（道具や制服の洗濯，糸やボタンといった成果物の一部となるものの費用など） ・使用者によって提供されている居住施設に関して，時間または一日あたりで規則で定められた一定額を超える額（左欄参照）

---

230 1999年全国最低賃金規則33条a号。ただし規則では控除の適法性の有無（1996年雇用権利法第2部において判断基準が規定されている）については言及していない。

231 全国最低賃金規則30条1項d号，31条1項i号。2008年10月より，1日あたり4.46ポンドと定められている。なお，居住施設に関する使用者の事前控除・事後徴収の取扱いについては，拙稿「最低賃金計算における使用者による事前控除・事後徴収の取扱い—— *Laisure Employment Servises Ltd. v Commissioners for HM Revenue & Customs* 事件・控訴院判決（2007.2.16）」労働法律旬報1678号（2008年）19頁参照。

232 全国最低賃金規則31条1項。

233 同規則20条1項c号。

234 同規則20条1項d号。手当（allowance）とは，危険度や時間帯，地域，負担度や待機などといった特別の労働状態に対して支払われるものをいう（同規則6条1項）。このように各種手当を全国最低賃金との比較に含めないことは，手当を基本給に含めようとするインセンティブを高めると批判されている（Bob Simpson 'A Milestone in the Legal Regulation of Pay: The National Minimum Wage Act 1998' (1999) 28 Industrial Law Journal 1, pp. 14-15.）。

235 *Laird v AK Stoddard Ltd* [2001] IRLR 591.

れるか否かを定めている[236]。この内容については，表 3 - 1 に示した。

なお，実際に仕事をしていない期間中に受給した法定傷病手当や休暇手当も参入されない（欠勤の時間は原則として労働時間からも除外される）[237]。このことは，賃金の最低水準を保障するのは実際に働いた時間に関してのみであるべきという，全国最低賃金法の趣旨を根拠としている[238]。

(c) 労働時間

第 3 の鍵となる概念は，労働時間である[239]。これに関しては，時間制労働（time work），年俸制労働（salaried hours work），成果制労働（output work），測定不能労働（unmeasured work）という 4 種類の労働形態が規定されている。定義上，全ての雇用形態は，このうちいずれかに分類されることになる。

(i) 時間制労働

時間制労働とは，完全に時間単位で賃金が支払われる労働，または，部分的に時間ベースと成果ベースによって支払われる労働を意味する[240]。どのような労働がこれに該当するかに関しては，いくつかの裁判例がある。たとえば，夜間に在宅で電話のヘルプラインに応答する義務を負っている看護師や，夜間の警備員は，具体的に何らかの仕事を処理している時間だけではなく，シフト全体を通じて時間制労働を行っていると判断されている[241]。ま

---

[236] 1999 年全国最低賃金規則 30 条ないし 37 条。
[237] 全国最低賃金規則 20 条 1 項 b 号。
[238] Simpson, *supra* note 234, p. 15. したがって，傷病休業中の多くの労働者にとっては法定傷病手当が唯一の最低所得保障となるが，それは通常全国最低賃金を下回ることが問題点として指摘されている。
[239] 全国最低賃金法，全国最低賃金規則のいずれにおいても労働時間（working time）という文言は使われておらず，1998 年労働時間規則における労働時間概念とは異なる解釈が可能だという判断もありうるが，労働立法の適用における一貫性および明確性の観点から，これらを可能な限り関係づけて解釈すべきだという見解が有力である（S Deakin and G Morris, *Labour Law*（5 th edn Oxford, London 2009） p. 262）。
[240] 全国最低賃金規則 3 条。
[241] 看護師が在宅でヘルプラインに対応する時間が時間制労働の労働時間とみなされた例として，*British Nursing Association v Inrand Revenue*（*National Minimam Wage Complaiance Team*）（[2002] IRLR 480）事件，午後 5 時から翌朝 7 時までの夜間勤務の警備員の時間制労働における労働時間が認められた例として，*Scottbridge Construction Ltd v Wright*（[2001] IRLR 589，[2003] IRLR 21）事件がある。これに対して，1 日中被介護者の自宅で介護を行っている労働者に関して，そのような

た，個別労働契約で規定してあれば，「労働者が時間制労働を行う目的で，勤務地またはその付近において準備待機している時間」も時間制労働に該当することになる[242]。なお，訓練期間や仕事に関連した出張（ただし，自宅から・自宅までの行程を除く）の期間は時間制労働の定義に含まれるが，休憩や昼休み，休暇，出産・育児休暇，争議行為，傷病休暇などによる欠勤は除かれる[243]。時間制労働における時間額は，こうして決定される労働時間をもとに計算される[244]。

(ii) 年俸制労働

年俸制労働とは，労働時間が変動するにもかかわらず，年ごとの基本時間数をもとに賃金の年額が決定され，均等な分割支払いを受ける場合である（たとえば，月ごとに 12 回あるいは週ごとに 52 回など。均等の分割でない場合は，3 か月単位で均等である場合など）[245]。この種の労働形態における労働時間の算定は，基本的には時間制労働の労働者と同じである。ただし，一般に回復可能と考えられる欠勤は，労働時間とみなされる。年俸制労働者に関しては，昼休みや傷病休暇，休暇取得による欠勤が有給とされるのが慣例であるが，詳細は契約上の定めによる。

労働は測定不能労働であるとして，平均で 6 時間 50 分の労働時間（全国最低賃金の遵守を査察した係官に対して本人も認めた時間数）を認定した例として，*Walton v Independent Living Organisation Ltd*（[2003] ICR 688）事件がある。その違いについて，控訴院は，*British Nursing Association* 事件および *Scottbridge Construction Ltd* 事件においては労働者が時間制労働によって雇用されていることには合意があった（そのシフト全体が労働時間に該当するか否かが争点となったにすぎない）ことをあげている。

[242] 全国最低賃金規則 15 条 1 項。このような時間労働の拡張はいわゆるオンコール（on call）労働にも適用されるが，その際には 2 つの例外がある。第 1 の例外は，契約上，オンコール労働者が自宅で準備待機しており，かつその自宅または近辺が職場である場合である（全国最低賃金規則 15 条 1 項 a 号，b 号）。第 2 の例外は，オンコール労働者が使用者から供給された施設を用いてオンコール時間の一部を睡眠にあてている場合である（同規則 15 条 1A 項）。このような例外はオンコール労働者にのみ適用され，規則 3 条所定の時間労働一般には適用されない（前掲 *British Nursing Association v Inrand Revenue*（*National Minimam Wage Complaiance Team*）事件および *Scottbridge Construction Ltd v Wright* 事件は，このことを確認している）。

[243] 全国最低賃金規則 15 条 2 項。
[244] 同規則 20 条。
[245] 同規則 4 条。

(iii) 成果制労働

　成果制労働とは，出来高労働や歩合制労働のように，時間を参照せず，成果（生産物の数量など）に応じて支払われる労働である[246]。成果制労働に対する時間率は，2つの方法によって計算される。第1に，工場内での出来高労働のように，使用者が実際に労働者の労働した時間を把握できる場合には，時間制労働の場合と同じく，実際に労働した時間が計算の基礎となる[247]。第2の場合は，労働者が「通常労働時間，最低労働時間，または最大労働時間」をもたず，使用者が仕事に関して労働者の労働時間を決定または支配しておらず，かつ使用者が「平均成果時間数」を決定し，予め被用者に対してその時間数が基礎となることを通知していた場合は，その時間数に基づいて計算がなされる[248]。この平均成果時間数を算出するためには，使用者は労働者の平均遂行時間を測定または推定しなければならない。また，その単価は，平均的な労働者が少なくとも全国最低賃金を得られる水準に設定されなければならない[249]。

(iv) 測定不能労働

　測定不能労働とは，前述の3種類の労働に含まれない労働であって，なされるべき労働にかかる時間や期間を特定しない労働である[250]。測定不能労働の評価方法は，以下の2つの方法による。第1に，賃金算定基礎期間中に契約上の義務を果たすために費やした時間を合計する方法であり，これを採用するのが原則である[251]。第2に，契約上の義務を果たすためにかかると考えられる日ごとの平均時間数を特定する合意を，事前に書面で作成していた場合は，その見積もられていた時間数が計算の基礎となる[252]。

---

[246] 同規則5条。

[247] 同規則24条。

[248] 全国最低賃金規則25条。1999年に制定された当初の全国最低賃金規則では，使用者と労働者のあいだで，労働者が労働を見込まれる労働時間を設定する公正見積協定（'fair estimate' agreement）を作成するべき旨の条項がおかれていた。それは平均的な労働者が同じ状況で同じ労働量を行うのに必要とされる時間の5分の4未満であってはならないとされていた。そして，使用者はその公正に見積られた労働時間について，全国最低賃金を支払う義務が課せられていた。同規則は2004年に改正され，同年10月1日から現在の全国最低賃金規則24条ないし26A条となっている。

[249] 2005年4月6日より，全国最低賃金額の120％とされている。

[250] 全国最低賃金規則6条。

[251] 同規則27条。

(3) 履行確保

使用者には，労働者に対して全国最低賃金を上回る賃金を支払うという本来的な義務のほか，最低賃金に関する労働者の権利を保障するため，以下のような義務が課せられる。

(a) 使用者の義務

使用者は，実際の労働時間および賃金に関して，規則に定める方法で記録を保管する義務を負う[253]。労働者は使用者にその記録の提出を求め，実際に最低賃金が支払われたか否かを確認し，それを複写することができる[254]。その際，労働者は，調査のために適当だと考えられる第三者を同伴することができる。使用者が記録保管義務を履行しない場合は，労働者自身が雇用審判所に訴訟を提起することができる[255]。審判所がその訴えに理由があると判断する場合には，その旨の宣言と，全国最低賃金の時間額の80倍にあたる金額の支払いを命じることになる[256]。

(b) 歳入税関庁の監督

上記義務の履行確保のために，歳入税関庁（Her Majesty's Revenue and Customes）の係官にも一定の権限が与えられている。具体的には，保管義務を課されている記録の提出を求め，それを検査・複写のため臨時に事業場外に持ち出す権限や，その記録の説明を求める権限，同法または未払通告が遵守されているか否かを決定するために必要な補完情報の提出を求める権限，そして，それらの権限を行使するために構内に立ち入る権限がある[257]。従前はこれらの違反は軽犯罪（summary offence）の枠内でのみ対応することとなっていたが，現在ではその制限は撤廃されている[258]。

---

[252] 同規則28条，29条。
[253] 全国最低賃金法9条。
[254] 同法10条，11条。
[255] なお，イギリスでは，賃金を含む一定の労働条件について，労働者が使用者からその明細を交付される権利が定められている（1996年雇用権利法1条以下）。ただし一定の要件を満たさない労働者はその権利をもたないため，全国最低賃金法はそうした労働者に対して同様の権利を与えるための規則を制定する権限を，国務大臣に与えている（同法12条および1996年雇用権利法8条以下）。もっとも，現在までのところそのような規則は制定されていない。
[256] 全国最低賃金法11条。
[257] 同法14条。
[258] 2008年雇用法11条による全国最低賃金法31条9項の改正。

(c) 支払義務違反の効果

全国最低賃金を支払われる権利は，労働者の契約条項としての効力をもつ。もし全国最低賃金の適用を受ける労働者が，賃金算定基礎期間において全国最低賃金を下回る報酬を受けた場合は，その「契約上」，当該期間に関する追加的報酬として，その差額を支払われる権利を有する[259]。そして，そのような場合，労働者はその差額を回復する訴訟を提起することができる。

また，最低賃金を支払わない使用者に対しては，行政機関である歳入税関庁の主導する履行確保メカニズムも用意されている。

(i) 労働者自身による訴訟

労働者が，実際に支払われた賃金と全国最低賃金との差額を回復するための手段としては，まずは全国最低賃金は全国最低賃金法17条に基づいて契約上の権利となっているため，コモン・ロー上の契約違反として県裁判所（county court）に提起する訴訟と，1996年雇用権利法23条違反として雇用審判所に提起する訴訟との2種類の方法がある[260]。雇用審判所に対する訴えは雇用権利法の一定の法条が適用される労働者に限られるので，その他の労働者は第1の訴訟類型のみが利用できるということになる[261]。

また，労働者には，全国最低賃金に関する訴訟を提起したことを理由に不利益取扱いを受けない権利が与えられており[262]，労働者のうち「被用者（employee）」に該当する者には，不公正解雇されない権利が認められている[263]。なお，全国最低賃金に関する訴訟提起による解雇は，自動的不公正

---

[259] 全国最低賃金法17条1項2項，同18条，同23条ないし30条。

[260] もっとも，労働者が自己の受け取っている賃金が全国最低賃金に違反していることを知りながら，後になって契約違反の訴訟を提起した場合，違法行為に荷担していたとしてコモン・ロー上の違法性の原則（illegality doctrine：不法・違法な行為に基づいて訴訟を提起する者に裁判所は救済を与えないとする原則）に抵触するのではないかという問題が法的には生じている（*Hall v Woolston laisure* [2001] ICR 99など。この問題については，S Fraser and A Sher, 'The National Minimum Wage; Under Treat From an Unlikely Source？' (2006) 35 Industrial Law Journal 3 pp. 289-301 参照）。

[261] ただし，1996年雇用権利法230条3項における「労働者」の定義を満たさない一定の労働者（派遣労働者，在宅労働者）については，雇用権利法の規定が適用されるものとみなされることとなった（全国最低賃金法18条）。

[262] 全国最低賃金法23条，24条。

[263] 同法25条，26条によって新設または修正された1966年雇用権利法105条，105A

解雇事由として雇用権利法に列挙されている。そのため，不公正解雇訴訟において解雇の理由がそうであったと認定されると，当該解雇は自動的に不公正解雇とみなされ，復職・再雇用または金銭補償の対象となる[264]。

なお，全国最低賃金に関する訴訟においては，挙証責任が転換されている。したがって，当該労働者が全国最低賃金法の適用を受けていないこと，または全国最低賃金を支払ったことを使用者が証明しない限り，訴えを提起した労働者が最低賃金を下回る額しか支払われていないとの推定が及ぶ[265]。

(ii) 歳入税関庁の権限

(ア) 未 払 通 告　全国最低賃金法の履行確保に関しては，国務大臣の任命する歳入税関庁の係官[266]が一定の権限を有している。最も重要な権限は，全国最低賃金を遵守しない使用者に対して，未払通告（notice of underpayment）を発する権限である[267]。未払通告は，具体的には，過去6年間の算定基礎期間における未払賃金を支払うことを要求するものである。使用者は，通告から28日以内に，当該通告で示された額を支払わなければならない[268]。これと同時に，使用者には，最低100ポンドから5000ポンドを上限とする，総未払賃金の半額の過料が科せられる[269]。

もっとも，使用者が最低賃金違反の事実について争っている場合は，過料は一時停止となる[270]。未払通告に不服のある使用者は，未払賃金がないこ

条，108条，109条。
[264]　全国最低賃金法25条によって新設された1966年雇用権利法104A条。
[265]　全国最低賃金法28条。
[266]　全国最低賃金法における様々な機能を果たすための係官を任命する権限は，国務大臣に与えられている。また，国務大臣は，それらの機能が政府機関または国家に代わって遂行する他の機関によって果たされるよう取り決めることができる（全国最低賃金法13条）。
[267]　2008年雇用法8条ないし12条によって，従前の履行通告（enforcement notice：当該労働者に対して未払賃金を支払うべき旨の通告）と過料通告（penalty notice：履行通告に従わない使用者に対して科される過料の通告。過料金額は不履行の日数ごとに最低賃金の時給額の2倍とされていた）とが未払通告に一本化された。1999年の施行から2000年までに出された履行通告は136件，2000年から2001年までは213件であったが，年々減少し，2007年から2008年にかけては59件にとどまっていた。そのうち過料通告が出されたのは25件であった。
[268]　全国最低賃金法19条。
[269]　同法19A条。
[270]　同法19B条。

と，または未払いとされた額が不正確であるという点について，雇用審判所に対して異議を申し立てる権利を有する[271]。

なお，通告の内容が誤っていた場合は，係官は，これを撤回して新たな通告に差し換えることができる[272]。

(イ) 代位訴訟　使用者が未払通告で示された義務を履行しない場合には，歳入税関庁の係官は，労働者のために訴訟を提起することができる。これには，労働者自身による訴訟と同じく，2種類の訴訟類型がある[273]。

まずは，全国最低賃金と実際に支払われた賃金との差額について，コモン・ロー上の契約違反による差額請求権を県裁判所に請求することができる。また，1996年雇用権利法23条に基づいて，本来支払われるべきであった金額を回復する訴えを雇用審判所に提起することも可能である。ただし，労働者自身による訴訟と同様，雇用審判所に対する訴えは雇用権利法の一定の法条が適用される労働者に限られるので，その他の労働者に関しては契約上の請求のみが可能となる。

(ウ) 罰　金　また，故意に全国最低賃金法上の義務違反を犯した使用者は，標準等級5級以下の罰金刑の対象ともなる[274]。対象となる行為は，全国最低賃金の支払いの拒否・懈怠，記録保管義務，虚偽の記録の作成，虚偽の情報の提出，係官への公務執行妨害，係官に対する応答または情報提出の拒否である。法人の場合は，使用者と会社役員の双方が有罪とされる[275]。

(4) 全国最低賃金の決定
(a) 最低賃金額の決定方式

全国最低賃金は，時間あたりの額として定められる。全国最低賃金の額を定める権限は，通商産業大臣が有している[276]。大臣はまた，26歳未満の若年労働者に関して，適用除外または額の変更をする権限をもつ。大臣の権限行使については，初回の規則の制定に関しては低賃金委員会への諮問が義務

271　同法19C条。
272　同法19F条ないし19H条。
273　同法19D条。
274　同法31条。
275　同法32条。会社役員とは，取締役 (director)，部長 (manager)，セクレタリーなどとされる（同条3項）。
276　全国最低賃金法2条。

Ⅱ　全国最低賃金制度　　　157

づけられていたが[277]，その後の最低賃金の増額については裁量事項とされ，大臣はこの問題について低賃金委員会に諮問を行うことが可能とされているだけで，諮問を行う義務はない[278]。また，改定の時期や頻度についても定めはおかれていない。さらに，インフレに連動する自動増額なども採用されていない。もっとも，事実上の慣行として，これまでは毎年，低賃金委員会への諮問のうえ，ほぼ委員会勧告のとおりの改定がなされている[279]。

　低賃金委員会は，勧告を出すにあたって，「全国最低賃金法がイギリス経済全体およびその競争力に与える影響に配慮し，かつ通商産業大臣が問題を付託する際に特定した付加的要素について考慮しなければならない」と定められている[280]。実際に低賃金委員会の勧告において考慮されているのは，以下の事項である。

　まず，1993年に廃止された賃金審議会の決定した最低賃金額の影響，他国の法定最低賃金の賃金再分配率のデータ，国内の低賃金産業において実際に支払われた賃金に関するデータ，最も影響を受けることになる産業を代表する団体の見解，そして，賃金格差およびマクロ経済への影響に関する経済学者の評価などである。また，国家統計局はより信頼性の高い情報を得るため，2004年には時間収入年次調査（Annual Survey of Hours and Earnings）を導入し，統計の整備につとめている。

　このうち，最低賃金の引上げに関して最も重視されている要素は，当初から一貫して「雇用」だといわれている[281]。このことは，全国最低賃金に関

277　同法5条。
278　同法6条。
279　ただし，初回の最低賃金の設定の際には，1998年6月に低賃金委員会が行った第1回の勧告（Low Pay Commission, 'The National Minimum Wage: First Report of the Low Pay Commission' (Cm 3976, 1998)）のうち，若年労働者に対して3.2ポンドの額が勧告されたことに関して，若年労働者については慎重な考慮が必要であるとして，実際には3ポンドと減額された額を適用した。また，低賃金委員会は2000年6月の引上げ額についても勧告していたが，将来の経済状況に鑑みて決定するとして，これを採用しなかったという例がある（Margaret Beckett（President of the Board of Trade）HC debs cols 508-509（18 June 1998））。もっとも，低賃金委員会の当時の委員長であったBainは，政府の修正は「本質に関わるものではなく，重大な結果を引き起こすものではない」との考えを表明した（George Bain, 'A Prudent Floor on Which to Build the Future' *Financial Times*（19 June 1998））。
280　全国最低賃金法7条5項。

する低賃金委員会の第1回報告書において明確にされた，最低賃金のあるべき水準に関する結論とも合致する。そこでは，最低賃金は，労働者の理解および履行確保のために「単純簡明」で，社会的排除をなくして労働が利益となるよう「差をつけるもの」であると同時に，「競争力のある経済を支え」，かつ，雇用への悪影響を最小限にするような「慎重なレベルに定められなければならない」とされていた[282]。全国最低賃金導入後10年が経過しても，低賃金委員会が採用してきたこれらの原則と，証拠に基づく分析的なアプローチにはほとんど変化がないと明言されている[283]。

このように，最低賃金の引上げ幅は，雇用創出の抑制とならない範疇でのみ模索される。そして，最低賃金が労働者の所得に対するニーズを反映すべきだという考え方や，「生活賃金」を基準とすべきという議論は，これまで「低賃金委員会の主要な争点となったことはない」と断言されている[284]。その理由は，世帯の実際の可処分所得が，家族状況や税制，社会保障制度に左右される部分が極めて大きいからであるとされる。低賃金委員会は，各種調査によって，賃金が世帯の純所得に与える影響はそれほど大きくないという結果が明らかになったため，そのような観点からの賃金水準の議論はしていないというのである。

以上のような全国最低賃金の決定方式は，額の決定の過程において「中立化」と「合理化」が図られているという点で，根拠に基づく政策決定（evidence-based policy making）の好例であるといわれている[285]。

なお，全国最低賃金法制定以降の全国最低賃金の分類とその額については，表3-2にまとめた。

---

[281] Brown, *supra* note 193, p. 71.

[282] Low Pay Commission, 'The National Minimum Wage-First Report of the Low Pay Commission' *supra* note 279, p. 19.

[283] Low Pay Commission, 'The National Minimum Wage-Low Pay Commission Report 2009', (Cm 7611, 2009) p. 1.

[284] Brown, *supra* note 193, p. 69.

[285] Deakin and Green, *supra* note 210, p. 210.

[286] 発展途上額は，当初，18歳から21歳までの若年労働者と，22歳以上でかつ新たな使用者の下で公認訓練に従事している労働者を対象としていた。しかし，2006年10月1日以降の賃金算定基礎期間から，22歳以上の労働者にはすべて基本額が適用されることとなった。

II 全国最低賃金制度

表 3-2 イギリスの全国最低賃金の推移

(時間あたり，単位：£)

	22 歳以上の基本額	発展途上額[286] (development rate)	16 歳から 17 歳
1999 年 4 月 1 日	3.60	3.00（2000 年 6 月 1 日より 3.20）	-
2000 年 10 月 1 日	3.70		-
2001 年 10 月 1 日	4.10	3.50	-
2002 年 10 月 1 日	4.20	3.60	-
2003 年 10 月 1 日	4.50	3.80	-
2004 年 10 月 1 日	4.85	4.10	3.00
2005 年 10 月 1 日	5.05	4.25	
2006 年 10 月 1 日	5.35	4.45	3.30
2007 年 10 月 1 日	5.52	4.60	3.40
2008 年 10 月 1 日	5.73	4.77	3.53
2009 年 10 月 1 日	5.80	4.83	3.57
2010 年 10 月 1 日	基本額（21歳以上に変更）	18 歳以上 21歳未満	16 歳以上 18 歳未満	訓練期間額（apprentice rate, 19 歳未満で職業訓練中 + 19 歳以上で職業訓練 1 年目）
	5.93	4.92	3.64	2.50

出所：Low Pay Commission 2010 Report より筆者作成。

　これらの引上げについては，その特徴から 3 つの時期に区分することができる。1999 年 4 月当初から 2002 年の引上げまでの 4 回については，全国最低賃金の及ぼす影響が未知数だったため，物価の上昇とほぼ同じ割合にとどまる慎重な増額がなされた。次いで 2003 年から 2006 年までは，経済に悪影響を及ぼさない範囲で可能な限り低賃金労働者を援助するという考えが鮮明に打ち出され，平均賃金の上昇割合を上回る積極的な増額がなされた。しかし，2006 年には，低賃金委員会は「これ以上平均賃金の上昇を上回る増額が必要であるという根拠を見いだせない」[287] とし，経済情勢の不安定化とと

---

[287] Low Pay Commission, 'Low Pay Commission Report 2006' (Norwich, TSO 2006), p.

もに，それ以降は慎重な増額が続いている。
　なお，2010年10月以降は，対象者の分類がより細分化されている。
　(b)　低賃金委員会の構成
　低賃金委員会は，1997年7月に設立された当初は法律上の機関ではなかったが，全国最低賃金法の制定によって，法的根拠を有する常設の機関とされた[288]。低賃金委員会の構成は，「労働組合または労働者一般に関する事象に関して知識，経験，または利害関係を有する委員」（以下，「労働者側委員」とする），「使用者団体または使用者一般に関する事象に関して知識，経験，または利害関係を有する委員」（同「使用者側委員」）および「その他の関連する知識または経験を有する委員」（同「有識者委員」）の三者構成であり，各委員の適切なバランスを担保しうるよう，大臣が任命する[289]。実際には，使用者団体および労働組合の代表，そして大学教授などの学識経験者によって構成されている[290]。しかし，労使同数の定めがないことが特徴的である。
　また，通商産業大臣は，初回の最低賃金額を決定する際に低賃金委員会と協議しなければならないほか，最低賃金に関するその他の事項についても随時諮問することができる[291]。ただし，法律上は大臣が最低賃金の変更について諮問を行う義務はなく，諮問の内容に拘束されることもない。
　(c)　低賃金委員会における最低賃金決定プロセス
　上記のように，低賃金委員会は最低賃金決定にあたっての諮問機関という位置づけであるが，その決定する額は基本的にそのまま政令によって全国最低賃金額として公布されている。したがって，全国最低賃金の決定メカニズムは，三者構成の低賃金委員会による「ソーシャル・パートナーシップ」が基本とされているといえる[292]。

44.
[288]　全国最低賃金法8条。
[289]　全国最低賃金法付則1。
[290]　低賃金委員会発足直後の委員は，専任大学教員が3名（うち1名が委員長），労働組合から3名，使用者団体から3名の9名で構成された。
[291]　全国最低賃金法5条ないし7条。
[292]　同委員会の初代委員であるBrownは，委員が頻繁に入れ替わるにもかかわらず，「極めて綿密に作りあげられたソーシャル・パートナーシップ構造」が一貫して保たれていると述べている（Brown, *supra* note 193, p. 69）。

低賃金委員会はこれまで，全会一致による最低賃金額の決定を実現している。しかし，三者構成という性質上避けられない問題である，労使委員への出身母体からのプレッシャーと，各委員の力関係という2つの問題は，どのように乗り越えられているのだろうか。この点を，同委員会の初代委員であるBrown（Cambridge大学教授）による実際の決定プロセスの記述からみていきたい[293]。

(i) 出身母体との関係

　出身母体からのプレッシャーとは，法律上労使委員は出身母体の代理人として存在するわけではないが，現実にその影響から免れることはできないという問題である。そのため，委員会として意見を全員一致とするために，以下のような対策が講じられている。第1に，労使委員を通じて労使当事者の意見を吸い上げるのではなく，委員会として正式に利害団体を招き，直接に意見聴取する機会を設けている。と同時に，委員の方から利害団体の地元に出向き，その意見を聴取する機会も設けている。さらに，低賃金産業の小規模使用者や労働組合への郵送調査が定期的に行われている。

　しかし，出身母体が一定の問題について立場を明確にしている場合は，組織としての意思決定には非常な困難が伴う。たとえば，若年者への減額に反対する政策をとっている労働組合出身の委員も存在するし，銀行休日の取扱いや，毎年引上げを続けることに関しても，様々な立場がある[294]。もっとも，実際の議論においては，使用者側であることや労働者側であるという立場のみで意見が対立するわけではなく，根拠を検証していくうちに，立場を変更する委員もいるといわれている[295]。この点は，もう1つの要素である，

---

[293] Brown, *supra* note 211, p. 430. 低賃金委員会は当初，労働者側委員3名，使用者側委員3名，有識者委員2名および議長の合計9名であった。低賃金委員会の実効的なソーシャル・パートナーシップの達成の課題として，Brownは，政府からの独立性，政府の受諾可能性，委員会内部における全員一致の達成の3つをあげているが，本書では特に第3の課題に着目する。なお，低賃金委員会の委員は，2009年においても専任大学教員が3人，労働組合関係者と経営者・使用者団体関係者が3人ずつの計9名であるが，依然として立場を超えた全員一致での結論が導かれている。

[294] 低賃金委員会の議論において，意見が最も対立する事項は，具体的金額，若年者の減額率を設けること，銀行休日の取扱いの3点であるとされる。逆に，あまり対立しない事項として，全国最低賃金の定義，住居提供による相殺，ボランティア労働者の謝礼の取扱い，派遣労働者の取扱い，チップの取扱いなどがあるとされる（Brown, *supra* note 211, p. 434）。

各委員の関係という要素をみていく必要があろう。

　(ii)　労使委員の力関係

　㋐　イギリス流ソーシャル・パートナーシップ　　低賃金委員会の各委員の関係は，委員会における交渉の質に直結する。労使委員の立場というのは，出身母体が小規模であるか大規模であるか，民間であるか公的組織であるかによっても異なってくる。また，委員はしばしば交代もする。そのような中で，委員会が組織として常に良好な交渉関係を維持するために，「問題解決型アプローチ（'problem-solving' approach）」という方法がとられている。各委員のほとんどはプロの交渉人といえ，問題の把握とその解決に多くの時間を費やす。そして，審議の場面では駆け引きや活発な応酬がなされるが，一度合意に達するとそれまでの経緯は全く問題とされない。このようなアプローチを可能にしているのは，委員会において多様な調査の結果が重視されていることが大きい。客観的な調査結果は，Brown によれば，交渉にあたって各委員が当初強固に築いている立場から譲歩していくための，「最も受け入れられやすいハシゴ（most acceptable ladder）」なのである[295]。実際に，若年者への減額率の適用に強固に反対していた労働組合側の委員が譲歩し，委員会としてのコンセンサスが得られたたのも，若年労働者の失業率や雇用歴に関する様々なデータの果たした役割が大きいとされている。

　しかし，最重要事項である全国最低賃金額の引上げ額については，毎年，委員間の対立は不可避となる。実際には，引上げをめぐる会議は数か月前から始まり，合意に達するために少なくとも 2 日間は，地方の宿泊施設において長時間にわたる攻防が繰り広げられる[297]。その際に重要なのは中立委員と議長の役割である。まず，議長は各委員の当初の提示額について正当化根拠を求め，経済データを分析する中で合意を促進するという，積極的調停者としての役割を果たす。そして，中立委員は，議論が膠着しそうな場合には，その投票権を背景として，もし一方が譲歩しなければ他方につくというプレッシャーをかけることで，全会一致での合意を目指すことになる。仮に全

295　Brown, *supra* note 211, p. 435.
296　Brown, *supra* note 211, p. 436.
297　たとえば，具体的な数字が出されてから合意に達するまでの時間と最終的な譲歩幅は，2003 年度が 15 時間（14％），2005 年度が 9 時間（9 ％），2007 年度が 14 時間（6 ％）とされている（Brown, *supra* note 211, p. 437）。

会一致に達せず、労使委員のどちらかが少数派として少数派の報告書を提出するということになれば、政府に受け容れられる可能性がほとんどないだけでなく、全国最低賃金の決定に関して政府からの干渉を招く結果になりかねず、全くメリットはない。そのため、労使委員は妥協して全会一致の合意に達するよう、必然的に誘導されることになる。このように、議長の調停的役割は、有識者委員2名の投票権によって支えられている。全国最低賃金の勧告は、仲裁者としての議長および有識者委員の下す裁定ではなく、労使双方が歩み寄ってその差を埋める結果であるといえる。そしてその調停的なメカニズムは、低賃金委員会の構成自体に埋め込まれているのである[298]。

　もっとも、これがイギリス流のソーシャル・パートナーシップの成功であると簡単に言い切ることはできない。そもそも、ソーシャル・パートナーシップという言葉は、EUレベルでは、労働に関係する政策決定に関して利害関係を有する使用者および労働組合が参加することであると理解されているが、イギリスにおいてはそれほど明確な定義はなされていない。低賃金委員会は、問題解決のために全会一致を目指して協働するが、中心的な事項については対立が必至である。そのため、単なる話し合いでは合意に達することはできず、十分な情報と入念な準備が必要とされる。このことから、誰が交渉人なのかという疑問がでてくる。労使委員は、必ずしも全国最低賃金を支払う者や支払われている者と明確な関係があるわけではない。彼らの役割は、それら直接の利害関係者だけでなく、物価や雇用といった最低賃金の間接的影響を受ける者についても配慮し、さらにその専門的な知識を地域、産業、性別などのバランスにまで目配りする必要があるという意味で、その立場は使用者や労働者側の代表として単純に割り切れるものではない[299]。

　(イ)　労働者側委員　　労働組合から選出される委員のほとんどは、最低賃金の増額から直接に利益を享受する立場にはなく、労働協約による賃金決定を常態とする組合の出身である。以前は、最低賃金額が上昇すると、その分だけ平均賃金が上昇し、組合の存在意義が脅かされると考えられてきた。しかし現在では、同一市場において主に非組合企業が仕掛けてくる値下げ競争の底を全国最低賃金が支えていることで、民間の労働組合はむしろ恩恵を受

---

[298]　Brown, *supra* note 211, p. 438.
[299]　Brown, *supra* note 211, p. 442.

けていると考えられるようになってきた。公務員組合についても，アウトソーシング先の民間企業に最低賃金が適用されることで，自身の雇用を守ることができるという関係にある。さらに，労働組合出身の委員は平等主義的エートスを有しており，直接の利益がなくとも，最低賃金を増額する方向に圧力をかける傾向にあるといわれる[300]。

　(ウ)　使用者側委員　　使用者側の委員の立場は，より複雑である。小規模企業出身の委員は，直接的に最低賃金増額の影響を受ける立場にある。しかし，大規模企業は通常，最低賃金よりも大幅に高い賃金を支払っているので，最低賃金の増額はむしろ大規模企業の競争力を強化するという関係にある。このような利害関係の相違にもかかわらず，使用者委員は全国最低賃金の決定において，その引下げ方向に働きかけると思われている。しかし，それは誤解であり，彼(女)らの影響は，より正確には労働組合出身委員への牽制にとどまるとされる。実際に最終的には，使用者側委員も，労働者側委員と全く同様に，雇用を減少させない範囲において，最大幅の引上げを模索しているといわれる[301]。

　このような立場の違いはあるとはいえ，低賃金委員会におけるソーシャル・パートナーシップとは，委員として選ばれた者が個人を超越するプロセスであるといえる[302]。各委員が多様な出身母体を有していることは，変化し続ける経済環境に応じた最低賃金の機能を維持し，実行していくために不可欠な，統計データ，調査および協議の内容を理解し，吟味するための有効な一団となることを可能とすると同時に，低賃金労働者や使用者に対するバランスのとれた共感を可能としている。このことによって，政府に受け容れられ，かつ経済的および社会的にも悪影響を及ぼさない全国最低賃金額の決定がなされているのである[303]。

3　全国最低賃金制度の有効性

(1)　最低賃金で働く労働者

全国最低賃金制度の導入に際して，同制度によって直接影響が及ぶと試算

---

[300]　*Ibid.*
[301]　*Ibid.*
[302]　*Ibid.*
[303]　*Ibid.*, p. 443.

されたのは，約190万人の労働者（全労働者の約8.3％）であった[304]。特に18歳から21歳の労働者のうち約14％が影響を受けるとされ，21歳以上の7.8％と比較して，若年労働者への影響がより大きいと考えられた。また，男性が約57万人であるのに対し，女性は約133万人であり，そのうちフルタイム労働者が約33万人であるのに対して，パートタイム労働者が約100万人と，最も影響を受けやすいのは女性のパートタイム労働者であると試算されている。なお，男性ではパートタイム労働者（約21万人）よりもフルタイム労働者（約56万人）の方が影響を受けると考えられていた。

導入後，実際に最低賃金で働いている労働者の特性についてみてみると，2008年4月の時点で，同年に予定されている最低賃金引上げ額未満の賃金を支払われている労働者は約113万人であり，全労働者の約4.3％に該当した[305]。このうち58.4％がパートタイム労働者であり，また64.3％は女性である。最低賃金労働者全体のうち，労働時間と性別で分類すると，最も多いのが女性パートタイム労働者（約45％）であり，以下，男性フルタイム労働者（約21％），女性フルタイム労働者（約20％），男性パートタイム労働者（約14％）と，男性の割合も決して少なくない。また，年齢別の構成はU字形を描く特徴があり，若年労働者と高齢者の割合が高い。すなわち，35歳から国民年金受給年齢までの労働者では，最低賃金労働者割合が3〜3.5％であるのに対し，16歳から21歳の労働者においては約7％であり，国民年金受給年齢以上の労働者については9％と，再び上昇する。

(2) 賃金に対する効果

低賃金労働者に対して全国最低賃金が与えたインパクトは，かなり大きなものであったと評価されている[306]。2003年までの賃金上昇をみると，最下位のパーセンタイルの労働者の賃金上昇は，中央値の上昇よりも遥かに大きくなった。そして，この変化には全国最低賃金が大きく寄与していると考え

---

[304] Department of Trade and Industry, 'National Minimum Wage Regulations: Regulatory Impact Assessment' (16 February 1999) para 11.

[305] Low Pay Commission, *supra* note 283, p. 15. ただし報告書では直接的には職務（job）の数で述べられており，1人の労働者が複数の職務を掛け持ちしているような場合も考えられるので，本文での労働者数は延べ人数と理解すべきことになる。

[306] Brown, *supra* note 193, p. 67.

られる。しかも相対的改善は最下位のパーセンタイルに限られており，以前に懸念されていたような，賃金格差に対する実質的な「連鎖」反応がなかったことを示唆している。

そして，低賃金委員会は，全国最低賃金が「所得分布の下端における賃金格差を縮小するのに主要な影響を及ぼした」と結論づけている[307]。全国最低賃金の施行から10年を経て，この制度は，イギリス全土の労働者に対して，労働における権利の最低基準をしっかりと確立したと評価されている[308]。

(3) 履行確保状況

全国最低賃金制度の成功は，最低賃金の履行確保を担う歳入税関庁にかかっている。実際には同法違反は全くないどころか，支払や実労働時間の過小記録について，依然として使用者と被用者の共同不法行為もみられる。しかし，歳入税関庁は，精力的に活動している。2002年から2003年にかけて，同庁のヘルプラインは約5万3000件の質問を受け，約6000件もの法令遵守調査を行い，その結果として24件が雇用審判所における審問を受け，約360万ポンドの未払金が特定された[309]。このような履行確保の実効性に関しては，同庁が小規模使用者の税金問題に関して豊富な経験を有していることが重要だと考えられている[310]。また，政府は刑事訴追についても意欲的な立場を表明している[311]。

---

[307] Low Pay Commission, 'The National Minimum Wage- Low Pay Commission Report 2005' (Cm 6475, 2005) para4.24.

[308] Bob Simpson, 'The Employment Act 2008's Amendments to the National Minimum Wage Legislation' (2009) 38 [1] ILJ, p. 63.

[309] Department of Trade and Industry & Inland Revenue, 'National Minimum Wage-Annual Report 2002/2003' (DTI, London 2003).

[310] Brown, *supra* note 193, p. 68.

[311] 2005年7月には，担当副大臣であるSutcliffeが，「刑事訴追のための少数の使用者を特定する目的でケースを特定するために」努力がなされうることを表明した（House of Commons Tenth Standing Committee on Delegated Legislation, 'Draft Minimum Wage Regulations 1999 (Amendment) Regulations 2005' (12 July 2005)）。

(4) 雇用に対する効果

　低賃金委員会は，先に述べたように，証拠に基づいた透明性のある分析に基づく勧告を行っている。したがって，その報告書では，最低賃金の増額が与える影響について具体的かつ詳細なデータが分析されている。

　たとえば，2009 年の報告書において，具体的な増額が勧告される前提として検討された項目は，(1)「最低賃金の一般的影響」として，2008 年 10 月の増額以後の最低賃金労働者の特性，賃金に与えた影響（時間給分布，2008 年増額が影響を与えた範囲，賃金格差に与えた影響，賃金交渉および平均賃金への影響，家計および手取り賃金），(2)「最低賃金が経済に与えた影響」として，労働市場への影響，民間および公的企業の雇用，労働時間，自営業に与えた影響，失業率，求人と剰員整理，労働市場に関する調査，物価への影響，企業収益への影響，生産性への影響，企業投資への影響，起業および廃業への影響，(3)「低賃金産業と小規模企業」として，低賃金産業全体と各産業（小売業，接客・レジャー・旅行・スポーツ業，介護産業，保育産業，クリーニング業，警備業，理髪美容業，農業，被服織物業，食品加工業）と小規模企業への影響，(4)「特定労働者」として，女性や人種的少数派，障害者，移民，非熟練労働者，高齢者，派遣労働者，家内労働者，漁業従事者，試用期間中の労働者，ボランティア労働者，泊まり込み労働を行う労働者，治療行為に従事する労働者，住居を提供されている労働者，チップを支払われている労働者に関する状況，(5)「若年者」として 18 歳から 21 歳，21 歳，16 歳から 17 歳までの若年者の状況，(6)「見習労働者」の状況，について詳細なデータを集計し，それぞれについて見解をまとめたうえで，具体的な額の設定に当たっては，経済状況や国際比較，利害関係者の意見などをふまえた勧告がなされている。

III　社会保障・税制度

　ここまでは最低賃金法制の展開についてみてきたが，ここで，最低賃金法制とその対象を同じくする現在の社会保障・税制度について考察することにしたい。そのため，まずはイギリスの社会保障制度の体系を概観したうえで，稼働年齢世帯を対象とする社会保障・税制度についてみていくことにする。なお，各制度については，本書では概念の詳細などには立ち入らず，その適用対象と保障の内容，給付水準の決定方法を中心的に検討する。

1　イギリスの社会保障体系

　イギリスにおける社会保障制度の最大の特徴は，現金給付に限定されていることである。このため，日本などと異なり，その体系は比較的簡素である[312]。

　まず，社会保障の中核となる社会保険として，国民保険（National Insurance）という制度がある。これは，国籍や職域を問わず，16歳以上の居住者全員に強制適用され，社会保障上の保険事故すべて（老齢，遺族，傷害，疾病，失業，労働災害など）を網羅する，被保険者および保険事故に関して包括的で単一の制度である。国民保険の保険料は就業状態に応じて5種類が設けられており，リスクではなく所得に応じて保険料が決定される。被用者でも自営業者であっても，高所得者ほど高額の保険料が適用され，所得再分配機能が非常に強い。

　このように，国民保険による給付かそれ以外かという点が，制度分類上の重要な基準となる。受給者の立場からは，保険料の支払いが受給要件となる

---

[312] 武川正吾＝塩野谷祐一編『先進諸国の社会保障――イギリス』（東京大学出版会，1999年）4-12頁。

[313] 労働能力の低い者を対象としてきた就労不能給付および傷病や障害を受給理由とする所得補助の一部は，2008年10月以降は雇用生活支援手当（Employment and Support Allowance）へと切り替わることになった。同手当も拠出制と資力調査制の2種類があり，傷病や障害をもつ者であっても，その程度に応じて自立や就職に向けた行動をとることが義務づけられる。もっとも，従来の就労不能給付の受給者は，2008年10月以降も要件を満たす限り同給付の支給を受けられるという限りで，制度自体は存続している。

表3-3 イギリスの社会保障制度の分類

拠出制給付（国民保険）	拠出制求職者手当（contribution-based Jobseeker's Allowance），就労不能給付（Incapacity Benefit）[313]，出産手当（Maternity Allowance），遺族手当（Survivors Benefit），国家基礎年金（Basic State Pension），国家第2年金（State Second Pension Benefit），寡婦年金（Widow's Pension）等			
非拠出制給付	国民保険			業務災害障害給付（Industrial Injuries Disablement Benefit），常時付添手当（Constant Attendance Allowance），保護者手当（Guardian's Allowance）等
	財源	一般財源	資力調査制	所得補助（Income Support），社会基金（Social Fund），住宅手当（Housing Benefit），資力調査制求職者手当（income-based Jobseeker's Allowance）等
			非資力調査制	障害者生活手当（Disability Living Allowance），付添手当（Attendance Allowance），障害者介護手当（Carer's Allowance），80歳以上を対象とする非拠出制退職年金（non-contributory Retirement Pension），年齢加算（Age Addition），戦争年金（War Pensions）等

「拠出制給付（contributory benefit）」か，支払実績に左右されない「非拠出制給付（non-contributory benefit）」かが重要となる。さらに，受給に際して資力調査が必要な「資力調査制給付（means tested benefit）」か「非資力調査制給付（non means tested benefit）」かという点も分類基準となる。このことから，イギリスにおける狭義の社会保障体系は，表3-3のように整理することができる。

また，狭義の社会保障制度ではないが，1997年の労働党政権下で給付つき税額控除（tax credit）が導入されており，社会保障給付と密接に関連している。なお，2010年の保守党・自由民主党連立政権成立後は，大規模な社会保障改革が予定されており，2013年には求職者手当や所得補助，給付つき税額控除などを一体化したユニバーサル・クレジットという新たな制度の導入が予定されている。

その背景にあるのは，福祉から就労への動きを加速するため，社会保障制

度と税制度を一体化して就労インセンティブを強化しようとする考え方であるが，現行の各制度の沿革においてもその考え方が次第に鮮明となってきた経緯がある。そこで本書では，上記現行制度のうち，失業時の所得保障制度である2つの求職者手当と，公的扶助としての所得補助，そして労働しているにもかかわらず所得の低い世帯に対して認められる給付つき税額控除について，順に見ていくことにする。

2 失業補償制度——求職者手当

(1) 近年の方向性

1986年社会保障法の枠組では，イギリスの失業者は，保険制度による失業補償と公的扶助という2つの制度の適用対象となっていた。具体的には，失業者は，目的や支給方法において全く異なる2つの手当——すなわち，拠出に基づく権利として雇用サービス局（Employment Service）を通じて支給される失業手当（Unemployment Benefit）と，資力調査に基づいて社会給付局（Benefit Agency）を通じて支給される公的扶助である所得補助（Income Support）——のどちらか一方，または双方の受給資格をもつ可能性を有していたのである。

しかし，1995年求職者法（Jobseekers Act 1995）による求職者手当（Jobseeker's Allowance）制度の導入によって，失業手当と所得補助が統合・再編成された。その結果，失業手当は廃止され，稼働年齢かつ稼働能力のある失業者を対象とする制度である，求職者手当制度に一本化された。そして，所得補助は，個人的状況（高齢，傷病，ひとり親など）を理由として労働することができない者に対する，資力調査制の公的扶助として純化されることになった[314]。

求職者法の制定による大きな変化は，失業者が，労働市場に復帰するために選択可能なあらゆる機会を利用しなければならなくなったことである[315]。すなわち，求職者手当の位置づけは，労働への復帰援助であることが明らかにされた。具体的には，雇用サービス局がより実効的なアドバイスと援助を

---

[314] 社会保障拠出給付法124条1項f号が，求職者手当の受給権は所得補助の受給権を排除すると規定しており，求職者法2条1項d号および3条1項b号は，所得補助の受給権を有する者は求職者手当の受給権を与えられないと規定している。

[315] Department of Employment, 'Jobseeker's Allowance' (Cm 2687, 1994) p. 2.

与えられるようになると同時に，必要なステップに進まない求職者に対しては，一定の制裁を加えられるようになった。なお，求職者手当の制度に関しては地域によって特例を設けることができるが[316]，以下では全国的な制度について述べることにする。

(2) 拠出制求職者手当と所得調査制求職者手当
(a) 受給要件

現在，失業補償制度としては，拠出制求職者手当（Contribution-based Jobseeker's Allowance；CBJSA）と所得調査制求職者手当（Income-based Jobseeker's Allowance；IBJSA）という2種類の制度が存在する。2つの求職者手当に共通の受給要件は，(1)いわゆる労働市場要件（就労可能[317]で，積極的に求職活動をしており[318]，求職者合意書〔Jobseeker's Agreement〕を締結していること）[311]）を満たし，(2)有償労働に従事しておらず，(3)労働能力があり，(4)原則としてフルタイム就学しておらず，(5)年金受給年齢未満であり，(6)国内に居住する者である[320]。なお，イギリスでは法律上「失業者」の定義がおかれていないが，上記要件によって実質上「失業」の認定をしていることになる。

拠出制求職者手当制度は，従来の失業保険制度の流れを汲むものであり，受給要件は，上記共通要件に加えて，(1)申請者が受給開始年以前の2年のう

---

[316] 1996年求職者手当（試験的枠組）規則。
[317] 就労可能性があると認められるには，週40時間以上の雇用に即座に従事できることを要する（1995年求職者法6条，求職者手当規則6条1項）。
[318] 求職者が積極的に求職活動をしている判断されるためには，毎週，紹介された雇用先に申込みをしたり就職に関する情報を探したり雇用エージェンシーに登録したりという行動をとることが必要である（求職者手当規則18条2項）。
[319] 求職者合意書は，求職者が自己の求める職（就労可能な時間帯や職種，勤務地，求職者のとるべき行動など）について雇用事務官との間で締結するものであって，失業者が就労するインセンティブを促進する機能が期待されている。しかし，求職者合意書は法的に「契約」としての効力が与えられているわけではなく，これに違反したことを理由として給付制限を受ける求職者は4分の1ほどにすぎないことから，専ら求職者手当の受給要件としてのみの機能しか有していないとも指摘されている（丸谷浩介「イギリス社会保障給付とワークインセンティブ」九大法学74号〔1997年〕2頁以下，丸谷浩介「イギリスにおける『福祉契約』の特質」週刊社会保障2502号〔2008年〕43頁以下参照）。
[320] 1995年求職者法1条2項各号。

ち1年間にわたり国民保険のクラス1保険料[321]を拠出しており，(2)その拠出額が一定額以上であり，(3)所得補助（公的扶助）の受給資格をもたないことである[322]。

これに対して，もともと公的扶助である所得補助の一部を改編した所得調査制求職者手当は，ミーンズ・テスト方式の手当であり，拠出制求職者手当とはかなり性格が異なる。その内容は，求職者手当という名称であっても，むしろ所得補助に類似しているといえる。ただし所得補助と大きく違うのは，労働市場に積極的にアプローチすることが要件となっている点である。この受給要件は，上記共通受給要件に加えて，(1)申請者の所得が法定適用額未満であり，(2)申請者の世帯の構成員が所得調査制求職者手当の受給資格をもたず，かつ申請者自身および世帯構成員が所得補助を受けていない場合であって，(3)配偶者がいる場合は，その配偶者が有償労働に従事しておらず，(4)原則として18歳以上[323]であることである[324]。

(b) 給付内容

2つの求職者手当はともに，週最大支給額が決められており，状況によって控除がなされる。

拠出制求職者手当については，16歳から24歳と，25歳以上という2つのカテゴリーに分けられた週最大支給額が定められ，そこから週16時間未満の労働で得た収入の一部や個人年金が控除された金額が給付される。財源は，労使の負担する保険料および国庫負担であり，資力は問題とならない。手当受給期間も従前は1年間であったが，現在では連続する失業期間のうち最大6か月（182日）となり，2分の1に短縮されている。この期間経過後も失業状態が続いている場合は，要件を満たす限り所得調査制求職者給付を受給

---

321 国民保険のクラス1保険料は，被用者を対象とし，その控除前総収入に課せられるもので（なお，クラス2保険料は一定の自営業者対象，クラス3保険料は任意定額の保険料，クラス4保険料は高収入の自営業者対象である），使用者から源泉徴収されて歳入税関庁に納付される。クラス1保険料を拠出した者には国民保険の全給付の受給資格が与えられる。

322 1995年求職者法2条1項ないし3項。

323 一定の状況（たとえば，子どものいる夫婦や，レイオフされている場合など）が認められれば，16歳または17歳の者に対しても受給資格が認められる（1995年求職者法3条1項f号，16条，1996年求職者手当規則第4部）。

324 1995年求職者法3条1項各号。

Ⅲ 社会保障・税制度

表3-4 拠出制求職者手当の給付額

年齢	給付額（£）
16歳から24歳	53.45
25歳以上	67.50

表3-5 所得調査制求職者手当の給付額

カテゴリー	給付額（£）
単身者（25歳未満）	53.45
単身者（25歳以上）	67.50
夫婦（双方が18歳以上）	105.95
ひとり親（18歳未満）	53.45
ひとり親（18歳以上）	67.50

することができる。

　次に，所得調査制求職者給付については，25歳未満単身者，25歳以上単身者，18歳以上の夫婦，18歳未満のひとり親，18歳以上のひとり親という5つのカテゴリー別に週最大支給額が定められている。その額と控除等の計算方法は，後述する公的扶助である所得補助と同じものが適用される。したがって，所得調査制求職者手当は，給付額の面からみても，労働能力のある者に対して求職を受給要件とする，形を変えた所得補助だといってよい。すなわち，就労が可能でない者は所得補助の対象となるが，そうでない者は所得補助を受給することができず，求職者要件を満たす場合に限り所得調査制求職者手当が受給できるという関係になる。また，各要件を満たしている限り，受給期間の制限はない。

　なお，25歳以上の単身者の場合，2つの求職者手当の週最大支給額はともに週67.5ポンドである（2011年7月現在）。ちなみにこれは，週40時間フルタイムで働いた最低賃金の合計額である，237.2ポンドを大きく下回っている。

(3) 夫婦の共同申請制度

　求職者手当制度の導入当初は，申請者が自身の権利として拠出制求職者手当を申請するか，あるいは自己のために所得調査制求職者手当を申請し，配偶者や子どもの存在は需要や資力を判断する際に考慮するというメカニズムが採用されていた。どちらの求職者手当も，受給要件として労働市場要件を課してはいたが，それは申請者本人の就労能力や積極的求職活動を要求するものにとどまっていたのである。

しかし，2001年3月19日より，「共同申請夫婦（joint-claim couple）」に該当する者は共同して申請をしなければならないという，夫婦共同申請制度が導入された[325]。共同申請夫婦の定義は，2002年10月28日より，子育てをしていない1957年10月28日以降生まれの者とされる[326]。つまり，共同申請制度の導入の目的は，子どものいない稼働年齢夫婦が手当へ依存することの防止であった[327]。

この共同申請制度は，夫婦の双方が申請の当事者となり，双方が受給資格を満たす必要があるとした点で[328]，それまでの制度が基本としていたモデルを変化させている。従来の制度は，配偶者や子どもを需要や資力の集合体としてみており，夫婦の一方が，受給資格を有する他方に依存するというモデルを想定していた。しかし現在では，夫婦の双方に労働市場要件が課されることによって，双方が労働市場へ参加可能な状態でなければならなくなったのである。また，夫婦の一方が他方に依存するのではなく，夫婦双方が申請者となることで，同等の権利と責任を有することにもつながると考えられている。

給付についても，夫婦2人ともが受給要件を満たしていれば夫婦分の手当が支給されるが，配偶者が満たしていない場合は個人分の手当しか支給されないこととなった。さらに，共同申請制度導入以前には夫婦それぞれの個人単位で算定され，合算されていた支給額が，制度導入後は世帯単位で行われることとなった。

3 公的扶助制度——所得補助

(1) 導入の経緯

日本の生活保護制度にあたる公的扶助制度としては，現在のイギリスの公的扶助の中核となっている所得補助（Income Support）があげられる。この制度は，古くは1601年の救貧法（Poor Law）を起源として，1948年のその

---

[325] 1995年求職者法1条2B項ないし2D項。
[326] 1996年求職者手当規則3A条1項，3E条2項。
[327] Penny Wood, Richard Poynter, Nick Wikeley and David Bonner, *Income Spport, Jobseeker's Allowanve, State Pension Credit and the Social Fund*（Sweet & Maxwell, London 2007）p. 29.
[328] 1995年求職者法1条2項a号ないしc号，e号ないしi号。

廃止と国家扶助法（National Assistance Act 1948）への改編を経て，さらに1966年の補足給付（Supplementary Benefit）を受け継いで，1986年社会保障法によって創設されたものである。

　イギリスの社会保障は，第二次世界大戦後の社会保障システムとしてBeveridge卿が構想を示した，いわゆるベヴァリッジ・プランでは，社会保険を中心とした普遍的な制度が構想されていた。しかし，1980年代以降は次第に，社会保障は絞り込みの方向へと変化している。すなわち，最も救済を必要とする者に正確に資源を絞り込むことで，社会保障給付に依存する者を減らし，資源を有効活用するという方向である。特に，1986年社会保障法は，資力調査を基礎とする制度を中心におくことで，その方向性を決定づけるものであった[329]。

　公的扶助は，週の労働時間が一定以下の者を対象とする無拠出の所得保障制度であるが，従来は，稼働能力をもつ失業者やひとり親世帯も対象としてきた。もっとも，稼働能力者については，早期就業によって公的扶助制度から離脱することが当初から制度設計の前提とされていた。また，1970年代は，社会保障費の支出削減という観点からも稼働能力者の自立が課題とされ，さらに公的扶助の対象とされない多くの労働者世帯が公的扶助水準以下の生活をしていることが明らかになり，働く貧困者への所得保障のあり方が問題となった[330]。

　そのような状況を背景に検討されたのが，負の所得税の導入である。負の所得税とは，所得が基礎控除額を下回る場合に，所得との差額に負の課税（すなわち還付による金銭給付）をすることで，就労インセンティブを損なわずに最低所得を保障する仕組みである。結局，負の所得税そのものは導入されなかったものの，就労インセンティブを損なわない所得保障として，1971

---

[329] 1966年に補足給付が導入されたが，子どもの人数によって追加的な給付が受けられる補足給付に対して賃金は世帯状況を考慮されないため，多子世帯にとっては働いて賃金を得るよりも補足給付を受給する方が高所得となるという問題があった。そのため，1971年に家族所得補助という制度が導入され，週30時間労働を条件として，子どもをもつ低所得世帯に対する援助が設けられた。1986年社会保障法はこの制度についても資力調査制の給付へと変更した（同時に労働時間条件を週24時間に緩和した）。

[330] 小沼正「貧困対策への新しい接近――イギリスのTax-Credit Systemと補足給付」季刊社会保障研究9巻3号（1974年）71頁以下。

年にイギリスではじめての在職給付である家族所得補助（Family Income Supplement）が導入されることとなった。

これは16歳未満の子どもをもつ週30時間以上（ひとり親の場合は24時間以上）労働している低所得世帯を対象として，支給基準額と総収入との差額の2分の1を現金支給する所得保障制度であった。しかし，収入の増加に伴って税金や国民保険料などの負担が増大することで，就労インセンティブはそれほど改善されず，公的扶助（当時の「補足給付」）への依存もあまり変化しなかった[331]。同時に，受給者の個別的ニーズに応じた給付を行っていた補足給付に関しては，給付事務の繁雑さやコストが問題となっていた。

そこで，公的扶助の支出を抑制し，制度を簡素化しつつ就労世帯の貧困を解消し，就労インセンティブを高めるための新たな公的扶助として導入されたのが，現在に続く所得補助である。所得補助は，受給要件を週16時間未満労働とし，緊急時の救済を社会基金（Social Fund）という貸付制度に移行したことで，受給者抑制を図っている。

(2) 所得補助制度の概要
(a) 受給要件

所得補助は現在，1992年社会保障拠出給付法（Social Security Contributions and Benefits Act 1992）を根拠法とする。受給資格は，(1)国内に居住する16歳以上かつ年金受給年齢未満（夫婦の場合は双方が年金受給年齢未満）であって，(2)所得[332]が法定適用額（applicable amount）未満であり，(3)賃金労働に従事していないか労働時間が週当たり16時間未満であって（夫婦の場合は他方も同じ要件が課される），(4)就学しておらず[333]，(5)一定のカテゴリーに含まれ[334]，(6)求職者手当および雇用援助手当の受給資格をもたず（夫婦の

---

[331] 下夷美幸「家族クレジット・児童給付・障害者手当」武川正吾＝塩野谷祐一編『先進諸国の社会保障 イギリス』（東京大学出版会，1999年）164頁。

[332] 所得には配偶者の所得も合算されるが，2004年4月以降子どもの所得は含まれない。

[333] これには一定の例外がある。たとえば，フルタイムの学生は原則として所得補助の受給権を認められないが，ひとり親や障害者等である場合，またニューディール政策の下での成人教育システムに参加している者は例外とされている（1987年所得補助一般規則4ZA条）。

[334] 一定のカテゴリーとは，ひとり親，里子の養育をする単身者，一時的に家族その

場合は他方も受給資格を有しておらず),(7)預貯金残高が一定未満であることである[335]。

　稼働能力があると認められる者は,前述2(2)の求職者手当を受給することになるので,所得補助制度の主たる対象は,高齢者,疾病や障害により就労できない者,家庭内介護や子どもの養育のため就労できない者ということになる[336]。具体的な支給額は,申請者の年齢に応じた基本所要生計費に,家族構成や障害の程度等に応じた加算を加えて所要生計費が算出され,これから実際の収入や貯蓄を差し引いた残額として算出される。

(b) 給付内容

　支給される所得補助の額は,所得がない場合は法定適用額[337]であり,何らかの所得がある場合は,その所得と適用額との差額となる[338]。法定適用額は,3つの部分から構成される。個人手当(personal allowances)[339],各種加算(premiums)[340]および一定の住居費用(housing costs)手当である。な

他の養育責任を負っている者,家族その他の者の介護をしている者,労働不能の者,障害をもつ労働者,所得補助または求職者手当における所定の住宅費用を受給しながら賃金労働をはじめた者,障害を有する学生,地方当局によって視覚障害者として登録された者,妊娠を理由として労働不能の状態にある者,育児休暇中の者,教育過程にある者,難民,裁判所または各種審判所に出席することを求められている者,労働争議の影響を受けている者,亡命を希望する一定の者,公判または判決のために拘留されている者,夫婦の一方が一時的に在外中のため子どもを養育している者,労働不能ではないという行政決定に対して不服申立て中の者,訓練に従事している者であり,限定列挙である(1987年所得補助一般規則4ZA条および付則1B,2009年4月改正を反映したもの)。

[335] 1992年社会保障拠出給付法124条1項各号。
[336] 2008年10月より,疾病・傷害を理由として所得補助を受給し,かつ就労不能給付(Incapacity Benefit)を併給している者については,新たに導入された雇用援助手当(Employment Support Allowance;ESA)という制度の対象者とされた。これは疾病や傷害をもつ者についてもパーソナル・アドバイザーが就労への復帰を援助する制度であり,社会保障給付をできるだけ抑制し,自立就労を促そうとする考え方のあらわれである。
[337] 1992年社会保障拠出給付法135条,1987年所得補助一般規則17条ないし22A条,同付則2,同付則7。
[338] 1992年社会保障拠出給付法124条4項ないし6項。
[339] 2007年社会保障給付増額命令(Social Security Benefits Up-rating Order 2007)16条3項および同付則2。
[340] 現在,家族加算,年金者加算,障害加算,強化障害加算,重大障害加算,障害児

お，所得補助受給者は，住宅手当やカウンシル税手当等，他の社会保障給付を併給することが可能であり，扶養している子がいる場合は児童扶養手当（Child Benefit）や児童扶養税額控除（後述）も受給できる。そのため，所得補助受給世帯の所得保障総額は，単に上記の要素の加算にとどまらない点に注意を要する。

(3) 所得補助の給付水準
(a) 「貧困」概念の反映

次に，所得補助の水準についてみていきたい。所得補助は最低生活水準を下回る，いわゆる貧困世帯の救済を目的とするものであるが，イギリスにおいても，他国と同様，「貧困」の定義については議論が分かれている。

1948年に国家扶助が導入された当時，その扶助水準は，Beveridgeの設定した，単身成人および夫婦の生存基準をわずかに超える程度で，子どもをもつ夫婦の生存基準には満たない水準であった[341]。そもそも，Beveridgeの想定した社会保障は，「通常のニーズ」に基づく「生存（subsistence）」の最低水準を保証するものとして，絶対的な基準に基づいて貧困が計測可能であることを前提としていた。そして，衣食住その他の支出を積み重ねることで，貧困レベルが設定されていた。そこで当然に，国家扶助の水準もそのように計算されるべきであると考えられたのである。当時は，経済の発展に応じて貧困は次第に解消されていき，扶助に頼る人数は少なくなっていくと考えられていた。しかし，実際はその逆で，公的扶助を受給している人数は，1948年で約100万人，1979年には約300万人弱，そして2001年には約390万人へと増加している[342]。

現在では，貧困とは絶対的な最低基準によって決められるものではなく，その国の平均的な生活と比較して相対的に画される概念であるという考え方が定着している[343]。しかし，実際の給付額の決定には，それぞれの時代の政府方針が色濃く反映されてきた。まず，国家扶助の導入後，1959年には，

加算，介護加算の7種類である（1987年所得補助一般規則付則2各段）。
[341] N J Wikeley and A I Ogus, *The Law of Social Security* (OUP, NY 2008) p. 270.
[342] *Ibid*.
[343] Peter Townsend (ed.), *The Concept of Poverty* (Heinemann Educational, London 1971).

扶助の受給者は「増え続ける国家の繁栄を共有」しなければならないとして，給付額を小売物価指数の増加割合よりも引き上げ，結果的に肉体労働者の平均ネット賃金の増加を上回ることとなった[344]。もっとも，1979年から97年の保守党政権下では，社会保障支出の削減が図られ，給付額の引上げに関しては平均賃金よりも物価を参照するようになった。ところが再び，1997年以降の労働党政権下では方針が転換され，拡大し続ける格差と社会的排除に立ち向かうために，福祉国家の改革が必要であることを強調している[345]。

このように，これまでのイギリスの公的扶助の給付水準は，絶対的貧困概念と相対的貧困概念とを曖昧に妥協させたものであったと評価されている[346]。

(b) 物価・賃金水準に関する基本的な考え方

一般に，金銭給付を伴う社会保障制度については，どのような原則に基づいてその額を決定しているかが問題となる。大陸ヨーロッパの多くの国で採用されているビスマルク型社会保険スキームにおいては，社会保障給付は中断した賃金の代替物，すなわち「延期された賃金」だと考えられている。そのため，その水準は，賃金を決定する団体交渉プロセスを反映させたものでなければならないとして，社会保障給付を賃金に連動させる仕組みが設けられている。しかし，市場経済のもとでは，賃金に関連づけられた給付は格差を拡大するという批判がなされる。そして，社会保障システムは単なる収入の喪失の補償としてではなく，再分配のメカニズムとして機能しなければならないというもう一つの原則が導かれる[347]。

これに対して，イギリスの社会保障システムは，全くといって良いほど賃金に連動させることをしてこなかった。当初 Beveridge の提示した社会保障枠組は，一律 (flat-rate) 原則を採用し，生存最低水準を超える資力の保護は個人主導で行うものとして位置づけていたからである[348]。

---

[344] Department of Social Sesurity, 'Improvements in National Assistance' (Cm 782, 1959).

[345] Department of Social Sesurity, 'New ambitions for our country: A New Contract for Welfare' (Cm 3805, 1998), Department of Social Sesurity, 'Opportunity for All' (Cm 4865, 2000).

[346] Wikeley, *supra* note 341, p. 271.

[347] Wikeley, *supra* note 341, p. 22.

[348] Beveridge Report Social Insurance and Allied Services (Cmd 6404, 1942) para

ところが，一律原則によって，職業スキームを通じて給付を増加させることのできる者と，そうでない者との差が顕著になった。そのため，1966年には疾病手当と失業手当の短期給付に関して，賃金に連動させるメカニズムが導入された。しかし，この制度は保守党政権下の1982年に廃止された。また，年金に関しても，1975年には同様のメカニズムが実施されることとなった（state earnings-related pension scheme：SERPS）。しかし，労働党への政権交代後，SERPSは2002年4月に国家第2年金（state second pension：S2P）として改編され，賃金に連動させる部分はほぼ廃止された。

このように，イギリスにおける現在の全ての社会保障給付において，賃金に連動させるメカニズムは採用されていない[349]。それは，疾病や失業，退職に関して収入を代替する給付のみならず，ミーンズ・テスト方式の給付も含めてである。

(c) **社会保障給付水準の引上げ**

どのような政策がとられるかに関係なく，社会保障給付の価値を左右する要素もある。それがインフレである。そこで，社会保障立法においては，物価や賃金の上昇に応じて社会保障給付の価値の維持を図る仕組みが設けられている[350]。

1973年以前は，インフレに応じて給付を増額するという措置はとられていなかったため，給付の実際の価値は下がり続けていた。しかし，1970年代の急激な物価上昇を受けて，1973年の保守党政権は社会保障給付の年次増額というメカニズムを導入した[351]。さらに，1975年改正によって，長期の社会保障給付の年次見直しにおいては，物価または賃金のうち，より受給者に有利な方の上昇を考慮に入れることとされた[352]。

もっとも，社会保障給付の価値の維持に最も力を入れたのは1975年改正であり，その後の1970年代後半から90年代にかけて社会保障支出を削減しようという試みの中で，保守党政権はその実効性を減じる立場をとった。特

273.

[349] 退職者に対する所得補助に関しては，以前の賃金に連動させる制度が残存しているが，そのような制度は「長期的に持続可能なものではない」とされている（Social Security Committee, 'Seventh Report' HC (1999-2000), 606 [7]）。

[350] Wikeley, *supra* note 341, p. 265.

[351] 1973年社会保障法7条ないし8条。

[352] 1974年国民保険法5条，1975年社会保障給付法3条ないし4条。

に，1980年改正においては，社会保障給付は物価の上昇にのみ関連させることとされ，賃金と物価のうちより受給者に有利な方の上昇に関連させるという制度は廃止された。このことは特に退職者の年金の価値を大きく減じることとなり，当時野党であった労働党は賃金連動方式の復活を公約とした。

しかし，1997年の労働党への政権交代後も，年金生活者の貧困については異なる対策を講じることとし，2010年に保守党・自由民主党の連立政権となった後もこの問題はそのまま残されている。現在の状態を分析するためには，国務大臣の社会保障給付の見直しの義務と，一定の社会保障給付の増額，そしてその他の給付の増額権限の3つを区別する必要がある。以下，順に見ていくことにする。

(i) 国務大臣の社会保障給付の見直しの義務

担当国務大臣は，一部の所得関連給付を除くほぼ全ての社会保障給付に関して，それらが「国務大臣が適切であると考える方法で評価された，グレート・ブリテンにおける一般的物価水準に照らしてその価値を維持しているか」否かについて，見直す義務を負っている[353]。

(ii) 一定の社会保障給付の増額

上記見直しにおいて，国務大臣が一般的物価水準の上昇を認めると，大臣は議会に対して，物価水準の上昇と同じ割合の社会保障給付の増額を内容とする命令草案を提出しなければならない[354]。もっとも，その上昇が「些細な」ものである場合は，この義務は生じない[355]。なお，国務大臣は物価上昇率を予測する必要はなく，考慮義務を負っているのは過去の数字のみである。

この見直しの対象となるのは，1992年社会保障拠出給付法のもとで支払われるべきとされる，全ての拠出制給付および非拠出制給付である（ただし年齢に基づく増額分は除く）[356]。したがって，児童扶養手当および所得関連給付は，この増額義務の対象とならないことに留意が必要である。

---

[353] 1992年社会保障運営法150条1項。

[354] 同法150条2項a号。命令草案の提出と同時に，国民保険基金（National Insurance Fund）に対して予想される影響に関する報告書が提出されなければならない（同条8項）。

[355] 1992年社会保障運営法150条4項。

[356] 同法150条2項ないし3項。

(iii) その他の給付の増額権限

国務大臣は，社会保障給付の増額に関して見直しを行う義務を有しているが，増額する義務まではなく，幅広い裁量を有している。もし「国の経済状況及び関連すると考えられるその他の事項にかんがみて，国務大臣が適切であると考える場合」は，当該給付を「適切であると考える割合分」増額することができる[357]。さらに，国務大臣は(i)の見直し義務の対象外とされている所得関連給付に関しても，増額命令草案の中にその増額を含める権限を有しているが，その行使に関してはいかなる制限も設けられていない[358]。

4　税制──給付つき税額控除制度

イギリスにおいて最低賃金制度と関連を有する制度としては，給付つき税額控除（tax credit）制度に触れておく必要がある。

イギリスでは，かつては所得の不足分を補うという形態の在職給付が存在していた[359]。しかし，働けるにもかかわらず社会保障給付に依存して生活する者の存在が問題視されるようになり，1997年に政権に就いた労働党は，「福祉から就労へ（Welfare to Work）」という考え方を掲げた。そして，全国最低賃金制度の導入と並行して，稼働能力のある労働者世帯に対する就労支援策としての在職給付制度の導入を進めた。その際に参考にされたのが，アメリカにおいてすでに導入されていた，勤労所得税額控除（Earned Income Tax Credit）であった。これは負の所得税[360]の考え方に基づく制度であ

357　同法150条2項b号。
358　同法150条7項。
359　イギリスの公的扶助は，従来，稼働能力を有する失業者やひとり親世帯も受給対象としてきた。そのため，社会保障支出抑制の観点から稼働能力世帯の就労インセンティブを高めることが課題とされてきたが，所得補助の簡素化・受給者抑制と並び，はじめての在職給付と家族所得補助が導入された。これは就労インセンティブの付与が不十分であったため，新たな制度として家族税額控除（Family Credit）が導入された。家族税額控除は対象者を週16時間以上労働している者に対象を拡大し，さらに就労インセンティブを高めるために家族所得補助よりも稼働収入からの手取り額が上昇するよう制度設計された。しかし，家族税額控除は就労を条件としている点で従来の公的扶助とは異なるとはいえ，その本質は資力調査を伴う社会保障給付であった。
360　「負の所得税（negative income tax）」は，経済学者Stiglerが唱え，その後TobinやFriedmanなどによって具体的な構想が示された，一定の水準を下まわる所得の者に，「負の」税を支払うための，税と移転の調整システムである。たとえば，当初

り，税制を通じた所得保障制度である点に最大の特徴がある。またこれは，所得が課税限度額を下回る労働者世帯に対して負の税金，すなわち給付を行い，かつ稼働収入が増える分だけ手取り収入が増えることで就労のメリットを高める点で，収入の増加分だけ給付額が減少する従来型の公的扶助とは根本的に異なるものである[361]。

このような税制とリンクした新たな所得保障制度は，1999年10月より，イギリスでは就労家族税額控除（Working Families' Tax Credit）および障害者税額控除（Disabled Person's Tax Credit）として導入された[362]。後に2002年税額控除法による制度改正を受けて，現在では就労税額控除（Working Tax Credit）制度と子どもがいる低所得家庭に対する児童扶養税額控除（Child Tax Credit）制度の二本立てとなっている。就労税額控除は，特に低所得の労働者世帯に対する所得補完制度として重要な機能を有しているが，

　　Friedmanは，勤労所得と課税限度との差額の50％を負の所得税とした。具体的には，課税最低限が600ドルである場合，500ドルの勤労所得しかない世帯は（600 − 500）÷ 2 = 50ドルの「負の所得税」すなわち給付を受けられることになる（トニー・フィッツパトリック〔武川正吾＝菊池英明訳〕「自由と保障──ベーシック・インカム論争」〔勁草書房，2005年〕107頁）。

[361] 負の所得税は，柔軟な形態のベーシック・インカムの１つとも位置づけられており，その意味では対立すると考えられがちなワークフェアとベーシック・インカム論とが重なり合う部分であるともいえる（武川正吾『シティズンシップとベーシック・インカムの可能性』〔法律文化社，2008年〕239頁）。もっとも，負の所得税は勤労世帯であることが前提の，資力調査を伴う制度であるため，市民であることを理由として無条件に給付されるベーシック・インカムの基本型とは大きな違いがある。

[362] 就労家族税額控除は，週16時間以上労働していて16歳未満の子どもがいる世帯を対象に，一定の資力条件（所得補助と同じ条件）の下に一定額が支給される制度であった。その額は，毎年決定される適用額（applicable amount）を基準として，その額よりも世帯の純総収入（税および国民保険料差し引き後）が低い場合は世帯類型に応じて決められた額が満額支給され，適用額よりも世帯の純総収入が高い場合は超過額の55％を満額から差し引いた額が支給される。ただし受給期間は26週間が上限とされた。さらに，育児税額控除（Child Care Tax Credit）として，育児費用の一部が支給された。就労家族税額控除の効果に関しては，単に所得を保障するだけではなく，女性（特にひとり親）の就労を促進する役割を担い，所得補助の貧困の罠を解消した一方で，週16時間と週30時間労働という閾値の間で，労働時間の増加に比べて所得の伸びが鈍いことから，新たな貧困の罠を生み出したと指摘されている（宮寺由香「イギリスの低所得世帯に対する所得保障と就労インセンティブ」浦和論叢31号〔2003年〕27頁-53頁）。

児童扶養税額控除も，子どもの養育のために就労できずに稼働能力を十分に活用できない低所得世帯に対して，重要な生活保障を提供するものである。そこで，その受給要件と給付を中心に，その概要を確認することにしたい。

なお，各種税額控除に共通の前提として，これらの税額控除の適用対象者は，連合王国内に居住（「一時在留」または「定住」）し，所得が一定金額未満の者である[363]。重要なのは，預貯金その他の資産およびキャピタル・ゲインが請求資格に影響を与えない点である。そして，単身者は個々の状況に基づいて申請を行うが，法律婚または事実婚の夫婦[364]である場合は，夫婦が共同して申請しなければならない。また，就労税額控除および児童扶養税額控除は併給可能であり，児童扶養手当とも併給可能である。

(1) 就労税額控除

(a) 適 用 対 象

就労税額控除を申請するには，一定の労働時間が必要である。この労働時間要件は，年齢や養育責任の有無などの状況で異なる。まず，16歳以上であって，①自分自身またはパートナーが子どもの養育責任を負っている場合，または，②就労困難な障害を有しており，かつ障害加算が適用されるための法律上の要件を満たす者については，週に16時間以上の労働が要件となる。

また，③自身またはパートナーが50歳以上で，1つ以上の不就労手当[365]を，少なくとも先だつ6か月の間受給していたか，その間の国民保険給付の受給権を有していた者についても，週16時間以上の就労が条件となる。そして，④子どもがおらず，就労困難な障害をもたない25歳以上の者は，週に30時間以上の就労が要件となる。

---

[363] 非居住者であっても，自分自身またはパートナーが連合王国内で働いているか，海外勤務の公務員であるか，欧州経済領域（European Economic Area）の国民であってかつ国民年金または拠出ベースの求職者手当を受給している場合には，給付つき税額控除の対象となる場合がある（2002年税額控除法3条3項）。

[364] 2005年12月5日のパートナーシップ法（Civil Partnership Act 2004）施行以降は，同性カップルについても共同申請が原則とされている。

[365] この中には，所得補助，求職者手当，無能力手当（Incapacity Benefit），重度障害手当（Severe Disablement Allowance），国民年金（State Pension Credit），政府主催の訓練に参加している場合の訓練手当（たとえば成人向け就労教育（Work-based Learning for Adults）や就労訓練（Training for Work）など）が含まれる。

全ての場合において，就労税額控除の申請時に就労しているか，請求日から7日以内に開始することが確実な就労見込みがあることが必要である。また，申請時以降，少なくとも4週間は就労が維持される見込みがなければならず，かつその就労は有償労働でなければならない[366]。

(b) **基本要素と加算**

就労税額控除制度によって給付される額は，通常労働時間や収入（夫婦の場合は夫婦の収入）の多寡，障害の有無と程度，子どもの人数と年齢，育児費用の有無が計算の基礎となる。就労税額控除を構成する要素は，表3-6のとおりである[367]。まず，基礎となる基本要素に加えて，夫婦・ひとり親加算，30時間加算，障害労働者加算，重度障害加算，50歳以上雇用復帰加算，育児加算がある。2011年4月現在のそれぞれの要素・加算について，1年あたりの額は表3-7のとおりとなる。

上記就労時間要件を満たす者（夫婦）が1人以上の子どもの養育責任を有する場合，育児加算の対象となる。育児加算は，登録または認可された施設に払う育児費用[368]の7割が加算されるが，子どもが1人の場合は週175ポンドまで，2人以上の場合は週300ポンドまでという上限が課されている。したがって，育児要素加算の最大額は，子ども1人の場合で122.50ポンド（175ポンド×70％），子ども2人の場合で210ポンド（300ポンド×70％）ということになる。

このように，就労税額控除の受給自体には有子要件はないものの，制度内部においては家族の状況を反映させるシステムがとられている。とくに，児童扶養税額控除とは別建てで就労税額控除のなかに育児加算が設けられたこ

---

366 したがって，ボランティア活動などは基本的に含まれない。
367 計算方法の詳細については，拙稿「イギリスにおける最低賃金制度と稼働年齢世帯への最低所得保障」イギリス労働法研究会編『イギリス労働法の新展開——石橋洋教授，小宮文人教授，清水敏教授還暦記念』第5章（成文堂，2009年）127頁-168頁を参照。
368 登録または認可された施設というのは，自治体に登録された保育者や保育施設，自治体や学校によって管理されている学童クラブ（Out-of-hours club）などであり，子どもの自宅で子どもの親戚（姻戚を含む）が養育している場合などは，当該養育者が登録された保育者であっても認められない。保育施設の変更などによって育児費用に変化があった場合は，そのことを少なくとも3か月以内に申告しなければならない。育児費用の減少または消滅を申告しなかった場合は，制裁が課されうる。

表3-6 就労税額控除の基本要素と各加算（育児加算を除く）の年額

基本要素と加算	年額 (£)
基本要素	1,920
夫婦・ひとり親加算	1,950
30時間加算[369]	790
障害労働者加算[370]	2,650
重度障害加算[371]	1,130
50歳以上雇用復帰加算[372]（週16時間以上30時間未満）	1,365
50歳以上雇用復帰加算（週30時間以上）	2,030

[369] 子どもがいる夫婦の場合に，どちらかが少なくとも16時間就労していることを要件として，夫婦で合計して週に30時間以上就労していれば，30時間加算が適用される。子どもがいない夫婦の場合は，この要件を満たすために労働時間を合計することはできない（2002年就労税額控除〔資格および最高額〕規則10条）。

[370] 週16時間以上就労し，就労に不利となる肉体的・精神的障害（視力障害，聴力障害，四肢の障害，対人コミュニケーション障害，精神障害など）を有しており，かつ社会保障給付等資格基準（'qualifying benefit' test）または特別の 'fast track' ルールのいずれかを満たす場合に認められる。社会保障給付等資格基準を満たす場合は，以下の(A)～(C)の3つの場合に該当する場合である。(A)既に以下の社会保障給付等を支給されていること：障害者生活手当 (Disability Living Allowance)，付添手当 (Attendance Allowance)，業務災害障害給付 (Industrial Injuries Disablement Benefit)，傷痍軍人年金 (War Disablement Pension)，車椅子機構 (Invalid Vehicle Scheme) から支給される車椅子，(B)過去6か月の間に，以下の社会保障手当などの1つを受給していること：短期の高レートまたは長期レートの就労不能給付 (Incapacity Benefit)，所得ベースの求職者手当，所得補助，重大障害手当 (Severe Disablement Allowance)，地方税手当 (Council Tax Benefit)，住宅手当 (Housing Benefit)。このうち，就労不能給付と重大障害手当以外の各手当については，障害加算が適用されていることが必要である。(C)過去8週間の間に職業訓練を受けていて，かつ，短期の高レートもしくは長期レートの就労不能給付または重大障害手当のいずれかを受給して8週間以内に職業訓練を開始していること。第2の 'fast track' ルールとは，障害によって就労の継続が困難となり，転職や労働時間の削減をせざるを得ない者を対象とし，20週以上にわたって以下の1つ以上の手当を受給していたことを要件とする：法定傷病手当 (Statutory Sick Pay)，職業傷病手当 (Occupational Sick Pay)，短期の低レートの就労不能給付，労働無能力を理由とする国民保険 (National Insurance credit) の受給。ここで20週というのは，1つの継続した期間である必要はない。その場合の就労困難な障害は，少なくとも6か月以上継続する見込みのものでなければならない。また，税及び国民保険拠出が徴収される前の総稼得収入が，障害を被る前と比べて少なくとも20％は少なくなっていることを要する。

Ⅲ　社会保障・税制度

表 3-7　就労税額控除の育児加算[373]

子どもが 1 人の場合の認可された育児支出上限	週あたり £175
子どもが複数の場合の認可された育児支出上限	週あたり £300
適用される費用割合	70%

とは，共働きを選択することで保育施設などに要する子どもの養育費を軽減するという意義を有している。

(c)　**就労税額控除の具体的給付額**

　上記の各種加算を考慮した上で，最終的な給付額は，申請者の所得を勘案して決定される。税額控除は通常，申請の前年の所得が考慮の対象となる。給付の額（夫婦の場合は，夫婦合計での給付額）は，まず該当する各加算要素を課税年の日数で除し，端数を切り上げた日額（daily rate）を計算する。そ

　　なお，夫婦であって，その両者がこの加算の対象となりうる場合は，夫婦につき 2 つの障害労働者加算が適用される。

[371]　自分自身またはパートナーが最高レートの障害生活手当または高レートの付添手当を受給している場合は，この加算がなされる。夫婦のどちらかが就労している場合，もう一方が就労していなくとも加算は認められる。もっとも，夫婦ともに妥当する場合には加算が 2 倍となる。

[372]　50 歳以上雇用復帰加算（週 16 時間から 29 時間労働）が適用される場合は，育児責任を有するか障害加算が適用される場合でない限り，夫婦加算は適用されない（2002 年就労税額控除〔資格および最高額〕規則 18 条）。

[373]　扶養義務を有する子どもがいる場合は，登録または認可された育児がなされているかぎり，育児加算（childcare element）として特別の加算がなされる。育児加算を受けられるのは，週に 16 時間以上働いている者のみである。夫婦の場合は，一方が労働無能力のために働けないか，入院しているか，収監されている場合を除いて，夫婦双方が 16 時間以上就労していなければならない。育児加算を申請できるのは，子どもの 15 歳の誕生日以後最初の 9 月 1 日までが原則であるが，その子が登録された視覚障害者であるか，申請の 28 週以前に視覚障害者としての登録手続を開始しているか，障害生活手当を受給している場合には，16 歳の誕生日以降最初の 9 月 1 日までとなる。育児加算は，通常出産休暇，通常養親休暇または通常父親休暇のあいだ（すなわち就労中とみなされる間），自分自身で養育する子の養育費用についても申請することができる。それは，就労に復帰する前にその子を養育施設に入所させることを可能にするためである。はじめての出産または養子受入れの場合は，25 歳以上で休暇の開始以前に週 30 時間以上就労していた者の場合は，出産または養子受入れ以前に就労税額控除が適用可能とされる。休暇開始以前に週 16 時間以上就労していた者の場合は，出産または受入れの時から育児加算を含めた同控除を申請することができる。

表3-8 所得の閾値と減額割合

第1段階境界値	£6,420
第1段階の減額割合	41%
第2段階境界値	£40,000
第2段階の減額割合	41%
児童扶養税額控除のみ適用される場合の第1段階境界値	£15,860
考慮されない所得	£10,000

表3-9 就労税額控除の具体的給付額

所得≦境界値の場合	最大額（基本手当と各加算の合計額）
所得＞境界値の場合	最大額−（所得−境界値）×0.41

して，その日額を関連する日数で乗じたものが，当該申請者の最大額となる。
　次に，申請者の所得（夫婦の場合は，夫婦合計での所得）を考慮し，その額によっては給付額が減額される。申請者の所得またはそのパートナーとの合計所得が境界値を下回る場合は，該当する全ての加算要素について満額が支給される。しかし，所得が境界値を上回る場合は，満額から，所得と上限との差額につき一定割合が減額される。端数は切り下げられる。境界値と減額割合について，2011年4月現在の値は表3-8のとおりである。
　したがって，就労税額控除の具体的な給付額は，表3-9のとおりになる。
　具体的には，夫婦の年間所得が1万ポンドである労働者の場合，適用される第1段階の閾値（6420ポンド）を超えた差額である3,580ポンドにつき，その41％にあたる1396ポンドが減額されることになる。この例では，基本要素と夫婦加算の合計である3870ポンド（1920ポンド＋1950ポンド）から1396ポンドを減額した2474ポンドが実際の給付額となる。

　(d) 申請方法
　就労税額控除の給付を申請しようとする者は，規定のフォームに所得や労働，世帯状況を記入して歳入税関庁に申請を行う。なお，原則として申請は3か月さかのぼって行うことが可能である。また，翌年度も引き続き受給したい場合は，年度末に歳入税関庁から送付される質問票に答えなければならない。

(e) 受給方法

　就労税額控除は，税年度（4月6日から翌年の4月5日まで）ごとに支給額が決定され，支払われる。もし申請が税年の途中になされた場合は，その日から当該税年度の終わりまでが支給期間となる。

　申請者は，受給の間隔を毎週または4週間ごとのどちらかに選択することができる。その場合の給付は後払いであり，各週の終わりにその週分の給付がなされることになる。

　給付は直接申請者の銀行口座か住宅金融口座，郵便貯金口座のいずれかに支払われる。もしこれらの口座をもっていない場合は，原則として最初の8週間に限り，小切手で支払いを受けることができる。

　税年度の途中で所得や世帯状況が変化した場合は，可能な限り迅速に歳入税関庁にその旨を申告しなければならない。これらの変化は，既に決定されている受給額に変動をもたらす場合があり，これによって過払金または未払金が生じることになる。過払金が生じた場合，受給者は事後にこれを返納しなければならない[374]。ただし，所得の増加については，年額2万5000ポンド未満の増加は次年度の給付額に影響を与えることはないとされ，増加前の所得が基礎とすることで就労インセンティブを損なわないよう配慮されている。1か月以内にこれらの変化を届け出なかった場合は，過料の対象となりうる。

---

[374] 給付つき税額控除は低賃金世帯への就労インセンティブを損なわない所得保障制度として注目されたが，実際の運用にあたってはいくつかの問題点が指摘されている。施行後2年となる2005年6月には，行政サービスを調査・監視する独立の機関（Parliamentary Commissioner for Administration）が報告書を出し，実際に現場で問題となっている点を指摘している（Parliamentary Commissioner for Administration, 'Tax Credits: Putting Things Right' (June 2005))。その問題点とは，①税額控除の給付額は税年ごとに決定され，年度途中の状況の変化などで過払金が生じた場合は事後の返還請求で対応するとしているが，返還請求への対応は経済的に困窮している世帯にとって困難な場合が多いこと，②給付つき税額控除の給付額についての膨大で煩雑な計算はすべてコンピューターで処理されているが，ソフトウェアのエラーや入力間違いなどで数多くの給付ミスが生じていること，③給付事務をコンピューターに頼っているため，給付ミスが生じた場合に歳入税関庁の職員が効率よく対応できないこと，である。これらの問題点は相互に影響を及ぼしているといえよう。すなわち，膨大な申請件数に加え，毎週または4週間ごとといった頻繁な給付について，世帯状況や所得など複雑な状況の変化を反映させるためにはコンピューター化が不可避であり，その処理過程で過払金が生じてしまう構造になっているといえる。

表 3-10　児童扶養税額控除の年額

各要素と加算	年額（£）
家族要素	545
子ども加算	2,555
障害児加算	2,800
重度障害児加算	1,130

(2) 児童扶養税額控除

　児童扶養税額控除は，2000年に導入された制度であるが，当時の就労家族制額控除の児童加算に関わる部分と，所得補助と求職者手当の児童加算に関わる部分とが2003年に統合され，子どもの貧困に対処するための制度として位置づけられている。その対象は，1人以上の児童または若年者の扶養義務を負っている者である。これについては，就労は要件とされない。

(a) 適用対象

　同控除の対象とする子どもは，(1)16歳の誕生日を迎えてから最初の9月1日までの子ども，(2)フルタイム就学をしている16歳から18歳までの子ども，(3)16歳か17歳で，フルタイム就学を離れたが，週24時間以上の仕事または有給の訓練の場をもたず，キャリアサービスまたはコネクションサービスに登録し，自己の権利として所得扶助や税額控除を申請しておらず，裁判所から4か月を超える保護処分（custodial sentence）を受けておらず，1989年児童法（Children Act 1989）のもとで地方当局が養育費を支払っている里子または養子の状態にない者，である[375]。その子どもが複数の世帯によって共同で養育されている場合は，主たる養育責任の所在を明らかにする必要があり，主たる養育世帯のみが児童扶養税額控除を受ける権利を有する。

(b) 基本要素と加算

　児童扶養税額控除に関しても，家族要素に加えて，子どもの障害の有無などによって加算がある。各要素と加算の2011年4月現在の年額は，表3-10のとおりである。

(c) 給付額および申請・受給方法

　児童扶養税額控除の具体的給付額の計算，および申請方法や受給方法は，

---

[375] 児童扶養税額控除規則3条。

基本的には前述した就労税額控除と同じであるので，そちらを参照されたい。

5　社会保障・税制度の相互関係

　以上みてきたように，イギリスでは稼働能力のある者はすべて，求職者合意書の締結が義務づけられる求職者手当の対象とされる。そしてそこでは，積極的な就職活動を要件として，最低限の所得保障が維持される仕組みになっている。これに対して，公的扶助である所得補助制度は，就労できない者に対する所得保障制度として峻別されている。これらに加えて，就労しているが所得が一定基準を下回る世帯に対しては，就労インセンティブを損なわないような段階的な給付を行うという，給付つき税額控除という税制上の制度が重要な意味をもつようになってきている。2003年4月からは就業者のいない有子世帯，子どもがいない貧困世帯等に対する児童扶養税額控除，就労税額控除が制度化されており，所得補助などと違って，資力要件が課されない所得保障制度として機能している。

　このように，イギリスの社会保障・税制度においては，就労することが不可能な者に対する所得補助と並行して，就労可能ではあるが職のない者に対する求職者手当が存在し，その上に，全国最低賃金という単価の保障とともに，就労しているが所得が低い者に対する給付つき税額控除が存在するという構造になっている。そして，就労可能な者については，就労努力が所得保障の要件とされており，社会保障の世界から労働市場へと向かうインセンティブとして働いている。

　それと同時に，就労しているが所得が低い世帯を対象とする給付つき税額控除制度によって，低賃金がそのまま低所得（貧困）につながらない仕組みが構築されている。これによって，個々の労働者の賃金の水準と，世帯における所得の水準とが切り離されることになる。すなわち，就労を要件としながら世帯の所得水準にも着目した給付がなされるため，賃金の水準だけが労働者の最低生活を決定するという構造にはないのである。

　そして，社会保障給付の水準を決定する際には，賃金については最低賃金，平均賃金ともに全くといっていいほど参照されない。基本的には政府の裁量で決定されることとなっており，そこで参照されるのは物価上昇のみとなっている。

Ⅳ 小括──イギリスの最低賃金制度と社会保障・税制度

1 最低賃金制度

(1) 産業委員会・賃金審議会制度

　産業委員会法から賃金審議会法の時代のイギリスの最低賃金関連立法の特徴は，その選択的な性質にあるといえる[376]。すなわち，最低賃金は全ての労働者に適用されることはなく，一定の選ばれたカテゴリーの労働者にのみ適用された。このような特徴は，同制度の2つの目的，(1)苦汗労働における低賃金問題の解決と，(2)団体交渉の促進，との相互関係をあらわしているといわれる[377]。

　1909年産業委員会法は，苦汗労働問題を解決することを目的として成立した。しかし，それは必ずしも低賃金労働者の生活保障を目的としただけでなく，社会資源の効率的な配分の観点から，使用者の搾取を許すべきではないとする考慮によるものであった。さらに，自由放任主義の伝統から，低賃金問題を解決するのは，本来は労使による団体交渉によってであり，その解決は団体交渉の促進によって図られるという考えのもとに，自発的団体交渉を促進するという目的が併存していた。そして，1918年産業委員会法の成立以降は，当初は並列されていた2つの目的のうち，団体交渉の促進という目的がより強く打ち出されることになった。その傾向は1945年賃金審議会法の成立によって確固たるものになり，1993年のその廃止まで，賃金審議会制度の主たる目的は団体交渉の促進におかれていた。

　このように，これら2つの目的は，決して対立関係として把握されたわけではない。産業委員会（賃金審議会）制度においては，団体交渉が機能することによって低賃金問題が解決されるという考え方が基礎となっていたからである。そして，賃金審議会の審議は「法定の団体交渉」であり，労使の合意が全てに優越する構造となっていた。

---

[376] Paul Davies and Mark Fleedland, *Kahn-Freund's Labour and the Law* (3rd edn Stevens, London 1983) pp. 46-47.

[377] B Hepple and S Fredman, *supra* note 141, p. 116, Simon Deakin and G Morris, *Labour Law* (4th edn Butterworth, London 2005) p. 282.

(2) 全国最低賃金制度

　その後，1980年代から続いた規制緩和政策の一環として，賃金審議会制度は1993年に廃止され，イギリスでは最低賃金法制が存在しないという状況が生じた。これによって特に未組織労働者の賃金は次第に切り下げられていくようになり，完全雇用時代の終焉と同時に，低賃金問題が再び社会的な問題として浮上するようになった。そして，労働党政権の誕生とともに，1998年には全国最低賃金制度が導入され，現在に至っている。

　全国最低賃金制度は，イギリスではじめて，全産業の労働者を対象に全国一律の最低賃金額を適用する制度であり，産業ごとに異なる賃金率を定めたそれまでの最低賃金制度とは根本的に異なっている。その一次的な目的は，所得格差是正と貧困問題の解決による公正さの実現とされる。もっとも，最低賃金が妥当な水準に設定される限り，真の経済的利益にも資するとされた。したがって，同制度においては，労使の利益の対立を前提に，その最適なバランスを模索することこそが，全国最低賃金制度の法的構造の基本原理とされたのである。

　全国最低賃金制度は全国一律の集権的な決定方式を採用し，決定権限を通商産業大臣の裁量事項とした。初回の設定のみ，政府から独立した低賃金委員会の勧告をもとに決定することが義務づけられていたが，実際にはこれまでのところ毎年，低賃金委員会の勧告に基づいて最低賃金が引き上げられている。政府が三者構成の独立委員会である低賃金委員会の勧告をほぼそのまま採用するとはいえ，産業委員会・賃金審議会とは異なり，低賃金委員会は団体交渉の代替物として機能しているわけではないことが重要である。すなわち，利害関係者の要望は正式な調査のルートで処理され，同委員会の委員は，出身母体の利害代表者としてではなく，独立した個人として決定プロセスに参加する。また，全国最低賃金額の決定には，雇用や賃金の変動などに関する詳細な統計データに基づいて，決定に至った根拠を明らかにすることが重要視される。その結果，低賃金委員会は，労使の立場の違いを超えて，これまで全員一致の結論を提示することが可能になっている。

　したがって，全国最低賃金の額は交渉によって妥結した結果ではなく，労使という当事者の視点を加味したうえで，あくまでも客観的データを基礎とした「根拠に基づく政策決定」の結果であると位置づけられている。

2　最低賃金と社会保障・税制度の関係

　政府から独立した委員会が決定することを原則とするイギリスの全国最低賃金制度の決定構造は，政府が最低生活保障という観点から決定する稼働年齢世帯への社会保障・税制度の基本的な考え方とは，原理的に異質である。
　実際に，全国最低賃金の決定に際しては，雇用へ悪影響を与えない範囲での低賃金の改善が目的とされ，生活賃金という考え方は明確に排除されており，社会保障・税制度との整合性が意識されることはない。
　そして，社会保障給付の水準を決定する際にも，賃金は参照基準とされず，政府裁量の中で物価上昇のみが考慮される仕組みとなっている。
　この違いの原因としては，まずは決定主体の違いがあげられる。すなわち，社会保障・税制度は政府が決定するのに対して，最低賃金は政府から独立した低賃金委員会が決定するものであるからという説明がありうる。と同時に，最低賃金制度と社会保障・税制度との構造的関係にも1つの手がかりがある。
　イギリスの社会保障制度では，稼働能力のある者はすべて，求職者合意書の締結が義務づけられる求職者手当の対象とされる。そしてそこでは，最低所得保障を享受するには積極的な就職活動が要件となる。これに対して，公的扶助である所得補助制度は，就労できない者のみを対象とする。
　そして，これらとは別に，就労しているにもかかわらず所得が一定水準を下回る世帯に対しては，給付つき税額控除という段階的な所得補完制度が用意されている。これによって，低賃金がそのまま低所得（貧困）につながらない仕組みが構築されている。このため，個々の労働者の賃金の水準と，世帯における所得の水準とは直結しない。世帯の所得が一定未満であれば何らかの最低生活水準が担保されるため，賃金の水準だけが労働者の最低生活を決定するという構造にはないのである。
　そこで，最低賃金法制によって定められる賃金の最低水準が労働者の最低生活保障に与える影響は，それほど大きくないと考えられている。また，給付つき税額控除制度によって段階的に所得を補完する仕組みを同時に創設したことで，最低賃金と社会保障給付との差をつけることが，就労インセンティブの付与には直結しない仕組みになっていることも重要である。

第4章　フランス

I　現行制度に至るまでの最低賃金規制

　フランスの賃金制度においては，労働協約によって定められた産業横断的な等級ごとの賃金が基礎となっている。そして，労働協約上において最も格付けが低い，資格をもたない労働者の賃金，すなわち賃金ピラミッドの底辺を下支えするのが，全労働者を対象とする最低賃金である[1]。現行の最低賃金制度は，全職域成長最低賃金（SMIC）という制度であり，1950年に導入された全職域最低保証賃金（SMIG）を前身として，1970年に制度化されたものである。

　もっとも，賃金の最低水準を定める試み自体は1900年前後にはじまった。そこで，以下では当時の最低賃金制度からみていくこととする。

1　20世紀前半の賃金規制

(1)　公的契約における賃金規制

　19世紀のフランスでは，労働者の賃金決定は労使の自由な交渉に委ねられていた。しかし，1900年前後には，小規模事業に従事する農業人口，および繊維・衣服産業等の軽工業における家内労働者が労働者の多数を占めるようになり，それら労働者の低賃金問題が社会問題となった[2]。そこで，公共事業請負業者の賃金・労働条件に関して，1899年8月10日のデクレ，いわゆるミルラン政令（décret Millerand）が定められた。この政令は，賃金決定への国家の最初の介入であったといえる。その内容は，公共事業の落札企業に対して，(1)週休，(2)外国人労働者数の制限，(3)1日の労働時間の通常時

---

[1]　現行の最低賃金法制と協約賃金との関係については，SAVATIER（J.），*Les minima de salaire*, Dr. soc., 1997, p. 575 以下を参照。

[2]　外尾健一「フランスの最低賃金制」季刊労働法9号（1953年）123頁-143頁。

間の制限，(4)労働者に対して，当該地域における平均賃金（「通常賃金（salaire normal）」）を支払うべきことを義務づけるものであった[3]。

(2) 家内労働者の賃金規制

ミルラン政令に次いで，1915年7月10日の法律[4]は，労働法典33条以下（当時）を改正し，「被服，帽子，靴下，下着，麻布，刺繍，薄紗，羽毛，造花，その他被服業」における女性の家内労働者（travailleurs à domicile）に対して，最低賃金が定められることとなった。その後，1922年4月10日および1926年7月30日のデクレによって適用産業が拡大され，さらに1928年12月14日の法律によって，男性の家内労働者に対しても適用が拡大されることとなった。その後，1935年7月25日のデクレによって再び適用産業が拡大され，さらに1941年8月1日の法律および1943年6月28日の法律などを経て，現在は労働法典L.7421-1条以下に家内労働者の最低賃金に関する定めがおかれている。

家内労働者の最低賃金に関しては，1915年法によって，治安判事が主催して労使同数代表からなる賃金委員会（comité des salaires）を組織し，「同一地方の同一職業に従事する通常の熟練工場女性労働者」の賃金を基準として家内労働者の賃金率を決定する，という方法が採用された。これと同時に，家内労働者の賃金は請負ないし出来高制が常態であったため，その平均労働時間を測定するための専門職業委員会（comité professionnel d'expertise）がおかれた。同委員会の構成も，治安判事の主催する労使同数代表制であった。この両委員会は1941年法によって廃止され，賃金率の決定および労働時間の評価は県知事の権限として統合され，労使の混合委員会（commissions mixtes）に諮問すべきこととされた。

---

3 PIC (P.), *Traité élémentaire de Législation industrielle: Les lois ouvrières*, 4e ed., Paris, Rousseau, 1912, p.794.

4 同法は思想的背景としては社会的カトリシズム，法的背景としては1909年のイギリス賃金審議会法成立の影響を受けて，1911年には政府法案として提出されたものである。しかし1913年には下院を通過しながら，第一次世界大戦によって一時凍結された。

(3) 労働協約の拡張適用
(a) 労働協約拡張適用制度

　他方で，集団的労使関係に関する賃金規制も発展した。まず，1919年3月25日の法律によって労働協約に強行性が付与され，さらに1936年6月24日の法律による改正によって，労働協約の拡張適用制度が導入された[5]。これにより，その産業における最も代表的な職業団体 (syndicats représentatifs)[6]の要求に基づいて，労働大臣または地方長官が労使の混合委員会を召集し，同委員会が協約案を作成，審議，決定して協約を締結した場合には，全国経済審議会 (Conseil National Economique) への諮問という手続を経ることで，労働大臣の発するアレテによって，その内容が当該産業の全労働者に拡張適用されることになった。

　拡張適用を受ける協約については必要的条項が規定されており，その中に地域別・職階 (qualification professionnelle) 別の最低賃金が含まれていたことから，これを労働協約拡張方式による最低賃金制度と位置づけることができる。1938年末までには519件の労働協約が拡張され[7]，1936年の労働協約法は団体交渉・労働協約がフランス社会に広く浸透していく契機となった[8]。

(b) 仲　裁　裁　定

　この労働協約法と時を同じくして，1936年12月31日の法律および1938年3月4日の法律によって，労働争議の強制調停仲裁制度が導入された。これは当事者が労働協約を締結しえなかった場合や労働協約を改定しようとする場合，または労働協約が存在しない場合の紛争を法定調停仲裁機関に付託するものであったが，その多くは賃金に関する紛争であったとされる[9]。1938年法10条には，物価の上昇に応じた賃金調整の基準が定められており，協約または裁定による賃金決定から生計費指数が10％以上変動するときには，その変動に比例して即時に賃金を改定することが規定されていた。もっ

---

 5 外尾健一「フランスの労働協約」日本労働法学会編『労働法講座第7巻上・外国労働法(1)』（有斐閣，1959年）1913頁以下。

 6 何が代表的な職業団体かについては，同法の中に定義はおかれていない。

 7 外尾・前掲脚注2論文133頁。

 8 水町勇一郎『労働社会の変容と再生――フランス労働法制の歴史と理論』（有斐閣，2001年）88頁。

 9 外尾・前掲脚注2論文133頁。

とも，高等仲裁裁判所によって，この比例増額規定は協約の定める最低賃金の総額ではなく，その一部である最低生活費 (minimum vital) についてのみ適用されると解釈され[10]，その具体的な解釈は仲裁人に委ねられた。

ところが，1930年代後半の急激な物価上昇によって，労働者全般の実質賃金の低下は深刻化した。労働総同盟 (Confédération Générale du Travail：CGT，1895年に成立した労働団体) などは賃金のスライド制を要求したが，実現しないまま第二次世界大戦を迎える。

なお，フランスは1930年9月18日にILO条約第26号を批准している（第131号条約の批准は1972年12月28日である）。

(4) 第二次世界大戦中・戦後の賃金統制

第二次世界大戦中は，1939年11月10日の法律（デクレ-ロワ）および1940年6月1日の法律に基づいて，1939年9月1日の各等級における平均賃金を最高賃金とする制度が定められた[11]。また，1941年10月4日の労働憲章 (La Charte du Travail) によって，全国的産業別組合の解散やストライキの全面禁止とともに，賃金統制が敷かれることとなった。ここでは，「労働大臣に属する最高賃金委員会の報告に基づいて」，「政府によって」地域別の最低生活賃金 (salaire minimum vital) が定められた[12]。この最低生活賃金の額は，不熟練の単身者を基準として定められるが，職業格付けに応じて職業報酬および補足賃金が適用された。

第二次世界大戦後は，生活物資の欠乏による物価の上昇に伴い，実質賃金は低下する一方であり，CGTを中心として最低賃金の引上げが強く主張された。そして，戦時中に賃金抑制を図ったこれらの賃金統制は，戦後は労働者の生活保障のための規制に変わる。

たとえば，1944年8月24日，同年9月14日のオルドナンスは，実質的には賃金引上げ命令であった。また，1946年12月23日の労働協約法では，依然として労働協約の必要的記載事項として賃金があげられていたが，それは法令によって最低賃金が定められるまでの臨時的なものであって，最低賃

10　C. S. A. no 284 bis, 1 aout 1938, Metallargie de Bethume et d'Arras, *Dr. soc.*, 1938, p. 33.

11　この制度は，1941年11月30日の法律によって対象が拡大された。

12　労働憲章54条および58条。

金は労働協約高等委員会の意見を聴取した後,デクレによって決定されるべき国家の専権事項とされた[13]。1946年労働協約法は,全国職業委員会 (Commission Nationale Professionnelle) が各職業別の職種格付けおよび職種別係数を作成し[14],大臣が命令によって公布することを定めた。このほか,物価の高騰を補完するための時間あたり補償 (indemnité horaire),パリ地区の労働者に認められる移動手当 (indemnité de transport),さらに年齢および地域による減額が認められていた。

もっとも,政府によるこのような最低賃金の引上げは物価の上昇に十分に対応できず,また,価格その他の統制の廃止などを受けて,労働協約法についても改正の機運が高まった。そして成立したのが,「労働協約と集団的労使紛争の規制手続に関する1950年2月11日の法律(労働協約法)」である。

同法は,賃金の自由交渉の原則を再確立したものとして位置づけられると同時に[15],組合組織と国家の協働を予定した,独自の柔軟な賃金決定制度を採用したものである[16]。

2 全職域最低保証賃金 (SMIG) 制度

1950年2月11日の法律は,1946年法の国家による賃金統制を廃止し,賃金決定に関して1936年の労働協約法の原則に復帰するものであった。したがって,職業団体 (organisation syndicale) の申出または大臣の発意で混合委員会を設け,最も代表的な (les plus représentatives) 職業団体間で協約が締結された場合に,協約の拡張適用が認められることになった。この中の最低賃金に関する規定としては,拡張適用される協約の要件として,「格付けのない労働者または被用者の職業別全国最低賃金 (salaire minimum national professionnel de l'ouvrier ou de l'employé sans qualification)」および「職業資格に関

---

13 同法10条および労働法典1巻310条。さらに,産業別・各職業カテゴリー別の賃金額を定める1946年から1950年にかけて出されたパロディ命令 (arrêtés Parodi-Croizat),1945年12月31日のアレテ,1948年9月28日のアレテ等により,国家による賃金規制が維持された。

14 たとえば,未熟練労働者,重作業未熟練労働者,半熟練労働者,熟練労働者,高度熟練労働者等の格付けそれぞれに,100,110,135,150,170等の係数が定められた。

15 Conseil supérieur de l'emploi, des revenus et des coûts, Le Smic, 1999, p. 11.

16 CAMERLYNCK (G.H.) et LYON-CAEN (G.), Precis de droit du travail, Paris, Dalloz, 1965, p. 194.

する階級係数（coefficients hiérarchiques）」が含まれていたことが注目される。

しかし，同法によって導入された最も画期的な制度は，全職域最低保証賃金（salaire minimum interprofessionel garanti；以下「SMIG」という）の導入である。これは，全労働者に対する最低賃金を決定する，フランス初の制度であった。同法によって，協約上の賃金ピラミッドの底辺を法定最低賃金が下支えするという，現在の最低賃金制度の基礎が成立したといえる。

(1) 全職域最低保証賃金（SMIG）の目的

全労働者を対象とする最低賃金として登場したSMIGであるが，法案審議過程において議論の中心となったのはそのあり方であった。

国民議会では，政府はまず，労働・社会保障委員会の報告を介して，最低賃金制度の是非とそのあり方について，理論的な4つのモデルを提示した[17]。すなわち，(1)最低賃金を定めず，労使の自由な賃金交渉に委ねる方法，(2)生存最低賃金（salaire minimum vital）を設けるという，(1)のあり方と対極にある方法，(3)政府が裁量によって最低賃金を決定する方法，(4)特別の委員会ではなく，労働協約高等委員会が決定する額を大臣が承認する方法，の4つである。

まず，(1)の方法は，労働組合が存在しない領域の労働者に対して極めて低い賃金を課す余地を残すものとして，否定された。残る3つの方法のうち，(2)の方法は，経済会議（Conseil économique）が政府に対して出した答申の中で提示された考え方であった。これは，最低賃金を，全国最低賃金（salaire minimum national）とそれを上回る職業最低賃金（salaire minimum professionnel）との2段階として捉え，前者については労使同数代表制の特別の委員会（conseil supérieur）が生存のための最低基準である標準生計費（budget type）に基づいて定めるというものであった[18]。しかしこれに対して，政府は「このような提案を受諾することは，……賃金労働者（salarié）に非常に深刻な危機（crise d'une gravité）を開くものである」として，強い懸念を表明した。そこで，政府原案として提示されたのは(3)の方法であり，「いかなる賃金労働者も，この国のいかなる場所においても報酬が受け取れなくなる

---

[17] M. Edouard Moisan (rappourteur de la commission du travail et de la sécurité sociale), Assemblée Nationale, 15 dec. 1949.

[18] *Ibid.*

ような水準」を超えないことを保証する賃金を「労働大臣と社会保障大臣，経済担当大臣のデクレ」によって決定するという，政府の裁量を広く認める方法が提案された。これは，協約でカバーされない労働者のための，いわゆる「地下室の床 (sol de cave)」，「最低の中の最低 (minimum minimorum)」を意図するものであったといわれる。

しかし，審議過程においては政府原案における政府裁量の大きさに懸念が集まり，むしろ標準生計費を基準とする方法がとられるべきだという意見が相次いだ[19]。そしてその結果，政府原案は大幅に修正され，「最低生存費」の考え方（(2)の方法）を基礎とする標準生計費が導入されることになった。

労働協約法の一部として成立した SMIG については，固有の目的は明記されていない。もっとも，「法は明言していないものの，同法は最低生存費 (minimum vital) の概念を確立したものである」と評価されている[20]。また，最低賃金が生活費 (coût du la vie) の変化に応じて変更されるメカニズムを採用していることから，その目的は労働者の最低生活保障にあったということができる。

以下では，その目的を実現するためにどのような方法が採用されたのかという点を中心に，SMIG の具体的な制度内容についてみていきたい。

(2) SMIG の制度内容
(a) 適 用 対 象

SMIG の地域的適用範囲[21]は，海外領土を除くフランス全国とされた。ただし，後述するように，地域によっては減額の対象とされた。また，人的適用範囲は，労働協約の適用範囲である全職域[22]の労働者であり，かつ，サー

19　たとえば，政府原案は「全国全職業に適用される最低賃金は恣意的に決定されてはならず，標準生計費の確立による全ての意見によって正当化されるものでなければならない」等と批判された (M. Albert Gazier, Assemblée Nationale, 15 dec. 1949)。また，公正な賃金 (salaire juste) という概念および 1947 年のパレ・ロワイヤル (Palais-Royal) 協定において明らかにされた最低生存保証の概念を反映すべきとし，労働協約高等委員会に標準生計費を研究する任務を負わせるべきという意見も出された (M. Joseph Dumas, Assemblée Nationale, 15 dec. 1949)。

20　LYON-CAEN (G.), *Les Salaires*, Paris, Dalloz, 1967, p. 22.

21　1950 年 8 月 23 日のデクレ 1 条および 2 条。

22　すなわち，商・工業，農業（ただし別賃金），自由業，公的施設，家内労働者，公

ビス貸借契約によって使用者と関係づけられる，通常の身体能力を有する労働者[23]のうち，原則として 18 歳以上[24]の男女である[25]。

(b) **比較対象となる賃金**

SMIG の額は時間当たりで決定されるが，時間給制か，週給制か，あるいは月給制かといった支払形態にかかわらず適用された[26]。労働時間が当時の法定労働時間である週 40 時間を下回る企業の場合は，時間あたり賃金は実際の労働時間に基づいて計算される。これに対して，労働時間が 40 時間を超えた場合は，時間外労働に対する割増賃金が含まれていることを考慮しなければならない。したがって，労働者が SMIG を支払われたか否かを判断する際には，時間外労働割増分を考慮に入れてはならないとされた。

SMIG の比較対象となるものは，原則として費用償還や時間外労働に対する割増賃金（パリ地区においては移動手当も）を除く，現物給付および賃金を補完する性質を有する割増分を考慮にいれた，実労働時間に相当する賃金である[27]。

(c) **地域別減額**

地域による最低賃金の減額は，1943 年 6 月 19 日のアレテ（その後，1944 年 3 月 7 日のアレテで改正）を端緒として，SMIG においても採用されたものである。当初の導入目的は，最低賃金額を生活費の地域差に合わせて調整す

営事業，建物管理人，金庫・民法上の組合・職能団体等の職員，特別の法的定めのない公営企業である（旧労働法典第 1 部第 2 編第 4 章の 2 第 31 条）。ただしフランス銀行など政府系企業の一部や海商を除くとされた（1950 年 8 月 23 日のデクレ。海商については特別の規制がなされる）。また，食事および住居が提供される一部の職業，すなわちホテル・カフェ，レストラン等に従事する従業員については，原則として協約または 1950 年 2 月 11 日の法律 21 条の定める協定上の額が控除され，そのような定めがない場合は現物支給に対して一定の評価額が定められている。また，管理人は適用除外とされる（1951 年 4 月 17 日のデクレ）。また，農業従事者については農業労働者特別最低賃金（salaire minimum particulier aux travailleurs agricoles：SMAG）が定められたが，これについては本書では特に扱わないこととする。

23 通常の身体能力をもたない者については，省令に基づいて 10％までの減額が認められる。

24 14 歳から 15 歳では 50％，15 歳から 16 歳では 40％，16 歳から 17 歳では 30％，17 歳から 18 歳では 20％の減額となる。

25 1950 年 8 月 23 日のデクレでは，試用契約を除外している。

26 Soc., 10 déc. 1953, D., 1954.77；Soc., 28 avril 1956, Dr. Soc., 1956, p.485.

27 1950 年 8 月 23 日のデクレ 3 条。

ることであった。しかし，1960年代後半には，生活費が次第に統一的なものとなっている以上，このような目的が妥当するか否かについては疑義があり，むしろ，一定の地域における，支払能力の低い小規模周辺産業の保護という要請を反映する目的が中心的になっていった[28]。

　この「地域」は行政区画そのものではなく，主としてその人口に応じて，市町村を異なるゾーンに区分するものであった。立法当初は，11のゾーン区分がなされ，最大20％までの減額が定められた。もっとも，地域別減額はしばしば強い批判の対象となり，段階的に廃止されていった。1967年の時点では，ゾーン0から6までの区分において6％までの減額がなされていたが，1968年5月31日のデクレによって，地域別減額制は完全な廃止に至った。

(d) 履行確保

　SMIGの不遵守に対する政策は，刑事罰である。SMIGを下回る額の賃金を支払っている使用者は，違法な賃金を支払われている労働者の人数分，罰金を科せられる[29]。再犯の場合は，罰金は加重される。また，その監督は，労働監督官と司法警察職員によってなされる[30]。民事効としては，使用者は，支払った賃金とSMIGとの差額の支払いを請求されることになる。

(3) SMIGの決定方法

　次に，SMIGの具体的な決定方法についてみていきたい。1950年法制定当初の決定方法は，政府のデクレによる裁量的決定が唯一の方法であった。1952年の改正で，これに物価スライド制に基づくアレテによる自動的決定の仕組みが採用されることになったため，以下順に検討する。

(a) デクレによる政府の裁量的決定方式

(i) 考慮要素

　制定当初は，SMIGの決定に際して，政府に非常に広範な裁量権が与えられていた。SMIGの増額は義務的なものではなく，1950年法は，労働協約高等委員会（Commission Supérieure des Conventions Collectives）にSMIGの

---

[28] LYON-CAEN (G.), *supra* note 20, p. 39.
[29] 当時の労働法典（旧労働法典）第1部第2編第4章の2第31-x条2項，31-z条b項2文および1950年8月23日のデクレ4条。
[30] 旧労働法典31-z条c項。

決定の資料となる標準生計費の研究の義務を課し，その理由付き答申（avis motivé）を考慮して，閣議に基づくデクレによって決定するという方法を定めていた。すなわち，当初の決定方式は，労使の意見を反映させたマーケット・バスケット方式であったといえる。

労働協約高等委員会とは，1946年12月23日の法律によって導入された，協約の拡張適用の場合に諮問を受ける権限を与えられていた機関であり，この法律によって新たにSMIGの決定に関与する権限を与えられたものである。同委員会の構成は，労使代表が各15名，全国的家族団体から3名，政府から労働担当大臣またはその代理人，経済担当大臣またはその代理人，上院の社会委員長の3名である。もっとも，同委員会に与えられたのは，「SMIGの構成要素を研究する」という使命と，労使協議の場としての役割にすぎない[31]。したがって，政府は，同委員会の理由付き答申を「もとに (d'apres)」SMIGを決定するのであって，答申に拘束されるわけではなかった[32]。

労働協約高等委員会が研究しなければならないSMIGの構成要素，すなわち標準生計費（budget type）[33]とは，生活費の変動を確認し，SMIG決定に際して政府に資料を提供する指標である。これは「必要不可欠である故に縮減されえない，生活に必要な費用」とされ，パリ地区の労働者の生計費から算出された。この概念には，食料品のみならず被服，住居，余暇なども含まれる。

(ii) デクレによる決定方式の限界

SMIGの導入は，国家の設定する最低賃金による最低生活（minimum vital）の保障という考え方を，フランスではじめて具体化したものである[34]。その実現方法として当初採用された決定方式の特徴としては，SMIGの決定において国家に広範な裁量権を付与していたことがあげられる。

この特徴は，(1)SMIGの決定時期に関して定期的な見直しの規定がおかれず，政府に委ねられたこと，(2)具体的な額の決定にあたって労使の関与は最小限にとどめられたこと，すなわち，労使の関与は標準生計費の研究に限

31　同31-x条1文。
32　同31-x条2文。
33　同31-x条1項。
34　LYON-CAEN (G.), *supra* note 20, p. 22.

られ，その答申に拘束力が与えられなかったことの2点にあらわれている。しかも，標準生計費は本質的に相対的な概念であるため，その決定を労使参加の委員会でおこなうこと自体に問題があった[35]。

実際に，標準生計費に関する労使の主張は鋭く対立し，はじめて具体的な額に関して出された1950年8月23日のデクレは，食費以外の標準生計費については労使の合意に達することができないまま発せられることになった。このことは，「政府は労働協約高等委員会が合意に達することができなかったという事実を法的に確認するという意味において，同委員会の任務を利用したのである」と評価されている[36]。結局，同委員会における労使団体や家族団体の役割は二次的なものにとどまり，決定権は常に政府が握っていたとされる[37]。

最低賃金の決定主体を政府とした趣旨は，労働協約によって規制されない全ての労働者に対して必要不可欠の最低賃金を保証することに加えて，公務員の俸給などがSMIGの影響を受けることに鑑み，裁量を留保するためであるとされた[38]。もっとも，最低賃金を国家の裁量に委ねる点については批判も多く，生活費の上昇に応じてSMIGを自動的に改定する指標スライド制の採用が主張されるようになった[39]。そして，この批判に対応する形で，自動的改定方式が導入されることになったのである。

(b) 物価指標スライド制による自動的改定方式

SMIGの導入と前後する1947年のベトナム戦争，1950年の朝鮮戦争などに伴う軍事費の増大によって，フランスの物価は上昇を続けていた。SMIGは，1951年4月1日，9月10日にそれぞれ11.5%，14.9%引き上げられたものの，物価上昇には追いつけなかった。そこでPinay内閣によってインフレ対抗策としてとられたのが，1952年7月18日の法律および1957年6月26日の法律によって導入された，物価指数に応じたSMIGの指標スライド制（echelle mobile）である。

---

[35] 実際に，第1回の委員会は1950年5月8日から6月27日まで開かれたが，結論は出なかったとされる（藤本武「フランス最低賃金制の概要」海外労働経済月報6巻11号〔1953年〕168頁）.
[36] Conseil supérieur de l'emploi, des revenus et des coûts, *supra* note 15, p. 12.
[37] LYON-CAEN (G.), *supra* note 20, p. 34.
[38] *Ibid.*, p. 23.
[39] CAMERLYNCK (G.H.) et LYON-CAEN (G.), *supra* note 16, pp. 195-196.

(i) 物価スライド制の仕組み

1952年7月18日の法律は，物価指標へのスライド制として，パリにおける世帯消費物価指数（indice des prix à la consommation familiale）が，同法によって定められた基準値である142を少なくとも5％超えて上昇した場合に，SMIGがその率に比例して自動的に増額される方式を定めた[40]。さらに，1957年6月26日の法律は，物価の真の変動に対応させるため，スライド制発動の閾値を5％から2％へと下げた。これによって，物価指数が連続する2か月の間に2％以上の上昇を示すレベルを維持した場合，SMIGはその率に比例して自動的に増額されることが規定された。なお，1957年法は，デクレによる裁量的決定の際の考慮要素として，新たに「国民所得（revenu national）」を加えている。

裁量的決定と異なり，新たな物価スライド制は，指数の上昇に拘束力が与えられていた。改定されるSMIGの額は，労働担当大臣および経済問題担当大臣の共同大臣アレテによってもたらされるのであるが，そのアレテはSMIGの新たな額を「決定する」性質ではなく，「通知する」性質のものであるとされた[41]。自動的増額は，参照される指数の発表された翌月の1日から効力を発する。そして，出されたアレテは，新たなSMIGと同時に，新たな基準指標をも示すことになる[42]。

最初の指標スライド制の発動は，1957年8月8日のアレテであった。SMIGは物価指数の上昇率と同じ5.9％分引き上げられ，同年9月1日より適用された。その後，2か月間に2％の上昇が記録されるごとに自動的増額がなされるようになった[43]。

(ii) 指標の内訳

指標スライド制の構造上，このシステムが適切に機能するか否かは，指標

---

[40] 旧労働法典31-xa条4項。1952年8月22日のデクレ，同8月22日のアレテによって施行細則が定められている。

[41] 旧労働法典31-xa条6項。

[42] たとえば，1966年1月1日の基準指数は143.27であるが，指数が閾値を超えると変更される。したがって，変更されるのは指数が $143.27 + 2\% = (143.27 \times 1.02) = 146.13$ を超えた場合となる。

[43] 1965年までは，1957年12月31日，1958年2月27日，1958年5月28日，1959年10月30日，1960年9月29日，1961年11月30日，1962年3月24日，1964年9月26日のアレテによって自動的増額がなされた。

の選択にかかっているといえる。しかし，1952年7月18日の法律によって採用された213品目の世帯消費物価指数の構成は，非常に大きな操作の可能性の余地を許すものであったことが指摘されている。指標は信頼に足る目安でなければならないにもかかわらず，1952年法の指標は，むしろ賃金の増額を妨げるためのものだったとさえいわれている[44]。

そこで，この指標は，1957年9月17日のデクレによって，小売価格の指標である179品目の指標に替えられた。それと同時に，指標の採用について新たな法的規制がもたらされた。まず，採用された179品目の指標は確定的なものではなく，所轄の大臣の報告を受け，労働協約高等委員会の答申をもとに大臣閣議で出されるデクレによって決定される。したがって，新たな指標がこの指標に代替する可能性が生じた。もっとも，その指標は，労働協約高等委員会において確固とした計算の根拠を示されたものでなければならない[45]。

実際に，1966年2月23日のデクレは1957年9月17日のデクレを廃止し，1966年1月1日から，179品目の指標に替えて，259品目からなる，世帯消費物価指数を採用した。

(iii) 労働協約高等委員会の役割

それまでSMIGの裁量的決定に関与することとされていた労働協約高等委員会は，自動的決定手続にも関与することになった。同委員会は，少なくとも1年に1回の会議を行わなければならず，また，特別の権限をもつ小委員会を選任しなければならない[46]。その小委員会の構成は，労働大臣またはその代理人，農業大臣またはその代理人，経済担当大臣またはその代理人，労使代表各4名である。

そして，労働協約高等委員会は，小委員会を中心として国立統計経済研究所 (Institut national de statistiques et des études économique : INSEE) とともに生活費の上昇を検討し，パリにおける世帯消費物価指数の設定および改定のために必要な要素について毎月報告し，指標の変更に関する答申を出す義務を負うこととなった[47]。実際に，同委員会は，1957年8月13日には，213

---

44 これには政府の専売品や，補助金が支出された品目などが含まれており，恣意的な操作の余地があったためである (LYON-CAEN (G.), *supra* note 20, p. 37)。
45 旧労働法典31-x条a項3文。
46 同31-x条a項1文。

品目から 179 品目の指標への変更に対して批判的な答申を出している。

特別小委員会の構成は，経済担当大臣および労働社会保障担当大臣の連署のアレテによって決定される[48]。なお，労働協約高等委員会が，上述したデクレによる裁量的決定手続の範囲内で算出する義務を負っていた標準生計費は，SMIG の自動的改定手続の指標には含まれないこととされた。

(c) 裁量的決定方式と自動的改定方式の関係

1952 年から 1957 年の法律によって物価指標にスライドする自動的な増額手続が導入されたことで，1950 年の法律によって当初規定された，デクレによる裁量的決定手続との関係が問題となった。指標スライド制においては，国家が評価を差し挟む余地はなく，裁量権は制限されている。このように，SMIG を生活費の上昇に応じて増額されるシステムを導入したことで，政府が介入するインセンティブはなくなったようにもみえる。

しかし，この第 2 の手続の導入は，第 1 の手続と制度上併存し，実際にその廃止も形骸化も引き起こさなかった[49]。旧労働法典 31-x 条 3 項は，デクレによる増額がスライド制の帰結であるところの増額に優先すると規定している。デクレによる手続が意義を持ち続けた理由の 1 つとしては，指標スライド制に基づく自動増額制度の限界が指摘される。前述のとおり，指標の調整には，連続する 2 か月における 2％の幅という閾値が規定されていたため，この閾値に達しない限りで SMIG の引き上げはなされないことになる。しかも，同条 6 項は，新たな SMIG が，参照された指数の発表された翌月の 1 日からしか効力を発生しないと定めている。すなわち，最低賃金は常に物価の上昇に遅れて上昇するシステムだったといえる。

これに加えて，SMIG のスライド制は物価に連動するのみであったため，高度成長期を迎えて，平均賃金の伸びに対して SMIG の上昇が低くとどまる点が大きな問題となった。そこで，1957 年改正では考慮要素に「国民所得」が加えられ，生存のための最低賃金という考え方から，富の増大への参加というアプローチへの変化がみられた[50]。

すなわち，SMIG について，生活保障としての考慮に加えて，経済的な格

47　同 31-x 条 a 項 2 文。
48　1957 年 9 月 16 日のアレテによって修正された 1952 年 8 月 22 日のアレテ。
49　LYON-CAEN (G.), *supra* note 20, p. 38.
50　Conseil supérieur de l'emploi, des revenues et des coûts, *supra* note 15, p. 12.

差が問題とされるようになっていったのである[51]。これに基づいて，政府は，1962年10月30日のデクレと1963年6月29日のデクレによってSMIGの引上げを行っている。もっとも，政府裁量による引上げは不十分だと指摘され，さらに抜本的な改革が必要とされることになる。

3 グルネル協定の締結と新法案提出

これまでみてきたように，1950年に制度化されたSMIGは，改正を経て，当時の最低生活水準を基礎とした物価指標スライド制を中心とするものとなった。しかし，1960年代の高度成長期には，SMIGが購買力の一般的な向上に追いつかないことが問題となった[52]。SMIGはあまりにも低額であり，ごく少数の労働者に対してしかその使命を果たしていないことが問題視されたのである[53]。

そのような問題意識を背景に，1968年5月の大規模なゼネストを契機として，政労使の三者によってグルネル協定（accords de Grenelle）が結ばれた。

このグルネル協定こそが，SMIGからSMICへの転換プロセスの出発点となった。前述のように，それまでのSMIGは物価指標にスライドしていたが，これに基づく増額を上回る引上げを可能とするため，政府は一般的経済条件を考慮に入れることとした。グルネル協定では，たとえSMIGが物価の上昇に連動し，それに先行さえしたとしても，実質平均賃金の発展と最低賃金の発展との重大な差は深まり，SMIGはもはやその役割を果たしていないことが認識された。このグルネル協定のプロトコルによって，SMIGは35.13％ないし37.86％も急上昇した。しかしこのような急な引上げは，小規模企業にとって予期せぬ費用負担を課すものであり，経済に有害な効果をもたらす恐れがあった。そこで，SMIGの動きをより緊密にし，かつより定期的に経済の拡大と結びつけることと，過去における極めて急激な調整がもたらした過度のギャップを回避することが必要とされたのである。

まず，この問題の解決を付託された労働協約高等委員会は，作業グループによる報告書を1969年9月29日に提出した[54]。続いて社会経済評議会に法

---

51 LYON-CAEN (G.), *supra* note 20, p. 34.
52 JOIN-LAMBERT (M.-T.) [et al.], *Politiques Sociales*, 2e éd., Paris, Dalloz, 1997, p. 148.
53 LYON-CAEN (G.), *supra* note 20, p. 32.

律草案[55]が出されたが，同協議会はこれを否定する答申を出した。さらに，SMIGの改革と全職域成長最低賃金（SMIC）の創設をもたらす法案[56]が続いて提出された。法案審議過程では，労使の混合委員会（commissions mixtes）の開催を必要とするような深刻な見解の対立が生じたが[57]，最終的には1970年1月2日の法律として成立した[58]。

II 全職域成長最低賃金（SMIC）制度

1 全職域成長最低賃金（SMIC）の目的

1970年法の法案審議過程では，最低賃金制度の改革の意義と最低賃金の役割について，政府の意見が以下のように表明された。最低賃金についての「このような改革は，当然，低賃金問題の改善政策，より広くは賃金に関する一般政策の一環として位置づけられるべきものである。1950年に導入された最低賃金制度はもちろん，低賃金問題の改善のための政策における，本質的な手段の1つである」[59]。もっとも，「最低賃金制度のみが低賃金問題を解決する方策ではなく」，それは絶対的な最低限を画するという意味で，最後尾をいく「押伍艦（serre-file）」の役割を果たすにすぎない。これに対して，「前衛部隊（avant-garde）」の役割を果たすのが労働協約上の最低賃金であるとされ，最低賃金制度の役割は限定的であるという見解が表明された。

また，最低賃金制度の改革における政府の意思表明として，新たな規制に関する3つのポイントが示された。第1に，協調（concertation）の規制であること，すなわち労働協約高等委員会に対して国の会計および経済状況についての情報を提供し，その関与を担保することである。そして第2に，経済発展の陰で長らくその恩恵を受けられずにいた労働者を含めた，全てのカテゴリーの労働者が恩恵を享受できる制度とすることである。そして第3のポ

54　*Liai. soc.*, no 103/69, 1er oct. 1969.
55　*Liai. soc.*, no 127/69, 17 nov. 1969.
56　*Liai. soc.*, no 1327/69, 27 nov. 1969.
57　no 996. P. V. séance 19 déc. 1969.
58　L. no 70-7 du janv. 1970 (D. 1970. 36 ; J. O. 4 janv.).
59　Fontanet (M.) (ministre du Travail), Assemblée Nationale, 10 décembre 1969.

イントは，社会的パートナーの合意なしに国家は何もできない複雑な経済社会であることから，この新たな規制を設けるだけでは十分ではなく，賃金の実態に近づけるためには労働協約の発展が必要不可欠だというものである。

この新たな法律は，SMICに2つの目的があることを明らかにしている[60]。第1の目的はSMIGから継承したものであり，低賃金労働者の「購買力の保証（garantie de leur pouvoir d'achat）」である。第2の目的は，低賃金労働者の「国民経済の発展への参加の保証（garantie une participation au development economique de la nation）」であり，これはSMICの創設によってはじめて付け加えられたものである。

第2の目的が付け加えられたことは，法案審議過程において，「生存のための最低限の確保という，古い静的な概念（notion statique）から，進歩の果実への有効に保障された参加および定期的な増加という，動的な概念（conception dynamique）への，完全な変革」であると位置づけられている[61]。このことは，最低賃金制度が保障すべき労働者の最低生活に関して相対的な概念がもちこまれたこと，すなわち貧困概念の相対化を意味する。最低生活が維持されない状態とは，帰属する社会における他の世帯との比較において，著しく異なった状態で生活せざるを得ない状態であり，その帰結として，最低生活を維持するための最低賃金の額は，社会の経済発展に応じて上昇するものでなければならないと考えられたのである[62]。

このように，SMICは，国家（政府）が決定する，全国規模かつ全職域にわたる，縮減されえない最低の賃金基準として成立した。同法の規定する条項は，現在，労働法典第2巻「賃金および各種手当」第3編「賃金の決定」の第1章（L.3231-1条以下）を構成している[63]。

ここから，現行制度であるSMICの制度詳細をみていくことにする[64]。

60　現在の労働法典 L.3231-2条。
61　Fontanet (M.) (ministre du Travail), Assemblée Nationale, 10 décembre 1969.
62　COUTHEROUX (J.-P), *Principes, fonctions, complémentaires et dépassement du salaire minimum*, Dr. soc., 1978, p. 277.
63　労働法典 L.3231-2条以下。
64　邦語文献として，川口美貴「フランスにおける賃金決定の法構造」静岡大学法経研究40巻1号（1991年）99頁以下。

2 SMICの制度内容

(1) 適用範囲
(a) 適用地域

SMICの地域的な適用範囲は，フランス本土および海外県（d'outre mer）の4県と，海外領土のうちSaint-Barthélemy, Saint-Martin, Saint-Pierre-et-Miquelonである。なお，前身であるSMIGで採用されていた地域別減額制度は，SMICの下では設けられていない。ただし，海外県に関しては特別の定めがある。

(b) 適用対象者

SMICは全職域に適用されることを原則とし，労働法典L.3211-1条に定める，私法上の権利を有する全ての使用者および労働者を対象としている。さらに，工業および商業的な性格を有する公的機関の従業員，および，公的行政機関において私法上の権利を有する従業員も，適用対象となる。また，SMICは，SMIGとは異なり，農業部門にも同様に適用される。ただし，漁業は特別な規制の対象となる[65]。

また，SMICの適用対象者は，通常の身体能力を有する18歳以上の全労働者である[66]。18歳未満の若年労働者については，減額されたSMICが適用される[67]。ただし見習契約[68]（contrat d'apprentissage）締結中の者，または26歳未満で職業順応契約[69]（contrat de professionnalisation）を締結中の者は除外される[70]。さらにSMICは，労働法典L.7321-1条以下に基づいて労

---

[65] 1997年11月18日の法律による海上労働法典34C条。
[66] 通常の身体能力に関する定義はおかれていないが，技能の未熟さや技術の欠如は通常の身体能力の欠如にはあたらないと判断されている（Soc. 20 nov. 1959, *Bull. civ.* V. no 926）。
[67] 減額割合は，17歳未満は20％，17歳から18歳は10％である。この減額は若年者の経験不足を根拠としているため，見習・職業順応契約を履行してから6か月経過後は通常のSMIC額が適用される（労働法典D.3231-3条）。
[68] 労働法典D.3211-1条。
[69] 労働法典L.6325-8条。
[70] 見習契約締結中の者に関しては，勤続年数によって最低額が定められている。契約締結から1年未満の者はSMICの53％，2年目の者は61％，3年目の者は78％である。ただし，16-17歳，18-20歳の者については，それぞれより大きな減額率が定められている（労働法典D.6222-26条）。

働立法が適用される。本来は労働者ではない支店の代表者 (gérants de succursales) にも適用される。もっとも，時間的拘束がなく，自由に仕事を構成しうる労働者には，原則として SMIC は適用されない[71]。

(c) 賃金の支払形態

支払方式に関しては，時間制の支払いであるか（時間給制，週給制，月給制），または，出来高によって支払われているかは，現在ほとんど問題とされない[72]。出来高制の場合は，出来高の少なさが身体的不適格性に帰すものでなければ，労働者は支払われた賃金と SMIC との差額を，実質労働時間ごとに要求することができる。労働者がチップによって報酬を得ていた場合は，使用者は場合によっては顧客から受けた金額を補完しなければならない[73]。

(2) SMIC との比較

(a) 比較の方法

個別契約であっても，労働協約であっても，労働者に支払われる「時間あたり賃金 (salaire horaire)」が SMIC を下回ってはならない。この点について，破棄院は，労働者は賃金算定基礎期間ごとに，SMIC にその期間中の時間数を乗じた額を少なくとも支払われなければならないとしている[74]。それは，使用者がそもそも SMIC を下回る額しか支払わないという場合のみならず，労働者の賃金から一定の損害を控除する場合[75]や，労働者に費用を負担させ

---

[71] そのような労働者の典型として，外交商業代理人 (VRP) があげられる (Soc. 10 nov. 1993, *RJS* 12/93, no 1245)。しかし，外交員が労働時間にしたがっている場合はその限りでない (Soc. 3 juill. 1996, *RJS* 8-9/06, no 994)。ところが最近，破棄院社会部は，チラシ配りの事案において，「法に特別の定めがない限り……労働者は実際に活動した時間に応じて少なくとも SMIC に等しい額の報酬を受け取る権利がある」と判示している (Soc. 25 mai 2005, *Dr. soc.* 2005.924, obs. C. Radé)。

[72] この点，破棄院は，「時間あたり賃金 (salaire horaire)」との文言は時間単位の支払形態を指す限定的な意味ではないと判示している。出来高払い制の労働者については，当該労働者が実際に費やした時間を基礎として算定される (Soc. 10 déc. 1953, D. 1954, p. 77, Soc. 16 dec. 1981, *Bull. civ.* V, no 721)。

[73] Soc. 10 juin 1960, *Bull. civ.* V, no 475.

[74] Soc. 28 oct. 1968, *Bull. civ.* V, no 469, Soc. 18 oct. 1972, *Bull. Civ.* V, no 555.

[75] 破棄院は，レジの現金が足りない分を代表の店員の責任であるとした事案において，そのような責任に基づいて賃金が SMIC を下回ることは許されないと判示している

る場合[76]で、結果として支払われた額が SMIC を下回る場合も含まれる。

したがって、実務上の争点は、SMICと、契約または協約で定められた賃金および、実際に支払われた賃金との比較である。SMICと比較される賃金は、費用償還と法定時間外割増賃金およびイルドフランス地域の使用者に義務づけられている移動特別手当を除き、賃金補完（complément）という事実上の性格を有する現物給付[77]および様々な手当（majoration）を算入した、「実質労働時間」[78]に対応する賃金とされている。

(b) **比較対象となる賃金**

労働者が実際に支払われた賃金と SMIC との比較との問題に関して、実務上最も争われることが多いのは、賃金に付加され、給与としての法的性格をもつ賃金補完手当に何が含まれるかである[79]。その内容は法律やデクレには明文化されていないため、最終的には裁判所によって決定されることになる。

破棄院の判例によると、賃金の部分的構成要素である能率手当や年次手当のような、労働に関連したものは SMIC との比較対象に繰入れられるべきとされている[80]。すなわち、労務提供と密接な関連をもつ手当は参入されるのが原則である。これに対して、労務給付に直接対応せず、かつ実際の労働時間からは独立した要素については、比較対象とはされない。

SMIC との比較対象となる賃金に含まれる要素と排除される要素については、表4-1にまとめた。

(Soc. 9 avr. 1962, *Bull. civ.* V, no 289)。

[76] Soc. 25 févr. 1998, *RJS* 4/98, no 464； 10 nov. 2004, *Dr. soc.* 2005. 216, obs. C Radé.

[77] 現物給付は、通常食事または住居の支給によって賃金が部分的に支給されている労働者については、原則として職域ごとに労働協約によって評価されることになる。そうでない場合は、食事は1日につき最低保証額（労働法典 L. 3231-12条、後述）の2倍、1食につきその1倍として評価され、住居については1日あたり0.02ユーロとして計算される（労働法典 D.3231-10, D.3231-11条）。ただし、農業労働者およびホテル・飲食業従業員、料理人の場合は別の定めがある。

[78] 労働法典 R.3232-1条。

[79] SAVATIER (J.), *La portée du droit du SMIC, selon les modalités de rémunération, Dr. soc.*, 1994, p. 372 et s.

[80] Soc. 30 mars 1994, *RJS* 5/94, no 553（歩合の繰り入れ、実際の売上に依存する手当）。

表 4-1　SMIC における「賃金」

「賃金」に含まれる要素	「賃金」から排除される要素
・基本賃金 ・現物給付[81] ・労働時間の削減に対する補償[82] ・事実上，賃金を補完する性質を有する各種手当（compléments） ・チップおよび売上げに応じて支払われる歩合[83] ・収益関連手当 ・実際に労働した期間に対応する年末手当（賃金支払期間を超えた期間に基づいて算定される年末手当は，SMIC と比較すべき賃金からは排除される[84]。） ・実際に労働した期間に対応するバカンス手当 ・多目的手当	・実際に支払われた費用償還 ・労務遂行に関連して労働者が支払う費用を補完する一律手当（弁当や道具，衣服の洗濯や移動のための手当） ・時間外割増手当 ・日曜労働，深夜労働に対する生活リズム手当[85] ・勤続手当（primes d'ancienneté）[86] ・精勤手当（primes d'assiduité） ・地理的状況に対する手当（島嶼，ダム，工事現場など） ・労働条件に対する手当（危険手当，寒冷手当，不衛生手当など） ・企業の世界規模の収益に関連してなされた集団的手当 ・移動手当 ・成果手当（primes de résultat）[87] ・企業の業績配分（労働者個人が直接影響を及ぼさない要素に基づくもの[88]）

81　現物給付も，労働者の生活を保障するものである以上，通常は労働協約または労使協定によって評価が定められている。それがない場合は，食事および住居費の計算に関して，注 77 に記したように労働法典上の具体的な定めがおかれていることが特徴である。

82　労働者が SMIC を上回る賃金を請求できるのは，実際に労働した時間に対応する部分のみである（Soc. 16 févr. 1983, Bull. civ. V, no 86）。したがって，労働時間が削減に応じて部分的失業手当のような金銭的な保障がなされる場合は，当該手当を SMIC と比較される賃金に含めて考えることになる（Soc. 19 mars 1985, Dr. soc. 1985. 489）。

83　Soc. 30 mars 1994, RJS 5/94, no 553（歩合の繰り入れ，実際の売上に依存する手当）。

84　破棄院刑事部の判例による（Crim. 29 novembre 1988, Bull. crim, no 405）。この判断は破棄院社会部の判断とは若干のニュアンスの違いが見られる。社会部は，SMIC に繰り入れることが可能なのは，通常支払われる年末手当のみであると判断している（Soc. 2 mars 1994, Dr. soc. 1994. 372）。

(3) 履行確保

使用者が労働者に対してSMIC未満賃金を支払うことは，第5級違警罪という刑事罰に該当し，関係労働者の人数分の罰金が適用される[89]。SMICに関する監督は，労働監督官および司法警察職員が行う。そして，SMICに満たない支払いを受けた労働者は，その差額分について，賃金の追加支払いを要求できる。

3　決定方法

(1) 決定方式

前述のとおり，SMICの前身であるSMIGでは，1950年2月11日の法律によって，一般的経済条件および国民所得の発展，労働協約高等委員会の意見を考慮させたうえで，政府のみにSMIGのレベルを決定する役割を委ねていた。次いで，1952年7月18日の法律（1957年6月26日の法律によって修正）は，指標スライド制を導入した。しかし，このシステムは，経済成長の時代には不十分であることが明らかになり，平均賃金の伸びとSMIGの伸びとの乖離は広がる一方であった。

そこで，SMICの制定に際しては，一般的経済条件と国民所得の発展と最低賃金の伸びとの「全ての不均衡（toute distorsion）」[90]を避けるため，すなわち格差是正の観点から，購買力の保障に加えて国家の経済発展の成果を享

---

[85] 特別の拘束を補償する生活リズム手当は排除されなければならないが，労働者集団に対していくつかのシフトおよびその成績の一部に支払う多目的手当は含まれるべきとされている（Soc. 29 mars 1995, *Dr. soc.* 1995. 503）。その他，「無事故」手当（Soc. 3 juill. 2001, *Dr. soc.* 2001. 1004），出来高および売上手当（Soc. 22 mai 2001, *Dr. soc.* 2001. 766），海外県に配属された生活手当（Soc. 4 mars 2003, *Dr. soc.* 2003. 658）などがこれに該当する。

[86] Crim. 10 mai 1983, *Dr soc.* 1997.733.

[87] Soc. 2 avril 2003, *RJS* 6/03, no 742.

[88] Crim. 5 novembre 1996,. *RJS* 2/97, no 145.

[89] 労働法典R.3233-1条。再犯の場合は罰金のほかに禁固も科しうる。使用者に対して判決文の掲示が命ぜられることもある。また，刑法典では，人からその劣位または従属的状況を濫用して，無報酬または遂行された労働の価値と明らかに対応しない報酬と交換にサービスの供給を得ることは罪とされる（刑法典L.225-13条）。

[90] 労働法典L.3231-9条。

受させることを目的に加えた。そして，この2つの目的に応じて，二重のスライド制が採用された。第1のスライド制は，SMIG から継承した物価スライド制であり，購買力の補償という第1の目的に対応するものである。これに加えて，国民経済の発展への参加の保証という第2の目的に対応するために，賃金へのスライド制という第2のスライド制が導入されたのである。これらのスライド制に，政府による任意の改定という第3の方法を加えた3つの方法によって，現在の SMIC は決定されている。

(a) **購買力保障のための物価スライド制**

まず，低賃金労働者の購買力を保障するため，全国消費者物価指数（indice des prix à la consommation）の上昇に応じて，SMIC の自動的な引上げが定められている[91]。全国消費者物価指数は，世帯主が労働者（ouvrier または employé）である都市部の世帯において，タバコを除く295品目の消費者物価を対象として算出された指数である[92]。同指標が少なくとも2％の上昇を示す場合，SMIC は上昇を示した指標を公表した翌月の初日から，同じ率だけ引き上げられることになる[93]。

その増額手続は，労働担当大臣，農業担当大臣，経済担当大臣および財務担当大臣の共同大臣アレテによってなされるが，政府に裁量の余地はなく，新たな SMIC 額を「通知する」にすぎない。前身である SMIG のスライド制が，連続する2か月における2％以上の物価上昇に限定されていたのとは異なり，SMIC の物価スライド制はより忠実なスライド制を採用したといえる。

(b) **成長の考慮のための年次増額における賃金スライド制**

物価スライド制に加えて，労働者に「国家の経済発展への参加」を保証するため，政府は毎年7月1日，団体交渉全国委員会（Commission nationale de la négociation collective）への諮問と答申の後に，大臣閣議を経たデクレによって，SMIC の新たな額を決定しなければならないこととされた[94]。重要

---

[91] 労働法典 L.3231-4 条。もっとも，このデクレは大臣閣議および団体交渉全国委員会の答申（avis）を経て出されることとされている（労働法典 R.3231-1 条）。

[92] 労働法典 L.3231-4 条，R.3231-2 条。国立統計経済研究所（INSEE）は，この295品目に関して，フランス全土にバランスのとれた多くの機関（食品業に2774，製造業に4460，サービス業に2760）を配備しているとされる。

[93] 労働法典 L.3231-5 条。

[94] 労働法典 L.3231-7 条は，「SMIC の額はデクレによって定められる手続にした

なポイントは,「いかなる場合でも, SMIC の購買力の年次増額は,労働省による3か月毎の調査によって記録された平均時間給の購買力の上昇分の2分の1を下回ってはならない」と規定されたことである[95]。現在,具体的には労働力雇用条件活動調査 (enquête trimestrielle sur l'activité et les conditions d'emploi de la main œuvre : ACEMO) による,基本労働者時間賃金 (salaire horaire de base ouvrier : SHBO) の購買力がこの指標となっている。

賃金スライド制においてはさらに,毎年の SMIC の引上げは,「最低賃金の上昇と,一般的経済条件および国民所得との間の永続的な全ての不均衡を除去しようとするものでなければならない」こと,すなわち格差を問題とする姿勢が明確にされた[96]。

(c) 随時の任意改定

上記2つのスライド制に基づく法定引上げ率に加えて,政府は年度途中においても随時,団体交渉全国委員会への諮問の後,閣議を経たデクレによって SMIC を増額することができる[97]。それは任意の増額であり,いわゆる「親指の一押し (coups de pouce)」とよばれる。

賃金スライド制は,平均賃金の上昇に応じて最低賃金をも引き上げることにより,両者の乖離を防ごうという意図に基づくものであった。しかし,平均賃金の購買力の上昇の2分の1という下限が設けられたにとどまり,その限りで制度的には政府の裁量が維持されているといえる。もっとも,政府の任意改定の余地を残したことで,「立法者が SMIC を賃金格差の拡大を阻止するために用いることを強調した」ことが明らかであると評価されているように[98],実際には1986年までは平均賃金の購買力の上昇と同率以上の改定がなされており,賃金格差の縮小という機能を果たしていた[99]。

がって決定される」と規定している。そして,そのデクレは,大臣閣議および団体交渉全国委員会の答申 (avis) を経て出されることとされている (労働法典 R.3231-1 条)。なお,後述するように現在の年次増額は毎年1月1日である。

95　労働法典 L.3231-8 条。
96　労働法典 L.3231-9 条。
97　労働法典 L.3231-10 条。
98　CSERC, *supra* note 50, p. 13.
99　MONTALCILLO-REBOUR (A.), *SMIC et politique des bas salaires, Regards sur l'actualité*, Paris, Dalloz, 1991.

(2) 団体交渉全国委員会の役割

　政府が裁量によってSMICを決定する際に諮問が義務づけられている団体交渉全国委員会は，1982年11月13日の法律によって導入された委員会である。2009年現在，団体交渉の発展に資する方策を政府に提案するという本来的な任務をはじめとして，SMICの決定への関与など9つの任務が定められている。その構成は，政府代表4名，労使代表各18名の三者構成である[100]。

　同委員会は，SMICに関する政府の決定に際して，参考とされるべき答申を出す[101]。特に，年次増額においては，デクレの発行に先立って，「政府から適切な時期に，国家の財政勘定の分析および一般的経済条件についての報告を受けとり」，「それらの要素を熟考し，年度途中の改定を考慮に入れたうえで，政府に対して，必要があれば多数派および少数派の立場を詳述した報告書を添えて，理由付き答申を出す」とされている[102]。

　この答申は労使が話し合ってその結果を提出するものではなく，労使の意見をそれぞれ非公開の報告書にまとめて提出するのみである[103]。その意味で，団体交渉全国委員会の関与は形式的なものであって，政府の決定に与える実質的な影響力は弱いとされる[104]。

　しかしこの手続があることで，社会・経済政策に関して政府が労使に説明を行い，意見を聴くことが義務化され，労使の中でデータを共有しうるという利点がある。労使が政策決定の手段に関与することは時代の要請であり，その性質はもはや交渉ではないと指摘されている。

(3) 決定方式を選択した根拠

　SMICの決定における特徴は，スライド制を中心として，労使代表の関与および政府の裁量を一定程度において確保している点にある。それでは，そのような方式を選択した根拠はどのようなものだったのだろうか。

---

[100] 労働法典L.2271-1条以下。
[101] 労働法典R.3231-1条2項。
[102] 労働法典R.3231-7条。
[103] 元CGTの職員であったRoland Metz氏への2008年1月25日のインタビューによる。
[104] Antoine Lyon-Caen教授（パリ第10大学）への2008年1月21日のインタビューによる。

1970年法の審議過程においては，純粋な平均賃金へのスライドをとらない理由として，以下の2つの説明がなされている[105]。まず第1に，純粋なスライド制は単純・確実である反面，格差拡大という重大な不都合が生じるという説明である。すなわち，平均賃金の上昇によってSMICが上昇すると，それがさらに平均賃金の上昇を招くというインフレスパイラルが生じ，特に脆弱な低賃金労働者が犠牲になるというのである。第2に，単純スライド制をとることは，労働協約高等委員会の実質的な役割を排除することを意味することが指摘される。これに対して政府は，社会的パートナーと同様，この委員会が最低賃金の領域における協議の最適な段階となることを望んでいるという。そのため，政府としては過度の硬直性を避け，より柔軟な制度をとる必要があるというのである。

このような選択の基礎には，SMICが縮減され得ない絶対的な最低限を定めるものでなければならないという考え方があった。すなわち，SMICは，大量倒産を回避し，格付けが最下位の労働者の雇用を妨げないようなレベルに設定されなければならないというのである。そして，それ以上の改善は団体交渉によって実現すべきであると考えられていた。

4　SMIGの維持——最低保証額（MG）

SMIGからSMICへの移行は，物価だけでなく平均賃金へのスライドを含む制度の変更を意味した。しかし，SMIGは完全に発展解消されたわけではなく，その一部の機能が残存している。それが，最低保証額である。

法定最低賃金制度としてSMIGが導入された当初は，物価にスライドするという特性から，SMIGはいくつかの社会保障給付の算定基礎とされていた。しかし，SMICからSMIGへの改編にあたって，物価だけでなく平均賃金へのスライド制などが導入された。そこで，1970年1月2日の法律は，SMICへの改編の際に，SMIGの準拠を含む法律および規則の各条項において，SMIGを最低保証額（minimum garanti：MG）という概念によって置き換えることを選択した[106]。これは平均賃金スライド制導入の効果を限定するためであり，その意味ではSMIGが残存しているといえる。

---

[105] Fontanet（M.）ministre du Travail, de l'emploi et de la population, Assemblée Nationale, 10 déc 1969.
[106] 労働法典L.3231-12条。

最低保証額は SMIG と同様，物価指数の 2 ％の上昇および政府の任意の介入によって引き上げられうる。最低保証額の導入によって影響を受けた制度は以下のとおりである。各名称は制度導入当時のものを示している[107]。
　まず，雇用政策における給付として，全国雇用基金（Fonds naional de l'emploi）によって支払われる手当の大部分（求職者手当〔indemnité pour recherche d'emploi〕，二重居住手当〔indemnité de double residence〕，移動手当〔prime de transfert〕，再雇用補償〔indemnité de réinstallation〕，職業訓練段階における補償および商工業雇用協会〔ASSEDIC〕の訓練手当）がある。次に，社会保障に関しては，社会保障拠出の保険料算定基礎賃金（assiette），拠出算定における現物給付（食事，住居）の代替価値の計算基礎などがあげられる。さらに，税制に関して，自然人の所得税の免税基準（seuil d'affranchissement）も影響があった。労働契約においても，有給休暇手当および賃金を計算する際の，現物給付の評価にも影響を与えている。
　また，最低保障額は様々な制度における資力上限（plafonds de ressources）の算定基礎としても使用される。これには，部分的失業手当（allocations de chômage partiel）の権利が与えられるための資力上限，重度の障害を持つ未成年者の社会扶助（aide sociale）の受給認定および特別手当（allocation spéciale）が与えられるための資力上限，公団住宅（H.L.M.）に関する法の適用に関する資力上限などがある。
　このように，SMIC の創設にあたって最低保証額が分離されたことは，労働法典における最低賃金と，税法および社会保障法における最低賃金との分離を意味すると考えられた[108]。
　もっとも，その後の社会保障制度の発展の段階で，この最低保証額ではなく SMIC そのものと連動する仕組みを有する制度も現れてきており，SMIC 自体が「価値の基準（étalon de valeur）」として機能している[109]。たとえば，疾病保険（assurance maladie）や老齢年金（pension de vieillesse）など一定の保険給付や家族手当（prestations familiales）の権利の要件となる報酬下限は，SMIC の何倍という基準で定められるようになった。また，給付の基準とし

---

[107] *D. S.* 1970. Chron. 35.
[108] *D. S.* 1970. Chron. 36.
[109] COURTHÉOUX (J-P.), *Le salaire minimum, salaire de référence: Etat de données et recherche de principes*, Dr. soc., 1990, pp. 836-846.

て参照されることもあり，たとえば後述する 1988 年の参入最低所得保障（RMI）の導入以前に，地方において採用されていた最低所得保証手当の中には，SMIC を基準にその額を定めている地域があり（Belfort, Besançon, Nimes など），RMI 導入後も市町村において補完的な最低生活保障給付を採用し，SMIC と連動させる形態を採用することとなっている。もっとも，RMI 自体は，SMIC との関係を明確に位置づけてはいなかった。

5　その後の SMIC の展開

(1)　計画的増額の挫折

　SMIC の創設直後，政府はその増額を計画化することを発表した。しかし実際には，関係労使の協力が得られず，1971 年 7 月 15 日の第 6 次経済計画の中に「話し合いによる所得政策（politique concertée des revenus）」を含めることはできなかった。その後の政府の立場は，2 段階に分けることができる[110]。最初の立場は，特に小規模企業における協約の適応範囲の不十分さを強調するものであり，第 9 次または第 10 次計画においては，賃金交渉の機能不全によって労働ヒエラルキーが破壊され，キャリア見通しの不透明さにつながっていることを指摘していた。それが，1980 年代後半より，最低賃金は格付けの低い労働者の雇用に対して悪影響を与えているのではないかという懸念が広まり，SMIC の引上げに懐疑的な第 2 の立場へと変化していった。この懸念によって，政府は社会保険料負担を軽減し，SMIC の購買力の上昇を法定最低基準（すなわち平均賃金の 2 分の 1）周辺に据え置く方策をとるようになった。

　労働省によれば，SMIC の引上げによって賃金が影響を受ける労働者，すなわち「スミカール」（smicards）の数は，1989 年には約 170 万人となり，総労働人口の約 10.5％に達した。その多数を占める属性をみていくと，まず，ブルーカラー労働者（ouvriers）があげられる（10 人未満企業においてスミカールが占める割合をみると，ホワイトカラー労働者〔employé〕が 14.3％であるのに対して，ブルーカラー労働者では 19.9％である）。また，26 歳以下の若年者（10 人未満企業のブルーカラー労働者スミカールに占める若年者の割合は 45.9％），女性（たとえば 10 人未満企業のブルーカラー労働者スミカールに占め

---

[110]　CSERC, *supra* note 50, p. 18.

る女性の割合は33.5%)，産業でいえば商業（スミカール割合17.6%)およびサービス業（同19.8%)も多くを占める[111]。

SMICの引上げは，これら賃金レベルの最も低い労働者の賃金をまとめて引き上げることになるため，SMICは「最終電車（voiture-balai）効果」をもつと表現されることがあるが，失業者に占める若年労働者の多さに鑑みると，SMICの高さが雇用への悪影響を及ぼしているのではないかと指摘されるようになったのである[112]。

(2) 月額報酬保証の導入

また，労働時間に関する2000年1月19日の法律によって週38時間という法定労働時間を削減する際に，フルタイムのSMICレベルで働く労働者の購買力の増加を保障するという原則が打ち出された。これによって，労働者は，月額報酬保証（garantie mensuelle de rémunération）による実質的なSMICの引上げを享受することとなった。

まず，週の法定労働時間と同等以上の労働時間を含む労働契約によって使用者に属する全ての労働者は，考慮される月ごとに，法定労働時間に相当する時間数に応じて，SMICの額の結果と同等の月額最低賃金を支払われることになった。すなわち，法定休日にあたる時間が法定労働時間に含まれることになった。企業が休業する場合も同じである。

しかし，実質労働時間が法定労働時間を下回る原因が，労働者の欠勤，疾病，事故，妊娠・出産または労働の集団的停止による契約の一時停止を理由とするものである場合[113]，または労働契約の開始または中断を理由とする場合には，この最低月額賃金は，相殺によって減額される[114]。同条項は，フルタイム労働者と同じ権利を享受するパートタイム労働者にも適用される[115]。

労働者が月の途中に，法定時間を下回る労働時間の減少を理由として，法

---

[111] MONTALVILLO-REBOUR, *supra* note 99, p. 49.
[112] *Ibid.*, p. 50.
[113] 休暇のための企業の休業は，月額報酬の減額を正当化する労働の集団的停止に該当するとされる（Soc. 2 avr. 1992, *Dr. soc.* 1992, 475)。
[114] このほかの理由による相殺は認められない（Soc. 25 mai 1993, *Bull. civ.* V, no 773)。
[115] Soc. 29 janv. 2002, *Bull. civ.* V, no 36.

的または協約上の賃金および手当として月額最低賃金に満たない金額を支払われた場合，その使用者は労働者にその差額に対応する保障給付を支払わなければならない。その際，労働者には証拠となる会計書類が提示されなければならない。使用者が手当を負担する場合，政府は上限の範囲内で50％を原則とする一部を使用者に払い戻す[116]。したがって，最も不利な労働者は，経済的要因による企業の労働時間の削減の頻発から，多少は保護された状態に置かれることになった。

(3) 雇用・賃金・支出に関する高等委員会の報告

SMIGの導入以来，法定最低賃金制度を導入して既に半世紀となるフランスでは，政府の諮問機関である雇用・支出に関する高等委員会（Conseil supérieur de l'emploi, des revenues et des coûts）によって，SMIGの創設から50年の歴史を総括した報告書が出されている。ここから，法的分析のための指摘を検討することにしたい。

(a) 「スミカール」の基本的属性

2001年のスミカール割合を見ると，労働者が10人以上の企業においては，約50年の平均で，最低賃金（SMIC）を支払われている労働者は平均4％である。労働者が10人未満の企業の統計が加わったのは1987年以降であるが，それ以降，全企業を含めた最低賃金労働者の割合は，約11％である[117]。また，SMICで働く労働者の約4分の1は若年労働者である。そして，SMIC賃金周辺で働く労働者のうち，約3分の2は女性が占めている[118]。

(b) 最低生活保障としてのSMICの限界

SMICを最低生活保障のための方策という観点からみたとき，その役割は4つの要素に依存していることが指摘される[119]。その要素とは，(1)失業率，(2)労働時間，(3)労働者が属している世帯の状態，(4)その他の所得移転（社会保障）である。

まず，(1)に関しては，失業率が高ければ，最低賃金に関する施策は効果がないことが明らかであるといえる。SMIGが導入された1950年代，SMIC

116　労働法典 L.3232-8条。
117　Conseil supérieur de l'emploi, des revenues et des coûts, *supra* note 50, p. 17.
118　*Ibid.*, p. 78.
119　*Ibid.*, p. 77.

に改編された1970年代はいわゆる完全雇用時代であり，最低賃金政策が最低生活保障政策たりえたが，現在の状況はそれとは異なっているのである。このことは，第2の要素とも関係する。1990年代以降の非典型雇用の増加，特にパートタイム労働者の増加によって，賃金所得は労働時間（（2））に依存するようになっているのである。さらに，配偶者および子どもの有無，数，年齢といった世帯の状態（（3））によって，同じ賃金でも世帯の生活水準への影響は大きく異なる。そして最後に，社会保障給付や税金（（4））によっても生活水準は影響を受ける。したがって，これらの要素によって，ある世帯の賃金スケールにおける位置づけと，生活水準のスケールにおける位置づけとは全く異なる場合もある。

その結果，収入段階における賃金分布のうち，上から20％の労働者においては賃金水準と生活水準の関係が最も強固である反面，下から30％までの労働者においては，賃金水準と生活水準との関係は薄弱であることが指摘されている[120]。

したがって，SMICの引上げが世帯の生活水準に与える効果は，最低レベルの世帯を超えて希薄化することになる。そのため，世帯間の収入格差の縮小，および貧困との闘いという見地からすれば，SMICの引上げはターゲットを絞った措置であるとはいえないのである。

(c) SMICの果たすべき役割

上記の分析を整理すると，最低生活保障の対象となる貧困には2種類あることになる。第1に，大多数を占める失業を原因とする貧困，第2の類型は，近年増加している，働いてはいるが不安定雇用やパートタイム労働を理由とする貧困である。したがって，SMICの最低生活保障機能を考えるときも，これらの2つのタイプについて考慮しなければならない。

まず，第1のタイプの貧困への対処としては，失業手当の充実も生活水準を向上させる役割はあるものの，雇用への復帰が一番の目的となる。なぜなら，賃金によってもたらされた所得は，社会保障給付を通じてもたらされた所得と同じ価値ではなく，社会的参加（insertion sociale），自律性，そしてセルフイメージの向上をもたらすからである。そこで，SMICの引上げに関しては，最も格付けの低い労働者の雇用に悪影響を及ぼさないようなレベルで

---

[120] *Ibid.*, p. 87.

設定されなければならないことになる。

　これに対して，第2のタイプの貧困については，パートタイム労働の増加がその主たる原因である。しかし，パートタイム労働は，雇用の創出によって同時に失業を減少させる要素ともなっている。そこで，このようなタイプの貧困に対しては，賃金収入の不足分を補充するという方法しか解決はあり得ないことが指摘される[121]。

　所得格差の根本的な原因が労働時間の長短にあるという点は，その後，雇用所得社会的団結委員会（Conseil emploi, revenues, cohesion sociale：CERC）の2006年の報告書においても指摘されている[122]。すなわち，低賃金労働[123]と貧困とは区別される。この意味で，最低賃金の役割は限定的に把握されなければならないのである。

(4) 雇用指針評議会への諮問

　2007年5月にSarközy政権に移行した後の同年12月，フランス政府は首相府の下に設置されている雇用指針評議会（Conseil d'orientation pour l'emploi）に対して，SMICに関する諮問を行った。

　諮問では，近年のSMICの問題として，賃金構造の硬直化[124]と労働費用

121　*Ibid.*, p. 89.
122　CERC, *La France en transition 1993-2005*, Rapport No. 7, *La Doc. fr.*, 2006.
123　フランスでは一般に，賃金の中央値の60％未満の賃金を低賃金と定義する。
124　先に述べた法定労働時間の減少に伴って労働者の収入が減少しないようSMICが割増し引上げされたことによって，SMICの底上げはなされたが，むしろSMIC周辺への集中が起きていると指摘される。たとえば，SMICで働く労働者は1994年から2006年で8％から15％へと増加しており，賃金の伸びが見込めないことでキャリアや訓練のインセンティブが損なわれているとされる。また，SMICが高水準にあることで，賃金の硬直化，すなわち労働者の約14％以上がSMIC周辺の賃金水準に張り付くという「かたまり（bloqués）」状態を生じ，多くの労働者にとって，キャリア展開による賃金の上昇が見込めなくなっていることも問題視される。SMICの増額に基づく労働費用の増大を抑えるために，政府は1990年代に補助金付き雇用（emploi aidé）の創設や，低賃金労働者の雇用に関する社会保障負担の軽減措置をとってきた（社会保障負担軽減は1993年にSMICの1.2倍までの者に対する家族手当の軽減をはじめとして，現在まで継続的になされている）。このことが逆に低賃金労働を奨励する効果を生じ，低技能の雇用（emplois non qualifiés）ばかりを創出したとする指摘もあり，単にSMICの増額のみが賃金の硬直化の原因となっているわけではないとも考えられる。しかしこの点については，本書では以上の指摘があることを述べる

の増大という2つをあげ，それぞれ協約賃金の再動態化や使用者の社会保障負担の軽減などの対策をとってきたが限界があるとして，フランス経済の国際的競争力を強化するための改革が必要であるとした。その改革対象の1つとなるのが，SMICの決定方式である。そして政府は，雇用の適正な配分を保障するための経済条件に応じたSMICの引上げを可能とするため，専門のSMIC委員会（Commission du salaire minimum interprofessionnel de croissance）を設置することを提案した。その構成員としては，経済や法律の専門家，労働市場および団体交渉プロセスに関する経験を有する者などによる独立の委員が想定されており，深い分析に基づき，望ましいSMICの進展についての勧告を公表することがその任務とされた。そして，諮問では，SMICのあり方一般とともに，上記委員会の勧告によって物価・賃金スライド制の改革を求められるようにするか否かにまで踏み込んだ意見を求めた。また，SMICの改定時期についても，毎年7月1日から，団体交渉が始まる1月1日に変更すべきではないかという諮問がなされた。

同評議会は2008年2月6日の答申において，SMICが「社会契約の構成要素の一部」となっていることから，その単一性を維持すべきとしたうえで[125]，上記諮問に対して，団体交渉全国委員会および政府に対して充実した情報を提供する専門の委員会をおくという政府の見解に賛成した。もっとも，スライド制については，国立統計経済研究所の物価指数の適切さへの疑問，および物価と賃金のインフレスパイラルの懸念を表明しつつも，評議会としては維持すべきであるとの意見を表明した。また，SMICの改定時期については政府の意見に賛成した。

(5) 専門家委員会の設置
(a) 専門家委員会の任務

雇用指針評議会報告書を受けて，政府は，2008年12月3日の法律によって最低賃金決定に関与する新たな委員会，専門家委員会（groupe d'experts）を設置することとした[126]。専門家委員会は，毎年，SMICの改定について

にとどめる。
[125] すなわち，生活費の違いに応じた地域差や，年齢またはセクターごとに差を設けるといった考えは退けるべきであるとした。
[126] 2008年12月3日の法律24条，労働法典L.2271-1条。

意見を述べる独立の機関とされた。同委員会の報告書は，団体交渉全国委員会および政府に提出され，かつ公表される。政府は団体交渉全国委員会に対して，毎年の最低賃金改定に先だって，国家の経済勘定分析および一般的経済条件報告を提出する。もしこの報告が，専門家委員会によって提出された報告書と矛盾する場合には，政府は，団体交渉全国委員会に対して，その違いを正当化しなければならないという説明責任を負うことになった。

(b) **専門家委員会の構成**

具体的な専門家委員会の構成は，2009年5月19日のデクレによって定められた。構成員は，経済および社会の領域での能力および経験に鑑みて選ばれ，かつ労働，雇用および経済担当大臣の提案を受けて首相がアレテによって任命する5人とされる[127]。首相は，この構成員の中から議長を任命する。委員の任期は一期4年で，罷免はできない[128]。何らかの理由によって委員が任期を中断した場合は，当該前任者と同じ指名条件において，2か月の間に，残りの任期を務める後任者を選ぶことになる。

(c) **専門家委員会の権限と義務**

専門家委員会が政府と団体交渉全国委員会に報告書を提出するのは，労働法典L.3231-6条に定められた年次改定に先立つ団体交渉全国委員会の集会の，遅くとも15日前と定められた[129]。また，専門家委員会の任務を遂行するにあたって，委員はいかなる権力からの指示を請うことも受けることもできない[130]。委員が参加する会議および任務の範囲でアクセスした資料については秘密とされ，その義務に違反した委員については，委員会の議長によって任期が一時停止されうる。

また，委員会は経済分析評議会（Conseil d'analyse économique）の資力提供を受け[131]，必要な全ての検討，調査または協議を行うことができる。また，専門家委員会は，行政機関および公的機関または外部団体に対する審議または調査の指示を出しうる。反対の法的規定がある場合を除いて，行政機関および公的機関は，専門家委員会に対して，その所有する情報および調査結果

---

127 2009年5月19日のデクレ1条。
128 同2条。
129 同3条。
130 同4条。
131 同5条。

のうち専門家委員会が任務を遂行するのに必要と考えられるものを伝える。専門家委員会は、その報告書の中で、行政機関および公的機関によって考慮された統計および調査に関する必要性について、政府に知らせることとされる。

(d) 専門家委員会報告書

上記2009年5月19日のデクレに基づいて、2009年5月23日に首相のアレテによって最初の委員が任命された[132]。同委員会は、2009年6月にSMICの増額について初の報告書を提出した[133]。

報告書では、まずSMICの決定方式について整理し、これまでのSMICのレベルがどのように推移してきたかを確認したうえで、SMICが労働者の賃金に及ぼす影響および労働市場に与える影響を考察し、最後に近年の経済状況について触れ、「2009年7月1日のSMICの引上げは、労働法典L.3231-4条およびL.3231-8条による法定メカニズムに基づく増額に限定すべきである」とする全員一致の結論を導いている。

本書の問題関心からは、SMICの位置づけと決定方式について述べた部分が重要である。まず、1946年憲法前文（1958年憲法でも再言）において、労働者の、自身とその家族の適正（décent）または適切（convenable）な生活水準のための権利と、その発展のための条件を規定していることに言及し、SMICはその他の最低所得保証の算定や社会的義務または権利の評価（たとえば年金の受給要件など）のための参照基準的な（référentiel）役割を果たすのだとしている[134]。

専門家委員会によれば、SMICは社会保障の手段であると同時に、経済的社会的発展のための要素として位置づけられる。したがって、SMICは経済活動、最も弱い立場にある者の雇用と所得、企業の労働費用、企業における

---

[132] その構成は、公共統計機関（Autorité de la statistique publique）の会長であるChampsaur氏を議長とし、OECDの雇用労働社会問題局長補佐のDurand氏、フランス銀行のミクロ経済構造研究部長およびMéditerrannée大学の准教授を兼任するCette氏、経済統計研究センター所長およびEcole Polytechnique教授を兼任するKramarz氏、Science-Po教授および経済統計研究センターの準研究員を兼任するWasmer氏の5人である。

[133] Salaire minimum interprofessionnel de croissance, *Rapport du groupe d'experts, juin 2009*.

[134] *Ibid.*, p. 4.

賃金交渉，関係世帯の購買力と生活水準の発展に対する SMIC の直接的または間接的な影響という，複合的な問題を考察しなければならない。そのような考察を担当するのが専門家委員会であるというのである。

もっとも，委員会は，現在の SMIC の決定方式について以下の2つの問題を指摘しつつも，スライド制を中心とする現在の制度を維持する立場を示した[135]。2つの問題とは，第1に，SMIC の決定がこれまで7月であったため，前年5月から当年5月までにおいて算出される物価指数と，前年3月から当年3月で算出される経済状況指標とのギャップが生じる可能性があること，第2に，指標について2％という閾値があるためにその効果が減殺されるという，従来からなされていた指摘であった。

これらに加えて，同委員会はこれまで議論されてこなかった現代的な課題をも示した。それは，SHBO の購買力が低下，または物価指数が低下する場合に SMIC はどう対応すべきかという問題である。このような状況は，すでに 2008 年から現実化しつつある。SHBO の購買力は既に前年 3.0％から 2.9％へと低下しており，消費者物価指数は 2009 年4月の時点で 0.2％であり，同年5月には 1957 年以降はじめてわずかな減少となる可能性が高い。現段階では，このような状況は一時的なものであるとして「SMIC の価値を引き下げるべきではない」と明言されているが，このような状況が一般的となった場合にとるべき対応については，委員会は明確な判断を保留している。

(6) 現在の SMIC とスミカールの状況

2011 年1月1日より，SMIC は時間あたり9ユーロとされる[136]。週35時間の法定労働時間制のもとでは，週あたり 315 ユーロとなる計算である。また，同時期の最低保証額（minimum garanti）は 3.36 ユーロである。

また，2008 年 12 月3日の法律によって，最低賃金の改定時期は 2010 年から1月1日へと変更された[137]。ただし，2009 年に関しては，7月1日の改定が維持された。

なお，同法律においては，協約上の最低賃金が SMIC を下回る事態を避けるため，職域ごとに参照賃金（salaire de référence）を設けることとした。

---

[135] *Ibid.*, p. 7.
[136] 2010 年 12 月 17 日のデクレ。
[137] 2008 年 12 月3日の法律 24 条，労働法典 L.3231-6 条および L.3231-11 条。

Ⅱ 全職域成長最低賃金（SMIC）制度

表 4-2　SMIC の時間額の変遷とインフレ率
（単位：ユーロ〔2002 年以前はフランを換算〕）

発効年月日	時間額	増額（＋％）	インフレ率（＋％）
1996 年 7 月 1 日	5.78	0.52	1.2
1997 年 7 月 1 日	6.01	3.98	
1998 年 7 月 1 日	6.13	2.00	0.7
1999 年 7 月 1 日	6.21	1.31	0.5
2000 年 7 月 1 日	6.41	3.22	1.7
2001 年 7 月 1 日	6.67	4.06	1.80
2002 年 7 月 1 日	6.83	2.40	1.80
2003 年 7 月 1 日	7.19	5.27	2.10
2004 年 7 月 1 日	7.61	5.84	2.10
2005 年 7 月 1 日	8.03	5.52	1.90
2006 年 7 月 1 日	8.27	2.99	1.90
2007 年 7 月 1 日	8.44	2.06	1.27
2008 年 5 月 1 日	8.63	2.25	2.27
2008 年 7 月 1 日	8.71	0.93	2.68
2009 年 7 月 1 日	8.82	1.26	0.99
2010 年 1 月 1 日	8.86	0.5	1.1
2011 年 1 月 1 日	9.0	1.6	1.7

資料出所：INSEE, Salaire Minimum Interprofessionnel de Croissance (SMIC), juillet 2011.

表 4-2 では，1996 年 7 月 1 日以降の SMIC の増額を示している。

フランスでは近年，スミカールの割合が高まっており，特に週 35 時間制への移行後，その上昇が顕著である。2008 年 7 月 1 日の段階では，スミカールは約 337 万人であり，総労働人口約 2318 万人のうち 14.1％にのぼっている[138]。最もスミカールの割合が高いのは家内労働者の 41.4％であり，農業労働者（29.4％），臨時雇い労働者（24.2％）と続く。国家・地方公務員および公立病院の労働者においても，10.4％をスミカールが占めている。

---

[138] INSEE, *Propotion de salaries remuneres sur la base du SMIC au 1er juillet 2008*, < http://www.insee.fr./fr/themes/tableau.asp?reg_id = 0&ref_id = NATTEF04112 > accessed 30 juin 2011.

III 社会保障・税制度

フランスでは近年，賃金構造の硬直化と非正規労働者の増加という2つの問題を背景に，SMICの決定構造の見直しが進められている。この動きは，現代の労働市場の状況において，最低賃金法制の役割の限界とデメリットが認識され，その固有の役割を見直そうとする動きだということができる。

その際，最低賃金法制の役割の一つとして，社会保障制度に関する参照基準としての役割が意識されていることは，先に見たとおりである。そこで，この点に関して，最低賃金の領域と密接な関わりを有する，社会保障・税制度との相対的な関係を整理することによって，最低賃金法制の位置づけを相対的に俯瞰することとしたい。

1 フランスの社会保障体系

フランスでは社会保護（protection sociale）システムとよばれることもある広義の社会保障システムは，法的には1946年憲法上の労働権と生存権の具体化と考えられている。もっとも，国全体の制度が整備される以前に職域ごとの共済組合や社会事業が発展しており，国の社会保障制度はこれらを組み込みながら形成されてきたため，様々な制度が分立し，その管理運営主体もいくつかの独立した金庫（Caisse）が行っている。そして現在も，社会保障法で規定される狭義の社会保障制度の中核を占めているのは社会保険である。すなわち，フランスの社会保障システムは，拠出制の社会保険を中核としているのが特徴である[139]。

先述のとおり，イギリスではベヴァリッジ報告によって，全国民に一律の最低保障を及ぼすという考え方に基づく社会保障制度が提唱され，発展してきた。しかし，フランスの「大陸型」社会保障システムの基本的な目的は，イギリス型とは大きく異なる。大陸型社会保障システムの主たる目的は，貧困の排除ではなく，職業収入の保証だったのである[140]。したがって，フラ

---

[139] 藤井良治＝塩野谷祐一『先進諸国の社会保障(6)フランス』（東京大学出版会，1999年）13頁。

[140] DUPEYROUX (J.-J.), BORGETTO (M.) et LAFORE (R.), *Droit de la Sécurité Sociale*, 16e éd, Paris, Dalloz, 2008, para. 430.

III 社会保障・税制度

表 4-3 フランスの社会保障制度[141]（Sécurité sociale）

一般制度（被用者） （régime générale）		特別制度 （公務員）	自営業 者制度	農業 制度
社会保険 （assurance sociales）	社会保険疾病保険（assurance maladie），出産保険（assurance matanité），傷害保険（assurance invalidité），死亡保険（assurance décès），寡婦（夫）保険（assurance veuvage→段階的廃止）	（省略）		
労災補償（reparation des risques du travail）				
家族給付（prestations familiales）[142]				
共済組合制度[143]				
協約による補足制度				
強制的補足制度…失業保険制度，補足年金制度など 任意的補足制度…補足病災保障など				
社会扶助制度（aide sociale）[144]		社会行動（action sociale）		
カテゴリー別政策	家族・育児扶助 高齢者扶助 障害者扶助 失業者扶助…特別連帯手当（allocation de solidarité spécifique）など			
横断的政策	参入政策…活動連帯所得（revenu de solodarité active）など 医療政策 住宅政策			

---

[141] ①商工業労働者を対象とする一般制度，②鉱山，鉄道，公務等一定部門の労働者を対象とする特別制度，③自営業者等の被用者等を対象とする自治制度，④農業従事者を対象とする農業制度に分かれて運営されているが，以下は一般制度の枠組みである。

[142] 家族給付の中心である家族手当（allocation familiale）は，1932年3月11日法によってはじめて法制化されたものである。当時の仕組みは，使用者が労働者に対する賃金の上積みとして家族手当を支払い，そのための使用者の負担を使用者間で均等化し，使用者の支払能力を担保するために保険システムを活用するというものであった。法は，全ての商工業における使用者にこの保険への加入を義務付け，かつその支払いを確保するために認可された補償金庫への加入を義務付け，使用者が支払うべき付加賃金は金庫に納入され，給付の支払いは金庫が代行して行うということにした。最初

ンスの社会保障制度は，家族給付と医療現物給付を別にすれば，労働協約による保障を中心に構築されている。

もっとも，広義の社会保障システムの中には，協約の適用されない人々に対する最低所得保障も含まれる。そして，現在のフランスにおける社会保障システムの体系は，表4-3のように整理することができる。

このように，狭義の社会保障制度である法定の社会保険制度に加えて，共済組合や労働協約によって，一定の拠出に基づいて給付がなされる各種の補足的制度が存在する。さらに，社会保険や協約上の拠出要件を満たさない者や，権利を費消した者に対して，拠出ではなく資力条件に基づいて認められる一定の給付が存在する。それらの制度は，連帯制度または社会扶助と称される。この体系は複雑であり，最低賃金法制の適用対象である稼働年齢の者について適用される制度も複数存在する。さらに，社会保障制度ではないものの，税制を通じて労働者の所得保証を図る，給付つき税額控除制度もある。

本書では，そのうち最低賃金法制と最も関係が深いと考えられる，失業補償制度と公的扶助，そして給付つき税額控除制度である雇用手当について，その適用対象と給付内容，給付水準を中心に概要を確認する。

2 失業補償制度

フランスでは，労働者に対する失業補償制度は，憲法上の労働権の保障の具体化として構築されている。なお，失業補償制度には2種類ある。1つは

の家族手当が補足賃金としての性格をもっていたのは，それが自主的な企業内の家族手当制度を発展させたものであったからに他ならない。自由主義的経済論の賃金制度から離れて，家族負担に対する手当である「付加賃金（sursalaire）」の制度を採用しはじめたのは，社会カトリシズムの影響下にあった開明的経営者たちであった。それには，労働者の定着や，家族賃金を与えることで全般的な賃金水準を低位に維持することが可能であるといった経済的な理由もあった。また，世紀末から戦間期にかけての時期は人口問題が重要な問題として意識された時期でもあり，家族手当は出生率を上げるための重要な施策とみなされた。1939年7月29日の「フランスの出生率および家族に関するデクレ・ロワ」は「家族法典（Code de la famille）」とよばれ，家族手当の対象が第2子からに変更されると同時に，全有業者に適用対象が拡大した。

143 共済組合は，社会保障法典ではなく共済組合法典に基づく組織である（「共済組合は，主として拠出金によって，加入者とその家族のために福祉，連帯，互助の事業を行うことを目標とする非営利団体である」）（共済組合法典L.111-1条）。

144 拠出を要件としない制度を連帯制度（régime de solidarité）という場合もある。

完全失業状態にある人々に対する給付，もう1つは部分的失業状態の人々に対する給付であるが，ここでは完全失業補償についてのみ述べることとする。

労働法典 L.5421-1 条は，非自発的に雇用を喪失し[145]，労働能力があって[146]求職活動をしている[147]失業者には代替所得を得る権利があることを定めている。この代替所得は，場合に応じて，保険手当[148]，連帯手当[149]，特別制度による手当[150]の形態をとる。以下では，保険手当と連帯手当の受給要件と給付内容について順に検討する。

(1) 雇用復帰援助手当（ARE）

現在，失業保険制度の中心となっているのは，雇用復帰援助手当（allocation d'aide au retour à l'emploi：ARE）である。

(a) 受給要件

雇用復帰援助手当の受給には，以下のような要件が必要である。まず，(1)雇用を喪失した労働者が，失業保険の適用がある企業で働いていたこと，(2)非自発的に雇用を喪失したこと，(3)雇用局に求職者として登録されているか，または本人のために個別に用意された職業訓練活動[151]を終えていること，

---

[145] 代替所得を得るためには，原則として，請求者は自発的にその以前の職を放棄していてはならない。したがって，もしそれが期限の定めのない労働契約であった場合は，原則として，解雇されたことが必要となる。有期契約の場合は，その契約が期間満了に達したか，もしくは使用者か不可抗力によって解消されたことが必要となる。ただし，全国商工業雇用連合（UNEDIC）の全国同数委員会（commission paritaire nationale）によって正当と認められる理由によって辞職した労働者も，同手当の受給者となることができる。

[146] 雇用を喪失した労働者が労働法典 L.5421-1 条所定の代替所得を得るためには，雇用遂行の肉体的能力を有していなければならない。この能力は，求職者リストへの登録の際に，雇用局によって評価されることになる。労働者が定められた医療検診に従うことを拒否した場合には，手当は支給されない。

[147] 労働法典 L.351-1 条に規定された「求職」の条件が満たされるには，当事者が「求職者として登録され」，かつ，雇用を探すための（復職または起業・再起業するための）「積極的な行動」をしていることが必要である（CE 12 juin 1995, *RJS* 1995. 605, no 928, Soc. 18 mars 1997, *Bull civ*. V. no 114）。

[148] 労働法典 L.5422-1 条ないし L.5422-24 条。

[149] 同 L.5423-1 条ないし L.5423-6 条。

[150] 同 L.5424-1 条ないし L.5424-21 条。

[151] 制度導入当時は個別行動計画（PAP）という名称であり，2011年7月1日現在では個別就職計画（projet personalisé d'accèss à l'emploi：PPAE）という名称に変わっ

(4)労働契約の解消時に、失業保険制度の加入期間を立証すること、(5)年齢が60歳未満であること[152]、(6)積極的かつ反復的に求職中であること、(7)雇用に従事する肉体的能力があることである。

さらに、非自発的に雇用を喪失した労働者のうち、起業または再起業した者については、もし当該企業がその起業または再起業から36か月以内にその事業を中止しなければならなくなった場合は、AREの受給を認められうる。起業または再起業を断念した者についても同様である。もしその起業または再起業が36か月の間に挫折した場合は、それらの者は全国同数委員会（Commission paritaire nationale）によって定められた条件の下で、補償を受けることになる。

(b) 給付内容

(i) 支給期間

上記のような要件を満たす失業者に対してARE給付が支給される期間は、制度への加入期間および年齢に応じて異なる。雇用復帰援助手当を受給できる要件である加入期間と、受給できる補償期間の関係は、表4-4のとおりである。

上記のように、従来は一定の条件（補償の期間、年齢、失業保険に加入していた期間）によっては、この期間を超えて、その権利が退職まで維持されることもあった。しかし、2009年4月2日以降は、受給者のカテゴリーが簡素化されるとともに、最大補償期間が設けられており、同手当の支給期間は制度への加入期間と同じ期間となっている。

(ii) 受給額

ARE手当の額は、失業者が従前に受け取っていた賃金に応じて計算される。この基準となる額が、標準報酬日額（salaire journalier de référence）である[153]。

ARE手当は、標準報酬日額の一定割合として設定される所得比例部分

　　た計画書に記載された職業訓練活動をさす。これらについては後述する。
152　60歳から65歳までの失業者で、満額の退職者手当を受けるための保険期間を満たしていない者は、ARE手当を受給することができる。
153　標準月額報酬は、有償労働の最後の日に先立つ12か月の間に拠出を行った報酬に基づいて計算される。これは毎年7月1日に再評価され、社会保障最高額（plafond de la sécurité sociale）の4倍までに制限される。

Ⅲ 社会保障・税制度

表4-4　雇用復帰援助手当（ARE）の加入期間と補償期間

・契約終了手続が2009年4月1日以前に始まっていた場合

	Ⅰ（50歳未満）	Ⅱ（50歳未満）	Ⅲ（50歳未満）	Ⅳ（50歳以上）
算定基礎期間と加入期間	労働契約終了前22か月間に182日または910時間（6か月）	同20か月間に365日または1820時間（12か月）	同26か月間に487日または2426時間（16か月）	同36か月間に821日または4095時間（27か月）
補償期間	213日（7か月）	365日（12か月）	700日（23か月）	1095日（36か月）

・雇用終了が2009年4月2日以降である場合（上記に該当する場合を除く）

	50歳未満	50歳以上
算定基礎期間と加入期間	28か月間に122日または610時間（4か月）	36か月間に122日または610時間（4か月）
補償期間	加入期間と同じ期間	加入期間と同じ期間
最大補償期間	730日（24か月）	1095日（36か月）

出所：Pôle-emploi.

（2011年7月1日現在，40.4％）と，定額部分（同11.17ユーロ）との2段構成である。しかし，これらの総額が下限（同，基礎報酬日額の57.4％）を下回る場合は，その部分までは保障されることになっている。さらに，手当日額は，標準報酬日額の75％の一般的制限の枠内で，定められた下限（同27.25ユーロ）を下回ってはならないことになっている。このように，AREの額は，原則として従前の賃金の50.7％から75％の範囲で支給されるということになる。

ただし例外として，最低手当および手当の定額部分は，パートタイム労働の場合は当事者の個別の労働時間に比例して，また季節失業の場合は最後の12か月における加入期間に比例して，割合的に削減される[154]。

また，老齢年金その他の終身制の代替所得を要求できる50歳以上の高齢受給者に与えられる手当の額は，当事者の年齢に応じた，AREの額と老齢年金またはその他の代替所得の25％から75％の間の割合で計算される総額

---

[154] 付則（Règlement annexé）24条。

との差額であるが，その総額はAREの最低額を下限とする。同様に，もし手当の受給者が2級・3級の障害者年金または外国人に対する障害者年金を受給している場合には，その年金の額が手当から控除される[155]。

(2) 連帯特別手当（ASS）

上記AREは，拠出を前提とする，期間の限られた社会保険給付であった。したがって，受給期間が満了しても失業状態が続けば最低生活が脅かされる場合がでてくる。そのように社会保険給付の支給期間が満了してしまった者や，十分な拠出をもたない失業者を対象として，拠出を要件としない連帯制度による最低所得保障が用意されている。

失業補償に関する現在の連帯制度としては，特別連帯手当（allocation de solidarité spécifique：ASS）と，参入手当（allocation d'insertion：AI）[156]，参入

---

[155] 付則26条。

[156] 失業者の中にはそもそも失業保険手当の受給資格をもたないと考えられる一定のカテゴリーの者がいる。そこで，そのような失業者に対して，資力条件の下に支給される連帯制度の手当が参入手当である。

　参入手当の対象者は，2つの大きなカテゴリーに属する人々である。第1に，再参入または再分類の途上にある人々である。具体的には，政治的事件の結果としての帰還者，失業保険制度によってカバーされない国外の賃金労働者，合法にフランスに居住する無国籍者および難民，労働契約の一時停止後に再統合・再教育・業訓練の段階にある，労働災害または職業病の被害を受けた労働者，同法によって対象とされた状況におかれた日から12か月の間に求職者として登録されたすべての人々が対象となる。第2のカテゴリーは，釈放された受刑者（détenus）である。これに該当する者は，少なくとも2か月の拘留期間を証明しなければならず，またその釈放から12か月以内に登録しなければならない。

　参入手当を受給するには，一定期間中の求職者としての登録の条件と，有効な求職活動の条件，そして，資力条件が課せられる。資力上限は毎月確認される。対象者の資力が一定の資力を超過した場合は，その額まで手当が逓減される。同手当は譲渡不可能であり，差押え不可能である。また，参入手当の支給の請求は，同手当の受給要件を満たした日から2年以内に提起しなければならない。この手当の支給には法定待機期間がなく，要件を満たした者に対して即時に開始され，最大で1年間支給される。この期間は分割することが可能である。参入手当の支給は，当事者が受給要件（特に求職要件）を満たさなくなる日から中断される。同手当の権利は，法文が対象とするケースのそれぞれについて，1回しか開始しない。したがって，異なる名目であれば連続して受給することは可能である。当事者が保険手当を要求することが可能な場合は，参入手当を受給することができるのは，その権利を費消した場合に限られる。起業した場合，受給者は，その起業から6か月の間，AIを維持する権利を有する。な

Ⅲ 社会保障・税制度

手当を 2006 年 11 月より引き継いだ待機一時手当 (allocation temporaire d'attente) が中心となっている。さらに、それらの制度では不十分であると考えられる特定の失業者に対しては、退職相当手当[157] (allocation equivalent retraite：AER) および、訓練継続手当 (allocation de fin de formation：AFF)[158] の 2 つが適用される。以下では、特に稼働年齢の者に中心的に適用される特別連帯手当についてみていくことにしたい。

お、受給者が宿泊センターでの滞在が社会扶助によって完全に負担される場合には、中断される。参入手当は定額であり、その額は特に低いことが知られている。手当の額は、デクレによって決定される。特別連帯手当と同様、同手当も一般社会保障拠出 (CGS) と社会負担償還拠出 (CRDS) を免除されている。手当の請求、支給決定、職業活動との併給、不当受給額の回復および法的救済に関するルールは、特別連帯手当に関するものと同じである。この参入手当は、2006 年 11 月より、待機一時手当 (allocation temporaire d'attente) に引き継がれている。

[157] 退職相当手当は、1998 年 4 月 17 日の法律による、一定の失業者のための特別待機手当 (allocation spécifique d'attente) を前身とする。この手当は、その境遇が特に不公正であることが明らかであるようなカテゴリーの失業者を対象としている。すなわち、特別連帯手当または RMI を受給している失業者で、老齢保険の強制制度において、有効とされかつ 60 歳より前に獲得された、少なくとも 160 四半期またはそれに相当するとみなされる期間を立証する者は、60 歳に到達するまで同手当を要求することができるとされていた。

特別待機手当は、一律の定額であり、その者の特別連帯手当または RMI の計算には考慮されないとされていた。この手当の支給は、対象者が既に支給されている手当 (特別連帯手当か RMI) を負担する機関によってなされる。すなわち、特別連帯手当を受給していない RMI の受給者に対しては家族手当金庫または MSA 金庫であり、特別連帯手当受給者に対しては ASSEDIC であった。

特別待機手当は月額 762.25 ユーロという最低補償額が定められており、受給者の資力を保証していた。この手当は国家による財政負担がなされていた。

この特別待機手当は、2002 年の財政法によって、退職相当手当 (allocation équivalent retraite) に変更されたが、本質的には以前の性質を維持している。退職相当手当は、資力条件のもとに、60 歳より前に老齢保険の少なくとも 160 四半期の拠出を有する失業者に認められる。この手当は、失業保険の権利を費消した者に対しては、それに代わる資力保障をおこなうものであり (AER の「代替的」役割)、特別連帯手当や RMI を受給している者については、最低月額を認めることで、そこまでの額を補完する役割を果たしている (AER の「補完的」役割)。

資力条件の評価にあたっては、対象者の配偶者や内縁の配偶者、PACS によって結びついたパートナーの、保険手当または連帯手当、研修の報酬、または活動収入は含まれない。受給者は、その請求によって、求職の免除を要求されることもありうる。退職相当手当は、賃金と同様の条件と制限において、譲渡可能であり、差押可能である。

特別連帯手当は，原則として大きく2種類のカテゴリーの人々に支給される。第1に，上記保険手当の支給期間を超過した長期失業者であって，資力条件および以前の活動の条件を満たす者[159]である。第2に，50歳を超えていて既に保険手当を受給しているが，自発的に連帯手当の受給を選択した失業者である[160]。したがって，管理運営は失業保険制度と一体となっているものの，その実態は公的扶助制度に近い制度であるといえる。

(a) 受給要件

特別連帯手当を受給しようとする者は，前述の保険手当の受給要件と同じ要件，すなわち，年齢，肉体的能力および求職という要件を満たしていなければならない[161]。さらに，失業保険の支給要件である，労働契約の終了に

---

[158] 訓練継続手当（allocation de fin de formation：AFF）は，2001年1月1日の協約による，研修継続訓練手当（allocation de formation de fin de stage：AFFS）の廃止を直接の契機として設けられたものである。研修継続訓練手当は，従事する研修の期間が失業保険手当の期間を超える場合に訓練・再分類手当の受給者に支払われていたものであるが，訓練期間が失業補償の期間に抑えられることを避けるために，2001年7月17日の法律によって，訓練継続手当（AFF）を創設したのである。

　もっとも，訓練継続手当は，個別就職計画の範囲内で，雇用局の規定に基づいてなされている訓練にしか認められない。そして，いったんAFFの権利が認められると，これを費消するまでは特別連帯手当を受けることはできない。

　前身である研修継続訓練手当が完全に協約上の権利であったのに対して，訓練継続手当は連帯制度に属する新たな失業手当であり，労働法典の中に規定されている。このことは，同手当の資格者が，他の求職者一般と同じ社会保護の恩恵を受けることを意味する。

　この手当を受けられるのは，以下の2種類の人々である（2001年12月6日のデクレ）。第1に，失業保険の権利の期間が7か月以下であるような，雇用を喪失した労働者である。この場合，訓練継続手当は4か月を限度として，訓練活動期間中，支給される。第2に，一定の認定資格を獲得し，採用が困難な雇用につくことが可能となるような訓練活動を行っている求職者であって，7か月を超える期間の失業保険の権利を有するか，または失業保険の権利を費消する時に残される期間が4か月を超える者である。この場合，手当は訓練活動の終わりまで請求者に支払われる。

　手当日額は，失業保険手当の権利が尽きた日に，失業保険の名目で当事者に支払われていた手当の最後の日額と同額である。

[159] 労働法典L.5423-1条。

[160] 労働法典L.5423-2条。ただし，18歳未満の者および特定の職業（漁業，港湾季節労働者，芸術家など）を理由として保険給付を受けられない者にも支給されうる。そのような場合は，ASSは274日を上限とするが，要件が満たされていれば更新可能である（労働法典L.5423-3条およびD.5424-62条ないしD.5424-64条）。

先立つ 10 年間に 5 年の，労働者としての活動を立証することを要する[162]。

また，特別連帯手当については，資力条件が設けられている[163]。すなわち，特別連帯手当の申請日において，失業者は，自らの資力が，特別連帯手当の日額の 70 倍（単身者の場合）または 110 倍に相当する上限月額を下回っていることを立証しなければならない。

さらに，2008 年 8 月 1 日の法律以降，「求職者」として雇用局に登録する者は，個別就職計画（projet personalisé d'accès à l'emploi：PPAE）を作成し，更新する義務を負っている[164]。同計画には，求職する雇用の条件（時間帯や勤務地，賃金水準等）および求職者に対して提供される職業訓練等のサービスが明示される。2008 年法は PPAE の作成を求職者としての資格要件としており，正当な理由なく更新しない場合は求職者リストからの削除または給付の停止という制裁が課されうる[165]。この制裁は，PPAE の記載から判断される「合理的な雇用」を 3 か月以内に 2 回以上拒絶した場合にも課せられる[166]。なお，3 か月をすぎると，記載された雇用よりも厳しい条件の雇用も合理的と判断される場合がある。

(b) **給付内容**

(i) 受給期間

特別連帯手当には，法定待機期間が定められていない。したがって，受給者は，失業保険手当の支給の終了の直後から特別連帯手当を受給することができる。

伝統的に，同手当の支給は 6 か月を 1 つの期間としながら，老齢年金を満額受給するための要件が満たされるまで更新されることが可能であった。2003 年末の改革によって，この制度は改正され，2004 年 1 月 1 日時点以後の新たな受給者には，同手当が 3 回まで（2 年または 730 日を最大とする期間）しか更新され得ない 6 か月の期間のみ支給されるようになった。ただし，

---

[161] 55 歳以上の者については，その要求により，求職の条件を免除することができる。
[162] 子育てを理由として就労を中断した者については，3 年を限度として，子ども 1 人につき 1 年が縮減される。これに対して，失業補償を受けていた期間は活動期間とはみなされない。
[163] 労働法典 R.5323-2 条。
[164] 労働法典 L.5411-6 条。
[165] 労働法典 L.5412-1 条 3a，同 R.5426-3 条。
[166] 労働法典 L.5412-1 条 2，同 R.5426-3 条。

当事者の請求に応じて，不服申立委員会（commission de recours）の決定によって，3か月の延長が与えられうるとされた[167]。

これによって約数百万人の人々に関してASSの権利が尽き，雇用を再獲得することができなければ，RMIの措置の中に「落ちこむ」リスクを負うことになることとなった。しかし，この改正は大規模な異議申立て運動を引き起こしたため，政府はその決定を再検討し，現在では再び期限は設けられないこととされている。

(ii) 受給額

特別連帯手当の額は，デクレで決定され，1年に1回改訂される[168]。この手当は，再就職までの一次的な最低生活保障として制度化されたため，支給額はSMICの2分の1程度の水準に抑えられている。

また，当事者の資力を考慮して，特別連帯手当は，最大額の範囲内で差額が支給される。職業活動に従事した場合の収入は，当該活動の開始から12か月間の間は，その開始から750時間を超えない限りで，同手当の支給を妨げない就労収入控除という制度がある。その場合，受給者の努力の意欲を削がないように，就労からの収入には逓減的な係数が適用され，受給額が削減されるのは一部にとどまる[169]。また，特別連帯手当は一定の条件の下で，一定の社会保障給付または社会扶助給付と併給することができるようになっている[170]。

---

[167] D. no 2003-1315, 30 déc. 2003.
[168] 2011年7月1日現在で，日額15.37ユーロである。この額の変更は，最低所得保障（minimas sociaux）政策による（rapport Join-Lambert, *Liaison soc.* du 3 mars 1998）。
[169] もっとも，そのような下限は一部の者には適用されない。たとえば，3年以上の登録失業者や，RSA受給者である（労働法典R.351-35条，R.351-36条）。
[170] 労働法典L.5425-1条。この併給の対象は現物給付であり，疾病保険や出産保険の金銭給付を受給する場合は手当が中断される（社会保障法典L.311-5条およびR.323-11条）。

3 公的扶助制度
――参入最低所得保障（RMI）から活動連帯所得（RSA）へ

　フランスでは第二次世界大戦後，「社会的最低保障」として，9 種類の所得保障制度が設けられた。すなわち，高齢者最低所得保障，傷病保険の中の障害最低所得保障，成人障害者手当，ひとり親手当，連帯の枠組みに属する失業者のための手当（参入手当，連帯手当および退職相当手当），寡婦（夫）手当[171]，そして，参入最低所得保障（RMI）である[172]。これらはもともと，社会保障制度の中核である保険制度から排除されてしまうような，拠出が十分でない者や労働能力をもたない者に対して，従前の所得の相対的な維持ではなく，資力の一定の水準を認めて特別の金銭給付を支給することで，社会保護の普遍化を図る制度であった。特に，1988 年に制度化された参入最低所得保障（RMI）は，25 歳以上の全ての者を対象とする最後のセーフティーネットであった。

　ここでは，RMI の導入と，現行の RSA への発展の経緯を確認しておく。

(1) RMI の概要
(a) RMI の目的と基本的構造

　参入最低所得保障は，Rocard 政権下の 1988 年 12 月 1 日の法律によって創設された。これは，他の給付を受けることができないすべての人々の所得を保障するための保障の最後の網であるとされ，「最終電車給付（prestation balai）」とも称された[173]。

　1988 年法 1 条は，憲法前文の生存権を引用したうえで，次のように述べ

---

[171] ただし寡婦（夫）手当は，年金制度を改革して委譲年金の権利を拡大する 2003 年 8 月 21 日の法律によって廃止され，2011 年には完全に受給者がいなくなる予定である。

[172] 2008 年には約 350 万世帯が社会的最低保障を受給しており，全世帯の 11％ に該当する。それらの世帯において生活する人数は，640 万人近くであり，都市人口の 10% を若干下回る程度である。その人数は経済情勢の改善と関連して変動する。また，社会的最低保障の受給者は，全ての年齢層に分布しており，25 歳から 39 歳，40 歳から 59 歳，60 歳以上とでそれぞれ 3 分の 1 ずつの割合である（DUPEYROUX (J.-J.) et al., *supra* note 140, para. 456）。

[173] *Ibid.*, p. 319.

ていた。「困難な状況にある人々の社会的および職業的参入は，国家の至上命題である。このような目的で参入最低所得保障が創設された……この参入最低所得保障は，あらゆる形態の排除，とりわけ教育，雇用，訓練，医療・健康，住居の領域における排除を取り除くことを目的とする，貧困との闘いの包括的な規定の一要素を構成するものである」と。このように，同法は，「貧困」および「社会的排除」の問題に立ち向かうという，2つの目的を明らかにしたものであった[174]。

この2つの目的に対応するために，RMIの制度は，最低所得を保証するだけではなく，社会的・職業的な参入・再参入の過程を組み込んでいた。RMI手当を申請できるのは原則としてフランスに居住する25歳以上の者であるが，申請の提出と同時に，当事者は直ちに，参入契約（contrat d'insertion）によって定められる参入プロセスに参加する義務を負い，可能と考えられる社会復帰プロジェクトを明らかにして，そのための努力をしなければならないとされた[175]。

RMI手当の額は，年に2回，物価の進展に応じてデクレによって決定されていた。この額は，世帯を構成する残りの構成員，すなわち配偶者または内縁のパートナーと，25歳未満の子どもの数に応じて増額される[176]。受給者に実際に支払われる額は，逓減給付（allocation différentielle）であった。すなわちデクレによって決定された額を基準として，受給者の扶養人数を考慮した額と，世帯の資力との差額が支給された。

(b) RMIの給付水準とSMICとの関係

RMIの給付基準に関しては，1999年10月4日に国民議会の専門委員会である「文化，家族および社会問題委員会」がRMI法案に関して提出した報告書に詳細な検討がなされた[177]。この報告書は，給付基準の検討に際して，

---

174 *Ibid.*, p. 357.
175 参入契約の性質については，MATHIEU-CABOUAT (S.), *Le RMI: allocation ou contrat? Dr. soc.*, 1989, p. 611, PRETOT (X.) *Le droit à l'insertion, RDSS*, 1989, p. 633, LAFORE (R.), *Le contrat dans la protection sociale, Dr. soc.*, 2003, p. 105を参照。2003年12月18日の法律は，参入契約において職業的参入に優越性を与えるという改正を行っている（社会行動家族法典L.262-38条）。
176 世帯における最初の構成員に関して50％の増額，残りの構成員については30％の増額，3番目以降の子どもに関しては40％の増額がなされる。
177 Assemblée nationale, no 161, *Rapport fait au nom de la Commission des affaires*

まずは「最低」という概念のもつ理論的な問題を指摘する。最低生活としては，生物学的なニーズを満たすだけのレベルや自立性が確保できるレベル，または尊厳を持った生活を保障するレベルなど複数の水準が考えられる。そこで，RMI の給付水準を決定するにあたり，これまで貧困を測る基準として用いられてきた基準が参考にされた[178]。

これまで，貧困の基準の決定には，2つのアプローチがとられてきた。それは，収入に着目するアプローチと，支出に着目するアプローチである。

まず，収入アプローチの例としては，OECD の採用する貧困基準や，ヨーロッパ経済共同体（EEC）の基準があげられる。前者は，世帯状況ごとに，平均ネット賃金の割合で決定する基準である。たとえば，単身者で平均ネット賃金の 66.6％，2人世帯で 100％，3人世帯では 125％，4人世帯では 145％，それ以降1人増えるごとに 15％ずつ増加する基準を設け，これに満たない世帯を貧困と定義した。後者は，消費単位あたりの平均ネット賃金の 50％を貧困線とする。このような収入アプローチは，相対的貧困というロジックに基づいている。そのため，定義上，常に一定割合の貧困世帯が存在することになる。フランスでも収入に着目するアプローチがとられていたが，特徴的なのは，フランスにおいては貧困線が最低賃金(SMIC)と関連づけられている点である。具体的には，生活条件調査研究センター(CREDOC)と全国家族手当金庫(CNAF)が，1979年の調査において，消費単位あたりの所得が SMIC の 40％と 60％という2つの貧困基準を設けていたことは注目される。

収入アプローチが基本的に相対的貧困概念を基礎としているのに対して，支出アプローチは，絶対的貧困概念を基礎とする，いわゆるマーケット・バスケット方式である。このアプローチの最大の問題は，「適正な(décent)生活条件」が何かは，社会によって異なるという点である。また，この方式では，科学的な最低基準という，極めて低位な水準とならざるを得ないことも問題である。実際，同方式を採用していたアメリカと西ドイツ（当時）の扶助基準を検討した結果，どちらにおいても絶対的貧困基準は低すぎて時代にそ

---

culturelles, familiales et sociales sur le projet de loi（no 146）relative au RMI.
[178] *Ibid.*, p. 31. もっとも，報告書では，貧困線という概念と，最低生活という概念は混同されがちだが，貧困は所得の欠乏のみならず，永続する不安定さという生活を併せもつものであることを指摘している。

ぐわなくなっており，相対的基準との折衷的な制度に変更されつつあることが確認された。

このように，収入アプローチと支出アプローチとを比較し，委員会報告書は，相対的貧困の考え方が優位であると結論づけた[179]。そして，当時の比較的新しい研究として，所得・支出研究センターの貧困基準が参考にあげられている。所得・支出研究センターの貧困基準は，当初はヨーロッパ基準である平均可処分所得の50％という基準である，消費単位あたり1日75フランであった。これは1979年当時で，ネットのSMICの60％に相当した。しかし，これは高すぎるとして，既に言及したCREDOCの調査で用いられていた，SMICの40％に相当する，消費単位あたり1日50フランという2つめの基準が登場した。そして，当時の社会保障手当のほとんど(参入手当，連帯手当，寡婦手当，ひとり親手当，成人障害者手当，老齢最低所得補償)の上限が，消費単位あたりSMICの40％以上60％未満となるよう制度設計されていたのである。したがって，RMIの給付水準を考慮するにあたっても，当然この基準が参考とされるべきとされた[180]。

このように，貧困線を考慮することは，最低所得の下限をどのように画するかという問題であった。しかし，最低所得保証は生活ニーズを満たすだけではなく，同時に「公平な制度(juste mesure)」でなければならないと考えられた点が注目に値する[181]。すなわち，適切に上限を画するためにはSMICとの関係に配慮することが必要であるとされたのである。この点，委員会報告書では，就労している者の不公平感を生ぜず，かつ労働のインセンティブを損なわないよう，働かない者の最低所得保証は「疑いなく」SMICの80％を超えてはならないと述べている。ただし，家族的責任が重い場合は別であるとされた。そして，実際には，住宅手当や家族手当を考慮したうえで，SMICとの格差を維持する基準が定められた。

この委員会報告と，その後の立法によって当初定められたRMIの給付基準を，前述の貧困線およびSMICと比較したものが以下の表である。

これをみると，子どもが増えるとSMICの80％を超える場合が生じるものの，特に単身者に関しては，SMICの約半分ほどの低い水準に抑えられて

---

[179] *Ibid.*, p. 35.
[180] *Ibid.*, pp. 36-41.
[181] *Ibid.*, p. 42.

Ⅲ 社会保障・税制度

表4-5 RMI手当基準とSMIC, 相対的貧困線との比較

(単位:フラン〔当時〕, 月額)

世帯内訳	貧困線 (1日50F)	SMIC (1) SMIC + 家族手当	RMI (2)住宅費用 支払後	基準額 (SMIC(1)比)	住宅扶助を 除く場合 (SMIC(2)比)
単身	1,500	4,000	2,996	2,000(50%)	1,650(55%)
夫婦のみ	2,550	4,000	3,034	3,000(75%)	2,330(77%)
夫婦+子1	3,300	4,000[182]	3,523	3,600(90%)	2,800(79%)
夫婦+子2	4,050	4,500	3,928	4,200(93%)	3,400(86%)
夫婦+子3	4,800	5,200	4,454	4,800(92%)	4,000(89%)

出典:Assemblée nationale, no 161, *Rapport fait au nom de la Commission des affaires culturelles, familiales et sociales sur le projet de loi (no 146) relative au RMI.* における p. 37, p. 43, p. 44 の各表をもとに筆者作成。

いることがわかる。

　その後, RMI の施行後約20年を経て, RSA へと改編された後も, その給付水準に関する SMIC との格差は変わらず維持されてきた。フランスにおいて, 最低所得保証制度が「公平な」制度であるためには, SMIC との関係は当然に考慮すべき事柄だったのである。

　このように, 稼働能力のある者に対する給付は, 高齢者や障害者などを対象とする給付と比べて, かなり低い水準に設定されている。そのため, これが社会的最低保障の本来の目的, すなわち受給者にとっての適正な生活水準の保障を満たしているかという点について疑問視する見方もある。実際に, RMI の保証する水準は平均生活水準の20%から30%ほどしかなく, 貧困の閾値をかなり下回っていたため, これを問題視する意見もあった[183]。しかし, RMI の水準を引き上げることは, 労働のディスインセンティブ化を避けるために必然的に SMIC を増額せざるをえないが, それは雇用への悪影響を生じるため不可能であるという見解も根強い。

---

[182] 当時の家族手当は, 子ども2人目からの支給であった。
[183] CONCIALDI (P.), *Faut-il attendre la fin du chômage pour relever les minima sociaux ? Dr. soc.*, no 3 1998, pp. 261-268.

もっとも，SMIC と RMI の関係は，パートタイム労働の主流化によって複雑になっていった。2009 年度においては，RMI の月額は単身者で 454.63 ユーロと，フルタイム SMIC 月額の約 44％にすぎなかった。そのため，フルタイムである限り，SMIC レベルで働くことは家族形態に関係なく RMI の受給よりも利益をもたらすことになる。しかし，現実には年々パートタイム労働が増加している。しかも，パートタイム労働がフルタイム労働への移行のステップであった時代は終わった。現在では，長期にわたってパートタイム労働を続ける労働者も決して珍しくなく，その場合は RMI の支給額が労働による収入を上回ることになる。単純な比較による労働のインセンティブというロジックのみで RMI と SMIC の格差を維持することは，もはや必然ではないという主張も有力になりつつあった[184]。

(2) アクティベーションの要請

1988 年の RMI 創設当時，その受給者のほとんどは子どもをもつ家族世帯であると考えられていた。RMI の支給事務を行う機関が家族金庫とされたのも，そのためである[185]。しかし実際には，家族給付の充実している家族世帯の RMI 受給は比較的少なく，単身者が受給者の約半数以上を占めている。また，ひとり親家庭も 2 割ほど存在する。RMI 制度発足当初には約 57 万人と推計された潜在的受給者の数は，2004 年末には 120 万人を超えた。2009 年の約 113 万人の RMI 受給者のうち，90％が就労しておらず，その中には，労働能力がありながらも RMI から脱出できない層が少なからず存在していた。

前述のとおり，貧困と社会的排除という 2 つの問題に対処すべく導入されたのが，RMI であった。しかし，受給者が増え続ける中で，近年特に重要視されるようになったのが，社会保障制度のアクティベーション，すなわち雇用促進効果の付与である。その一環として RMI の改革が掲げられ，Sar-

---

[184] これに対して，RMI の増額ではなく家族政策や住宅政策といった所得移転のメカニズムの再編成で対処すべきだという考え方もある（DOLLÉ (M.), *Minima sociaux: plus de cohérence pour plus de justice ? Dr. soc.*, no 3 1998, pp. 255-260.）。

[185] RMI の創設に際して中心的な役割を果たしたベルトラン・フラゴナール氏へのインタビューによる（『スウェーデン王国及びフランス共和国の会計検査院における実態調査報告書——社会保障分野の政策・制度の有効性・効率性の評価を中心に」〔会計検査院特別研究官・岩村正彦，1997 年〕207 頁）。

közy大統領は「労働を再評価し，貧困を削減する」ことを選挙公約としていた。その具体的実施のひとつが，2007年5月より34県で試験的に実施され，2009年6月よりフランス全土で実施されることとなった，活動連帯所得（revenu de solidarité active：RSA）であった[186]。

RSAは，RMI受給者とひとり親手当（API）受給者を対象として，就労支援を個別化するとともに，一定時間以上の雇用を得た場合には，世帯所得が社会保障給付のみよりも確実に高くなるようにする制度である。RSAは，2007年8月21日の法律によって，当初はRMI受給者のみに対する3年間の試験的実施を前提に策定されたが，期間満了前に2008年12月1日の法律によって2009年6月1日から全国で実施されることとなった。

これによって，RMIとAPIおよびこれら両手当のもとで認められていた就労収入控除制度は廃止されることになった[187]。同時に，前述の長期失業者を対象とする特別連帯手当（ASS）も廃止が検討されたが，見送られた。

(3) RSAの目的

かつてのRMI給付は原則として逓減給付であったため，就労によって所得が増えることはなく，むしろ交通費など就労のために要する費用によって，所得への負担が増すこともしばしばであった。そのため，就労インセンティブを損なわないよう，就労からの収入を一定程度控除する制度などが設けられてきた。

もっとも，これらの措置は決して十分とはいえず，政府は貧困を重要な社会問題として把握し，5年間で貧困者の3分の1を減らすという目標を掲げた[188]。実際，これまでのRMIが社会的「排除（exclusions）」からの統合と

---

[186] RSAについての邦語文献として，関根由紀「フランスの最低所得保障制度」厚生労働科学研究費補助金政策科学推進研究事業『最低所得保障制度の再構成』（研究代表：岩村正彦）平成20年度総括・分担研究報告書（平成21年3月）31頁-39頁，関根由紀「フランスの最低所得保障――活動の連帯所得（RSA）」季刊労働法226号（2009年）186頁。

[187] 2008年12月1日の法律1条。

[188] 社会行動家族法典L.115-4-1条は，政府が今後5年間の貧困削減の数値目標を出し，議会に対して毎年実現の条件や財政措置などについて報告することを定めていた。具体的な進行状況についてはhttp://www.gouvernement.fr/gouvernement/entree-en-vigueur-du-rsa（最終閲覧日2011年6月30日）を参照した。

いう側面を強く打ち出していたのに対し，RSA は「貧困と排除（pauvreté et les exclusions）」への闘いとして「貧困」という文言を追加するなど，貧困対策であることを前面に出している[189]。RSA は「労働能力があるか否かにかかわらず，全ての人間に対して，最低所得を享受すること，および，労働から得られる所得が増加する場合には資力が増えることを保証するものである」とされている[190]。

そして RSA は，雇用の復帰を促すインセンティブを与え，復職のための道具となることに加えて，新たに積極的な求職・訓練活動をするための努力の対価としての位置づけを明らかにしている[191]。RSA の目的は労働と連帯とを融和すること（réconcilier travail et solidarité）であり，働ける者に対して求職・訓練活動を義務づけることによって，これまでのアクティベーションの方向をより強化する制度であるといえよう。

(4) 制度概要
(a) 受給要件

RSA の受給要件[192]は，基本的には RMI とほぼ同様に，原則としてフランスに居住する，25 歳以上の者である[193]。ただし，子どもを養育しているか，妊娠中の者は 25 歳未満でも対象となる[194]。また，外国人は，難民等を除き，基本的に申請前に就労可能な居住許可のもとで 5 年，EU 圏内の国籍を有する者に関しては 3 か月以上の居住要件を満たす必要がある[195]。生徒や学生，研修生，育児休暇中の者などには，原則として受給資格が認められない[196]。ただし，自営業者や農業従事者，季節労働者については，デクレによって受給資格が認められる可能性がある[197]。

---

[189] 社会行動家族法典 L.115-2 条。

[190] 同条。CYTERMANN (L.), *L'inclassable RSA, Dr. soc.*, 2009, p. 309.

[191] http://www.gouvernement.fr/gouvernement/entree-en-vigueur-du-rsa.

[192] 2008 年 12 月 1 日の法律によって改正された社会行動家族法典 L.262-2 条ないし L.262-6 条。

[193] 2010 年 9 月以降は，一定の就労経験などを条件として，18 歳から 25 歳までの者についても RSA の受給が認められている（社会行動家族法典 D.262-25-1 条）。

[194] 社会行動家族法典 L.262-4 条 1 号。

[195] 同 L.262-4 条 2 号，L.262-6 条。

[196] 同 L.262-4 条 3 号 4 号。

また，RSA を受給するには，所得が一定の水準未満でなければならない。RSA の受給権を有するのは，世帯所得が「保証所得（revenu garanti）」に満たない世帯である。この保証所得は，世帯の構成員の職業所得の一部分（fraction）および，家族構成と扶養する子どもの数に応じて異なる定額部分（montant forfaitaire）との合計額として計算される[198]。保証所得の２つの構成要素は，それぞれデクレによって決定され，消費者物価指数（タバコを除く）の伸びに応じて年１回改定される[199]。定額部分は，ひとり親または妊娠中の女性については増額される[200]。

RSA の支給は，県知事が行う[201]。従来の RMI およびひとり親手当（API）の受給者は，特別な手続を必要とせず，自動的に RSA の受給に切り替えられる。

(b) 給付内容
(i) 金銭給付

RSA の給付は，前述した当該世帯に適用される保証所得と，当該世帯の資力との差額となる[202]。RMI と同様，RSA についても補足性の原理が妥当する。そのため，賃金や活用されていない動産・不動産，現物給付，公的扶助給付などを含めた，世帯所得に基づく資力調査が行われる。その際には，全ての社会保障給付や法律上・協約上の給付，年金などが考慮される。

給付水準は現在，世帯構成によって異なるが，単身者で SMIC の約 1.02 倍，２人世帯で SMIC の 1.6 倍程度である。就労していない受給者については，世帯構成に応じた一定額が支給される。就労している労働者については，その一定額に，稼働収入の 60％から 70％を加えた額となるように計算された額が支給される。このほか，RMI と同様に，居住および交通に関する補足的給付も支給される。また，再就職のために受給者が負担した費用の一部または全部を負担する，個別再就職支援費（aide personnalisée de retour à l'emploi）という制度が設けられている。

197　同 L.262-7 条。
198　同 L.262-2 条１項１号２号。
199　同 L.262-3 条。
200　同 L.262-9 条。
201　同 L.262-13 条。
202　同 L.262-10 条。

なお，RSA の実施主体は県であり，社会的参入の対象となる受給者については県が財源を負担し，職業的参入に係る財源については，国民活動連帯基金（Fonds national des solidarités actives）を通じて，国が負担することとなっている[203]。

(ii) 参 入 支 援

RSA では，RMI と比較して，就労による社会参入の実現のための権利義務が強化されている。受給者は，長期的な雇用への参入を支援するための社会的・職業的な個別援助を受ける権利を有する[204]。これに対して，就労していない受給者や，収入が RSA の額よりも少ない受給者は，求職活動や自衛のための努力，または社会的・職業的参入状況の改善のために必要な行動をとる義務を負う[205]。この義務は，受給者と同居する配偶者やパートナーにも課される。雇用局へ斡旋された申請者については，前述した求職者の場合と同様，担当官とともに就職個別計画を作成する義務を負う[206]。

雇用局以外の雇用支援機関によって支援される場合には，当該申請者と県会議長を代表とする県との間で，職業的参入に関する相互約束（engagements réciproques）を自由に列挙した契約を締結する。この契約は求職のための積極的行動を明らかにするものであって，これまでの職業経験に基づく資格・知識・能力，個人的・家族状況，地域の労働市場状況，希望職種および条件，希望地域および希望賃金を明示する[207]。そして，これに該当する相当な募集がなされた場合，受給者はこれを2回までしか断ることができない。

職業的参入ではなく社会参入を行う場合も，受給者と支援機関との間の契約によって，6か月後には再び職業的参入の可否が検討される。参入計画または参入契約上の義務に違反した場合は，県議会長は給付の支給を停止することができる[208]。もっとも，通常の求職者の場合と異なり，県議会長の決定があってはじめて支給停止がなされる点で制裁にも違いが設けられている。

---

[203]　同 L.262-24 条。
[204]　同 L.262-27 条。
[205]　同 L.262-28 条。
[206]　同 L.262-34 条。
[207]　同 L.262-35 条ないし L.262-36 条。
[208]　同 L.262-37 条。

(5) RSA の特徴

　政府は，RSA の受給者となる世帯は約 310 万世帯，RSA によって実際に受け取るネットの平均給付は 109 ユーロ，RSA によって貧困線以上に浮上する人数は約 70 万人と試算している[209]。2009 年 5 月までの試行の結果，RSA を実施した県ではそうでない県よりも雇用への復帰率が 9 ％高いという結果によって，RSA の有効性は期待されている。

　RSA に特徴的なのは，フルタイムで労働している者についても，RSA の受給資格が認められる可能性があるということである。たとえば，2009 年 7 月 1 日現在，SMIC でフルタイム労働している労働者に専業主婦の妻と 2 人の子どもがいる場合，雇用復帰手当（PPE，後述）による調整を加味すると，月額 212 ユーロの所得増になるとされる[210]。

4　税制――雇用手当（PPE）

　フランスの給付つき税額控除制度である雇用手当（prime pour l'emploi：PPE）は，国家が低賃金労働者の所得を補完する制度であり，いわゆる負の所得税（impôt negatif）を制度化したものである。国立統計経済研究所（INSEE）の「家計の所得と資産に関する年次調査」によると，フランスでは，1996 年 1 月から 2000 年 5 月の景気拡大によって約 150 万人の雇用創出があったにもかかわらず，貧困線を下回る生活水準の世帯は約 7.3％と，2000 年も 1996 年と変わらなかった。

　すなわち，新たに創出された仕事の多くは低賃金雇用であり，最低賃金（SMIC）の 1.3 倍を下回っていたのである。そこで 2001 年，Jospin 政府は，労働所得を増加させることを目的として，「2001 年からの 3 か年減税計画」における国民負担の軽減策の 1 つとして雇用手当を導入し，同年 8 月 24 日から支給を開始した[211]。その後，同制度は数度の改正を経て現在に至っている。

---

[209] http://www.gouvernement.fr/gouvernement/entree-en-vigueur-du-rsa. 受給世帯と想定される約 310 万世帯のうち約 90 万世帯は，それまで RMI 等を受給していなかった新たな受給者であると考えられている。

[210] http://www.gouvernement.fr/gouvernement/qu-est-ce-que-le-revenu-de-solidarite-active.

[211] 租税一般法典 1665 条の 2，1665 条の 3。

(1) PPEの目的

　雇用手当の導入目的は，雇用の奨励であった。従来の制度では，就労しないことで得られる各種社会保障給付の額が働いた場合の賃金とあまり変わらず，むしろ税や社会保険等の負担によって目減りしてしまうためになかなか失業状態から脱しないという「非就労の罠」が問題となっていた。そこで，失業者の就労インセンティブを損なわずに所得保障を行う機能が期待されたのが雇用手当であった。

　そして，この手当が使用者ではなく国家によって負担されることで，使用者の煩を避けるとともに，貧困問題とSMICの水準を切り離せることが利点としてあげられている。すなわち，フランス政府は，SMICが貧困対策とは異なる固有の役割を維持することが適切であると考えたのである[212]。

(2) 制度概要

(a) 受給要件

　PPEが適用されるには，以下の3つの要件を満たすことが必要である。第1に，世帯の課税所得が1定の基準を下回っていること[213]。そして第2に，少なくとも課税単位世帯の一人が職業活動（activité professionnelle）をしていることである。この場合，職業活動とはパートタイムまたはフルタイムの賃金労働者のみならず，職人や商人，農業従事者，自由業なども含む。第3に，職業活動から得た所得が一定の範囲内におさまっていることである。その範囲は，基本的にSMICの0.3倍から1.4倍のあいだであるが，同時に職業活動の年次最低期間を満たしている必要がある。それは，雇用手当を受給するために活動時間を減らしたり，ごく短期間だけ働いたりするインセンティブを排除するためである。

(b) 給付内容

　雇用手当は，職業活動に従事している世帯の構成員ごとに支給される，非課税の手当である。手当の内容は，本来的な基本額と，各種増額の二段構えである。まず，申告活動所得がSMICの0.3倍から1倍の範疇の者につい

---

[212] FABIUS (L.), GUIGOU (E.), PARLY (F.), *Intervention de Laurent Fabius Ministre de l'Economie des Finances et de l'industrie Création de la prime pour l'emploi: PRIME POUR L'EMPLOI,* Dossier de Presse, 2001.

[213] なお，フランスの所得税は世帯単位課税であり，個人単位課税の日本とは異なる。

ては，当該所得の2.2％が基本額とされ（導入初年の2001年度），申告活動所得がSMICの1倍から1.4倍のあいだの者に関しては，漸減率が適用される[214]。

すなわち，SMICの0.3倍から1倍のあいだでは活動所得が増えるほど雇用手当が漸増し，SMICの1倍を超えて1.4倍までは逆に減少していくということになる。この基本額に加えて，夫婦の片方のみが職業活動に従事している場合，または養育責任を負う子どもがいる場合には，増額がなされる。

この手当は，課税世帯には所得税の控除という形式でなされるが，課税世帯であっても雇用手当が実際の課税額を上回る場合は差額が還付される，給付つき税額控除である。また，非課税世帯に対しては国庫からの給付という形式でなされる。この還付または給付は，毎年遅くとも9月15日までに支給される。なお，雇用手当は，タバコを除く消費者物価指数の伸びにスライドして引き上げられる。

(3) PPEの特徴

雇用手当の特徴は，非就労状態から就労へと移行することで世帯の所得を増加させ，雇用への復帰または維持のインセンティブを与えていることである。表4-6では，独身，ひとり親，夫婦の各状態において，非就労状態と比べてどれだけの差が生じるかを示した。

(4) PPEの効果

経済財政産業省による導入時の試算では，2001年度のPPE対象世帯は約855万世帯にのぼるとされた[215]。2000年の給与所得を申告したのは約3200万世帯であったため，その4分の1が雇用手当の対象となる。このうち，課税世帯は約30％にとどまるため，残りの約70％の世帯に対しては，同手当

---

[214] 申告活動所得がSMICの0.3倍から1倍の1.4倍のあいだの者の基本額は，2002年度には活動所得の4.4％，2003年度には6.6％と引き上げることが予定されていた。なお，申告活動所得がSMICの1倍から1.4倍のあいだの者については，当初は（SMICの1.4倍相当額－活動所得）×5.5％として計算される額が基本額とされた。この率についても，2002年には11％，2003年には16.5％への引上げが予定されていた。2008年には前者について活動所得の8.8％，後者については（SMICの1.4倍相当額－活動所得）×19.3％という数値が適用されている。

[215] FABIUS (L.) et al., *supra* note 212, p. 16.

表 4-6　雇用復帰による収入の増加
(2007 年の状態〔SMIC の額は前年 7 月 1 日のもの〕，単位：ユーロ，月額)

	非就労状態	就労状態			
独身	691	SMIC × 0.5	差	SMIC × 1	差
		816	+ 125	1087	+ 396
ひとり親＋子ども 1 人	非就労状態	就労状態			
	1007	SMIC × 0.5	差	SMIC × 1	差
		1094	+ 87	1406	+ 399
ひとり親＋子ども 1 人（3 歳未満）	非就労状態	就労状態			
	1055	SMIC × 0.5	差	SMIC × 1	差
		1240	+ 185	1552	+ 497
夫婦＋子ども 2 人	双方とも非就労	1 人のみ就労			
	1379	SMIC × 0.5	差	SMIC × 1	差
		1464	+ 85	1653	+ 274
夫婦＋子ども 2 人	双方とも非就労	2 人とも就労			
	1379	SMIC × 0.5	差	SMIC × 1	差
		1713	+ 334	2259	+ 880

出典：Revalorisation de la prime pour l'emploi, PLF2007- Dispositions fiscales より筆者作成。ただしこの計算には，PPE のほか，住宅手当（allocation logement），一般疾病保険（CMU）などが含まれている。

が給付の形態で交付されることになる。対象世帯の内訳は，ひとり親世帯が約 61.2%，共働きの夫婦が約 19.7%，一方のみが働く夫婦が約 19.1% である。2006 年の時点でも，800 万世帯以上が対象世帯となっている[216]。2011

---

[216] もっとも，SMIC の 0.3 倍という閾値のせいで，PPE の最も貧しい世帯へのターゲット効果が疑問であるとする意見もある。たとえば，2008 年の所得の十分位における最下位の世帯のうち PPE の受給世帯は 5% にとどまっているにもかかわらず，第 2 位から第 6 位の世帯においては 40〜45%，第 8 位においても 10% の受給世帯があるということが指摘されている（2010 年 1 月 23 日の神戸大学における国際シンポジウム「低所得者層への雇用・社会保障政策の在り方」におけるパリ第 1 大学経済学部の Jérôme Gautié 教授の資料による）。さらに，フランスの制度はイギリスやアメリカよりも対象が広く，額が少ないことで貧困層に対する再分配効果は小さいとする見解もある（PÉRIVIER (H.), *La prime pour l'emploi : pour qui, pouquoi ?*, *Dr. soc.*, no 12 2005, p. 1161）。

III 社会保障・税制度

表4-7　1999年から2010年にかけての，SMICで働く労働者世帯の可処分所得増加率

(世帯類型別，単位：％)

	賃金増加	PPE + RSA の活動加算分	その他税・社会保障給付	合計
子どもなしフルタイム単身者	6	8	0	14
子どもなしパートタイム単身者	4	30	4	38
2人子どもありフルタイム片稼ぎ夫婦	4	21	4	29
2人子どもありパートタイム片稼ぎ夫婦	2.5	25	-2.5	25

出典：Direction générale du Trésor より筆者作成。

年には，PPE の受給世帯は1000万世帯を超えている。

前述の活動連帯所得（RSA）の導入は，雇用手当制度自体には影響を与えないこととされ，RSA と PPE は同時適用が可能である。具体的には，RSA の受給世帯には年末に当該年度の受給総額の証明が届くので，受給者が翌年に税金の申告において提出する数字に基づいて，税務署が雇用手当の額を計算することになる。

以下の表では，この10年間における，SMIC レベルの賃金で働く労働者世帯の可処分所得増加率を示した。これをみると，PPE と RSA による所得増加が，すべての世帯類型において，賃金（SMIC）増加の寄与率を上回っていることがわかる。フランスにおいて，就労することはそれ自体への対価のみならず，働くことによって税・社会保障給付が増加するという大きなメリットをもたらすものなのである。

5　社会保障・税制度の関係

フランスでは，各種社会保障制度の体系は憲法上保障された労働権と生存権の具体化と考えられている。このうち，保険制度の適用対象者については，雇用復帰援助手当（ARE）から連帯特別手当（ASS）によって，失業時の所得保障が図られる仕組みとなっている。それ以外の者，すなわち保険制度の外部にある者については，公的扶助である活動連帯所得（RSA）によって，所得保障が図られる。RSA は低所得労働者をも対象としうる点に特徴があるが，労働能力のある者については，積極的な求職活動が条件とされる。労

働している低所得世帯に対しては同時に，稼働収入が増えることが世帯所得の増加につながる雇用手当制度（PPE）も設けられており，就労インセンティブを損なうことなく所得を補完する仕組みが手厚い。

そして，フランスの特徴は，これらの制度と最低賃金制度とが有機的に関連づけられている点である。この基本的な考えについては，「最低生存費用（minimum vital）」と「最低生活費用（minimum de niveau de vie）」[217]との2つの概念によって整理することができる[218]。前者は，経済学者が提唱した賃金鉄則（loi d'airain des salaires）という考え方，すなわち，賃金は労働者の生命とその再生産の維持に必要な限りで足りるという考え方に近い。最低生存費用という考え方は，「生存権（droit à la vie）の論理的帰結」であって，労働者であるか否かにかかわらず全ての者に保証されるべきものである。前述のRSAの前身であるRMIは，このような考え方に基づいた制度であった。

そして，最低生存費用への権利を法的に承認することは，最低賃金の額の決定に影響を及ぼすことになる。それは，「労働者の地位が，貧しい無職者の地位よりも多くの権利を保障しないということを認められるわけがない」ためであり，労働による最低所得の中には，必然的に単なる最低生存費用以上のもの，すなわち最低生活費用を実現するものでなければならないということになる。

このような考え方は，2つの帰結を導く。第1に，最低賃金は生存を超えて，最低生活費用の実現であるため，労働報酬の全体的な変動を考慮した「公正な賃金（juste salaire）」でなければならないという帰結である。そして第2に，最低生存のための社会保障給付よりも，労働によって得られる最低賃金が高くなければならないという帰結である。

したがって，「労働を基本として成り立っている社会においては，フルタイムでの労働によって得られる賃金は，十分な自立を保証し，一般的生活水準の発展に有効に参加しうるものでなければならない」ことが原則となる[219]。すなわち，「最低賃金は全ての社会的給付に優越する次元にある」の

---

[217] SUPIOT (A.), *Critique de droit du travail*, Paris, Presses universitaires de France, 1994, pp. 74-81.

[218] *Ibid*., p. 75.

[219] DOLLÉ (M.), *Le salaire minimum en France: que nous apprennent les expériences étrangerès？*, *Dr. soc*., 1999, pp. 547-552 では，イギリス，ドイツ，オランダの最低

である[220]。また，仕事は人間性を育むものであり，人は仕事を通じてはじめて自己実現が図られる[221]。これは，1848年のフランス2月革命以来のフランスの伝統的な考え方であって，法律に明記されていないほど基本的なことである[222]。すなわち，労働を通じて賃金という形でもたらされた所得は，社会的参加，自律性，セルフイメージの向上といった固有の価値がある。したがって，憲法上の生存権に基づいて補償される公的扶助（国が保証するもの）と，最低賃金（使用者が支払うもの）とは明確に区別される必要があり，不就労から雇用への復帰を促すアクティベーションの必要性が生じる[223]。そして実際に，フランスでは，フルタイムでのSMICが，住宅手当と家族手当と併せて，貧困線（seuil de pauvreté，所得の中央値の2分の1）を上回る水準にある。

そして，労働能力のある者を対象とする前述の社会保障給付の額は，雇用への必要的な復帰という考え方を根拠として，SMICを必ず下回るように設定される。これらの制度は，可能な限り最も早い雇用への脱出を目標としながら生存を保障するための，その場しのぎのものとして構成されているのである[224]。このような観点から，年齢や障害などを理由として正当に労働から撤退している人々に向けられた社会保障給付と，労働能力を有するために雇用へ再参入しなければならないと考えられる人々のための社会保障給付に

 賃金制度と所得保障制度を概観して，SMICを含めた労働者の所得保障制度の改革を提言している。

[220] *Ibid.*, p. 551.
[221] 実際に，フランスではSMICの1.6倍までの賃金を支払われている労働者に関しては，使用者に社会保障負担を軽減するという措置をとっている。しかし，このことは使用者に対して平均賃金をそのレベルに抑えておこうとするインセンティブを与えることになり，低賃金雇用の固定化を招いたとされる。Lyon-Caen教授への2008年1月21日のインタビューによる。
[222] 上記インタビューによれば，Lyon-Caen教授は，法律に明記することはむしろその普遍性を疑わせるものであると指摘する。
[223] 労働者の最低生活を保障する負担を使用者に負わせるという点については，使用者のみならず労働組合の中でも立場が異なる。たとえば，フランスの労働組合CGT（confédération générale du travail）は，フルタイムの労働者は労働によって一定水準の生活が保障されるべきであり，生活のための賃金を企業が保証するのは企業の社会的責任であると考えている（2008年1月23日CGTのカウンセラー（Conseillere confederale）であるMarie-Pierre Iturrioz氏へのインタビューによる）。
[224] DUPEYROUX (J.-J.) et al., *supra* note 140, para. 469.

は，本質的な違いが設けられている。

　さらに，労働への復帰という目的を達成するためには，労働によって却って所得を減少させるような状況を避けなければならない[225]。他方で，最低賃金がいくら高くとも，最低賃金の存在自体が労働者の貧困を解決しうるわけではない。現実には，経済の変化による新たなリスク，すなわち不安定労働，パートタイム，能力および資格の急速な陳腐化が，社会保障によってかろうじて支えられるという状況になっている[226]。そこで，とくにパートタイム労働者が，社会保障に頼るよりも多くの所得を得られることが重要である[227]。

　この必要性によって設けられたのが雇用手当（PPE）であり，税制によって労働報酬が所得に適正に反映される仕組みが作られている。そして，その基準としてもSMICが用いられている点が注目される。また，RMIからRSAへの改組にあたっても，労働への復帰が受給額を増やすよう制度設計され，PPEとの併給も可能とすることによって，SMICとRSAとPPEが一体となって働く低所得者世帯の最低生活保障を担っている。

　このように，フランスでは，最低賃金制度と労働能力者に対する社会保障・税制度とが有機的に関連づけられ，就労インセンティブを損なわずに最低所得が保障される仕組みが存在する。そこでは，最低賃金制度は労働の価値を体現するものとして，社会保障制度による給付よりもはるかに高い水準が想定されており，社会保障給付の参照基準としての役割を果たしているといえる。

---

[225] HIRSCH (M.) et. al., *Au possible nous sommes tenus. La nouvelle equation sociale*, La Doc. fr., 2005.

[226] DUPEYROUX (J.-J.), *supra* note 140, para. 469. フランスでは，この観点から，SMICの水準と社会保障・税制度の水準との関係がしばしば問題とされてきた。たとえば，DOLLÉ (M.), *Minima sociaux: plus de cohérence pour plus de justice ?*, Dr. soc., no 3 1998, p. 255, CONCIALDI (P.), *Faut-il attendre la fin su chômage pour relever les minima sociaux*, Dr. soc., 1998, p. 261 など。

[227] DUPEYROUX (J.-J.), *supra* note 140, p. 552.

Ⅳ 小括——フランスの最低賃金制度と社会保障・税制度

1 最低賃金制度

(1) 全職域最低保証賃金（SMIG）

1950 年の全職域最低保証賃金（SMIG）制度は，第二次世界大戦中・戦後の賃金統制を脱し，労使当事者による労働協約に基づく労働条件設定への移行を図った労働協約法の中に定められた。その目的は，労働協約において最も格付けの低い労働者の労働条件を下支えすること，すなわち，その最低生存費の保障であった。

そして，決定方法にもその目的が反映されている。最初の決定方法は，三者構成の労働協約高等委員会に標準生計費の研究義務を課し，その答申を受けて政府が裁量によって決定するという，マーケット・バスケット方式を中心とした方法であった。その際の「標準生計費」の概念は，最低生存費用の概念を具体化したものである。もっとも，その内容は当初は労使の合意に委ねられたが，うまく機能しなかったため，1957 年には物価スライド制が導入された。これにより，SMIG は，消費者物価指数の上昇に応じた一定の自動的改定に，政府裁量による上積みがなされるという構造になった。自動改定と政府裁量方式の双方において，労働協約高等委員会という形態で労使が関与することが担保されていたが，その関与は形式的なものにとどまっていた。

(2) 全職域成長最低賃金（SMIC）

高度成長期を迎えた 1960 年代には，実質平均賃金の伸びに対して，物価に基づく SMIG の伸びが鈍く，最低生存保証として有効に機能していないことが社会的に問題となった。そこで，1970 年には SMIG が全職域成長最低賃金（SMIC）へと改編され，平均賃金への部分的スライド制が導入されることとなった。もっとも，基本的な決定構造は維持された。

現行制度である SMIC は，2 つの目的を有している。第 1 の目的は SMIG から継承したものであり，低賃金労働者の「購買力の保証」である。第 2 の目的は，低賃金労働者の「国民経済の発展への参加の保証」であり，これは SMIC の創設によって付け加えられたものである。このことは，最低賃金制

度が保障すべき労働者の最低生活に関して，相対的な概念がもちこまれたことを意味する。すなわち，最低生活が維持されない状態とは，帰属する社会における他の世帯との比較において，著しく異なった状態で生活せざるを得ない状態であり，最低生活を維持するための最低賃金の額は社会の経済発展に応じて上昇するものでなければならないと考えられたのである。

SMICの決定方法は，消費者物価指数へのスライド制と平均賃金へのスライド制に，政府裁量による上積みを可能とする構造になっている。このうち，平均賃金を考慮する制度は，上記第2の目的に応じて導入された制度である。各決定方式には三者構成の団体交渉全国委員会の答申を経るプロセスが保障されており，その限度において労使の関与が担保されているが，その関与はこれまで極めて形式的であったといわれている。

そしてフランスでは，導入から最近まで，政治裁量による増額もあって，概ねインフレ率を上回るSMICの増額がなされ，高い水準が維持されてきた。

ところが近年，このSMICについて主に2つの方向から問題が指摘されるようになった。第1に，低賃金問題の改善による労働者の最低生活保障という役割が機能しなくなってきていることである。すなわち，1990年代以降のパートタイム労働者の増加によって，時間あたりの最低額を定めるにすぎないSMICが労働者の所得を保証する機能は，次第に限定されつつある。SMICが労働者の最低生活保障に与えるインパクトは小さくなっており，労働者の最低生活保障に対してターゲットを絞った手段となりえなくなっているのである。

第2の問題は，高水準のSMICがもたらす弊害である。以前から，高すぎるSMICは雇用（特に若年労働者の雇用）への悪影響を及ぼすという懸念が示されてきた。また，SMICが高すぎると，賃金水準がSMIC近辺の労働者が増え，キャリアの展開によって賃金が増加していく展望が描けなくなっているという弊害も指摘されている。

このような問題を背景に，Sarközy政権はSMICの決定構造の見直しを図った。これまでのスライド制は基本的に維持しつつ，2008年には，SMICの水準について意見を表明する独立の専門家委員会を設けることになった。専門家委員会は独立した立場で調査を行い，経済活動や低賃金労働者の雇用や所得，企業の労働費用など複合的な問題を考察して，適切なSMICの額を提案することを目的としている。

2 最低賃金社会保障・税制度との関係

　フランスの最低賃金法制は基本的に労働者の生活保障のために発展してきた制度であるため，共通の目的をもつ社会保障制度との相互関係が必然的に問題となる。

　フランスの社会保障制度においては，保険制度の適用対象者については雇用復帰援助手当（ARE）から連帯特別手当（ASS）という失業時の所得保障が図られ，それ以外の者については，公的扶助である活動連帯所得（RSA）を通じて，労働能力のある者については積極的な求職活動を条件として所得保障が図られる仕組みとなっている。

　そして，これらの制度と最低賃金制度とは，有機的に関連づけられている。最低賃金は，全ての社会保障給付に優越するものとされ，その参照基準として機能している。具体的には，労働能力のある者を対象とする社会保障給付は，雇用への復帰を促すため，原則としてフルタイムSMICを下回るように設定されている。また，労働への復帰という目的を達成するためには，労働から得た収入が適切に世帯所得の増加に結びつく仕組みが必要とされる。同時に，労働時間の減少によって十分な所得が得られない働く貧困者が，社会保障給付よりも大きな所得を得られることが重要になる。この必要性から，労働報酬を所得に適正に反映する制度として設けられたのが，給付つき税額控除である雇用手当（PPE）である。ここでも，就労インセンティブを損なわないよう，フルタイムSMICを基準として異なる支給率が適用されている点が注目される。

　このように，フランスでは最低賃金制度と労働能力者に対する社会保障・税制度とが有機的に関連づけられ，就労インセンティブを損なわずに最低所得が保障される仕組みが採用されている。そこでは，最低賃金制度は労働の価値を体現するものとして，社会保障制度による給付よりも高い水準が想定されており，社会保障給付の参照基準としての役割を果たしているのである。

第5章 総　　括

　本章では，第3章，第4章で分析してきたイギリス，フランス両国の法定最低賃金制度の決定構造を整理し，両国における最低賃金制度の役割を明らかにするとともに，日本の新たな最低賃金法制が現在直面している課題について，比較法的観点から分析を加えることとしたい。

　まずは国別に最低賃金制度の特徴をまとめ，それぞれの最低賃金決定方法（契約自由の原則を修正する正当化アプローチ）と，最低賃金の水準問題（社会保障・税制度との構造的関係，水準問題）を整理し，最後に日本法の真の課題と，進むべき方向への示唆を導く。

I　イギリス

1　最低賃金制度の展開とその特徴

　イギリス初の最低賃金制度である産業委員会制度は，社会活動家による貧困の再発見を契機として，苦汗産業における労働条件改善を主たる目的として1909年に導入された。しかしそこでは，労働条件の改善は団体交渉によってなされるべきという集団的自由放任主義の考え方が基調となっていたために，労働者の最低生活保障のための生活賃金といった考え方は明確に否定され，苦汗労働に対して国家が直接的に規制を及ぼすという方法はとられなかった。すなわち，最低賃金の基準は法定されず，その決定は産業ごとに設置された三者構成の産業委員会に委ねられ，政府による変更は認められなかった。このように，産業委員会制度の導入当初は，苦汗労働問題の解決と，団体交渉の促進という2つの目的が緊張関係にあったといえる。もっとも，産業委員会の設立および廃止の権限を政府におくことで，限定的ではあるが政府によるコントロールの余地を残していた。

その後，第一次世界大戦後の組合組織率の上昇を背景として，1918年改正では団体交渉の促進という目的が前面に出されることになる。まずは，当該産業の賃金水準のみならず，組織率の低さが産業委員会設立のメルクマールとされた。そして，一般的な最低賃金のほか，時間外割増賃金や労働時間も産業委員会の決定事項とされた。しかし，不況期には政府が産業委員会の拡大抑制方針をとったために，その設立が大幅に制限されるなど，政府の介入によって制度が機能しない場面が問題となった。

　産業委員会制度は，第二次世界大戦後の1945年に賃金審議会制度へと改編された。この改編は，産業委員会による団体交渉の促進という趣旨をより発展させようとしたものである。賃金審議会制度下では，労働条件の改善は団体交渉の促進によって間接的に図られるべきという考え方がより鮮明にされた。賃金審議会は団体交渉に代わるものと位置づけられ，その設立・廃止をも労使の自主性に委ねることとした。そして，賃金審議会の設立基準は，労働条件の低さそれ自体よりも，交渉機構の不十分さにおかれるようになった。これは，自主的団体交渉の当事者に対して，それが不調に終わった場合でも賃金審議会にその交渉を引き継げるという意義を有していた。さらに，賃金審議会の権限は大幅に拡大され，賃金のみならず標準労働時間や有給休暇，職域年金や疾病手当についても決定できるようになった。これは，団体交渉を法的に保護することで，間接的に低賃金問題を解決しようとする考え方が強くなっていったことを反映している。つまり，団体交渉の条件を整備することで，労働者の最低生活水準の確保が結果として可能となると考えられたのである。

　したがって，賃金審議会はまさに，団体交渉の法的保護の必要性の認識に基づく自発的団体交渉の代替物であった。そこでは，中立委員は独自の発議権をもたない調停者でしかなく，選出母体の利益代表者である労使委員の合意が全てに優越する構造となっていた。労使委員による交渉の結果は，政府によってそのまま賃金規制命令として公布され，法的な強制力が与えられることとなった。

　もっとも，1960年代の経済成長期を迎え，いわゆる完全雇用時代に入ると，平均賃金が上昇していくのに対して賃金審議会の定める最低賃金は低くとどまったままという現象がみられた。賃金審議会制度は団体交渉機構をむしろ阻害し，低賃金を固定化しているとして，政府や組合などからその存在

意義に疑問が投げかけられるようになった。好況の中で，貧困に結びつく低賃金問題への関心が薄れていったことや，賃金審議会の決定事項があまりにも複雑化したこと，そして監督資源の不十分さから賃金審議会制度は機能不全に陥っていると批判されるようになり，その権限は次第に縮小されていった。そして，ついには規制緩和を推し進める保守党政権下で1993年に廃止されてしまった。

しかし，イギリス経済の低迷と労働党への政権交代を経て，イギリスの最低賃金制度は全く新たな展開を遂げる。1998年には全国最低賃金法が制定され，イギリスではじめて，全産業の労働者を対象とする全国一律の最低賃金制度が登場することとなった。その背景には，所得格差の著しい拡大に対する懸念や，最低賃金制度の導入に対する組合の態度の軟化があった。全国最低賃金制度は，労働者の低賃金問題の解決を第一次的な目的として，同時に経済成長や社会保障負担の軽減なども目的としている。すなわち，労働者だけでなく，使用者や納税者の利益にも目配りしている点に特徴がある。また，この制度においては，妥当な最低賃金額の考慮要素として，イギリス経済全体とその競争力を挙げ，過度の賃金規制によって雇用への悪影響を及ぼさないようにすることも意図されている。

全国最低賃金の決定権限は，政府（通商産業大臣）にある。実際には，政府から独立した三者構成の低賃金委員会が，政府の諮問を受けて勧告を出し，政府はその勧告をほぼそのまま受け容れている。そしてその勧告は，全会一致で出されるのが特徴である。すなわち，低賃金委員会の審議は単なる交渉ではない。まず，利害関係者の意見は正式な意見聴取手続を経由して反映されるために，労使委員自身は選出母体の利益代表者ではなく，独立した個人として審議に参加することができる。また，雇用への悪影響を最小限にとどめつつ低賃金問題の改善を図るというスタンスが委員間で共有され，様々な統計データや調査結果に基づいて，誰もが納得できる客観的な根拠を示すことが重要であると考えられている。このような意味で，全国最低賃金制度は，労使の交渉の結果ではなく，経済に悪影響を及ぼさない範囲で低賃金問題を改善するための，「根拠に基づく政策決定」の一環として位置づけられている。

イギリスの最低賃金法制の展開を，産業委員会・賃金審議会制度と全国最低賃金制度との対比で整理したのが表5-1である。ここでは，目的，適用範

表 5-1 イギリスの産業委員会・賃金審議会制度と全国最低賃金制度の基本事項

		産業委員会・賃金審議会制度	全国最低賃金制度
目的		・苦汗労働規制 ・団体交渉の促進	・低賃金問題の解決 ・経済成長 ・社会保障負担の軽減 （・雇用へ悪影響を及ぼさないこと）
適用範囲		・低賃金産業 ・団体交渉の機能していない産業	全国全職域 （1年目の見習労働者，軍人，分益漁師やボランティア労働者は適用除外）
決定主体とその特徴		産業委員会・賃金審議会	政府（通商産業大臣）←低賃金委員会（法的拘束力のない勧告）
		・三者構成 ・利益代表者としての労使合意の尊重 ・自発的団体交渉の代替物	・三者構成 ・各委員は選出母体から独立した個人 ・雇用への影響に関する統計・調査結果の重視
決定方式		産業委員会・賃金審議会における労使の合意（合意に至らない場合は中立委員の投票）	低賃金委員会の調査に基づく勧告 →大臣決定
考慮要素	法定	なし	イギリス経済の全体とその競争力
	実際	企業の支払能力	雇用への影響
履行確保		行政監督，民事訴訟，刑事罰	行政監督（代位訴訟），民事訴訟，刑事罰

囲，決定主体とその特徴，決定方式，考慮要素，履行確保という基本的事項について整理した。

　この展開を踏まえて，イギリスにおける最低賃金制度について，序論で確認した2つの問題，すなわち決定方法と水準のあり方について，順に検討することとしたい。

　まず，制度内在的な課題である決定方法については，最低賃金制度は契約自由の原則を大きく修正するものであるため，その決定構造を把握するには，どのような正当化アプローチを採用し，契約自由の原則の修正原理としているかが重要になる。そこで，イギリスの最低賃金制度はどのような正当化ア

プローチを採用してきたのかという視点から分析し，近年の変化がどのように位置づけられるのかについても整理することにしたい。

次に，社会保障制度との相互関係という制度外在的な課題である水準のあり方については，両者の適用範囲の違いといった構造的な関係と，具体的な給付水準の関係について分析する。

2 最低賃金の決定方法

(1) 純粋な手続的正当化アプローチ——産業委員会・賃金審議会制度

産業委員会制度は，苦汗労働問題の解決を主たる目的として導入された。しかしその後の改正や，第二次世界大戦後に賃金審議会制度へと改編される過程で，苦汗労働対策という目的は影を潜め，団体交渉の促進という目的が前面に出されるようになった。もっとも，これら2つの目的は並列的な関係ではなく，団体交渉が有効に機能することによって低賃金問題が解決されるという，連続的な関係として捉えられていた。そこで，産業委員会も賃金審議会も一貫して団体交渉に準じた決定方式を採用したのである。

すなわち，決定すべき最低賃金の具体的内容や，拠るべき基準，考慮要素などは法定されず，最低賃金の決定は，産業ごとに，三者構成の産業委員会または賃金審議会が自主的に定めることとされた。一般には，類似産業において多くの使用者が定めている賃金基準が一応の合理性のある基準だと考えられており，産業委員会・賃金審議会は個々の労使に代わって類似産業における合理的基準に向けた合意を模索する機構と位置づけられたのであった。

また，産業委員会の設置基準としては，当初は当該産業における賃金水準をメルクマールとしていたが，次第に団体交渉の機能度合いに着目するようになった。さらに時代が下ると，賃金審議会の決定事項は最低賃金だけでなく，標準労働時間や有給休暇，年金に関する事項にまで拡大され，その役割は団体交渉そのものに近づいていった。

同時に，産業委員会・賃金審議会の構成も，団体交渉により近くなっていったといえる。すなわち，産業委員会・賃金審議会は，同数の労使代表と中立委員による構成であり，労使代表の任命に際してはその職歴が重視され，代表性が強く求められた。審議においては中立委員の調整によって労使代表の合意が模索されたが，合意に至らなかった場合には中立委員が労使いずれかの側に投票することで，労使のどちらかが主張する額が必ず採用される仕

組みとなっていた。そして，政府は産業委員会・賃金審議会の決定を拒否したり修正したりすることはできず，産業委員会・賃金審議会の定めた賃金は，政府の命令によって法的拘束力を有するものとされた。その意味では，産業委員会・賃金審議会制度においては，中立委員が最低賃金の最終決定権を握っていたようにもみえる。しかし，中立委員は労使が主張する額のいずれかを採用しうるのみで，自ら最低賃金額を発議することは認められておらず，しかもその役割が意味をもつのはあくまでも労使が対立した場合に限られていた。このように，賃金審議会の審議は「法定の団体交渉」であり，労使の合意が全てに優越する構造となっていた。

以上みてきたことからも明らかなように，産業委員会・賃金審議会制度は，最低賃金決定に際して考慮すべき要素やその水準を法定することで実体面から契約自由への制約を正当化するものではなく，労使代表による決定というプロセスを重視する，純粋な手続的正当化アプローチを採用した制度であったといえよう。

もっとも，最低賃金の水準そのものを問題にしない純粋な手続的正当化アプローチは，生活保障の実現を直接に担保する制度ではなく，その観点からみると実効性に欠けるという問題がある。実際に，賃金審議会の定める最低賃金の水準が低すぎるとして，賃金審議会制度の有効性を疑問視する意見は絶えなかった。それは，労働者の最低生活保障という，交渉の論理から離れた問題を，まさに交渉の当事者である労使の力関係に委ねることの限界を示すものであったといえる。

(2) 実体的正当化アプローチへの転換——全国最低賃金制度

1998年に導入された全国最低賃金制度においては，質的な変容がみられる。全国最低賃金制度は，全産業の労働者を対象に全国一律の最低賃金額を適用する制度であり，産業ごとに異なる最低賃金を定めたそれまでの最低賃金制度とは根本的に異なっていた。その一次的な目的は，所得格差是正と貧困問題の解決による公正さの実現とされたが，それは労働者の生活ニーズだけではなく，使用者や納税者の利益にも目配りしたものでなければならないと考えられている。

決定方法については，全国一律の集権的な決定方式が採用され，政府が最終的な決定権限を有するものの，事実上，政府から独立した三者構成の低賃

金委員会の勧告に沿って最低賃金の決定がなされている。最低賃金決定にあたっての考慮要素についても，イギリス経済全体およびその競争力に与える影響に配慮しなければならないことが，法律上明記された。さらに，低賃金委員会の実際の審議においては，雇用に及ぼす影響が主たる考慮要素となっている。

このように，低賃金委員会は，労働者と使用者のみならず，納税者ひいてはイギリス経済全体の利益調整の役割を担っており，政府から独立しているという点では産業委員会・賃金審議会と共通するものの，団体交渉の代替物とは位置づけられていない点に大きな違いがある。低賃金委員会の委員は，出身母体の利益代表者としてではなく，独立した個人であることが重視される。産業委員会や賃金審議会とは異なり，低賃金委員会の委員に関して労使同数の規定がないことも，このことを象徴的に示している。また，全国最低賃金額の勧告の際には，詳細な統計データに基づいて，決定に至った根拠が明らかにされ，判断の基礎となったデータも併せて公表されるのが通例である。このような方法をとることで，低賃金委員会は，各委員が立場の違いを超えて，全員一致の結論を提示することを可能としている。したがって，全国最低賃金の額は，労使が受諾可能かという労使当事者の観点から決定されるものではなく，労使の意見を考慮しつつも，最低賃金の目的である貧困問題の解消や所得格差の是正，さらにはインフレ抑制や国の競争力強化といった観点から，当該最低賃金がそれらの問題や労働市場にどのような影響を与えるかについて，客観的なデータを分析し精査したうえで決定されるという意味で，労使交渉ないし労使合意を超えた「根拠に基づく政策決定」の結果といわれている。

この点に着目すると，現在の全国最低賃金制度は，内容に関知せずに労使の合意を尊重していた産業委員会・賃金審議会制度の純粋な手続的正当化アプローチから，最低賃金の額それ自体の妥当性を問題にする実体的正当化アプローチへと転換したとみることができる。転換の主たる理由は，貧困や社会保障費用の増大といった所得格差の拡大による問題に対処する要請とともに，最低賃金制度にインフレ抑制や雇用への悪影響を最小限に抑えるといった経済政策的位置づけを与える要請が生じてきたことである。また，1993年に賃金審議会制度が廃止されたために最低賃金の制度的空白が生じていたことも，全く新たなアプローチをとりえた一つの原因といえよう。

なお，低賃金委員会も三者構成である以上，出身母体からのプレッシャーと完全に無縁であるわけではない。そのため各委員が独立した個人としての意見を出し，利害関係者による単なる交渉を超え，委員会が統一的な判断を可能とするための方策が講じられている。そのポイントとしては，(1)利害関係者の意見を，委員による審議とは別のルートで取り扱うこと，(2)全会一致の合意に達するために，各委員が最低賃金の役割についての統一的な認識を共有すること，そして(3)勧告で提示する最低賃金の額について客観的な判断根拠を明示することがあげられる。特に，客観的な根拠を検証することで，出身母体の立場から譲歩しやすくすることが可能となっている点は注目に値する。さらに，有識者委員は，その投票権を背景に労使の合意を促す役割を果たしている。その前提には，各委員の共通の認識として，政府が完全にフリーハンドで政策的な最低賃金を決定するべきでなく，最善の判断を下すのは情報が集約され専門的な知見を有する専門家集団としての低賃金委員会であるべきだという認識が醸成されていることが大きい。

3　最低賃金の水準と関連諸制度との関係

以下では，最低賃金の水準と社会保障・税制度との構造的関係，水準の相対的関係を順に分析する。

(1) 構造的関係

イギリスでは，全国最低賃金制度における最低賃金の決定は，社会保障・税制度における所得保障の給付額の決定とは無関係であると考えられている。

社会保障制度・税制度との関係が意識されない原因としては，そもそもこれらの制度と最低賃金制度の決定主体が違うことがあげられる。すなわち，政府が決定する社会保障・税制度に対して，最低賃金は労使当事者が決定すべき賃金の最低基準の問題であり，政府から独立した低賃金委員会が実質的に決定するため，両者は相互に関係しないと考えられてきたといえる。しかしそれだけではなく，最低賃金制度と社会保障・税制度との構造的関係にも原因があると指摘することができる。

まず，イギリスの社会保障制度では，就労からの収入がないことでその生活基盤が脅かされる者のうち，稼働能力を有する者は求職者手当の対象とされる。求職者手当については拠出制と所得調査制の2種類があるが，いずれ

272　　第5章　総　括

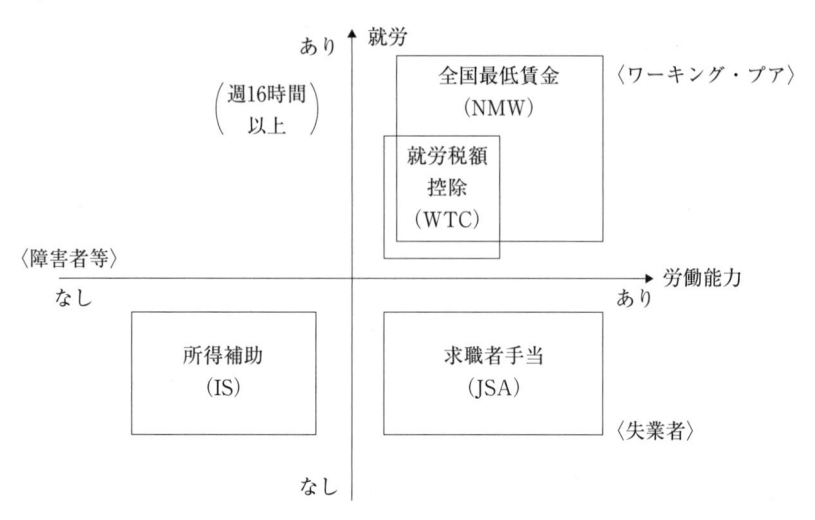

```
                    就労
                    あり
                     │
      (週16時間   ) │    全国最低賃金     〈ワーキング・プア〉
      ( 以上　  )  │      (NMW)
                    │   ┌─────────┐
                    │   │  就労税額   │
                    │   │   控除      │
                    │   │  (WTC)     │
                    │   └─────────┘
 〈障害者等〉         │                              労働能力
 ─────────なし──────┼──────────────あり──────→
                    │
         ┌────────┐ │    ┌─────────┐
         │ 所得補助 │ │    │ 求職者手当 │
         │  (IS)  │ │    │  (JSA)    │
         └────────┘ │    └─────────┘
                    │                         〈失業者〉
                    なし
```

図5-2　イギリスにおける最低賃金制度と社会保障・税制度の構造的関係

についても求職者合意書の締結が義務づけられ，給付をうけるためには積極的に就職活動をしなければならない。これに対して，能力的に就労できない者については公的扶助である所得補助制度が対応することとしており，失業補償と公的扶助とはその対象者において峻別されている。憲法上の生存権の要請がないイギリスでは，これらを最低生活保障のための制度と位置づけているわけではないが，要件を満たす限り一定の所得保障が継続するという点は重要であるし，稼働能力がメルクマールとされている点に特徴がある。

　さらに重要なのは，就労しているにもかかわらず所得が一定水準を下回る世帯に対して，全国最低賃金制度と同時に，給付つき税額控除という段階的な所得補完制度が導入されたことである。最低賃金は時間あたりの単価を問題とするのに対して，給付つき税額控除は世帯の所得を問題とする制度であって，より直接的に貧困に対処することが可能となっている。そして，給付つき税額控除の特徴は，最低賃金制度の適用がある労働者をも対象とする点にある。これによって，低賃金がそのまま低所得（貧困）につながらない仕組みが構築されているのである。このように，最低賃金制度と給付つき税額控除が一体となって稼働能力世帯にとっての安全網として機能していることは，逆にいえば最低賃金だけが稼働能力世帯の貧困問題に対する安全網の機能をひきうけることを想定されていないということでもある。これらの構

造的関係を示したのが図5-2である。

(2) 水準問題——非連動型

　上記の構造的関係から，まずは稼働能力の有無によって対象者が重なることのない最低賃金と公的扶助の水準を連動させることは考えられてこなかった。また，失業補償との関係でも，最低賃金と給付つき税額控除が一体となって所得補完の役割を担っている以上，最低賃金単体と求職者手当との比較をすることはあまり意味をもたないことになる。すなわち，最低賃金レベルで働いていても，世帯の所得が一定未満であれば給付つき税額控除によって一定の生活水準が担保されるため，個々の労働者の賃金の水準と，世帯における所得の水準とは直接に関係しない。実態調査によっても，労働者世帯の可処分所得は家族状況や税制・社会保障制度にも左右される部分が大きく，賃金世帯の純所得に与える影響はそれほど大きくないことがわかっている。

　そこで，イギリスでは，最低賃金の水準と社会保障給付水準を相互に参照するような法的条項はおかれず，非連動型の仕組みが採用されている。最低賃金法制は，労働が利益となるような差を維持しつつも，経済の競争力を支え，かつ雇用に悪影響を及ぼさない水準を追求するためのバランスをとる制度として機能しているのである。

　その背景には，第3章Ⅲ3(3)でみたようにそもそも大陸ヨーロッパのビスマルク型社会保険スキームと異なり，イギリスのビヴァレッジ・プランにおいては一律原則が採用され，生存最低水準を超える資力の保護は個人で行うべきと考えられており，今でもその影響力が根強いこともある。そして，全国最低賃金の決定に際しては，生活賃金という考え方は明確に排除されており，社会保障・税制度との整合性が意識されることはない。他方で，社会保障給付の水準を決定する際にも，最低賃金や平均賃金が参照基準とされることはなく，社会保障給付の引上げで考慮されるのは，基本的には物価の上昇率のみである。

　もっとも，最低賃金制度と稼働能力者世帯に対する所得保障の関係は，給付水準以外のところで密接な関係を有しているとみることができる。すなわち，週16時間未満の就労しかしていない者は求職者手当による所得保障を受けられるが，その受給には積極的な求職要件が課せられることによって，より長時間の就労，すなわち最低賃金の世界へと移っていくことが求めら

る。そして、就労が週30時間を超えると、最低賃金による労働単価の下支えと同時に、世帯の所得補完たる給付つき税額控除の対象となる資格を得られることになる。このように、稼働能力のある者については、最低賃金や社会保障・税制度が一体となって就労へと強く誘導する仕組みが構築されている。したがって、イギリスの最低賃金制度や社会保障制度は、最低賃金額と給付額との差を設けることではなく、求職者手当制度も含めた制度の一体性によって稼働世帯の所得保障を図っているといえる。

II フランス

1 最低賃金制度の展開とその特徴

　フランス初の最低賃金制度として1950年に導入された全職域最低保証賃金（SMIG）は、第二次世界大戦中・戦後の政府による賃金統制と決別し、労使による自由な賃金決定への移行を定める労働協約法の中で、戦前の協約拡張制度が労働者の実質賃金の低下を食い止められなかった反省を踏まえ、その最低限を法律によって下支えする制度として位置づけられた。その目的は、労働協約において最も格付けの低い労働者の労働条件を確保し、その最低生存費を保障することであった。

　制定当初、SMIGの決定主体は、政府であった。導入直後のSMIGにおいては、最低賃金額の改定時期についても政府の裁量に委ねられ、労使の関与は最低賃金の構成要素である標準生計費の研究に限定された。標準生計費は最低生存費の概念を具体化したものであり、SMIGの決定は絶対的貧困概念を基礎とするマーケット・バスケット方式が基本とされた。ただし、労使の答申には拘束力はなく、政府は異なる額を採用してデクレを発することが可能であった。実際に、労使代表である労働協約高等委員会は標準生計費についての合意に至ることができず、SMIGは政府の裁量によって決定されていた。

　このような状況には批判も多く、それを踏まえて1952年には物価スライド制が導入された。これは物価指数の上昇に応じてSMIGが自動的に改定され、アレテによって通知がなされるという仕組みであり、政府の裁量は限定されることになった。ただし、政府裁量でデクレによる上積みをすること

は可能とされた。一方，労働協約高等委員会は，改定基準となる物価指標の設定・改定要素についても答申を出す役割を与えられた。もっとも，その関与は形式的なものにとどまっていたといわれる。また，1957年にはSMIGの決定に関して「国民所得」が考慮要素として付け加えられ，生存に必要な最低限を画する絶対的貧困概念から，次第に，格差に着目する相対的貧困概念が重視されるようになっていった。

　この転換がより鮮明になったのが，1970年のSMIGから全職域成長最低賃金（SMIC）への改編である。SMICは，SMIGの基本的な構造を維持しつつ，物価のみならず平均賃金への部分的スライド制を導入することとした。

　現行制度であるSMICは，低賃金問題の解決には労働協約による賃金引上げが不可欠であり，SMICはあくまでその最低限を画するにすぎないと位置づけつつも，低賃金労働者の「購買力の保証」と，低賃金労働者の「国民経済の発展への参加の保証」という，2つの目的を掲げている。前者はSMIGから受け継いだ目的であり，最低生存保証という絶対的貧困概念を反映したものである。そして，SMICの創設によってはじめて付け加えられた第2の目的は，経済全体の成長および国民所得の発展と，最低賃金の伸びとの格差を問題視したものであり，最低賃金制度が保障する対象である労働者の最低生活について，相対的貧困の概念が採用されたことを意味する。すなわち，貧困は，絶対的な欠乏状態ではなく，帰属する社会における他者との比較において，著しく異なる水準で生活せざるを得ない状態であると考えられるようになった。そのため，労働者の最低生活を保証するための最低賃金の額は当然，社会の経済発展に応じて上昇するものでなければならないとされたのである。

　これに応じて，最低賃金の決定方法も変更された。SMICへの移行にあたっては，SMIGから受け継いだ物価指数へのスライド制に加えて，上記第2の目的に応じた，平均賃金へのスライド制が導入された。もっとも，雇用への悪影響を最小限にとどめるため，SMICの必要的引上げは平均賃金の上昇の2分の1にとどめられ，それ以上の上積みは政府の裁量事項とされた。上記2つのスライド制は自動的にSMICの最低上昇率を画し，政府の裁量はその額への上積みにとどめられる。この決定方式には，三者構成の団体交渉全国委員会の答申を経るプロセスが保障されているが，その関与は従来同様，形式的なものにとどまっており，政府裁量への影響力も限られていた。

表 5-3　フランスの全職域最低保証賃金（SMIG）と全職域成長最低賃金（SMIC）の基本事項

	SMIG	SMIC
目的	・労働者の最低生存保障	・低賃金労働者の購買力保障 ・低賃金労働者の国民経済への発展への参加の保証
適用範囲	・全国全職域（地域別減額あり） ・通常の身体能力を有する18歳以上の労働者	・全国全職域 ・通常の身体能力を有する18歳以上の労働者 ・見習契約締結中の労働者，26歳未満で職業順応契約中の労働者，自由に仕事を構成できる労働者は適用除外
決定主体とその特徴	政府 ・労働協約高等委員会（三者構成）が関与	政府 ・団体交渉全国委員会（三者構成）が関与 ・政府裁量は上乗せ部分に限定 ・専門家委員会が関与
決定方式	・政府の裁量的決定方式（当初マーケット・バスケット） ・物価スライド方式	・物価スライド方式 ・平均賃金（1／2）スライド方式 ・政府裁量
考慮要素	・物価	・物価，平均賃金 ・「最低賃金の上昇と，一般的経済条件および国民所得との間の永続的な全ての不均衡を除去する」
履行確保	行政監督，民事訴訟，刑事罰	行政監督，民事訴訟，刑事罰

　しかし，2008年になって，SMICの決定方式に新たな要素が加えられた。それが，SMICの水準改定について意見を表明する，専門家委員会の関与である。専門家委員会には，広範な調査権限をもとに，政府から独立した立場で，経済活動や低賃金労働者の雇用，企業の労働費用などの最適なバランスを模索する役割が与えられている。

　専門家委員会の関与が設けられた背景には，近年の就業構造の変化にともなって，最低生活保障（貧困対策）としてのSMICの限界が明らかになってきたことがある。現在，貧困を決定づける要素としては，賃金水準以外には

以下の4つの要素が重要な意味をもつようになっている。すなわち，失業率，労働時間，世帯状況，そして社会保障給付である。特に，パートタイム労働者の増加によって，時間あたりの最低額を定めるにすぎないSMICの効果は限られる。もはや最低賃金の水準と世帯の生活水準とが連動する保証はなく，SMICの引上げによって世帯生活水準が改善されるという効果は限定的なものとなり，最低生活保障に対して有効な手段ではなくなりつつあると考えられたのである。

そもそも，近年は，貧困の2つの種類ごとに異なる対策が必要であるとされ，そのどちらにおいてもSMICの引上げは慎重であるべきと考えられている。第1の貧困類型は失業者であり，その対策は，雇用への復帰の援助が中心となる。この観点からみると，SMICについては，むしろ引上げによる雇用への悪影響を少なくすることが重要になる。そして，第2の貧困類型は，働いているにもかかわらず所得の低い者，いわゆるワーキング・プアである。その原因は主にパートタイム労働であるが，これに対して時間あたりの単価であるSMICを引き上げることは，むしろその雇用自体を失わせることになりかねない。そのため，ワーキング・プア対策としては，SMICの引上げではなく，何らかの所得移転で対処すべきだと考えられるようになってきている。

表5-3は，SMIGからSMICへの展開について，目的，適用範囲，決定主体とその特徴，決定方式，考慮要素，履行確保という基本的事項をまとめたものである。

これをもとに，フランスにおける最低賃金制度の決定方法のあり方と，その水準のあり方について整理することにする。

2　最低賃金制度の決定方法

(1)　絶対的貧困概念を基礎とする実体的正当化アプローチ
　　　──全職域最低保証賃金（SMIG）

第二次世界大戦後の早い段階から包括的な最低所得保障が制度化されていたイギリスと異なり，最初の法定最低賃金制度である全職域最低保証賃金（SMIG）制定当時にそのような制度がなかったフランスでは，SMIGの目的は，最も格付けの低い労働者の最低生存費の保証におかれた。決定方法もその目的を反映したものであり，特に当初は，標準生計費という最低生存費

用の概念を具体化したマーケット・バスケット方式を採用していたことが象徴的である。もっとも，数年後には物価スライド制が導入され，消費者物価指数の上昇に応じた一定の自動的改定を基本として，これに政府の裁量による上積みがなされるという構造となった。また，労使の代表である労働協約高等委員会が関与することが担保されていたが，その関与は形式的なものにとどまっていた。

　このように，SMIG は労働者の生活保障を目的としたため，客観的な指標へのスライド制によって，一定の最低生存費用を確保するという決定方法を採用していた。すなわち，SMIG においては，労使の合意を基礎とするのではなく，最低賃金が最低生存費用という実質的内容を確保していることをもって契約自由への制約に対する正当化根拠とする，実体的正当化アプローチを採用していたとみることができる。

(2) 相対的貧困概念を基礎とする実体的正当化アプローチへの修正 ――全職域成長最低賃金（SMIC）

　高度成長期後に SMIG を改編して導入された全職域成長最低賃金（SMIC）は，物価だけではなく平均賃金への部分的スライド制を導入した。これは，最低生活に関するこれまでの絶対的な貧困概念を改め，平均からの乖離を問題とする，相対的な貧困概念の採用に伴う改編であった。もっとも，実体的正当化アプローチという基本的な決定構造は維持されている。

　現行制度である SMIC の目的は，低賃金労働者の「購買力の保証」と「国民経済の発展への参加の保証」という 2 つである。先にみたとおり，第 2 の目的が付け加えられた背景には，最低賃金制度が保障すべき労働者の最低生活について，絶対的な概念から相対的な概念への移行があった。

　これに応じて，SMIC の決定は，政府を決定主体とし，消費者物価指数へのスライド制に加えて，平均賃金への部分的スライド制と，政府裁量による上積みとの三層構造になった。このうち，平均賃金を考慮する制度が，上記第 2 の目的に応じて最低生活保障の相対性を反映させる仕組みである。平均賃金の伸びに完全に連動させることとしなかったのは，インフレスパイラルによって低賃金労働者の雇用に悪影響を及ぼすことを回避するためと，最低限を上回る賃金は団体交渉によって実現すべきという建前から，SMIC は縮減されえない最低限を定めるにとどまるべきだと考えられたことによる。こ

のことは逆に，SMICが最低限の概念自体の変化を伴いながらも，最低限の生活保障を画する役割を担っているという点については変わりがないことを意味している。

　このように，SMICの決定構造は基本的にはSMIGと同様，実体的正当化アプローチが採用されている。各決定方式には三者構成の団体交渉全国委員会の答申を経るプロセスが保障されており，その限度において当事者である労使の関与という手続的正当化要素を取り込んでいるようにもみえるが，団体交渉全国委員会は労使の意見を政府に対する非公開の答申として出すにとどまっており，実際の最低賃金決定に関してはほとんど影響力をもちえなかった。したがって，フランスの最低賃金制度は，貧困概念の相対化という変化はあるものの，ほぼ一貫して実体的正当化アプローチを採用してきたといえる。

　もっとも，そのようなあり方に対しては，近年の非典型雇用の増加によって時間単価にすぎないSMICが労働者の最低生活を支える機能が低下していることや，高水準のSMICが雇用に与える悪影響などの問題が指摘されるようになった。そして，Sarközy政権下では，SMICの決定構造の見直しが図られた。この見直しによっても従前の物価・賃金スライド制は基本的に維持されたが，注目されるのは，SMICの水準について意見を表明することとされた，独立の専門家委員会の設置である。専門家委員会は，労使の意見の反映を目的とした団体交渉全国委員会とは異なり，独立した立場で調査を行い，経済活動や低賃金労働者の雇用や所得，企業の労働費用など複合的な問題を考察して適切なSMICの額を提案することを目的としている。また，行政機関が専門家委員会に対して情報提供をすることになり，専門家委員会への情報集約が図られることになった。そして，団体交渉全国委員会に対して政府と専門家委員会の双方が資料を提示し，矛盾がある場合には政府が説明責任を負うことになった。

　このように，フランスにおける実体的正当化アプローチは，貧困概念の変化を反映し，さらに近年では労働者の生活保障だけではなく，より広く社会全体の利益に鑑みて望ましい最低賃金のあり方を模索する方向に修正されている。特に，専門家委員会の設立は，労働市場の変化に伴うSMICの役割の限界を意識したうえで，雇用や経済に対する影響を考慮させるための仕組みであり，労働者の最低生活保障にとどまらない新たな実体的正当化要素を

取り込もうとした動きとみることができる。

3 最低賃金の水準と関連諸制度との関係

(1) 構造的関係

　フランスでは，最低賃金法制は基本的に労働者の生活保障を目的として発展し，最低賃金の内容に着目する実体的正当化アプローチを採用してきた。そのため，共通の目的をもつ社会保障制度との相互関係が必然的に問題となる。

　フランスの社会保障制度においては，労働能力のある者が失業した場合には，保険制度の適用対象者については雇用復帰援助手当（ARE）の対象とされ，その期間が満了した場合も資力によっては連帯特別手当（ASS）による所得保障が図られることになる。それ以外の者，すなわち労働能力はあるが保険制度の対象とならない者および労働能力のない者については，公的扶助である活動連帯所得（RSA）によって所得保障が図られる仕組みとなっている。RSA は包括的な最低所得保障制度であるため，最低賃金で働いている労働者も低所得であれば受給することが可能であるが，労働能力のある者のRSA の受給については積極的な求職活動が要件とされる。また，働いてはいるが所得の低い世帯に対しては，給付つき税額控除である雇用手当（PPE）が適用され，SMIC レベルで働きながら RSA や PPE を併給することも可能となっている。これらの構造的関係を示したのが図 5-4 である。

(2) 水準問題——連動型

　フランスでは，最低賃金制度と社会保障・税制度とが有機的に関連づけられている。その中で最低賃金は，全ての社会保障給付に優越する位置づけであり，それらの参照基準として機能している。具体的には，労働能力がある者を対象とする社会保障給付は，雇用への復帰を促し，労働のインセンティブを与えるために，必ずフルタイムで働いた場合の SMIC を下回るように設定されている。たとえば，特別連帯手当（ASS）は再就職までの一次的な最低生活保障制度と位置づけられているため，SMIC の 2 分の 1 程度の水準に抑えられている。さらに，包括的な公的扶助である RMI（現 RSA の前身）の導入にあたっては，相対的貧困概念を基礎としながら，その基準を消費単位あたりの SMIC の 40％ とし，さらに就労している者との公平を図る観点

Ⅱ フランス　　281

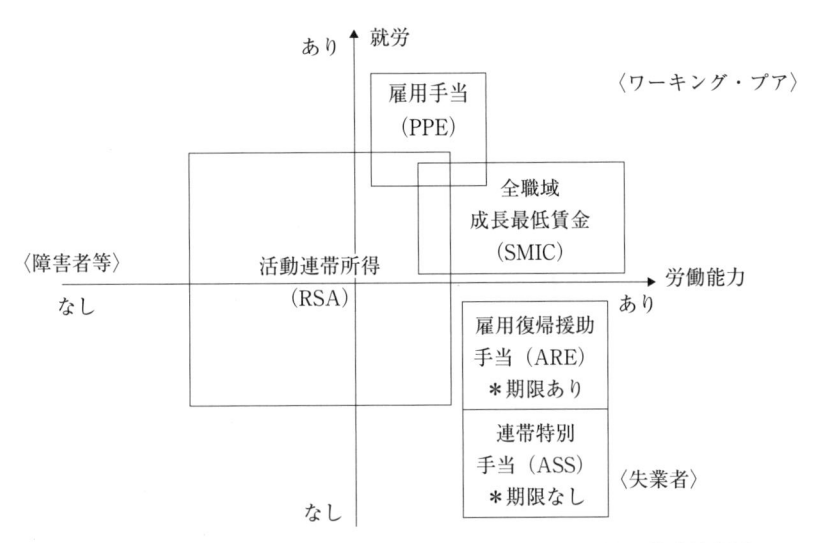

```
                    ↑就労
              あり  │
                    │   ┌──────────┐
                    │   │ 雇用手当  │        〈ワーキング・プア〉
                    │   │  (PPE)   │
        ┌───────────┼───┤          ├──┐
        │           │   │          │  │
        │           │   └┬─────────┘  │
        │           │    │ 全職域     │
        │           │    │ 成長最低賃金│
        │           │    │  (SMIC)   │
        │  活動連帯所得  │          │
〈障害者等〉│   (RSA)   │    └──────────┘         労働能力
────────┼───────────┼────────────────────────→
  なし   │           │         あり
        │           │    ┌──────────┐
        │           │    │ 雇用復帰援助│
        │           │    │ 手当 (ARE) │
        └───────────┼────┤ *期限あり  │
                    │    └──────────┘
                    │    ┌──────────┐
                    │    │ 連帯特別   │
                    │    │ 手当 (ASS) │    〈失業者〉
                    │    │ *期限なし  │
                    │    └──────────┘
              なし  │
```

図5-4　フランスにおける最低賃金制度と社会保障・税制度の構造的関係

から，原則としてSMICの80％を超えない制度設計としていた点が注目に値する。RMIとSMICの格差についての考え方は，現行のRSAにおいても基本的に維持されている。

　ところが近年，非正規雇用の増加に伴って，SMICによる労働者の最低生活保障機能の低下が懸念されている。SMICはあくまでも時間あたりの単価を定めるものであるから，就労インセンティブを確保するという観点からは，労働による収入が適切に世帯所得の増加に結びつく仕組みや，労働時間の減少によって十分な所得が得られない者についても，就労によって所得が増加する仕組みが必要だと考えられるようになった。

　このように労働報酬を所得に適正に反映する制度として設けられたのが，給付つき税額控除制度としての雇用手当（PPE）である。PPEは，申告活動所得の一定割合を手当として給付するものであり，低所得世帯を援助すると同時に，就労インセンティブを損なわない仕組みが採用されている。すなわち，所得がSMICの0.3倍から1倍までの世帯については，活動所得が増えるほど手当も増える仕組みになっているのに対し，SMICの1倍から1.4倍までの世帯については漸減率が適用されるなど，ここでもフルタイムSMICが基準とされている。

　このように，フランスでは，最低賃金制度と労働能力者に対する社会保

障・税制度とが有機的に関連づけられ，就労インセンティブを損なわずに最低所得が保障される連動型の仕組みが構築されている。そこでは，最低賃金制度は労働の価値を体現するものとして，社会保障制度による給付よりも高い水準が想定されており，社会保障給付の参照基準としての役割を果たしている点が注目に値する。

III 英仏における最低賃金の役割

1 英仏における正当化アプローチの接近

(1) イギリス

　上述のように，イギリスでは20世紀初頭から1990年代に至るまで，産業別で労使代表の合意が重視される産業委員会・賃金審議会制度のもとで，団体交渉の論理を基礎とした純粋な手続的正当化アプローチが採用されていた。このアプローチが採用されたのは，イギリスの労使関係の伝統である集団的自由放任主義と矛盾をきたさないためには，苦汗産業の労働者の低賃金問題を解決するためには，国家の直接的介入ではなく，労使の集団的交渉により労働条件を引き上げていくというアプローチが妥当だと考えられたからであった。

　しかし，団体交渉の代替物としての同制度には，まさにその産業における労使の力関係に如実に影響されるという問題点があった。制度設計上，産業委員会や賃金審議会がおかれたのは，もともと労働者側の交渉力が非常に弱い産業に限られた。そのため，低賃金問題の改善に対する同制度の実効性は低く抑えられ，むしろ経済成長期には賃金抑制のための制度として使用者から支持されるほどであった。また，産業委員会や賃金審議会を必要とする産業はもともと労働者の組織化が難しい産業であったため，その設置を契機に組織化が進むことが期待されたものの，現実には困難な状況であった。さらに，低賃金労働者は特定の産業にのみ存在するわけではないことから，比較的賃金の高い産業においても必ず存在する低賃金問題に対して，同制度では対処することができないという限界もあった。結局，この最低賃金制度は低賃金労働者からも労働組合からも十分な支持が得られないまま，1979年に政権の座についた保守党の新自由主義的思潮の台頭の中では，過剰な市場規

制であるとして縮小が続けられ，1993年にはついに廃止されるに至る。

こうしてイギリスでは再び，最低賃金規制が全くない時代を迎えた。しかしそこでは，低賃金問題はなくなるどころか悪化し，所得格差も拡大していった。そして，最低賃金の支えを失った貧困層が社会保障給付や福祉に依存することが，社会的な問題として把握されるようになっていった。そのような中，1997年の総選挙では全国一律の最低賃金制度の導入を選挙公約に掲げた労働党が勝利し，最低賃金制度は全く新たな制度として再登場することになった。それが1998年全国最低賃金法によって導入された，全国最低賃金制度だったのである。

労働党政権は，産業委員会・賃金審議会制度の問題点をふまえ，全職域の労働者に適用される全国一律の最低賃金制度の確立に踏み切った。この制度は，公正な賃金を確保し，所得格差を是正するとともにイギリスの競争力を確保するという実体的な政策目的のもとに導入された。決定方法としても，政府から独立した低賃金委員会が経済政策的考慮を含む多様な要素を勘案して全国一律の最低賃金を勧告し，政府がそれを尊重して決定するという実体的正当化アプローチを採用したことで，最低賃金制度の決定方法は大きく転換することになった。このように，イギリスの最低賃金制度は，純粋な手続的正当化アプローチの行き詰まりから実体的正当化アプローチへの転換という展開を辿ったのである。

(2) フランス

フランスでは，第二次世界大戦後にはじめて，最も格付けの低い労働者の賃金を下支えするために全職域最低保証賃金（SMIG）が導入され，20年後に全職域成長最低賃金（SMIC）へと展開していく中で，一貫して労働者の最低生活の保障が最低賃金制度の目的として掲げられてきた。これらの制度においては，団体交渉が機能しないことによる低賃金問題を，団体交渉の機能を補完する制度によって解決しようという，かつてのイギリスの最低賃金制度（産業委員会，賃金審議会制度）のような発想は全くみられない。むしろフランスでは，より直接的に，法律により最低賃金を規律することを通じて労働者の最低生活の確保が目指されていたのである。

そして最低生活保障を確保すべき最低賃金の決定方法としては，制定当初のマーケット・バスケット方式から，物価スライド制へ，後に貧困概念の変

化に伴って平均賃金への部分的スライド制との併用方式へと変化した。これらのスライド制は自動的にSMICの最低限を画するものであり、政府の裁量はその上積みに限られていた点で、縮減され得ない最低生活保障という概念が基礎となっている。

さらに、2008年には、専門家委員会の関与を制度化して、SMICを経済社会的発展のための一制度として位置づけ、SMICが企業や社会全体に及ぼす影響を考慮させたうえで、政策的な要素を反映させることを可能とした。もっとも、これについても、最低生活確保という実質を有する最低賃金を設定しようとする、実体的正当化アプローチの枠内での変化であるといえる。

このように、イギリスとフランスは、当初は目的や考慮要素、決定主体を異にする、全く異なるタイプの最低賃金制度を導入していた。しかし現在では、英仏両国ともに、最低賃金の正当性は労使の合意ではなく一定の内容が実現されていることで担保されるという立場で共通しており、実体的正当化アプローチを採用している。さらにその内容については、低賃金問題の改善という労働者に直接関わる要素だけでなく、納税者の負担や経済への影響など、社会や経済全体を見据えた政策的要素が考慮されている点が注目される。経済政策的要素を考慮させるための機構としてフランスが近年導入した専門家委員会の役割は、イギリスの低賃金委員会のそれに非常によく似ており、その点からも両国の制度は接近しつつあるといえる。

2 最低賃金の役割の認識の変化

当初は全く異なる最低賃金制度を採用していたイギリスとフランスが、最低賃金決定方法に関する正当化アプローチという観点から非常に類似しているといえる現在の制度に辿りつくまでには、これまでみてきたようなそれぞれ固有の事情がある。しかし同時に、先進国の労働市場に共通する現代的な背景も見逃すことはできない。

(1) イギリス

イギリスが1993年の賃金審議会制度廃止の後5年を経て、1998年全国最低賃金法を制定したのは、最低賃金制度の不在によって低賃金雇用の増加や所得格差の拡大という弊害が深刻になってきたためであった。しかし全国最低賃金制度は、実効性の薄さが批判されたかつての手続的正当化アプローチ

を再現するという方法をあえて避け，実体的正当化アプローチを採用した。それは，最低賃金制度の空白時代の弊害として，賃金格差の拡大のみならず，社会保障費用負担の増大と，低賃金競争による経済全体の競争力の低下が深刻な問題として認識されたことによる。いいかえれば，これら問題の解決が最低賃金制度の役割として期待されたということでもある。

そのような期待は，「職場における公正」という，当時の白書の題名にもなった労働党のスローガンにもみることができる。労働党政権は，全国最低賃金制度を，「公正さ」という実質的内容を実現するための手段の1つとして位置づけた。ここでいう「公正さ」は，低賃金問題の改善のみならず，優良な使用者を後押しすることによってイギリス経済の競争力強化を図り，社会保障負担を軽減することで納税者の利益にも資するような「妥当な水準」を実現することを意味する。そして，このような水準は，もはや労使の交渉の論理によって模索することは不適切であり，専門的な知見を有する組織に情報を集約して中央集権的に決定することが望ましいと考えられたのである。

このように，全国最低賃金制度は，賃金の最低水準を示すことで労働条件を改善するだけでなく，雇用や経済競争力に対する悪影響を及ぼさない範囲での，拡大しすぎた賃金格差是正や社会保障負担の軽減といった政策的な役割を担うようになってきている。

(2) フランス

イギリスの最低賃金決定方法に関する正当化アプローチの変化が，直接的には低賃金労働者の賃金の底上げを目的とするのに対して，フランスの近年の変化はむしろ逆ともいえ，高すぎる最低賃金を抑制しようとする動きである。労働者の生活保障を目的として物価や平均賃金へのスライド制，政府裁量による上積みを重ねてきたSMICは，フランスにおけるフルタイム労働者の賃金中央値の約60％と，かなり高い水準にあり，その意味では労働者の最低生活保障という役割は十分に果たしてきた。もっとも，非正規雇用の広がりとともに貧困に対する対応を社会保障制度の拡充に譲ってきた経緯はみてきたとおりであるが，貧困対策たりえないSMICの役割についてもその認識が変化しつつある。フランスの相対的に高いSMICは，最低賃金水準で働く労働者，いわゆる「スミカール」の割合の増加につながっている。そしてこのことこそが，フランスの実体的正当化アプローチにおける変化を

もたらしているのである。

　フランスにおいては，適切な賃金格差はむしろ必要であるとされ，キャリアラダーを上がるごとに賃金も上がっていくような，健全な賃金ピラミッドを構築することが重要であると考えられている。そしてそれは，労働協約上の等級に基づく賃金ピラミッドを前提として，その底辺を支える SMIC という当初の想定された役割分担でもあった。しかし現在のフランスでは，SMIC が高すぎることによる「雇用の SMIC 化」，すなわち賃金が SMIC レベルに貼り付いてしまい，上昇していかないことの弊害がしばしば指摘されている。

　SMIC 導入後，半世紀以上にわたって，物価と平均賃金によって SMIC は自動的に引き上げられてきた。そして，政府がコントロールできるのは，その裁量による上積みを控えるという程度に限られてきた。専門家委員会はそのような状況を打開するために設けられたといえ，設置の際には硬直的なスライド制廃止をも視野に入れていた。もっとも，政府が目論んだスライド制そのものの廃止は専門家委員会自身に否定されたが，同委員会が社会経済政策的見地から自動的改訂を下回る答申を出す余地は残されている。その場合，法改正によるスライド制の見直しにつながる可能性は高い。

　このように，フランスの最低賃金はもはや単なる生活保障のための方策ではなく，経済全体や雇用に適切な社会経済政策の1つとして位置づけられている。

(3) 共通の背景

　英仏の正当化アプローチにおける近年の接近からは，最低賃金の役割の変化に関する2つの共通項がみてとれる。それは，最低賃金制度を貧困対策からは切り離す動きと，社会経済政策的な要素の取り込みである。

　前者については，パートタイム労働を中心とする非正規雇用が増加し，時間あたりの単価としての最低賃金の限界が意識されるようになったことが大きい。また，後者については，近年ヨーロッパの労働市場が急速に統合されていく中で，最低賃金制度が雇用や社会保障費用負担，競争力など国家の経済全体に影響を与えることが意識されるようになり，その決定には労使当事者の意見だけでなく，企業と国家の負担の分担といった視点を加味した経済政策的な妥当性を反映させる仕組みが要請されるようになったことが重要で

ある。すなわち，貧困対策と低賃金問題対策とが区別され，最低賃金の改訂は経済や雇用状況に悪影響を及ぼさない範囲での，できる限りの時間あたり単価の改善にとどまるべきであるとされ，それはもはや交渉の論理では決定され得ないと考えられているのである。

この点は，後述するように，日本における議論では労働者個人の低賃金問題と世帯の貧困の問題とが区別されず，かつ労使交渉の論理を基礎としたまま生存権の理念に基づいて最低賃金の生活保障的役割を強化しようとしていることと，まったく逆の動きであるといえる。

3 最低賃金の役割とその他のセーフティーネットの存在

最低賃金の役割の認識が上記のように変化してきた背景には，最低賃金制度を貧困対策から切り離せる前提条件があったことに注目すべきであろう。社会保障・税制度の検討でみてきたように，両国とも，働く低所得者層に対して，その所得を補完する制度を充実させていることが重要である。

(1) イギリス

イギリスでは，全国最低賃金制度と抱き合わせで，給付つき税額控除制度である現在の就労税額控除が導入され，働くインセンティブを阻害することなく世帯の所得を補完する仕組みが構築されている。また，失業補償制度もほぼ同時期に改革され，失業状態であっても積極的な求職活動を行っている限り，一定の求職者手当を受給し続けることが可能である。一方で，公的扶助である所得補助の給付対象は，類型的に労働不能であると考えられる一定の者に限られている。このように，労働能力がある者が働いている限り，給付つき税額控除というセーフティーネットが世帯単位の所得保障を担っており，時間あたり単価である最低賃金が生活を支える役割を期待されているわけではない。

イギリスでは憲法上の生存権保障が存在しないため，これらの制度を最低生活保障のための制度と直ちに位置づけることはできない。しかし，長期失業者やワーキング・プアなど，最低賃金によっては支えられない者について，要件を満たす限りで期限を定めない所得保障を与え，他方では強力な就労支援によって，社会保障給付に甘んじさせることなく自己の能力を活用して最低賃金以上の賃金を得られるようサポートするという枠組全体を見れば，や

はり最低生活保障という実質を有するものとして評価できよう。

(2) フランス

　一方，フランスでは，最低賃金制度は労働者のための所得保障制度であると伝統的に考えられてきた。それには，SMIG 導入の時点には包括的な最低所得保障制度がなかったことも影響している。しかし，1988 年に包括的な最低所得保障制度である参入最低所得保証（RMI）が導入された時点で，最低賃金のみをセーフティーネットとして期待する必要がなくなったことが重要である。RMI の包括性は，最低賃金レベルで働いている者であっても，世帯の状況によっては RMI を同時に受給することを可能としているからである。さらに，2001 年には給付つき税額控除である雇用手当（PPE）が導入されたが，最低賃金労働者の世帯状況によっては，これら 2 つの併給も可能である。

　したがって，フランスでは，労働能力がある者が十分に働けない場合は公的扶助制度によって最低生活が保障される一方，働いていれば最低賃金に加えて給付つき税額控除による所得補完も見込める。フランスでは，労働の優越的価値の体現として，最低賃金と公的扶助の水準に差が設けられているが，それは決して，最低賃金のみが労働者の最低生活を支えるという意味ではないのである。

　このように，イギリスとフランスにおける最低賃金の役割が変化してきたことを分析する際には，それを可能とした社会保障・税制度の存在を考慮に入れることが不可欠である。

Ⅳ　日本の課題に対する示唆

　それでは，日本の地域別最低賃金の特徴と，克服しなければならない課題とは何か。第 2 章での日本法の現状分析をふまえて，比較法的検討から得られた視点で課題を整理し，示唆を得ることにしたい。

1　日本の最低賃金制度の基本的特徴

　日本における現在の最低賃金法制の中心は，最低賃金法における地域別最低賃金である。最低賃金法 1 条は，その目的に関して，労働条件の改善を直

Ⅳ 日本の課題に対する示唆

表5-5 日本の地域別最低賃金制度の基本事項

	地域別最低賃金制度（下線部分は平成19年改正による）
目的	・労働者の生活の安定 ・労働力の質的向上 ・事業の公正な競争 ・国民経済の健全な発展
適用範囲	・全都道府県（額が異なる） ・公務員，船員等は適用除外，精神・身体障害により著しく労働能力の低い者や試用期間中の者，軽易な業務に従事する者，断続的労働に従事する者については減額特例あり
決定主体とその特徴	政府←最低賃金審議会(中央，地方) ・三者構成 ・目安制度（中央→地方） ・労使の対立 ・公益委員の役割の重要性
決定方式	最低賃金審議会における審議
考慮要素 法定	・地域における労働者の生計費（これを考慮するに当たっては，「労働者が健康で文化的な最低限度の生活を営むことができるよう，生活保護に係る施策との整合性に配慮」するものとする） ・地域における労働者の賃金 ・通常の事業の賃金支払い能力
考慮要素 現実	「賃金改定状況調査」における労働者の賃金の伸びが重視される
履行確保	行政監督，民事訴訟，刑事罰

接の目的としつつ，労働者の生活の安定，労働力の質的向上，事業の公正な競争という二次的な目的と並列し，国民経済の健全な発展という究極的な目的を掲げている。これは，憲法25条の生存権にもとづく最低生活保障の具体化や，あるいは働く者について最低生活以上の水準を意図していた労働基準法上の最低賃金制度とは異なり，労働者の生活保障という規範を特別に位置づけるものではない。

　このことは，最低賃金を決定する際の考慮要素にもあらわれている。最低賃金法9条2項は，最低賃金を決定する際の考慮要素として，地域における労働者の生計費とその賃金，通常の事業の賃金支払能力の3つをあげており，最低賃金制度はこれらのバランスをとるための制度と位置づけられているの

である．

　表5-5は，日本の地域別最低賃金に関して，目的，適用範囲，決定主体とその特徴，決定方式，考慮要素，履行確保という基本的事項についてまとめたものである．

2　最低賃金決定方法についての課題

　地域別最低賃金の最終決定権は，政府にある．もっとも，当初採用された業者間協定方式がILO条約の批准を契機に廃止されて以来，現在まで，公労使三者構成の最低賃金審議会の決定が尊重されている．特に，運用においては，昭和43年以降，全国的な整合性を確保するために，中央最低賃金審議会において引上げの「目安」を示すという方式が採用され，この目安が実質的に最終的な最低賃金額を決定する地方最低賃金審議会の審議に大きな影響を与えていることが特徴的である．中央最低賃金審議会の目安に関する審議においては，30人未満企業に対する調査である賃金改定状況調査における労働者の賃金の伸びを重要な参考資料として，労使委員がそれぞれの立場から主張を展開するのが実態である．すなわち，中央最低賃金審議会における目安の審議は，中央における団体交渉としての役割を果たすことが期待されている．

　しかし，最低賃金審議会の労使委員は出身母体の利益代表としての性格が強いため，目安額について労使の意見が一致することはほとんどない．そのような状況を打開する方策として，公益委員が，労使双方の意見をもとに，当該年の賃金の伸びなどを考慮して具体的な最終見解を示すという重要な機能を果たしてきた．確かに，実際の目安は労使の合意に基づくものではないことから，最低賃金審議会がただちに中央における団体交渉の結果であるとみるのは必ずしも適切ではない．しかし，公益委員は労使委員からなされた主張にもとづいて妥協点を提示する，いわば団体交渉プロセスにおける調停者としての役割を果たしているというのが実情に近いといってよい．すなわち，公益委員が労使交渉を離れて独自の立場から妥当と考える目安額を提示しているわけではない．さらに，目安額はいかに実質的な影響力を有しているとしても，法的には単なる「目安」にすぎず，最終的な地域別最低賃金額は，三者構成の地方最低賃金審議会の合意によって決定されているという形になる．こうした決定の実情に鑑みると，最低賃金審議会における決定はあ

くまでも労使交渉による最低賃金設定という枠組みを基本としているという点で，手続的正当化アプローチを採用しているとみることができる。

　そのような中，平成19年改正によって，最低賃金法9条3項に憲法25条の趣旨を実現すべきことが明示され，考慮要素の1つである労働者の生計費を考慮するにあたって，生活保護にかかる施策との整合性に配慮すべきことが求められるようになった。これは手続的正当化アプローチとは異質の考慮要素が新たに登場したように見える点で，最低賃金法のあり方に根本的な問いを投げかけたとみるのが本書の問題意識であることは，既に述べたとおりである。もっとも，最低賃金法9条3項は全く異質なものではなく，労働者保護という目的を掲げた労働基準法から，公正競争や国民経済の健全発展までを目的に取り入れた最低賃金法への変遷の中で潜在化していった労働者の最低生活保障という実体的正当化要素を，生活保護施策との整合性確保の要求というかたちで顕在化させたものとみることもできる。すなわち，平成19年改正は労使や社会全体の利益のバランスに目配りした公正な賃金決定という理念から，労働者の最低生活保障をより重視する方向への質的変化をもたらしたといえる。

　他方で，決定方法に関する手続的正当化アプローチそのものが維持されたことは，注意すべき点である。これによって，改正法9条の解釈，すなわち，最低賃金と比較すべき生活保護費として何を用いるかという解釈についても，中央最低賃金委員会の労使委員が独自の意見を主張するという展開になった。そして，労使の意見の隔たりは埋まることなく，結局は生活保護との比較についても，地域別最低賃金の目安額についても，公益委員見解のみが提示されることとなったのである。そして，最終的に労使が合意に至る地方最低賃金審議会の審議においても，この目安額をめぐる攻防が中心となり，大きな影響力を維持している。

　このことは，地域別最低賃金の決定に何らかの政策的な考慮を反映させようとする際の，既存の決定アプローチの限界を示しているといえよう。それは，イギリスが手続的正当化アプローチの行き詰まりという経験から実体的正当化アプローチへと舵を切った際の理由の1つでもあった。

　そもそも，ILO条約批准のための国内法的整備の動きの中で，業者間協定中心方式から審議会方式に移行してきたという歴史的経緯をみても，審議会方式は労使当事者の意思を反映させることに主眼をおいた仕組みであった。

また、この方式は意見を集約させる装置を欠くことから、利害対立を乗り越えることが容易でないという問題がある。労使委員はその代表性を求められるがゆえに、合意に至ることすら難しく、ましてや労使の利益を離れた政策的な望ましさを実現するには適していないという問題点が、平成19年改正によってより明らかになったのである。

3 最低賃金の水準と関連諸制度との関係についての課題

(1) 最低賃金制度と社会保障制度の構造的関係

決定方法とならぶ最低賃金法制の重要な課題である水準のあり方、すなわち社会保障制度との関係についても、日本の制度は特徴的である。

まず、日本における失業補償制度のうち、労働能力のある者に対する生活保障としては、雇用保険制度における失業給付が中心となっている。失業給付は、失業以前の賃金を割合的に保障するものであるが、保険制度である以上、原則として拠出に応じた最長1年までの給付にとどまる。したがって、不況や高失業率などを背景とする長期失業に対しては、十分な生活保障を提供し得ていない。

一方で、生活保護制度は、伝統的には労働能力をもたない者のための制度となっていた。すなわち、補足性の要件の厳格な運用と適正化の要請によって、労働能力のある者が対象となりにくいという特徴がある。もっとも、近年では、生活保護制度のあり方として、自立支援のための機能をもたせることが重要視されるようになっている。しかしそもそも、労働能力のある失業者や、働く貧困者などの多くは、運用によって補足性の原理が厳格に適用されることで、生活保護制度の範疇から排除されてしまう可能性が高い。そのため、雇用保険の対象とならない一定の非正規労働者は、それまで労働していたにもかかわらず失業給付を受給できず、しかも労働能力があるがゆえに生活保護も受けられない、という二重苦の状況に陥りかねない。その間隙を埋めるセーフティーネットとして、特定求職者のための求職者支援制度が導入されることとなったが、所得保障を受けられるのが職業訓練期間に限られているという点には懸念も表明されているところである。

図5-6をイギリスやフランスの場合と比較すると、ワーキング・プア対策にあたる、第1象限に属する社会保障制度がほとんどないことがわかる。

このように、日本では、最低賃金の水準と生活保護水準との整合性の問題

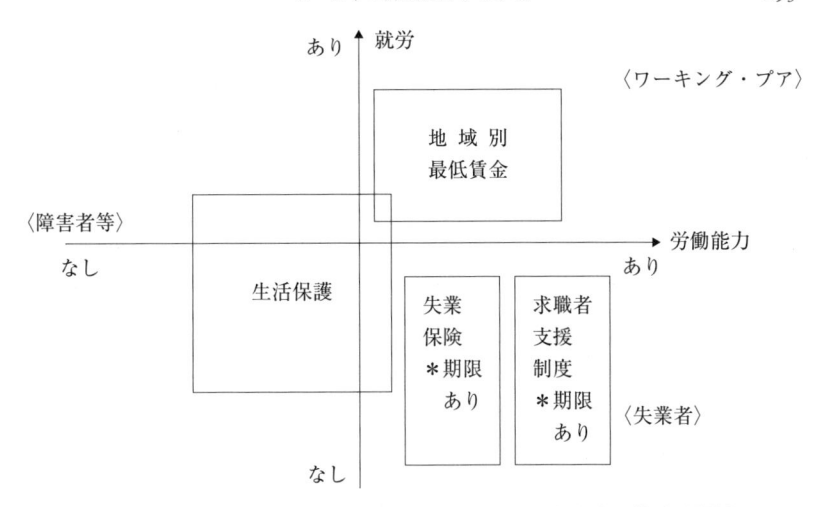

IV 日本の課題に対する示唆　　293

図5-6　日本における最低賃金制度と社会保障・税制度の構造的関係

を論じる前提として，失業保険の受給期間をすぎた長期失業者や，働く貧困者に対して，その最低所得を保障する制度が極めて乏しいという構造的な問題がある。これは，日本の社会保障制度が，稼働能力者は雇用によって通常の生活を維持できることを大前提としていることによる。この前提から，稼働年齢世帯の所得保障については「雇用か社会保障か」のいずれかによって担保されるという，二者択一関係の構造となっているのである。このような構造は，長期雇用を前提とする日本の伝統的な雇用モデルの下でいわゆる完全雇用が実現していた時代には有効に機能していたといえる。しかし，雇用の多様化によって就労による生活の維持という前提が揺らぎつつある昨今，この構造的な問題は，次に述べる水準問題にも影響を及ぼしている。

(2) 水準問題──非連続かつ逆転型

日本では，稼働年齢世帯については雇用か社会保障かの二者択一関係という構造を前提として，最低賃金と社会保障給付の水準は全く別個に定められてきた（非連動型）。その結果，最低賃金と生活保護費との逆転現象が生じたことが，平成19年の最低賃金法改正につながった（逆転型）。たしかに，平成19年改正はこの逆転現象を解消する意図を含んでいた。しかし，それがどこまで踏み込むものであるかはいくつもの考慮すべき問題を残している。

上記のように，実質的に働けない者に対象を絞り込んできた生活保護制度

は，いわば労働市場の外部にある者を主たる対象としている。そこで，労働市場内部における最低労働条件を定める最低賃金制度の対象者と，生活保護制度の運用上の対象者とは，ほとんど重なり合わないことになる。そのため，就労インセンティブを与えるという観点から最低賃金と生活保護の水準を均衡させることは，あまり意味をもたない可能性がある[1]。

そもそも，最低賃金と生活保護の水準の整合性を問題とする最低賃金法9条3項は，逆転現象の解消だけを意味しているとは文言上当然に明らかではなく，解釈問題として残されている。この解釈にあたっては，ワークフェアを実現するための就労インセンティブの問題なのか，それとも，より観念的な「公正さ」を担保することを目的とするべきなのかという点について，改めて考え直す必要があろう。

また，日本では，最低賃金の水準と生活保護水準との整合性の問題を論じるまえに，失業保険の受給期間をすぎた長期失業者や，雇用保険加入資格をもたない非正規労働者，そして働く貧困者に対して，イギリスやフランスのように継続的に所得を保障する制度がほとんどないことを考慮しなければならない。先に指摘したように，働く貧困者に対して社会保障制度からの所得補完制度が極めて薄い日本では，労働者に対する安全網として，最低賃金に期待される役割の余地が相対的に大きい。しかし，稼働年齢世帯への所得保障制度が手薄なまま，最低賃金を引き上げることによってこの問題に対処しようとすると，高すぎる最低賃金によって雇用が減少するという問題が，日本ではより深刻となってしまう。もはや，最低賃金の水準の妥当性を，最低賃金制度の枠内でのみ論じることはできなくなっているのである。

しかも，社会保障給付と異なり，地域別最低賃金の決定においては，事業の支払能力も考慮要素の1つとされている。そして，その決定方法として採用されているのは，先に述べたとおり，三者構成の最低賃金審議会における事実上の団体交渉である。これまでの審議の焦点は，主に目安額の引上げ幅であり，交渉という形態になじみやすかったといえる。しかし，平成19年改正が生存権の理念を述べて，労働者の最低生活保障に比重を移そうとしたことを絶対的な最低所得保障の概念の導入とみるならば，これによって提起

---

[1] 実務上は，「最低賃金の水準が生活保護の水準より低い場合には，最低生計費の保障という観点から問題であるとともに，就労に対するインセンティブの低下及びモラルハザードの観点からも問題がある」とされている（基発第0701001号）。

された水準問題という新たな問題をどう扱うかが喫緊の課題となる。これは，地域別最低賃金の決定の際に，労使二当事者にとどまらない政策的な考慮をどのように反映させていくべきかという，決定構造とも密接にかかわる課題であるといえよう。

4　日本の最低賃金制度の役割についての論点と展望

　ここまでは比較法を投影することで日本における2つの課題を整理してきた。これらの課題について何らかの示唆を得ようとするならば，日本における最低賃金の役割を明らかにすることを試みなければならない。そこで最後に，日本の地域別最低賃金に関して，その果たすべき役割と若干の展望を描いてみたい。

(1)　議論の出発点

　日本の地域別最低賃金は，労働者の生活の安定のみならず使用者の支払能力をも考慮要素としており，三者構成の最低賃金審議会は当事者の利益のバランスを図るための制度として期待されてきた。そこでは，当事者が交渉で決定するという，賃金決定に関する本来的な論理が基礎となっていたのである。すなわち，地域別最低賃金の役割は，労使双方が納得する公正な賃金の実現であったといえ，それはそれで1つの制度として整合性を保っていた。そのため，それ以上の政策的な要素を反映する仕組みは存在せず，その必要性も意識されてこなかった。

　平成19年改正は，生存権保障の理念を明言することで，最低賃金の役割について，公正賃金の実現から労働者の最低生活保障へと比重を移そうとした一方で，具体的な決定方法を以前のまま維持した点に問題を残している。最低賃金審議会は事実上，労使交渉の場として位置づけられており，中立の公益委員も有識者としての専門的立場から労使交渉を離れて独自の妥当な最低賃金額を提示する役割を果たしているわけではなく，そこで期待されているのは労使交渉の調停者としてのそれである。したがって，絶対額の妥当性を判断すべき新たな水準問題に，適切に対応する体制とはなっていない。その結果，新たな問題を考慮するには，成長力底上げ戦略推進円卓会議や雇用戦略対話など，制度の外部にある第三者の働きかけによるしかなかった[2]。このように，目指すものとその実現方法がうまくかみ合っていないのが現状

である。

　この混乱の背景にあるのは，雇用による生活保障を大前提とし，雇用か社会保障かの二者択一関係となっているために稼働年齢世帯への社会保障制度が充実していない日本で，最低賃金制度に期待できる役割とその限界が明確にされていないという問題である。これまで繰り返し指摘したように，日本では，失業給付の受給期間をすぎた長期失業者や，雇用保険の対象とならない非正規労働者，そして働く貧困者の最低所得を保障する制度が極めて乏しい。とくに，一般扶助という法の建前とはうらはらに生活保護の対象と非稼働世帯に絞り込み，稼働年齢世帯を切り離してきたことは，福祉から就労への連続性を失わせ，最低賃金と生活保護費との逆転現象を長年放置してきた原因の一つである。そしてこのことは同時に，労働者に対する唯一の安全網として，最低賃金への期待を過大にしてしまっている。英仏の動きとは逆に，ワーキング・プア対策が，最低賃金制度の役割とされているのである。しかし，そもそも「最低限度の生活」が個々人のおかれた状況によって異なる以上，時間あたりの単価である最低賃金の引上げでは，個別のニーズに応えることには限界がある。

　これを法的な解釈問題としてひきなおすと，最低賃金法9条1項に規定する「賃金の最低額を保障する」こと，すなわち低賃金問題への対処と，改正9条3項に挿入された「健康で文化的な最低限度の生活を営むことができるよう」にすること，すなわち貧困問題への対処との違いが，ほとんど意識されていないということになろう。この2つの問題を明確に区別し，最低賃金独自の役割を画することこそがすべての出発点となる。

(2) 最低賃金と生活保護との「整合性」の解釈

　次の問題は，最低賃金の考慮要素の1つである労働者の生計費に関して，9条3項の定める「生活保護制度にかかる施策との整合性に配慮する」とは何を意味するかである。

　これがフルタイム最低賃金と生活保護費との逆転現象の解消を意味するという点では，異論はない。しかしこの解釈についても，「整合性に配慮する」ことと「健康で文化的な最低生活を営むことができるよう」になることとの

2　本書第2章III 4(4)参照。

区別が必要なことを指摘しておきたい。

　最低賃金を生活保護費以上に引き上げることの意義としては、まずは、就労インセンティブ確保が挙げられる。働いても働かなくても同じだけもらえるなら働かない、という選択を阻止するために、最低賃金は生活保護費よりも高くあるべきだという説明である。

　しかしそもそも、生活保護の受給世帯には稼働能力者が少ない。そのため、最低賃金と生活保護費との差を設けることが、生活保護から最低賃金への移行促進に不可欠であるわけではない。多くの生活保護受給者にとっては、働くか働かないかの選択がそもそもできないからである。

　次に、働いている者の生活が働かない者のそれよりも低いのは不公平であるとして、公平さ確保の観点から差をつけるべきであるという説明がありうる。

　しかし、非正規雇用（とくにパートタイム労働）が増加していることから、全ての者にフルタイムの最低賃金額が保障されているわけではない。そこで、フルタイムの最低賃金と生活保護費を比較したところで、生活水準でみた場合の公平さが確保できるか否かは、また別の問題となる。

　したがって、逆転現象の解消は、必ずしも労働者の最低生活保障に直結するわけではないのである。

　一方で、9条2項が「労働者の生計費」と同様に考慮すべき事項として「通常の事業の支払能力」を挙げていることとも関連して、最低賃金が雇い入れる側の雇用インセンティブにも影響を与える点に注意が必要であろう。最低賃金の引上げは、直接的には雇用インセンティブを減少させ、労働者の雇用の維持を困難にしたり、就労機会を狭めることで、労働者の最低生活保障に悪影響を及ぼす可能性も指摘される。

　使用者側の雇用インセンティブを維持しようとするならば、最低賃金を高くしすぎることは望ましくないということになる。その反面、最低賃金が低くとどまれば、労働者の生活保障のニーズに応えられない部分が出てくる。そこで、最低賃金の水準については雇用保障に悪影響を及ぼさないようなレベルに維持し、それによって生活保障に欠ける部分については、賃金と同時に受給できる社会保障・税制度を充実させることで対応してきたのが、イギリスとフランスである。

　これに対して、働く低所得者世帯に対する社会保障制度の乏しい日本にお

いて，最低賃金制度単体での改革は，就労インセンティブの確保に有効たりえないだけではなく，雇用インセンティブを減少させることで就労機会そのものに悪影響を与え，結局は労働者の最低生活保障を損なうおそれがある。

(3) 最低賃金制度の役割についての論点

では一体，最低賃金制度は，①誰が，②誰に，③何を，④いかにして保障しようとする制度なのか。

まず①の問題は，憲法27条における労働条件法定主義の具体化である最低賃金制度の中に，本来的には国家が名宛人である憲法25条の趣旨を明言することで，生存権保障の一端を企業に担わせるという意味をもちうることを前提とする。もしそうであるならば，その是非とともに，労働者の生活保障に関する国家と企業との公平な役割分担を考えなければならない。また，②の問題は，漠然と家計補助的労働者を最低賃金制度の対象として把握するのか，それともいわゆるワーキング・プア対策を念頭におくべきなのかという問題である。これについては，まずは情報を集約し，主体的な調査によって対象を明確にすることが必要であると考える。さらに，③の問題は，最低賃金は理念上フルタイムで生活できるレベルの単価の保障を目指すべきなのか，それとも労働の対価としての公正さを追求すべきなのかという問題である。労働の対価性を重視するならば，生活費が異なることを理由に地域で差をつける現在の地域別最低賃金のあり方が妥当か否かも再考の対象となろう。

結局，低所得世帯に対する十分な社会保障制度が導入されれば最低賃金は不要なのか。そうでないとすれば，それでも残る最低賃金固有の役割とは何なのかを解明しなければならない。労基法1条が労働条件について「労働者が人たるに値する生活を営むための必要を充たすべきもの」と定め，「健康で文化的な最低限の生活を営む権利」という憲法25条の生存権とは異なる文言を敢えて用いていることも，その手がかりとすることができよう。

また，改正最低賃金法が労働者の最低生活保障に比重をおくようになったとみて，最低賃金制度の新たな役割を模索する際には，審議会方式という決定方法（④の問題）についても見直しを考えるべきであろう。最低賃金法制がターゲットとすべき低賃金労働者がどのような特徴をもつのか，また最低賃金がそれらの者の所得の改善にどれほど影響を及ぼしているのかについて，審議会に情報を集約したうえで主体的に調査し，その結果に基づいて判断を

下すという方法の是非も一考に値すると考える。とくに，イギリスの低賃金委員会のように，労使の利益代表者の意見聴取を別ルートで設け，審議会委員は出身母体から自由な立場で最低賃金の妥当性を判断する方法もありうるのではないだろうか。

　もっとも，ILO条約や最低賃金法の規定は労使委員に代表性を求めていると考えられるし，これまでの経緯などからも，労使委員が直ちに足並みを揃えることは難しいかもしれない。そこで，労使委員の代表性は維持したまま，公益委員の役割を広げ，これまでのように調停者的に労使委員の主張の妥協点を探るのではなく，最低賃金法の目的を実現するために必要と考えられる結論を独自の立場から提示するという方向もありうる。最低賃金法22条において「公益を代表する委員」が追求すべき「公益」の意味についても，最低賃金制度の役割の再検討とともに再考すべき課題があるように思われる。

5　残された課題

　本書では，最低賃金の水準問題について，日本法に対する具体的な提言にまでは至らなかった。これは筆者の力不足ゆえであるが，この問題を本格的に検討するためには，法学の枠を超えた社会的，政治的，経済的考慮要素を総合的に検討する必要がある。最低賃金の役割に関して法学的な考察を行おうとする本書の意図からは，あえて将来の課題とするにとどめたという事情もある。

　また，最低賃金の水準については，日本法的な関心と分析のわかりやすさの関連から，公的扶助・失業補償・給付つき税額控除の3種類との比較に対象を絞った。しかし，英仏において住宅・教育関連給付が可処分所得に与えている影響に言及することができれば，より正確な分析になり得たのではないかとの思いは残っている。さらに，憲法上の生存権や労働権といった権利の体系から最低賃金の位置づけにアプローチすることも，将来の課題として自覚しているところである。しかし，これまで法的な考察がほとんどなされてこなかった最低賃金制度について，法的な検討課題を浮かび上がらせることができたとすれば幸いである。

法令索引

<日本>

憲　法
　25条……………………35, 61, 81, 289, 298
　27条2項……………………………2, 298
求職者支援法……………………………87
雇用保険法………………………………78
最低賃金審議会令………………………39
最低賃金法………………………………2, 42-
　1条………………………………41, 62
　9条………………………………59-, 289
　平成19年改正…………………57-, 291
生活保護法………………………………81-
労働基準法………………………………2, 32-
労働組合法………………………………31

<イギリス>

1909年産業委員会法………………11, 98-
　1918年改正…………………………105
1945年賃金審議会法………………12, 115-
1975年雇用保護法……………………126
　附則11…………………………………96
1979年賃金審議会法…………………127
1980年雇用法…………………………130
1986年社会保障法……………………175
1992年社会保障拠出給付法…………176
1993年労働組合改革・雇用権利法……132
1995年求職者法………………………170
1998年全国最低賃金法……………12, 142-
2002年税額控除法……………………183

<フランス>

憲法（1946年）……………………229, 243
1950年2月11日の法律（労働協約法）
　………………………………………199
1952年7月18日の法律………………206
1970年1月2日の法律…………………210
1988年12月1日の法律………………243
2000年1月19日の法律………………223
2008年12月3日の法律………………227

<その他>

ILO条約
　第26号条約………………………44, 132
　第131号条約………………………48, 132
EC条約137条5項………………………10

事項索引

あ 行

インフレ……………83, 145, 180, 227, 270

か 行

家内労働
　（英）……………………………………93
　（仏）……………………………………196
監督機関〔最低賃金に関する〕
　労働基準監督官（日）…………………66
　歳入税関庁（英）……………153, 155-
　賃金監督官（英）……………………129
　労働監督官（仏）……………………216
求職者合意書（英）………………13, 171
求職者支援制度（日）　＊「失業補償制度」参照
給付つき税額控除制度
　就労家族税額控除（WFTC：英）……183
　就労税額控除（WTC：英）…………184-
　児童扶養税額控除（CTC：英）……190-
　雇用手当（PPE：仏）………………253-
　勤労所得税額控除（EITC：米）…17, 182
共済組合（仏）…………………………232
業者間協定（日）…………………28, 37-
　——の廃止……………………………44
苦汗労働（英）……………………93, 119
グルネル協定（仏）……………………209
刑事罰〔最低賃金違反に関する〕
　（日）……………………………………66
　（英）……………………………………153
　（仏）……………………………………216
契約自由（の原則）………1, 8, 36, 269, 278
月額報酬保証（仏）……………………223
現物給付（給与）
　（日）……………………………………64
　（英）……………………………………149
　（仏）……………………………215, 221
公益委員（日）……………………73-, 299

公正賃金決議（英）……………………95-
公的扶助制度
　生活保護（日）………………3, 81-, 90
　　——と最低賃金との関係………61, 71
　所得補助（英）…………………14, 174-
　活動連帯所得（RSA：仏）………23, 249-
　参入最低所得保障（RMI：仏）…23, 243-
国立統計経済研究所（INSEE：仏）
　…………………………………207, 217
個別就職計画（PPAE：仏）……………241
雇用局（仏）……………………22, 235
雇用審判所（英）………………………153
雇用戦略対話（日）……………………76
雇用保険（日）　＊「失業補償制度」参照

さ 行

最低生活費用（仏）……………………258
最低生存費用（仏）………………201, 258
最低賃金審議会（日）………2, 37, 39, 45, 68
最低賃金（制度）
　産業別最低賃金（日）………52, 59, 89
　特定最低賃金（日）……………………59
　地域別最低賃金（日）………2, 46, 67-, 89
　産業委員会制度（英）………98-, 192, 268
　全国最低賃金制度（英）……142-, 193, 269
　賃金審議会制度（英）………115-, 192, 268
　全職域最低保障賃金（SMIG：仏）
　　……………………………………199-, 261
　全職域成長最低賃金（SMIC：仏）
　　……………………………………210-, 261
最低保証額（MG：仏）………………220-
参入契約（仏）…………………………244
GHQ（労働諮問委員会）………………33-
時間外割増賃金（手当）
　（日）……………………………………64
　（英）……………………………………149
　（仏）……………………………………202

事項索引

失業補償制度
　雇用保険制度（日）……………………78-
　求職者支援制度（日）…………………87-
　求職者手当（拠出制・所得調査制：英）
　　…………………………………13, 170-
　雇用復帰援助手当（ARE：仏）
　　………………………………21, 235-, 280
　特別連帯手当（ASS：仏）………238-, 280
社会的参入・排除（仏）………244, 248-, 252
社会的（ソーシャル）パートナー（シップ）
　（英）……………………………161, 164
　（仏）……………………………………211
社会保険
　国民保険（英）…………………………168
　社会保険（仏）…………………………233
集団的自由放任主義（英）……………92, 264
就労インセンティブ
　（英）………………………170, 175, 191
　（仏）………………………254, 258, 282
承認組合（英）………………………………98
職業的参入（仏）…………………………252
助言斡旋仲裁局（ACAS：英）
　　………………………………98, 126, 131
自立支援プログラム（日）…………………84
スミカール（仏）……………222, 224, 230-
生活保護（日）　＊「公的扶助制度」
　参照
生存権
　（日）………………………………35, 41, 89
　（仏）……………………………………243
成長力底上げ戦略推進円卓会議（日）……75
専門家委員会（仏）………………227-, 279
　――報告書………………………………228

た　行

代位訴訟（英）……………………………156
団体交渉
　（日）………………………73, 75, 290
　（英）……92, 102, 117, 137-, 145, 192, 265
　（仏）………………………………219, 227
団体交渉全国委員会（仏）……217, 219, 279

地域別減額（仏）……………………202, 212
地域別最低賃金（日）　＊「最低賃金
　制度」参照
中立委員（英）……………………………135-
賃金〔最低賃金との比較対象としての〕
　（日）……………………………………63-
　（英）……………………………………148-
　（仏）……………………………………213-
賃金規制命令（英）…………………119-, 129
賃金算定基礎期間（英）…………………213
賃金スライド制（仏）……………………218
賃金統制〔戦中・戦後〕
　（日）………………………………………31
　（英）……………………………………122
　（仏）……………………………………198
低賃金委員会（英）………13, 144, 156, 160-
特定最低賃金　＊「最低賃金制度」参
　照

は　行

パートタイム労働者
　（日）……………………………76, 78, 297
　（英）……………………………………165
　（仏）……………………………223, 225, 260
非就労の罠（仏）…………………………254
標準生計費………………………………204-
貧　困
　――概念（英）…………………………178
　　　　　（仏）…………………………211
　――線（仏）……………………………245
福祉から就労へ（アクティベーション）
　（日）………………………………………85
　（英）……………………………12, 169, 182
　（仏）……………………………………248-
物　価………………………………179-, 197, 276
　――指数
　　世帯消費者物価指数（仏）…………206
　　全国消費者物価指数（仏）…………217
　――スライド制（仏）………206, 217, 283
負の所得税
　（英）……………………………………182

（仏）……………………………253
不利益取扱の禁止〔最低賃金違反の申
　告・提訴に対する〕
　（日）……………………………66
　（英）……………………………154
ベヴァリッジ・プラン（英）……… 175, 273
法定共同産業審議会（英）………… 97, 126
補足性の原理（日）…………………82

ま　行

マーケット・バスケット方式
　………………83, 204, 245, 274, 278
未払通告（英）………………………155
目安（日）
　――額……………………… 2, 51, 70, 75
　――制度………………………49-, 68, 290
　――に関する小委員会………………72

や　行

有識者委員（英）……………………160
ユニバーサル・クレジット（英）……… 169

ら　行

労働委員会（日）……………………31, 33
労働基準監督官　＊「監督機関〔最低
　賃金に関する〕」参照

労働協約の拡張適用
　旧最低賃金法 11 条方式（日）
　………………………………52, 55, 58
　労働協約の地域的一般的拘束力（日）
　…………………………………………31
　労働協約等拡張適用制度（英）………96
　労働協約拡張適用制度（仏）………… 197
労働協約高等委員会（仏）………… 203, 207
労働権（仏）…………………………232
労働組合
　（日）……………………………68
　（英）……………………… 93-, 134, 163-
　（仏）……………………………200
労働時間
　（日）……………………………64, 78
　（英）……………………… 106, 109, 150, 175
　（仏）……………………… 202, 214, 223
労働者〔最低賃金の適用対象としての〕
　（日）……………………………62-
　（英）……………………………146-
　（仏）……………………………212-
労働能力（稼働能力）………… 14, 82, 177

わ　行

ワーキング・プア…… 2, 55, 86, 91, 272, 287, 292

〈著者紹介〉

神吉 知郁子（かんき・ちかこ）
　　2003年　東京大学法学部卒業
　　2005年　東京大学大学院法学政治学研究科修士課程修了
　　2008年　東京大学大学院法学政治学研究科博士課程単位取得退学
　　現　在　東京大学グローバルCOEプログラム特任研究員・博士（法学）

〈主要論文〉

「イギリス」水町勇一郎編『個人か集団か？変わる労働と法』第2章第3節（頸草書房，2006年）

「イギリスにおける最低賃金制度と稼働年齢世帯への最低所得保障」イギリス労働法研究会編『イギリス労働法の新展開――石橋洋教授，小宮文人教授，清水敏教授還暦記念』（成文堂，2009年）

「イギリス不公正解雇制度における手続的側面の評価の変遷」季刊労働法210号（2005年）

「個別労働紛争処理における手続的規制――2002年イギリス雇用法による企業内手続前置制度の考察」本郷法政紀要14号（2006年）

「イギリスにおける組合の機能と新たな従業員代表制度」季刊労働法216号（2007年）

「最低賃金計算における使用者による事前控除・事後徴収の取扱い」労働法律旬報1678号（2008年）

'Legal Structure of, and Issues with, Japan's Regional Minimum Wage System : Comparative Study of the UK and French Systems, Including the Social Security Systems'. *Japan Labor Review*, vol. 8, No.2 (2011).

学術選書
85
労　働　法

❋ ❋ ❋

最低賃金と最低生活保障の法規制
――日英仏の比較法的研究――

2011年（平成23年）12月20日　第1版第1刷発行
5885-1 P328　¥8800E-012-040-025

著　者　神吉知郁子
発行者　今井　貴　渡辺左近
発行所　株式会社　信山社
〒113-0033 東京都文京区本郷6-2-9-102
Tel 03-3818-1019　Fax 03-3818-0344
henshu@shinzansha.co.jp
笠間才木支店　〒309-1611 茨城県笠間市笠間515-3
笠間来栖支店　〒309-1625 茨城県笠間市来栖2345-1
Tel. 0296-71-0215　Fax. 0296-72-5410
出版契約 2011-5885-1-01010 Printed in Japan

Ⓒ神吉知郁子, 2011 印刷・製本／亜細亜印刷・大三製本
ISBN978-4-7972-5885-1 C3332　分類328.619-a005 労働法
5885-0101:012-040-025《禁無断複写》

━━━━ 秋田成就・労働法著作集 ━━━━

雇傭関係法 Ⅰ　　　　労働法研究（上）
　　　　　　　　　〈解題〉　土田道夫

雇傭関係法 Ⅱ　　　　労働法研究（中）
　　　　　　　　　〈解題〉　土田道夫

労使関係法・比較法　　労働法研究（下）
　　　　　　　　　〈解題〉　山川隆一・石田信平

━━━━ 信山社 ━━━━

──── 新刊・既刊 ────

渡辺 章 著
労働法講義 上　総論・雇傭関係法Ⅰ

労働法講義 下　労使関係法・雇傭関係法Ⅱ

菅野和夫・中嶋士元也・野川忍・山川隆一 編
労働法が目指すべきもの　渡辺章先生古稀記念

──── 信山社 ────

学術選書

- 4　山口浩一郎　労災補償の諸問題〔増補版〕
- 26　新田秀樹　国民健康保険の保険者
- 45　道幸哲也　労働組合の変貌と労使関係法
- 46　伊奈川秀和　フランス社会保障法の権利構造
- 50　小宮文人　雇用終了の法理
- 61　大和田敢太　労働者代表制度と団結権保障

信山社